UNIVERSITE DE GENEVE

INSTITUT UNIVERSITAIRE DE HAUTES ETUDES INTERNATIONALES

Der Beitrag des Ökumenischen Rates der Kirchen zur Entwicklungshilfe

THESE

Présentée à l'Université de Genève
pour l'obtention du grade de
Docteur ès sciences politiques

par
Bettina S. Hürni
(Suisse)

Thèse No. 248

Verlag Paul Haupt Bern 1973

La Commission mixte, composée des doyens des Facultés de droit, des lettres, et des sciences économiques et sociales, et du directeur de l'Institut universitaire de hautes études internationales, sur le préavis de Mme Marlis G. Steinert, de MM. Philippe Cahier et Gilbert Etienne, professeurs à l'Institut, de M. Willem A. Visser't Hooft, ancien secrétaire général du Conseil oecuménique des églises, et de M. Pierre Bungener, directeur de l'Institut africain de Genève, autorise l'impression de la présente thèse, sans entendre par là exprimer d'opinion sur les propositions qui y sont énoncées.

Genève, le 21 mars 1973   Pour la Commission mixte:
                                 Jacques Freymond
                                 Directeur de l'Institut universitaire

Thèse No 248

Die Arbeit erscheint unter dem gleichen Titel als Band 21 der „Berner Beiträge zur Nationalökonomie" im Verlag Paul Haupt Bern und Stuttgart

ISBN 3-258-01348-9

Alle Rechte vorbehalten
Copyright © 1973 by Paul Haupt Berne

Vorwort

Die vorliegende Untersuchung wurde in den Jahren 1971–1973 unter der Leitung von Frau Professor Dr. *Marlis G. Steinert* am „Institut Universitaire de Hautes Etudes Internationales" (IUHEI) in Genf durchgeführt. Ihr gilt mein ganz besonderer Dank.

Herzlich danken möchte ich auch den beiden Mitgliedern der Jury, Herrn *Pierre Bungener,* Direktor des Genfer „Institut Africain", und Herrn Professor Dr. *Gilbert Etienne,* sowie Herrn Professor Dr. *Jacques Freymond,* Direktor des IUHEI.

Den Mitarbeitern im OeRK, die hier nicht alle namentlich aufgeführt werden können, sei für ihre Ratschläge, ihre freundliche und tatkräftige Hilfe sowie das grosse, der Verfasserin erwiesene Vertrauen gedankt.

Fräulein *Maren Ernstberger,* welche die langwierigen Schreibarbeiten übernommen hatte, sei an dieser Stelle ebenfalls unsere Dankbarkeit ausgedrückt.

Geleitwort

Die Entwicklungsarbeit, die noch vor wenigen Jahren eine selbstverständliche Aufgabe war, ist problematisch geworden. Scharfe kritische Fragen kommen sowohl aus den Entwicklungsländern wie aus den Industrieländern. Dass in dieser Weise eine breite Diskussion über Sinn, Methode und Erfolg der Entwicklungsarbeit entsteht, kann man nur begrüssen. Alle, die als Geber, als Steuerzahler, oder als Empfänger mit Entwicklung zu tun haben, müssen Gelegenheit haben, ihre eigene Meinung zu bilden. Dafür ist ein offenes Gespräch unbedingt notwendig.

Ein Gespräch, nicht ein „dialogue de sourds", in dem der eine mit irgendeinem unglücklichen Beispiel die ganze Entwicklungsarbeit in Frage stellt und der andere nur schöne Ideale predigt. Es geht um eine echte Frage: Ob die Entwicklungsarbeit wirklich erfüllt, was sie verspricht.

Die grossen Organisationen, die sich mit Entwicklungsarbeit befassen, haben natürlich ihre eigenen Antworten. Aber diese Antworten sind nur teilweise überzeugend, weil sie ihre eigene Sache und ihre eigene Existenz zu verteidigen scheinen. Die Kritiker fragen, ob sie nicht, vielleicht manchmal unbewusst, Propaganda und nicht objektive Informationen darbieten.

Da ist es sehr nützlich, dass Männer und Frauen, die nicht im Namen irgendeiner Organisation reden und ganz unabhängig ihre Meinung bilden, gründliche, sachliche Studien über besondere Aspekte der Entwicklungsarbeit machen. So ist es sehr erfreulich, dass Frl. Bettina Hürni als Thema ihrer Genfer Doktorarbeit gewählt hat: „Der Beitrag des Ökumenischen Rates der Kirchen zur Entwicklungsarbeit" und dass das Institut Universitaire des Hautes Etudes Internationales, das durch seine internationalen Kontakte und seine wissenschaftliche Arbeit auf dem Gebiet der Entwicklungsproblematik eine besondere Kompetenz hat, Frl. Hürni in der Bearbeitung dieses Themas unterstützt hat.

Persönlich muss ich sagen, dass, obschon ich von Anfang an die Geschichte der Entwicklungsarbeit des Ökumenischen Rates der Kirchen miterlebt habe, ich aus dieser Arbeit viel gelernt habe. Das heisst nicht, dass ich unsere Entwicklungsarbeit genau so beschreiben würde, wie es hier getan wird. Ich würde manchmal die Akzente anders setzen und besonders die theologische Dimension stärker unterstreichen. Aber es heisst, dass wir hier lernen können „to see ourselves as others see us". Und das brauchen wir, um den Kontakt mit der Wirklichkeit nicht zu verlieren. Und gerade weil der Geist dieser Arbeit sowohl kritisch wie sympathisch ist, dürfen wir dankbar sein, dass das Endergebnis im Grossen und Ganzen positiv ist.

Genf, im Juli 1973 *W. A. Visser 't Hooft*

Inhaltsverzeichnis

1	Einführung	19
11	Begründung der vorliegenden Studie	19
12	Kommentar zur Gliederung	20
13	Begrenzung des Themas	21
14	Quellenlage	22
2	Die historisch bedingten Veränderungen im Sozialdenken und in der politischen Ausrichtung des OeRK als Grundlage seines Beitrages zur Entwicklungsarbeit	23
21	Die Veränderungen im Sozialdenken	23
211	Das Sozialdenken der Kirche zu Beginn des zwanzigsten Jahrhunderts	23
212	Der ökumenische Gedanke (1910–1948)	25
213	Das Sozialdenken in der Konsolidierungsphase des OeRK (1948–1961)	27
214	Das Sozialdenken im OeRK von 1961–1971	29
22	Die Veränderungen in der politischen Ausrichtung des OeRK	33
221	Die politische Ausrichtung der Kirchen zu Beginn des zwanzigsten Jahrhunderts	33
222	Die Veränderungen in der politischen Ausrichtung von 1920–1948	34
223	Die politische Ausrichtung des OeRK in der Periode der Entkolonisierung (1948–1961)	37
224	Die politischen Tendenzen im OeRK von 1961–1971	39

23	Der Einfluss der römisch-katholischen Kirche auf das soziale und politische Denken im OeRK (1961–1971)	42
24	Die Spannungen zwischen den modernen sozialen und politischen Tendenzen im OeRk und deren Einfluss auf die Entwicklungsarbeit	46
241	Die Einstellung der „gemässigten" Tendenz zur Entwicklungsarbeit	47
242	Die Einstellung der „radikalen" Tendenz zur Entwicklungsarbeit	48
243	Die Auswirkungen dieser Spannungen auf die Entwicklungsarbeit: Das Programm zur Bekämpfung des Rassismus (PCR)	49
243.1	Die Hintergründe der Entscheidung für die Schaffung des PCR (Programme to Combat Racism)	50
243.2	Die Geschichte der Entscheidung für die Schaffung des PCR	53
243.3	Die Durchführung des PCR	56
243.4	Die Reaktionen auf das PCR	60
243.41	Die Reaktionen innerhalb des OeRK	60
243.42	Die Reaktionen der Mitglieder des OeRK auf das PCR	61
243.43	Die „extremen" Reaktionen auf das PCR	63
243.5	Die Rückwirkungen dieser Reaktionen auf das PCR	69
3	Die Analyse der Arbeitsmethoden des OeRK für Entwicklungsvorhaben	73
31	Die Arbeitsmethoden des OeRK für Projekthilfe	73
311	Die Planung von Projekten	74
311.1	Die institutionelle Struktur der ökumenischen Projektplanung	74
311.2	Die praktische Arbeit für die drei Planungsverfahren	76
311.3	Die politische Vorbereitung von Projekten durch die Kommission der Kirchen für internationale Angelegenheiten (KKIA)	78
312	Die Einschätzung der Projekte in der Entwicklungsstrategie	82
312.1	Die Wandlung der Entwicklungsstrategie von 1961–1971	82
312.2	Die Kriterien der Entwicklungsprojekte	87
312.3	Die Flüchtlings- und Nothilfe	92

313	Der Entscheidungsprozess	94
313.1	Der Ursprung der Entscheidung	94
313.2	Die Entstehung des Konsensus	96
313.3	Die endgültige Entscheidung für die Finanzierung eines Projektes	98
314	Die Durchführung und nachträgliche Überprüfung von Projekten	101
314.1	Die Durchführung eines Projekts	101
314.2	Die Rolle des ACTS bei der Durchführung und nachträglichen Überprüfung von Projekten	104
314.3	Die Schwierigkeiten der nachträglichen Überprüfung von Projekten	107
32	Die Projekttypen in der Entwicklungsarbeit des OeRK	113
321	Die sechs Haupttypen von Entwicklungsvorhaben	113
321.1	Erziehung und Ausbildung	114
321.2	Gesundheitswesen	122
321.3	Sozialwerke	128
321.4	Projekte zur Förderung der Landwirtschaft	134
321.5	Katastrophenhilfe	145
321.6	Projekte für Flüchtlingshilfe	149
321.61	Das Flüchtlings- und Wiederaufbauprogramm in Vietnam	150
321.611	Der institutionelle Aufbau des Programms	150
321.612	Die praktisch durchgeführten Projekte	152
321.613	Die Untersuchungs- und Informationsarbeit	153
321.614	Erfolge und Schwierigkeiten des Vietnamprogrammes	155
321.62	Das Nahost-Palästina-Flüchtlingsprogramm (NEPRP) (1967–1971)	157
321.621	Die institutionelle Struktur des Programms	157
321.622	Die praktische Arbeit	158
321.623	Probleme und Erfolge des NEPRP	160
321.63	Das Nigeria/Biafra Flüchtlings- und Wiederaufbauprogramm	164
321.631	Der chronologische Ablauf des Programms in drei Phasen	164
321.632	Die Nothilfe der JCA für Nigeria/Biafra	168
321.633	Die Probleme der Nothilfe für Nigeria/Biafra	170
322	Die Zielsetzungen der verschiedenen Projekttypen	176
322.1	Die Zielsetzungen in den Projekten für Erziehung und Ausbildung	177
322.11	Die Zielsetzungen für Erziehungsprojekte	177

322.111	Die dreigestufte Zielsetzung für Erziehungsprojekte	178
322.112	Die scheinbaren Widersprüche in der Zielsetzung für Erziehungsprojekte und ihre „christliche Logik"	180
322.113	Anzeichen der Verwirklichung der Zielsetzungen für Erziehungsprojekte	181
322.12	Die Zielsetzungen in der beruflichen Ausbildung	182
322.121	Die Globalzielsetzung	182
322.122	Die projektbezogene Zielsetzung	184
322.123	Die erfolgreiche Verwirklichung dieser Zielsetzung	184
322.2	Die Zielsetzungen im Gesundheitswesen	185
322.21	Die historische Perspektive	185
322.22	Die neue Globalzielsetzung der CMC (Christian Medical Commission)	186
322.23	Die projektbezogenen Zielsetzungen	186
322.24	Die problematische Durchführung dieser Ziele im Gesundheitswesen	187
322.3	Die Zielsetzungen für Sozialwerke	192
322.31	Die historische Perspektive in der Zielsetzung für Sozialwerke	192
322.32	Die moderne Zielsetzung der Sozialwerke	193
322.33	Die Messbarkeit der erreichten Ziele bei Sozialwerken	195
322.4	Die Zielsetzungen für Landwirtschaftsprojekte	197
322.41	Die praktischen, projektbezogenen Ziele	197
322.42	Die sozialpolitische Zielsetzung der Landwirtschaftsprojekte	198
322.5	Die Zielsetzungen in der Katastrophenhilfe	200
322.51	Die institutionelle Zielsetzung	201
322.52	Die Zielsetzung im örtlichen Einsatz	202
322.6	Die Zielsetzungen in der Flüchtlingshilfe	203
322.7	Schlussbetrachtungen	206
322.71	Allgemeine Hindernisse bei der Verwirklichung der Globalzielsetzungen	206
322.72	Konkrete Anzeichen der Verwirklichung der gesetzten Ziele	207
323	Die Aufbringung und der Einsatz der Mittel für die Durchführung der Projekte	208
323.1	Die finanziellen Mittel	208
323.11	Die Kapitalbeschaffung im normalen Projektverfahren des OeRK	208
323.111	Die Kapitalbeschaffung durch regionale, ökumenische Organisationen	212
323.112	Die Kapitalbeschaffung der nationalen Geberorganisationen	213
323.12	Die Kapitalbeschaffung durch Sonderspendeaufrufe	222

323.13	Der Einsatz der im OeRK für die Entwicklungsarbeit verfügbaren, finanziellen Mittel	224
323.2	Die materielle Hilfe	229
323.3	Die technische und soziale Zusammenarbeit	233
323.31	Die institutionellen Strukturänderungen in der ökumenischen Personalvermittlung für die technische und soziale Zusammenarbeit (1961–1971)	233
323.32	Die Methoden der Personalvermittlungshilfe durch das Secretariat for Personnel, Teams and Fraternal Workers (SPTF)	239
323.321	Das dreiteilige Verfahren	239
323.322	Die Qualifikationen der ökumenisch vermittelten Entwicklungshelfer	246
323.323	Die drei Hauptdiensttypen	248
323.33	Der praktische Einsatz von ökumenisch vermitteltem Personal in der wirtschaftlichen und sozialen Zusammenarbeit	251
324	Die in der Entwicklungsarbeit des OeRK erkennbaren Motivationen	254
324.1	Die ethischen Motivationen	255
324.11	Die ethischen Motivationen des OeRK als Institution	255
324.12	Die ethischen Motivationen der administrativen Einheiten des OeRK	259
324.13	Die ethischen Motivationen der Geberorganisationen	260
324.14	Die ethischen Motivationen der Empfängerorganisationen	261
324.15	Die ethischen Motivationen der Einzelnen	262
324.151	Die ethischen Motivationen der einzelnen Mitarbeiter im OeRK	262
324.152	Die ethischen Motivationen der einzelnen Spender	264
324.153	Die ethischen Motivationen der einzelnen Projektmitarbeiter in der „Dritten Welt"	265
324.2	Die wirtschaftlichen Motivationen	266
324.21	Die wirtschaftlichen Globalmotivationen des OeRK	266
324.22	Die wirtschaftlichen Motivationen der Einheiten des OeRK	268
324.23	Die wirtschaftlichen Motivationen der Geber- und Empfängerorganisationen	270
324.24	Die wirtschaftlichen Motivationen der Einzelnen	271
324.3	Die politischen Motivationen	272
324.31	Die politischen Motivationen im OeRK	272
324.32	Die politischen Motivationen der administrativen Einheiten des OeRK	274
324.33	Die politischen Motivationen der Empfänger- und Geberorganisationen	276

324.34	Die politischen Motivationen der Einzelnen als OeRK- oder Projektmitarbeiter	278
33	Die Tätigkeit des OeRK auf dem Gebiete der Erziehung zur Entwicklung in den Industrieländern	280
331	Die edukative Beeinflussung des OeRK auf internationaler und nationaler Ebene	280
332	Die Tätigkeit der Organe des OeRK	282
332.1	Das Sekretariat für Erziehung zur Entwicklung	282
332.11	Entstehung und Ziele	282
332.12	Die Arbeitsmethoden des Sekretariates für Erziehung zur Entwicklung	283
332.2	Das Sekretariat des Antirassismusprogramms (PCR)	284
332.3	Der Weltverband für christliche Kommunikation (WACC)	286
332.31	Entstehung und Entwicklung	286
332.32	Der Beitrag des WACC für die Erziehung zur Entwicklung	288
333	Die nationalen Aktionen der Mitgliedskirchen durch Massenkommunikationsmittel	290
333.1	Die Erziehung zur Entwicklung durch nationale Spendeaufrufe	290
333.2	Die nationalen Aktionen zur öffentlichen Meinungsbildung	292
334	Die Aktionen der Mitgliedkirchen als politische Interessenverbände	296
335	Schlussbemerkungen	302
4	Schlussfolgerungen	303
41	Allgemeine Schwierigkeiten der Entwicklungsarbeit	303
411	Projektbezogene Schwierigkeiten	304
411.1	Der Standort	304
411.2	Die Beschränkung der Planung	304
411.3	Die Projektleitung	305
411.4	Der Projektstab und die Projektmitglieder	305
411.5	Messbarkeit der Erfolge	306

412	Institutionelle Schwierigkeiten	306
412.1	Probleme der horizontalen und vertikalen Kommunikation	306
412.2	Der Entscheidungsprozess	307
412.3	Kontrolle des finanziellen Einsatzes und der Durchführung des Projekts	307
412.4	Institutionelle Trägheit	308
413	Politische Schwierigkeiten	309
413.1	Innenpolitische Probleme	309
413.2	Internationale Probleme	310
413.3	Organisationsinterne Spannungen	310
42	Positive Aspekte des Entwicklungsbeitrages des OeRK	311
421	Projektbezogene Aspekte	311
422	Institutionelle Aspekte	313
423	Politische Aspekte	316
424	Motivationsbezogene Aspekte	317
43	Negative Aspekte des Entwicklungsbeitrages des OeRK	318
431	Projektbezogene Aspekte	318
432	Institutionelle Aspekte	319
433	Politische Aspekte	321
433.1	Innenpolitische Aspekte	321
433.2	Internationale Aspekte	322
44	Zur Wertung der positiven und negativen Aspekte nach Projekttypen	324
441	Erziehung und Ausbildung	324
442	Gesundheitswesen	324
443	Sozialwerke	325

444	Projekte zur Förderung der Landwirtschaft	325
445	Katastrophen- und Flüchtlingshilfe	326
45	Rückwirkungen der Entwicklungsarbeit auf den OeRK	327
46	Künftige Aussichten für die Entwicklungsarbeit des OeRK	330
5	Literaturverzeichnis	333
6	Anhang	349
7	Résumé français / English Summary	355

Verzeichnis der Abkürzungen

AACC	All African Christian Conference – regionaler Zusammenschluss von OeRK-Mitgliedern
ACS	Asian Christian Service – ökumenisches Hilfswerk in Vietnam
ACTS	Advisory Committee on Technical Services (seit 1968)
BBC	British Broadcasting Corporation
BRD	Bundesrepublik Deutschland
CCPD	Commission of the Churches for Participation in Development – seit 1970
CDS	Community Development and Validation Service – „Entwicklungsorgan" des LWB
CMC	Christian Medical Commission
CWS	Church World Service – „Entwicklungsorgan" des NCCCA
DICARWS	Division of Interchurch Aid, Refugee and World Service – „Entwicklungsorgan" des OeRK seit Juni 1971: CICARWS – Commission of Interchurch Aid, Refugee and World Service
DOG	Dienst over Grenzen (Niederlande)
DOM	Division of Overseas Ministry (NCCCA)
DUe	Dienste in Übersee (BRD)
EACC	East Asian Christian Conference – regionaler Zusammenschluss von OeRK-Mitgliedern
ECLOF	Ecumenical Church Loan Fund
EPEAA	Ecumenical Programme for Emergency Action in Africa
IAA	Internationales Arbeitsamt
IAO	Internationale Arbeitsorganisation
IKRK	Internationales Komitee vom Roten Kreuz
IMR	Internationaler Missionsrat
JCA	Joint Church Aid (Nothilfe Nigeria/Biafra)
KEK	Konferenz Europäischer Kirchen
KKIA	Kommission der Kirchen für Internationale Angelegenheiten
LWB	Lutherischer Weltbund
NCA	Nord Church Aid (Beginn der Nothilfe für Nigeria/Biafra)
NCCCA	National Council of the Churches of Christ in America
NECC	Near East Christian Council – regionaler Zusammenschluss von OeRK-Mitgliedern
NECCCRW	Near East Christian Council Committee for Refugee Work
NEPRP	Near East Palestine Refugee Programme
OePD	Ökumenischer Pressedienst

OeRK	Ökumenischer Rat der Kirchen = Weltkirchenrat
PCR	Programme to Combat Racism
PLO	Palestine Liberation Organization
RVOG	Radio Voice of the Gospel (Addis Abeba)
SASP	Special Advice on Social Projects (Kontrollorgan des OeRK, Vorläufer von ACTS)
SCC	Sudanese Christian Council
SODEPAX	Joint Committee of the Roman Catholic Church (Pontifical Commission Justice and Peace) and the WCC on Development, Society and Peace
SPTF	Secretariat for Personnel, Teams and Fraternal Workers
UNDP	United Nations Development Programme
UNCTAD	United Nations Conference on Trade and Development
UNHCR	United Nations High Commissioner for Refugees
UNRWA	United Nations Relief and Work Agency for Palestine Refugees
VAR	Vereinigte Arabische Republik (Ägypten)
VNCS	Vietnam Christian Service – Hilfswerk der amerikanischen Kirchen in Vietnam
WACC	World Association for Christian Communication
WCC	World Council of Churches – OeRK
YMCA	Young Men's Christian Association – Christlicher Verein Junger Männer
YWCA	Young Women's Christian Association – Christlicher Verein Junger Frauen

1 Einführung

11 Begründung der vorliegenden Studie

Über die Entwicklungsarbeit internationaler, regierungsvertretender Organisationen liegen bereits einige Untersuchungen vor[1]. Die Leistungen internationaler privater Organisationen haben indessen weit weniger das Interesse der Wissenschaftler erregt.

Neben dem Vatikan ist der Ökumenische Rat der Kirchen (OeRK) eine der geistig einflussreichsten, nicht regierungsvertretenden internationalen Organisationen. Sein Beitrag zur Entwicklungshilfe ist bisher noch nie eingehend untersucht worden.

Die Analyse dieser, sich von anderen internationalen privaten Organisationen unterscheidenden Institution scheint aus folgenden Gründen von besonderem Interesse: Erstens ist der OeRK eine *Gemeinschaft von Kirchen*, die nicht nur, wie andere internationale Organisationen, durch einen multilateralen Vertrag, eine „Charta", *völkerrechtlich* gegründet wurde. Vielmehr unterscheidet er sich von ihnen dadurch, dass er, zusätzlich zu seiner „Charta", noch auf einer gemeinsamen, *weltanschaulichen* Grundlage beruht, die überdies einen Doppelcharakter besitzt: Zum einen hatte die Kirche von jeher in der Gesellschaft geistige Werte zu bewahren, dies war ihre kontemplative Rolle[2]. Zum anderen ist sie innerhalb der heutigen Gesellschaft auch eine praktisch tätige Institution – ihre aktive Rolle, welche die Entwicklungsarbeit als wichtigen Teil eines angewandten Christentums betrachtet. Zweitens geht es darum, die Entwicklungsarbeit nach diesen Kriterien der doppelten Grundlage darzustellen. Daraus ergibt sich eine weitere Fragestellung: Welches sind die traditionellen, konservativen Faktoren und welches sind die modernen, vorwärtstreibenden Kräfte? Die Auseinandersetzung und Dialektik

---

1 Es gibt die Berichte von *Jackson, Pearson,* und *Tinbergen* über das System der UNO, offizielle Berichte über nationale Leistungen der OECD, und eine Doktorarbeit über eine Hilfsaktion des IKRK. Mit Ausnahme der letzteren handelt es sich dabei um von der betreffenden Organisation in Auftrag gegebene Arbeiten, und nicht um wissenschaftliche Untersuchungen.

2 Der Begriff „kontemplativ" bezeichnet in der vorliegenden Arbeit die Methode zur Gewinnung geistig-religiöser Erkenntnisse. Er soll Wert und Bedeutung theologischer Studien nicht mindern, da sie oft für den praktischen Einsatz in der Entwicklungsarbeit wegbereitend waren. Deshalb soll nicht unterstellt werden, dass dieser Teil der kirchlichen Doppelrolle Energielosigkeit oder Inaktivität einschliesst. In der Gegenüberstellung dieser verschiedenen Aufgabenbereiche soll nur die weltanschauliche Verankerung, die anderen Organisationen fehlt, hervorgehoben werden.

zwischen beiden bieten ein besonders fruchtbares Feld für eine Untersuchung. Drittens sind die Träger und Protagonisten des Christentums in der „Dritten Welt" häufig durch ein elitäres Bewusstsein geprägt, das sie zu einer Triebkraft neuer, die Massen aufrüttelnder Bewegungen zu prädestinieren scheint.

12 Kommentar zur Gliederung

Im Teil 21 und 22 soll skizziert werden, auf welchen geistigen und historisch bedingten Gegebenheiten das Sozialdenken und die politische Ausrichtung der Kirchen beruhen[3], die nach 1948 die Arbeit des OeRK massgeblich beeinflussten.

Diese Gegebenheiten bilden die Grundlage des Engagements des OeRK in der Entwicklungsarbeit. Abschnitt 24 zeigt, wie in jüngster Zeit gewisse Gegensätze im Sozialdenken und in der politischen Ausrichtung zur „Krise" im OeRK führten. Die Kontroverse um das Programm zur Bekämpfung des Rassismus, welches der Entwicklungsarbeit zuzurechnen ist, kann als Paradigma dieser Auseinandersetzung angesehen werden.

Den Schwerpunkt der Arbeit bildet Teil 3. Er behandelt die drei Dimensionen der Entwicklungsarbeit, die institutionelle, die praxeologische in der „Dritten Welt", und die edukative in den Industrieländern.

Es werden analysiert:

a) die Arbeitsmethoden innerhalb der OeRK,
b) die verschiedenen Verfahren der Durchführung, je nach Projekttyp,
c) die Rückwirkungen der gemachten Erfahrungen, die sich in der Erziehung zur Entwicklung in den bereits entwickelten, „reichen" Ländern niederschlagen.

Innerhalb dieses in sich geschlossenen Kreises der Darstellung des Entwicklungsbeitrags wird in Teil 31 die Kontrolle der Massnahmen bei der Ausarbeitung eines Projektes, die Entwicklungsstrategie und die Beurteilung der Projekte, der Entscheidungsprozess bei der Annahme von Projekten, und schliesslich deren Durchführung und Überprüfung behandelt. Dieser Ablauf stellt die einzelnen praktischen Schritte in der Entwicklungsarbeit in der logischen Folge dar. In Teil 32 werden die Ziele und Mittel für die Projekte und die Motivationen für die Aktion in der „Dritten Welt" betrachtet. Teil 33 führt aus, welche Wege dem OeRK für die Erziehung zur Entwicklung in der „Ersten Welt", in den entwickelten, westlichen Ländern, zur Verfügung

---

[3] Die theologischen Aspekte der ökumenischen Entwicklungsarbeit wurden ausführlich behandelt in: *K.-H. de Jung*, Die ökumenische Bewegung im Entwicklungskonflikt, Heidelberg, 1972. S. 374.

stehen. Dadurch rundet diese dritte Seite der Entwicklungsarbeit des OeRK das Bild ab.

Im letzten Teil wird versucht, die aus der Untersuchung hervorgegangenen positiven und negativen Aspekte der Entwicklungsarbeit des OeRK in einer Schlussfolgerung zu werten. Damit kann vielleicht eine vorläufige Antwort auf die höchst bedeutungsvolle Grundsatzfrage nach der eigentlichen Daseinsberechtigung und Weiterentwicklung des OeRK gegeben werden: Inwieweit stellt sein Beitrag zur Entwicklungsarbeit die grundlegende Rechtfertigung seines Bestehens dar, und inwieweit trägt diese Entwicklungsarbeit rückwirkend zu seiner geistigen Erneuerung bei? Über die reine Darstellung des Faktischen hinaus, möchte diese Untersuchung demnach einen Beitrag zur Klärung der Bewusstseinslage und zu einer fundierten Beurteilung der Entwicklungsarbeit des OeRK leisten.

13   Begrenzung des Themas

Zeitlich beschränkt sich die Arbeit im wesentlichen auf die Periode zwischen der dritten Vollversammlung des OeRK in Neu Dehli (1961) und der Konferenz des Zentralausschusses von Addis Abeba (Jan. 1971). Diese genau abgegrenzte Untersuchung wird jedoch in einen grösseren geschichtlichen Rahmen hineingestellt.

Es liegt auf der Hand, dass nur eine repräsentative Auswahl von Entwicklungsvorhaben beschrieben werden konnte, da es im Rahmen einer Dissertation weder möglich noch wünschenswert erscheint, jedes einzelne Projekt zu behandeln. Ferner wird subsidiär die Entwicklungsarbeit der römisch-katholischen Kirche herangezogen. Eine grundlegende Analyse dieses äusserst wichtigen Beitrags würde jedoch eine Studie für sich darstellen. Diese Untersuchung beschränkt sich somit auf die praktischen Aspekte des Entwicklungsbeitrags und geht nicht auf die umfangreiche, theologische Forschungsarbeit des OeRK ein, zumal hierüber parallel zu dieser Studie eine Dissertation verfasst wurde (vgl. Fussnote 3).

Ohne diese Begrenzungen scheint es ausgeschlossen, ein Thema dieses Umfanges im Rahmen einer Dissertation zu behandeln, es sei denn, man verzichte gänzlich auf einen historischen Rückblick. Ein solcher Verzicht würde jedoch eine Verfälschung der Perspektiven bedeuten, und jeder abschliessenden Wertung den Boden entziehen.

14 Quellenlage

Im Einverständnis mit Frau Prof. Dr. *Marlis G. Steinert,* die sich freundlicherweise bereit erklärt hatte, die Leitung dieser Dissertation zu übernehmen, wurde bei der Wahl des Themas vor allem darauf geachtet, dass die in Genf selbst verfügbaren, historischen Quellen und Archive besser genützt werden. Als Quellen standen die äusserst zahlreichen, für unsere Untersuchung jedoch des öftern zu theologisch orientierten oder einseitig engagierten Publikationen des OeRK zur Verfügung.

Weit wertvoller erwiesen sich die nicht veröffentlichten Arbeiten und Konferenzdokumente, welche die Mehrheit der ausgewerteten Materialien ausmachten. Die Autorin hatte uneingeschränkten Zugang zu den Archiven des OeRK. Aus verständlichen Gründen erscheint dieses reichhaltige Quellenmaterial weder in der deshalb nicht besonders umfangreichen Bibliographie, noch wird im Text vollumfänglich darauf Bezug genommen.

Zusätzlich wurden Pressekommentare zu einzelnen Ereignissen, die für die Entwicklungsarbeit des „Weltkirchenrates" von Bedeutung waren, herangezogen. Eine weitere, nicht zu unterschätzende Quelle stellten mündliche Informationen und Gespräche anlässlich der verschiedenen Tagungen des OeRK dar. Die Schwierigkeit der Durchführung und Darstellung der Untersuchung lag daher nicht in einer mangelhaften Quellenlage, sondern in der Zeitnähe des behandelten Gegenstandes, eine Schwierigkeit, mit der sich jeder Politologe und Historiker, der sich mit Zeitgeschichte befasst, konfrontiert sieht.

2 Die historisch bedingten Veränderungen im Sozialdenken und in der politischen Ausrichtung des OeRK als Grundlage seines Beitrages zur Entwicklungsarbeit

21 Die Veränderungen im Sozialdenken

211 Das Sozialdenken der Kirche zu Beginn des zwanzigsten Jahrhunderts

Im neunzehnten Jahrhundert prägten der Nationalismus und dessen machtpolitische und ökonomische Übersteigerung, der Imperialismus, Gesellschaft und Staatspolitik in Europa. Nationale Erwägungen verdrängten oder kompensierten die soziale Erneuerung oder waren gar Mittel zur Verfestigung etablierter Sozialstrukturen. Im Denken der Völker war der Nationalstolz ein dominierendes Element. Zur selben Zeit gingen sowohl die römisch-katholischen als auch die protestantischen Kirchen in ihrem Sozialdenken von einer Norm aus, die in einer *vorindustriellen* Gesellschaft Gültigkeit hatte. Diese Norm wurde jedoch zu Beginn des zwanzigsten Jahrhunderts allmählich zum Paradox:

Die römisch-katholische Kirche hielt an dem aus einer vortechnischen Zeit übernommenen Prinzip der *Subsidiarität* fest.[1] Nach der Definition dieses Prinzips hat der Staat kleinere, menschliche Gemeinschaften, wie zum Beispiel Familie, Gemeinde oder Berufsvereinigung, nur zu unterstützen, nicht aber zu ersetzen. Dem Einzelnen soll keine Aufgabe, die er aus eigenen Kräften leisten kann, abgenommen werden. Den Kompetenzvorrang erhalten nach dem Subsidiaritätsprinzip jene Gesellschaftseinheiten, die den persönlichen Möglichkeiten der Lebensgestaltung den weitesten Spielraum individueller Freiheit zugestehen.

Nun fällt die Aufrechterhaltung dieses Prinzips jedoch in eine Zeit, in der verschiedene Strömungen im Sozialdenken darauf hinausliefen, dass der Staat, entgegen dem Subsidiaritätsprinzip, dem Einzelnen ganz bestimmte Aufgaben und Pflichten *abnehmen* und als Kollektivinstitution erfüllen sollte.

Manche übertrugen dem Staat zudem weitreichende Wohlfahrtsaufgaben, für die der Einzelne früher selbst aufkommen musste.

Die kleineren Gemeinschaften innerhalb der Gesellschaft hatten auch bereits ihre soziale und politische Eigenständigkeit weitgehend aufgegeben.

---

1 Vgl. hiezu *H. Beckel*, Subsidiaritätsprinzip. In: Katholisches Soziallexikon, Innsbruck–Wien–München 1964, Sp. 1202–1207 (und die dortigen Literaturangaben).

Dies geschah, weil sei es wegen eines betonten Nationalismus oder eines sich ausbreitenden Sozialismus, ein gewisses *Kollektivdenken* sich durchzusetzen begann.

Das Sozialdenken der protestantischen Kirchen erscheint, obwohl andersartig, ebenso paradox: Ein betonter *Individualismus* wurde gepflegt und die Verantwortung des Einzelnen stark unterstrichen. Diese Denkart liess sich auch institutionell erkennen. Denn dem partikularistischen Denken entsprechend waren die protestantischen Kirchen zersplittert und pflegten kaum Kontakte untereinander. Seltsamerweise sollte jedoch *nach* dem institutionellen Zusammenschluss im OeRK, d. h. nach der Überwindung der allzu starken Zersplitterung durch eine gemeinsame Institution, gerade diese Individualethik in der Entwicklungsarbeit zu einem Erfolgsfaktor werden. Ein zweites Paradox im Sozialdenken der Kirche als Institution war ihr biblisches Selbstverständnis als Helferin der Allerärmsten, Elenden und Unterdrückten. Dabei hatte sie in einigen Ländern Europas ihren uneingeschränkten, geistigen Einfluss längst verloren, weil sozialistisches Gedankengut an Boden gewonnen hatte. Im Gegensatz zu ihrer Sozialdoktrin war die Kirche weitgehend zu einer Stütze der Mittelschichten, und nicht des Proletariats, geworden oder wie zum Beispiel in Russland, zu einem Grundpfeiler der regierenden Macht. So verteidigte sie die Werte einer traditionsgebundenen Kultur.

Das damalige Engagement der Missionsgesellschaften für die Arbeit in den Kolonien, aus der die moderne kirchliche Entwicklungsarbeit entstand, ging hauptsächlich von der Motivation der Evangelisierung aus. Dabei spielte der Glaube an die Überlegenheit einer höherstehenden Kultur, die als gutes Werk, durch Erziehung und Bekehrung, anderen vermittelt werden sollte, eine bedeutende Rolle.

Die grossen Verdienste der Missionen in der beginnenden Entwicklungsarbeit sollen hier keineswegs geschmälert werden. Die Missionen haben in den Kolonien Grosses geleistet und zugleich die kirchlichen Denominationen in den Metropolen einander näher gebracht. Zu Beginn des zwanzigsten Jahrhunderts konnten die Missionen und Kirchen in ihrer praktischen Arbeit unmöglich erkennen, welch tiefe Kluft durch den Konflikt der Kulturen zwischen Metropole und Kolonien, später zwischen Industrienationen und der „Dritten Welt" entstehen sollte. Zu diesem Konflikt der Kulturen hat das Christentum als Wesenszug einer europäisch-abendländischen Kultur durch seine praktische Arbeit in den heutigen Entwicklungsländern beigetragen. Gleichzeitig wurde in den Missionsschulen eine neue, geistige Elite, die heute in den Entwicklungsländern wirtschaftliche und politische Macht besitzt, herangebildet.

Durch ihre Missionen versuchte die Kirche zu Beginn des zwanzigsten Jahrhunderts, als sie in ihrem überkommenen Sozialdenken verharrte, manchmal die in Europa verlorene, geistige Macht in den Kolonialreichen wiederzugewinnen.

Die praktische Arbeit der Missionen bezweckte also nicht nur die Verbreitung überlieferter geistiger Werte durch Bekehrung in einer von Europa aus neu erschlossenen Welt, sondern zugleich ein Wiedergewinn an ethischem Einfluss in einer laizisierten Gesellschaft.

212   Der ökumenische Gedanke (1910–1948)

Auf die Expansion des Christentums, der Religion der weissen Herren im Zuge der Kolonialpolitik folgte eine Reaktion im Sozialdenken, die im ideologischen Sinne als imperialistisch bezeichnet werden kann: Der ökumenische Gedanke überträgt die politische Idee des römischen Imperiums auf die Kirche. Schon das erste, ökumenische Konzil von Nicäa war nicht nur eine Versammlung von Bischöfen gewesen, sondern durch die Anwesenheit von Kaiser Konstantin, der durch die Einberufung eines christlichen Konzils sein Reich einigen und festigen wollte, eine Manifestation weltlicher, politischer Macht. *Oikumene* war in der ursprünglichen Bedeutung auch ein politischer Begriff, es hiess, „der gesamte, bewohnte (das heisst von der abendländischen, antiken Kultur berührte) Erdkreis", später das römische Imperium und erst danach die *Una Sancta,* beziehungsweise die Einheit der christlichen Kirche.[2] Seit der Reformation tauchte der Gedanke einer christlichen Einheit und einer vereinigten, christlichen Kirche immer wieder auf. In der modernen Bedeutung enthält er die Vision einer universalen, von der christlichen Einheit getragenen, kosmopolitisch-toleranten Gesellschaft. In dieser universalen Gesellschaft würde ein überkonfessionelles, internationales, praktisches und sozial aktives Christentum neu belebt. Den Anfang der konkreten Institutionalisierung dieses Gedankens bildete die erste Weltmissionskonferenz von Edinburg (1910), die den Internationalen Missionsrat gründete (vgl. Anhang, Abb. 6). Dies zeigt, dass die Missionstätigkeit die Annäherung der Kirchen in Europa zur Folge hatte. Von diesem Ausgangspunkt lassen sich in der ökumenischen Bewegung vier grosse Richtungen klar unterscheiden: Eine theologische, die in die interkonfessionelle Organisation „Glaube und Kirchenverfassung" mündete, und drei Bewegungen christlicher Praxis: Erstens der Internationale Missionsrat (IMR) und zweitens der Weltbund für Freundschaftsarbeit der Kirchen, der zur „Organisation für praktisches Christentum"

---

2   A history of the ecumenical movement, Vol. 1, hrsg. von *R. Rouse* und *S. Ch. Neil,* „The word ecumenical – its history and use", *W. A. Visser't Hooft,* Westminster Press, Philadelphia, 1954, S. 735–744.

wurde. Als dessen geistiger Vater gilt unbestritten der damalige Erzbischof von Schweden, *Nathan Söderblom,* der die erste Weltkonferenz für praktisches Christentum (Stockholm, 1925) massgeblich beeinflusste. Nach dem Erlebnis des Ersten Weltkrieges war *Söderblom* der erste, der konkret einen ökumenischen Zusammenschluss zur Stärkung der christlichen Einheit und der praktischen Hilfsdienste, die zur Entwicklungsarbeit werden sollten, vorgeschlagen hatte. Dass er als Kirchenführer zugleich einer neutralen Nation angehörte, darf auch nicht übersehen werden.

Als dritte praktische Bewegung werden die verschiedenen, schon im 19. Jahrhundert gegründeten christlichen Jugendbewegungen, wie die christlichen Vereine junger Männer und Frauen oder die Studentenvereinigungen, die sich im christlichen Studentenweltbund zusammengeschlossen hatten, betrachtet. Die christlichen Gewerkschaften drängten weniger stark auf den ökumenischen Zusammenschluss.

Unabhängig von diesen vier auf die Weltmissionskonferenz von Edinburg zurückzuführenden Bewegungen hatte die orthodoxe Kirche, ebenfalls nach dem Ersten Weltkrieg, in einer Enzyklika eine „Liga der Kirchen" nach dem Vorbild des Völkerbundes gefordert.

Als Folgerung kann ein neues Paradox in dieser Zeitperiode festgehalten werden: Die ökumenische Bewegung für die Einheit des Christentums ging grösstenteils von jenen Christen aus, die unter sich am stärksten zersplittert waren und keine oberste Autorität besassen, nämlich von den Kirchen der Reformation (evangelisch, lutherisch, protestantisch, kalvinistisch, „evangelikanisch", und was der Bezeichnungen mehr sind).

Die ökumenische Bewegung wurde nach 1927 durch die Weltwirtschaftskrise gebremst, und erst 1937 hielten „Glaube und Kirchenverfassung" und die Organisation für praktisches Christentum wieder internationale Konferenzen ab. Die zwei Bewegungen ernannten gemeinsam einen 14-köpfigen Ausschuss, der mit den Vorbereitungen für einen zu gründenden OeRK betraut wurde.

Der Zweite Weltkrieg unterbrach die offizielle Institutionalisierung der ökumenischen Bewegung, nicht jedoch deren Arbeiten, die trotz der Unmöglichkeit grosser, internationaler Zusammenkünfte weiterliefen. An der Konferenz von Utrecht (1938) lag die Verfassung des OeRK im Entwurf bereits vor — dennoch sollte es weitere zehn Jahre dauern, bis 1948 in Amsterdam der OeRK wirklich und einstimmig gegründet wurde. Es waren 147 Kirchen aus 14 Ländern vertreten (heute über 260 Kirchen); doch fehlten die eingeladenen Vertreter des Vatikans sowie Delegierte der russisch-orthodoxen Kirchen. Orthodoxe Vertreter aus Griechenland, dem Nahen Osten, und der Diaspora nahmen jedoch an der Versammlung teil.

Rückblickend darf gesagt werden, dass der OeRK aus folgenden Veränderungen im Sozialdenken der Kirchen entstand:

Von 1910—1948 setzte sich erstens die Erkenntnis durch, dass die praktische Anwendung eines echten Christentums nicht in der Aussendung von Missionen zur Bekehrung in fremden Kontinenten bestand, sondern in einer europäisch-westlichen Institutionalisierung einer abstrakten Einheitsidee. Diese Einheit sollte nicht Endzweck, sondern ein neuer Anfang eines andersartigen Dienstes sein, der über die Nachkriegshilfe an Flüchtlinge und Vertriebene zum „Weltdienst" eines guten Beispiels der Menschlichkeit *ohne* direkte Evangelisierung, *ohne* „Mission" im ursprünglichen Sinne, werden sollte. Zweitens wurde in der Verfassung des OeRK betont, dass die neue Organisation eine „Gemeinschaft von Kirchen", also keine Vereinigung, kein supranationaler Zusammenschluss, keine „Superkirche" darstellen würde. Im Gegenteil behielt sich jedes Gründungsmitglied das autonome Entscheidungsrecht und die Beibehaltung seiner theologischen Traditionen, die sich natürlich langsam ökumenisch wandeln konnten, vor.

Drittens erschien auch der institutionelle Zusammenschluss, gleich wie die Aussendung der Missionen in die Kolonialreiche, als Reaktion auf den Verlust an geistigem Einfluss und Ansehen der Kirche als Institution innerhalb der Gesellschaft: Ob nicht durch den OeRK den Kirchen unter sich ein neuer Weg zur Stärke durch Einigkeit vorgezeichnet wurde? Wollte die Kirche als Institution nicht in den Kolonien und in Europa zugleich zeigen, dass sie weiterhin relevant und glaubwürdig sein kann? Hatte nicht etwa der Zusammenstoss mit fremden Kulturen zu einer institutionellen Annäherung der Christen mit einem neuen Zugehörigkeitsgefühl innerhalb einer neuen, unendlich vielfältigen Gesellschaft geführt?

Viertens ermöglichte und erleichterte der OeRK als Zentralorganisation die sich verstärkende internationale Zusammenarbeit, sowohl in der „zwischenkirchlichen Hilfe", wie auch auf den „weltlichen" Gebieten der Erziehung, des Gesundheitswesens und des Flüchtlingsdienstes.

213 Das Sozialdenken in der Konsolidierungsphase des OeRK (1948—1961)

In der unmittelbaren Nachkriegszeit bestand die praktische Sozialarbeit des neuen OeRK vorerst in der Flüchtlingshilfe in Europa, aber auch schon in Palästina. Vom OeRK unabhängig führte der IMR seinerseits seine Tätigkeit in anderen Kontinenten fort.

Erst 1954, anlässlich der 2. Vollversammlung des OeRK in Evanston schloss sich der IMR enger an den OeRK an, bis er in Neu Dehli, an der dritten Vollversammlung als autonome Abteilung (DMWE) im OeRK integriert wurde. Der vom OeRK geprägte Begriff der „verantwortlichen Gesellschaft" bedeutete im Sozialdenken eine Hilfspflicht gegenüber den Entwicklungsländern, die damals noch „in raschem Wandel befindliche Gebiete" genannt wurden.

1955 befasste sich die Tagung des Zentralausschusses in Davos zum erstenmal mit dem Problem der Entwicklungsländer im heutigen Sinne. „Diakonia" (Liebesdienst), das heisst praktisch angewandtes Christentum für Entwicklungshilfe, wurde betont. Projekte für Nahrungsmittel und Katastrophenhilfe, wurden bewilligt. Es gab also nicht nur zwischenkirchliche Hilfe, sondern bereits Entwicklungshilfe im modernen Sinne.

Ein Jahr später (1956) wurden von einem paritätischen Ausschuss des OeRK und des IMR die Kriterien für die Annahme von Projekten, die sogenannten „Herrenalb-Kategorien" festgelegt. Das war für das Sozialdenken und den Beitrag des OeRK zur modernen Entwicklungsarbeit von entscheidender Bedeutung. Denn obwohl danach viele Definitionen von „Entwicklung" auftauchten, kann man aus den „Herrenalb-Kategorien" bereits die für diese Arbeit gewählte und gültige Begriffsbestimmung für „Entwicklung" ableiten: Entwicklung im ökumenischen Sozialdenken bedeutet „die Zunahme wirtschaftlicher und kultureller Güter mit aktiver Eingliederung der Bevölkerungen in diesen Prozess"[3]. Dementsprechend ist die Entwicklung ein ständiger, unaufhörlicher Vorgang mit einer sozialen Zielsetzung. In dieser Arbeit wurde ferner der neuere Begriff „Entwicklungsarbeit" und nicht der noch geläufigere „Entwicklungshilfe" benützt, weil die „Entwicklungshilfe" stets das Diakonale, eher Paternalistische des Sozialdenkens in der Konsolidierungsphase einschliesst, das politisch in der „Dritten Welt" oft als „neokolonialistisch" verurteilt wird. „Entwicklungsarbeit" entspricht im Gegensatz dazu der nach 1961 aufkommenden Einsicht, dass die Entwicklungsbemühungen in einer Zusammenarbeit, einer Partnerschaft zwischen lokaler Bevölkerung (mit Eigenleistung) und Projektstab sowie zwischen Einzelmensch und Institution bestehen müssen. Zu diesen Definitionen gehört auch eine Erklärung zum oftmals global verwendeten Begriff „Dritte Welt", der in der Zeit von 1948—1961 allmählich aufzutauchen begann und heute allgemein verwendet wird. Der Ausdruck ist irreführend, weil er eine grobe Simplifizierung bedeutet. Denn die Entwicklungsländer Afrikas, Asiens und Lateinamerikas weisen solch uneinheitliche Entwicklungsstufen und Sozialstrukturen auf, dass man sie niemals in einem Begriff zusammenfassen sollte. Diese Einschränkung darf bei der Lektüre der Arbeit nicht übersehen werden. Überdies werden zum Beispiel die Entwicklungsprojekte des OeRK in europäischen Nationen wie Griechenland oder Italien nicht behandelt, obwohl man sich fragen kann, ob gewisse Regionen dieser Länder nicht auch zu den „Entwicklungsländern" gehören. Doch sollte die Auswahl der ökumenischen

---

3 F. Houtart, E. de Vries, Eglises et Développement, Centre de documentation sur l'action des églises dans le monde, Bruxelles, 1970, (polykopiert), S. 15, S. 359.

Projekttypen (Kap. 32) ein notwendigerweise gestrafftes, möglichst deutliches und zugleich vielfältiges Bild der Entwicklungsarbeit des OeRK vermitteln.

Mit den eben definierten Begriffen setzte sich die Dritte Vollversammlung des OeRK, die 1961 in Neu Dehli (bezeichnenderweise erstmals in einem Entwicklungsland) stattfand, auseinander. Sie beschäftigte sich intensiv mit den sozialethischen Grundlagen und der praktischen Durchführung von Entwicklungsvorhaben. Ein Ausschuss behandelte den durch die koloniale Berührung entstandenen Konflikte der Kulturen zwischen neuen und alten Nationen, und definierte Kultur als ein geschlossenes Ganzes von Ideen, Traditionen, Institutionen und Sitten, die Lebensgestaltung einer Gesellschaft, die im allgemeinen um eine religiöse Überzeugung gruppiert ist. Die Mission hätte einen Zusammenstoss von Loyalitäten verursacht, während die Entwicklungsarbeit im Unterschied dazu eine Kultur organisch wachsen lassen, nicht aufzwingen wollte. Im Begriff der „verantwortlichen Gesellschaft" lag die Behandlung von Fragen der Freiheit, Ordnung und Machtverteilung, die von einem sozialethischen Problem zu einer politischen Spannung werden sollten. Soviel zu den sozialethischen Grundlagen der Entwicklungsarbeit.

Für die praktische Durchführung von Projekten wurden Einrichtungen geschaffen wie die freiwilligen Entwicklungshelfer (fraternal workers), das Referat für materielle Hilfe und der technische Beratungsdienst (SASP, nach Uppsala 1968 ACTS) für schwierig durchführbare Projekte. Damit war der Übergang von der Flüchtlings- und Nothilfe, einschliesslich der zwischenkirchlichen Hilfe, zur Entwicklungsarbeit im modernen Sinne theoretisch und praktisch abgeschlossen. Und die neu benannte Abteilung für zwischenkirchliche Hilfe, Flüchtlings- und Weltdienst (DICARWS) begann auch institutionell zum grössten Organ des OeRK zu werden.

Die Vollversammlung von Neu Dehli markierte einen neuen Aufschwung des OeRK zugunsten der Entwicklungsarbeit und deshalb wurde das Jahr 1961 als Beginn der gründlicher untersuchten Periode für die Projekte des OeRK, die bis 1971 reicht, gewählt. Dieser institutionell verwirklichte Umschwung ist zum grössten Teil auf den langsamen Wandel im ökumenischen Sozialdenken zurückzuführen.

214 Das Sozialdenken im OeRK von 1961–1971

In dieser Periode wird das Sozialdenken im OeRK nacheinander von zwei ganz unterschiedlichen geistigen Strömungen verändert: vom Zweiten Vatikanischen Konzil (11. 10. 1972–8. 12. 1965) und von der UNCTAD (gegründet 30. 12. 1964, Konferenz in Neu Dehli 1968).

Die grosse Bedeutung des Zweiten Vatikanischen Konzils für die christliche Sozialethik wird später noch eingehender behandelt. Hier werden nur die konkreten, institutionellen Ergebnisse des Wandels im Sozialdenken des Vatikans herausgestellt. Von 1948 bis zum Pontifikat *Johannes XXIII.* stand der Vatikan dem OeRK sehr reserviert, oft auch ablehnend gegenüber. *Johannes XXIII.* schuf das Sekretariat für christliche Einheit unter Kardinal *Bea*, später unter Kardinal *Jan Willebrands*. 1961 nahmen erstmals römisch-katholische Beobachter an einer ökumenischen Vollversammlung teil, und umgekehrt wurden Vertreter des OeRK und von dessen Mitgliedskirchen zu dem Vatikanischen Konzil eingeladen. Diese Beziehungen wurden im OeRK hoffnungsvoll als „vielversprechendes Chaos" bezeichnet. Das Dekret „De oecumenismo" zeigt, dass der Vatikan den OeRK nicht mehr als unmittelbaren, geistigen und politischen Rivalen auffasste, sondern eine ökumenische Zusammenarbeit wenigstens voraussah. Doch mit dem Pontifikat *Pauls VI.* wurden die Beziehungen wieder distanzierter. Der Papst unterstrich mit Nachdruck seine eigene, persönliche Autorität. Eben dieses Pochen auf Gehorsam innerhalb eines traditionsgemäss monolithischen Hierarchieaufbaus schien die ersten Anzeichen der Vertrauenskrise, die ersten Risse im Gebäude der römisch-katholischen Kirche ausgelöst zu haben. Trotz dieser Krisenanzeichen und der sich abzeichnenden Verengung der ökumenischen Öffnung der obersten Autorität führte Kardinal *Bea* seine Einheitsbestrebungen fort, und der Zentralausschuss des OeRK (Eunugu, 12.–21. Januar 1965) entschloss sich trotz gewisser Rückschläge, den Vertretern des Vatikans (damals Bischof *Willebrands*) die Schaffung eines paritätischen Ausschusses vorzuschlagen. Im Januar 1968 entstand daraus der Ausschuss für Gesellschaft, Entwicklung und Frieden (SODEPAX) als erstes, offizielles Verbindungsorgan zwischen der römisch-katholischen Kirchenleitung und dem OeRK. Bezeichnenderweise besprach dieser, von Seiten des OeRK vielleicht mit allzu grossen Erwartungen begrüsste Ausschuss, nicht die schwierigen, seit Jahrhunderten trennenden theologischen Fragen, sondern Erfahrungen in der Entwicklungsarbeit. Auf diesem Gebiet hatten katholische und protestantische Hilfsorganisationen schon praktisch zusammengearbeitet, *bevor* die offiziellen Beziehungen auf „höchster Ebene" institutionalisiert worden waren. Diese Zusammenarbeit sollte durch SODEPAX belebt, unterstützt und weitergeführt werden. Das Ende des Jahrzehnts lässt jedoch eine andere Tendenz erkennen.

Es scheint als ob die Spitze der katholischen Kirche nicht wünscht, dass SODEPAX wirklich einflussreich oder praktisch in der Projektarbeit aktiv wird[4]. So könnte man ironischerweise sagen, dass die praktische Zusammenarbeit zwischen katholischen und protestantischen Hilfswerken und Entwicklungsorganisationen in der „Dritten Welt" *trotz* des Bestehens von SODEPAX

---

4   Die Autorin hatte Gelegenheit, das diplomatische Geschick und die reichhaltige Erfahrung in der Entwicklungsarbeit der katholischen Vertreter im SODEPAX zu

verstärkt und erweitert werden konnte. Der Einfluss des OeRK auf die UNCTAD geht vom Wirtschaftssozialismus der KKIA aus. Die KKIA hatte an ihrer Tagung in Bangalore 1961 ein Dokument ausgearbeitet[5], das bereits Massnahmen zur Verringerung der Schwankungen von Rohstoffpreisen zugunsten der Entwicklungsländer und „Handel zur Entwicklung" sowie zur Steigerung der Beschäftigung, vorsah. Schon früher, nämlich 1958, hatte die KKIA dem Zentralausschuss empfohlen, zu erklären, dass 1 % des Nationaleinkommens der Industrieländer für die Entwicklungshilfe verwendet werden sollte. Dieser Gedanke wurde später in verschiedenen Entschliessungen der UNO und der UNCTAD wieder aufgenommen. Die UNCTAD pflegt ihrerseits enge Kontakte mit dem OeRK, und dessen Vertreter gaben in Neu Dehli und in Santiago Erklärungen ab, die im christlichen Sozialdenken mit den weltwirtschaftlichen Forderungen der UNCTAD übereinstimmten. Diese drei äusseren Einflüsse können in den vier „Fixpunkten" des ökumenischen Sozialdenkens nach 1961 verfolgt werden. Als Fixpunkte gelten die Konferenz für Kirche und Gesellschaft (1966), die erste ökumenische Entwicklungskonferenz von Beirut (April 1968), die vierte Vollversammlung von Uppsala (Juli 1968) und die Konferenz über ökumenische Unterstützung für Entwicklungsprojekte (Montreux, Januar 1970).

Im Konferenzbericht „Appell an die Kirchen der Welt" (1966) wird das *Mitsein* der Kirchen in der Welt betont, das durch ökumenische Projekte offensichtlich war. Verschiedene Vertreter aus der „Dritten Welt" (es war die erste Konferenz, an der weitaus mehr Laien als Theologen teilnahmen) hielten sehr linksradikal gerichtete Vorträge, in denen zum Beispiel die Volksrepublik China als einziges, vorbildliches Modell eines Entwicklungslandes gepriesen wurde oder der Mensch als Vorkämpfer für eine verantwortliche Gesellschaft, als Revolutionär, gesehen wurde. Die gemässigten Stimmen sahen in der Entwicklungsarbeit ein notwendiges Opfer der Kirchen und der westlichen, reichen Gesellschaft. Die Entwicklungsarbeit sollte nicht nur quantitativ, sondern auch qualitativ verbessert werden. Zu diesem Zweck wurden Experten beigezogen. Doch der OeRK war mit deren wissenschaftlichen Methoden und Techniken noch derart unvertraut, dass er aus ihrer Beiziehung und Beratung noch nicht viel erfassen und erlernen konnte. Der OeRK hatte eine reiche, praktische Erfahrung, die aber noch nicht in international diskutierten Methodologien ihren Niederschlag gefunden hatte.

---

bewundern. Dennoch kann man sich des Eindrucks nicht erwehren, dass diese „Praktiker" oft nicht mit der offiziellen Sozialdoktrin des Vatikans einig gehen, und durch höhere geordnete Autoritäten an einer von ihnen gewünschten, engeren Zusammenarbeit mit dem OeRK gehindert werden.

5 A history of the Ecumenical Movement, Vol. 2, 1948–1968, hrsg. von *H. E. Fey*, London, Philadelphia, 1970, S. 281/282.

Die Konferenz von Beirut verlangte schon mehr als das Mitsein der Kirchen in der Gesellschaft: Für sie stellte die Entwicklung eine offene Herausforderung an die Kirchen dar, die ihre „verantwortliche Haushälterschaft" ausüben mussten, um eine gerechte Verteilung der Güter in dieser Welt zu erwirken.

In Uppsala (1968) wurden schon die ersten Stimmen der Selbstkritik laut. Hatten die Kirchen überhaupt zur Entwicklung beigetragen? Die Misserfolge seien durch einen allzu optimistischen Glauben an die Entwicklung und durch mangelnde Koordinierung verursacht worden. Obschon im OeRK auch ein auf die Massen gerichtetes Sozialdenken entstanden war, blieb man in der Projektarbeit paradoxerweise dem elitären Prinzip treu – und das hatte, – vielleicht ebenfalls paradoxerweise – oft zum Erfolg geführt. Von Uppsala an sollte jedoch die kirchliche Entwicklungsarbeit der Verwirklichung der sozialen Gerechtigkeit dienen, die als ein schwer erreichbares Fernziel erkannt wurde.

Zwei Jahre später (1970) wurde die Entwicklungsarbeit in Montreux als Bewusstseinsbildung *(Conscientización)*, als Befreiung von subhumanen Bedingungen aufgefasst. Hier zeigte sich der politische Einfluss der revolutionären Bewegungen, besonders aus Lateinamerika, der eine Krise innerhalb des OeRK auslösen sollte.

Denn die Entwicklung käme demnach nicht mehr als friedlicher, sozialer Wandel, als Versöhnung zwischen sozial verschiedenen Schichten zustande, sondern als *ultima ratio* auch auf dem Wege der Revolution mit Gewaltanwendung. Die radikalste Richtung verehrte den linksradikalen Priester *Camillo Torres,* der in Kolumbien als Guerilla gefallen war.

Zusammenfassend können im Sozialdenken des OeRK im ersten Entwicklungsjahrzehnt folgende Veränderungen festgehalten werden: Das vom Zweiten Vatikanum stark beeinflusste Gesellschaftsethos wurde zusehends „weltlicher" und „politischer". Doch die Radikalisierung wurde, wie später beim PCR, durch die konservativen Elemente gebremst, so dass der OeRK sich zu Ende des Jahrzehnts 1961–1971 nicht restlos mit den katholischen, lateinamerikanischen Bewegungen identifizierte. Er verteidigte fraglos die weltwirtschaftlichen Forderungen der „Dritten Welt", hielt aber zugleich an den übernommenen, kulturellen, politischen, institutionellen und ethischen Werten (individuelle Verantwortung, Demokratie, Staatsgedanke, freiheitliche Gesellschaftsordnung) der westlichen Industrienationen fest, die in der „Dritten Welt" nicht unbedingt weit verbreitet waren. Denn diese historisch und organisch gewachsenen ethischen Werte konnten selbst bei zunehmender Universalität nicht einfach über Bord geworfen werden.

Die Veränderungen im Sozialdenken wurden natürlich auch durch den Wandel in der politischen Ausrichtung des OeRK geprägt. Sozialethos und Politik stehen in einer ständigen Wechselbeziehung und wurden hier nur wegen der Klarheit der Darstellung voneinander getrennt. Im folgenden wird für dieselben Perioden die politische Ausrichtung des OeRK beschrieben, welche ebenfalls zu den Grundlagen des ökumenischen Entwicklungsbeitrages gehört.

22 Die Veränderungen in der politischen Ausrichtung des OeRK

221 Die politische Ausrichtung der Kirchen zu Beginn des zwanzigsten Jahrhunderts

Der Wandel in der politischen Ausrichtung der Kirchen ergab sich aus der neuartigen, historischen Situation und zugleich aus den Veränderungen im kirchlichen Sozialdenken.

Wie im Sozialdenken lässt sich auch in der politischen Ausrichtung der Kirche als Institution um die Jahrhundertwende ein Paradox erkennen: In Europa blieb die Kirche mehrheitlich eine politisch reaktionäre Kraft, die gegen den Wirtschaftsliberalismus und gegen die Laizisierungsgesetze der Regierungen opponierte[6]. Dessen ungeachtet schloss sie mit denselben antiklerikalen Regierungen einen politischen Bund, durch den ihr eine beinahe vollkommene Monopolstellung im Erziehungs- und Gesundheitswesen in den Kolonien übertragen wurde. Dies war sowohl für den Staat, der dadurch finanziell entlastet wurde, als auch für die Kirche, die ihren geistigen Machtanspruch in den Kolonien geltend machen konnte, von Vorteil. Dieses Paradox war die Ursache einer seltsam widersprüchlichen Ethik während der Kolonisierung: Die Kirche widersetzte sich in Europa der Politik des „aufgeklärten Selbstinteresses" der kapitalistischen Staaten, in deren System sie dennoch ein wichtiger Bestandteil war. In den Kolonien hingegen rivalisierten die Missionen vielerorts, genau wie die Grossmächte, um die Erweiterung ihrer „Einflusssphären".

Der Gegensatz zwischen reaktionären Kräften innerhalb der Kirche und den damals sehr fortschrittlichen Aktionen derselben Kirchen in den Kolonien lässt erkennen, dass das Evangelium auch den Keim revolutionärer Kräfte in sich birgt.

Ein Beispiel für die Rivalitäten[7] unter verschiedenen Missionsgesellschaften war die bis nach dem Ersten Weltkrieg deutsche Kolonie Tanganjika (heute

---

6 Vgl. Documents d'histoire vivante, Dossier V, fiches 35–37, „L'église, force de réaction".
7 *Houtart/de Vries,* S. 255–270.

Tansania), in der bei Übernahme des deutschen Mandats durch Grossbritannien 28 protestantische und 17 katholische Missionen arbeiteten! Im „Kolonialrat" waren die Missionen vertreten, erhielten aber vom Deutschen Reich keine Gelder für ihre Schulen, welche die einzigen im Lande waren. Die Rivalitäten ergaben sich aus dem Unterschied zwischen reicheren und ärmeren Missionen (im allgemeinen stand den katholischen Missionsgesellschaften mehr Geld zur Verfügung), und aufgrund des Standortes der Schulen. Die „Buschschulen" waren in jeder Hinsicht gegenüber den in grösseren Marktflekken errichteten Erziehungsanstalten benachteiligt. Um die Rivalitäten abzuschwächen und die Missionen im Erziehungswesen zu verpflichten, schloss die deutsche Staatsverwaltung 1900 mit allen Missionen ein Abkommen ab. Doch die Uneinigkeit unter den Missionen ging bis 1936 weiter. Selbst nach der Unabhängigkeit Tansanias (1961), als die UNESCO ein Schulsystem einrichten wollte, und bis 1963, als der Staatspräsident die Kirchen um ihre Mithilfe im Erziehungswesen ersuchte, gab es noch keine echte Zusammenarbeit zwischen den Missionen. Ein Grund mag vielleicht darin liegen, dass jede Missionsgesellschaft eine autonome Leitung hatte, und diese Vielfalt der Entscheidungszentren eine institutionelle Koordinierung erschwerte.

Es gab jedoch auch Beispiele, wie China, wo sich bereits zu Beginn des Jahrhunderts Vereinigungsbestrebungen unter Christen abzeichneten, die später zur Gründung nationaler Christenräte führen sollte.

Schliesslich ist noch zu erwähnen, dass das Unfehlbarkeitsdogma des Papstes in Europa politische Aktionen gegen die römisch-katholische Kirche ausgelöst hatte. Doch diese hatte das Dogma weder aufgegeben, noch eingeschränkt. Die römisch-katholische Kirche blieb also politisch konservativ ausgerichtet.

Auch die protestantischen Kirchen waren politisch nach ihrer Metropole orientiert und folgten in Europa selbst der imperialistischen Grossmachtpolitik. Sie hatten sich einer konservativen Macht- und Wirtschaftselite weitgehend angeschlossen.

222   Die Veränderungen in der politischen Ausrichtung von 1920–1948

Mit der Belebung der ökumenischen Idee und ihrer praktischen Umsetzung in die ökumenische Bewegung setzte sich auch im politischen Denken der nationalen Kirchen das Vertrauen auf internationale Organisationen als Garanten des Friedens allmählich durch. Die neue Weltordnung, charakterisiert durch den Völkerbund, entsprach der politischen Quintessenz der „Oikumene", eines geistigen, abendländisch-christlich zentrierten Imperiums. Die Gründung des Völkerbundes erschien somit auch den Kirchen als grosse, friedenssichernde Leistung. Die christlichen Jugend- und Studentenbewegungen trugen das ihre zur Internationalisierung des politischen Denkens der Kirche bei. Schon in den dreissiger Jahren waren die Kirchen nicht mehr unbedingt metropoleorientiert oder nationalistisch, sondern begannen, sich *füreinander* zu interessieren. Gleichzeitig festigten sich die konfessionellen Weltbünde wie der Lutherische Weltbund[8] oder die Weltallianz der reformierten Kirchen[9]. Die Kirche wollte also politisch sogar supranational sein[10]. Inmitten der neuen Welle nationalistischen Denkens gelang ihr das sogar bis 1937 (Konferenz der Bewegung für praktisches Christentum in Oxford). Sie hatte zum Beispiel die vom nationalsozialistischen Regime erwünschte Gründung einer getrennten Kirche für nicht arische Christen erfolgreich verhindert[11].

Mit der politischen Idee der Supranationalität begann sich gleichzeitig der Kampf gegen eine Rassendiskriminierung durchzusetzen. Diese beiden politischen Prinzipien näherten sich ihrerseits wieder dem Sozialdenken an, dessen institutioneller Niederschlag das Internationale Soziale Christliche Institut in Genf war, das mit der IAO und dem Völkerbund zusammenarbeitete.

An der Konferenz in Oxford (425 Vertreter aus 40 Ländern) nahmen die deutschen Kirchenführer (wie zum Beispiel Pastor *Niemöller*), die massgeblich an deren Vorbereitungen mitgewirkt hatten, schon nicht mehr teil, weil sie keine Ausreiseerlaubnis erhalten hatten, bereits unter Bewachung standen oder in Haft waren. Die drei teilnehmenden Deutschen (ein Methodist und zwei Baptisten) äusserten sich ziemlich regimegetreu und stammten aus kleinen Freikirchen, deren Haltung keinen innen- oder aussenpolitischen Einfluss hatte. Die Konferenz von Oxford war mutig genug, eine deutliche Erklärung über die Unabhängigkeit der Kirche gegenüber dem Staat abzugeben[12]. Die Kirche müsse ihre Aufgabe (Gottesdienst, Predigt, Lehren und Seelsorge) erfüllen, selbst wenn der Staat ihre Tätigkeit nicht billigte. 1938, als die Drohung des Zweiten Weltkrieges schon deutlich von allen erkannt werden konnte, schufen die Führer der ökumenischen Bewegung (nach der Konferenz von Utrecht) die institutionellen und völkerrechtlichen Grundlagen des nach dem Kriege offiziell gegründeten OeRK. Persönlichkeiten wie *Temple* (Erzbischof von York), Dr. *Marc Boegner* (ein französischer Protestant) und Dr. *Willem A. Visser't Hooft*, erster Generalsekretär des OeRK, erhielten die Beziehungen zwischen den Kirchen auch unter den erschwerten,

---

8   A history of the Ecumenical Movement, Vol. I, S. 615–616.
9   ibid., S. 613.
10 ibid., S. 577–787.
11 ibid., S. 577.
12 ibid., S. 591.

politischen Bedingungen der Kriegszeit aufrecht[13]. Dennoch versagte auch die Kirche als *politische* Kraft in jener ideologischen Verblendung, die den Zweiten Weltkrieg entstehen liess: Ob es für sie existenziell zu gefährdend war, politisch allzu aktiv zu werden, oder ob sie im Gegenteil die gefährlichen Auswüchse der neuen Regime erst zu spät erkannt hatte, bleibe dahingestellt. Immerhin trug auch diese politische Erfahrung für die Kirchen in ihrer eingangs erwähnten aktiven Rolle sowie die Erkenntnis ihrer eigenen Schwäche und der Uneinigkeit des Christentums in ausschlaggebender Weise zur Gründung des OeRK nach Kriegsende bei.

Im politischen Denken der Kirche beruhte die Gründung des OeRK auf der aus der Schwäche und Unfähigkeit des Völkerbundsystems abgeleiteten, realistischen Erkenntnis, dass die *internationale,* kirchliche Zusammenarbeit möglich war, wenn kein *supranationaler,* kirchlicher Zusammenschluss stattfand, sondern jede Mitgliedskirche als autonomes, *nationales* Element mit eigenen Traditionen ein Glied der neuen Gemeinschaft werden konnte.

In der gesamten Periode 1920–1948 hatte der IMR die ökumenische, politische Ausrichtung deutlich beeinflusst. Noch bevor die Entkolonisierung zur politischen Realität wurde, hatten sich junge, christliche Kirchen in den Ländern der heutigen „Dritten Welt" selbständig gemacht. Hiermit wurde das Christentum in einem gewissen Masse entwestlicht und dadurch universaler. Die „Oikumene" als „christliches Imperium" war schon zur *politischen* Wirklichkeit geworden.

Nur in der Skala der geistigen Werte blieb eine, wenn auch verminderte, abendländische Dominanz bestehen.

Doch darf man sich die berechtigte Frage stellen, ob nicht die Universalität dem Einheitsgedanken wiederum abträglich war. Zweifelsohne waren die an den Konferenzen der dreissiger Jahre teilnehmenden Delegierten aus der, sich rapide entwickelnden „Dritten Welt" als politische Kraft eine geistige Bereicherung. Eigentlich eröffneten diese praktisch das weite Tätigkeitsfeld der modernen Entwicklungsarbeit, indem sie die später für den Erfolg der Projekte so ausschlaggebenden, lokalen Kontakte schufen. Zu dieser Periode gehört auch die Frage, ob die Kirchen wirklich ihren Einfluss über die „westliche Seele" verloren hatten, weil sie in einer industriellen und überwiegend materiell ausgerichteten Gesellschaft keine aktive oder kontemplative Rolle mehr spielen konnten. Dies würde bedeuten, dass sich die Kirchen eher aus machtpolitischen Gründen in den Kolonien eingesetzt hätten. Es gibt

---

[13] NZZ, Nr. 460, 4. Oktober 1970, „Politisches Engagement der Oekumene". Dieser Artikel ist eine Kritik zweier Dissertationen, die das politische Engagement ökumenisch gesinnter Persönlichkeiten *vor* 1948 behandelt.

Autoren, die diese Frage bejahen. Andere nuancieren ihre Antwort [14], mit der Begründung, dass die Erhaltung ständiger („ewiger") Werte den Kirchen immer wichtiger gewesen sei, als der politische Machtanspruch.

Dazu ist zu bemerken, dass man historisch und auch heute noch zwei politische Denkarten innerhalb der Kirche als Gesamtinstitution unterscheiden muss: Den Auftrag der christlichen Sendung (Mission) und die praktische, aktive ökumenische Bewegung, die stärker diesseitsgerichtet ist. Die politische Tatsache, dass sich die aus den Missionsgesellschaften entstandenen, jungen Kirchen, die sich von der „Muttermission" gelöst hatten, nun dem OeRK anschlossen, verstärkt die „Diesseitigkeit" des beginnenden Weltdienstes für Entwicklung im OeRK.

Die ökumenische Bewegung im industrialisierten Westen war als neue Form kirchlicher Präsenz bedeutungsvoll geworden. Sie hatte demnach scheinbar eher verloren gegangenes Terrain im industrialisierten Westen wiedergewonnen, während die Missionen zu Ende der Periode an Bedeutung in der „Dritten Welt" eingebüsst hatten.

Die Mitgliedschaft der jungen Kirchen im OeRK bedeutete andererseits für die ökumenische Bewegung sicherlich einen geistigen Einfluss, aber weniger eine Erweiterung der politischen Macht, weil die Christen in den ehemaligen Kolonien meist nur Minderheiten (wenn auch oft Eliten) waren. Abschliessend kann festgehalten werden, dass diese Zeitspanne den Wandel im politischen Denken vom Glauben an die Supranationalität zur Annahme der Realität einer Inter-Nationalität und Trans-Nationalität in der ökumenischen Bewegung veranschaulicht.

Die Weiterentwicklung nach der Gründung des OeRK fällt in die Periode der politischen Entkolonisierung, die nachstehend beschrieben wird.

223 Die politische Ausrichtung des OeRK in der Periode der Entkolonisierung (1948–1961)

Während der Zeit der politischen Entkolonisierung ist eine Zweiteilung in der Darstellung notwendig: Zuerst wird die politische Haltung der neuen, nationalen Kirchen geschildert, und anschliessend die politische Ausrichtung in der Zentrale.

Durch die Entkolonisierung „verwaisten" die ausländischen Missionen endgültig und verloren durch die bereits entstandenen oder im Entstehen

---

14 Z.B. Les églises chrétiennes et la décolonisation, hrsg. von *M. Merle*, Cahiers de la fondation nationale des sciences politiques, Paris, 1967, S. 519 ff.

begriffenen nationalen Kirchen an Bedeutung. Selbst dort wo sie weiterarbeiteten löste sich die zentristische Bindung an die Muttermission, sowohl in der politischen Ausrichtung als auch in der praktischen Arbeit. Den nationalen Christenräten der neuen Kirchen stand politisch die Wahl offen: Sie konnten sich entweder für die nationale Unabhängigkeit von der Kolonialmacht einsetzen, oder, aus Furcht vor dem Verlust ihrer kolonialen Privilegien, die Unabhängigkeitsbestrebungen bekämpfen. Für beide Haltungen gibt es historische Beispiele. In Indonesien setzten sich die protestantischen Kirchen und auch die weniger verbreitete katholische Kirche von der Unabhängigkeit (1945) bis zum Staatsstreich von 1965 aktiv für den Aufbau der Nation ein [15]. Sie unterstützten die nationalistische Bewegung und die Armee gegen andere politische Kräfte, die muselmanische und die kommunistische Partei.

Letztere waren ja auch die gefährlichsten, „ideologischen" Gegner der Kirchen. Als einzige, christliche Kirchen in Asien, gründeten sie politische Parteien (*Partai Katholik* und die protestantische *Parkindo*).

Sie verteidigten innenpolitisch die Wahrung der Lokalsprachen und nach der japanischen, „anti-christlichen" Besetzung die Wiedergeburt der einheimischen Kulturen. Ferner verfügten sie über technische Entwicklungsdienste, die sie der Regierung zur Verfügung stellten, und arbeiteten an der Aufstellung der Unterrichtspläne mit obligatorischer Religionsunterweisung (in allen in Indonesien vertretenen Religionen) mit. So blieben sie eine aktive, soziale und politische Kraft innerhalb des neuen Staatssystems, ohne allzu ausschliessliche Ausrichtung auf eine kleine Elite. Ganz anders war die Haltung der Christen in Indien [16]. Bei der Unabhängigkeit (1947) besassen die christlichen Institutionen koloniale Privilegien, weil sie unter anderem eine Klasse von einheimischen Beamten für die englische Administration auszubilden hatten. Da die Christen insgesamt nur eine verschwindend kleine Minderheit ausmachten (1961 2,1 % der Gesamtbevölkerung), fühlten sie sich in einem solchen Vielvölker- und Vielkulturenstaat in ihrer Identität bedroht und zeigten eine Tendenz, sich abzukapseln. Ihre Schulen waren stark elitär ausgerichtet, jedoch andererseits für ihre Qualität so bekannt, dass sie staatliche und ausländische Gelder erhielten. Während der Kolonialzeit waren die christlichen Institutionen die ersten gewesen, die gemäss des Grundsatzes der Nichtdiskriminierung „Unberührbare" aufgenommen hatten. Unmittelbar nach der Unabhängigkeit zeigten sie im Gegenteil eine gewisse Bevorzugung für Christen. Bis 1961 waren sie jedoch wiederum ein Teil der „Nation" geworden und berieten ebenfalls bei der Erziehungsreform mit.

---

15 *Houtart/de Vries*, S. 241–254.
16 ibid., m S. 220–240.

In der Zentrale des OeRK wurde die politische Ausrichtung vom „Kalten Krieg" beeinflusst. Auf der zweiten Vollversammlung in Evanston wurde viel vom „Dritten Weg" gesprochen, der vom OeRK zwischen Sozialismus und Kapitalismus beschritten werden sollte. [17]

Dieser „Dritte Weg" war ein Bekenntnis zur politischen Blockfreiheit und damit zur Universalität. Das Christentum sollte politisch an kein Gesellschaftssystem, keine bestimmte Kultur oder Wirtschaftsstruktur gebunden sein, sondern durch die allgemein gültige, jedoch anpassungsfähige Ethik universal bleiben.

Der Einfluss der Vertreter neu gegründeter Kirchen in der „Dritten Welt" auf die Vollversammlung in Evanston war um so eindrücklicher, als deren Forderungen nicht von „Aussenstehenden" erhoben wurden, sondern von „Brüdern", von Mitchristen, die auch zur Organisation des OeRK gehörten. Wegen der eingangs erwähnten, gemeinsamen, ethischen Grundlage hatten ihre Anklagen gegen den Kolonialismus mehr Gewicht und galten sozusagen als Kritik von *innen*. Im Vergleich dazu werden in einer nur völkerrechtlich begründeten, regierungsvertretenden Organisation die Vertreter der „Dritten Welt" oft höflich angehört, ohne dass die Kritik als *organisationsintern* aufgefasst wird, sondern als Anklage derer, die nicht unbedingt „zum System" gehören.

Bis zur dritten Vollversammlung in Neu Dehli hatte sich diese politische Haltung verstärkt: Durch die Erweiterung der praktischen Entwicklungsdienste war der OeRK politisch nicht einheitlicher, aber wirklich universal geworden. Der Beitritt des IMR war ein politischer Beweis für diese Universalität. Die Vertretung der orthodoxen Kirchen, die unter einem anderen Gesellschaftssystem lebten als der Westen, war ein Beweis der politischen Blockfreiheit.

Gerade die politisch neutrale Ausrichtung und die Universalität des OeRK sollten im folgenden Jahrzehnt sowohl innerhalb der Institution als auch in der praktischen Arbeit die grössten Schwierigkeiten bereiten.

224   Die politischen Tendenzen im OeRK von 1961–1971

Diesem Absatz wird eine Definition des Ausdruckes „Tendenz", wie er im folgenden verwendet wird, vorangestellt: Unter Tendenz verstehen wir eine Bewegung oder Richtung, die von einer Gruppe im OeRK vertreten wird. Sie

---

[17] *E. Duff*, The social thought of the WCC, Dissertation No. 104, IUHEI, 1956, S. 288–290.

basiert auf einer Grundauffassung, die sich fächerförmig in Nuancen ausdrükken und auswirken kann. Ihre Konturen sind daher oft schwer exakt zu umreissen, zumal sie zeitdynamischen Wandlungen unterliegen. Drei der im OeRK vertretenen Tendenzen verursachten im Jahrzehnt 1961–1971 schwere Spannungen: Die Stellungnahmen für rassische Gleichberechtigung, die Verfechter einer vollständig apolitischen Entwicklungsarbeit, und die sozial-radikal engagierten Bewegungen in Lateinamerika.

Schon die zweite Vollversammlung (1954) nannte den Rassismus eine Gefahr für die Entwicklungsarbeit[18]. 1960 fand eine Konsultation des OeRK über Apartheid statt, an der diese Politik eindeutig verurteilt wurde. Als Reaktion folgten die ersten – und bisher einzigen – Austritte von Mitgliedskirchen aus dem OeRK. Die drei niederländisch-reformierten Kirchen in Südafrika verliessen den OeRK.

Im selben Jahr gründete der OeRK sein „Sekretariat für rassische und ethnische Beziehungen". Das neue Organ wurde mit Studienarbeiten beauftragt. Eines seiner Dokumente wurde beispielsweise in einer südafrikanischen Gerichtsverhandlung benützt, in der das Urteil *zugunsten* zweier christlicher Apartheidgegner ausfiel. Dies zeigt den „politischen Wert" von Studienarbeiten, selbst wenn darin eine „engagierte" Haltung vertreten wurde.

1961 beschäftigte sich die Vollversammlung in Neu Dehli mit dem Kampf um rassische Gleichberechtigung, und die amerikanischen Kirchen leiteten zu gleicher Zeit ihr „Mississippi Delta Projekt" gegen Rassendiskriminierung ein, das der OeRK vorerst moralisch und später auch finanziell unterstützte. Eine Reaktion der *Regierung* Südafrikas gegen die politische Stellungnahme des OeRK war ein Ausreiseverbot für Delegierte südafrikanischer Mitgliedskirchen zur Konferenz über Kirche und Gesellschaft (Genf, 1966).

Bis zur Schaffung des PCR (1969/1970) gab es auf jeder Konferenz radikale Stellungnahmen gegen den Rassismus. Auch die KKIA, als „diplomatische Vertretung" des OeRK, gab verschiedentlich öffentliche Erklärungen zu diesem Problem ab.

Daneben bestanden Tendenzen im OeRK, insbesondere in der Entwicklungsabteilung, die weit zurückhaltender waren. Sie stellten sich zwar prinzipiell gegen eine Rassendiskriminierung, sahen jedoch in den politisch allzu eindeutigen Erklärungen des OeRK eine Gefahr für die institutionelle und weltanschauliche Einheit der Organisation und für deren praktische Entwicklungsarbeit. Diese Tendenzen erwiesen sich schliesslich 1971 erfolgreich in der „Eindämmung" der radikalen Rassismusgegner.

Die gemässigte, konservative Tendenz, die eine völlig apolitische Entwicklungsarbeit wünschte, konnte sich bis zum Ende des Jahrzehnts ebensowenig durchsetzen wie die radikalen Rassismusgegner. Bei der Ausarbeitung der

---

18 A history of the Ecumenical Movement, Vol. 2, S. 244–247.

neuen, institutionellen Struktur des OeRK forderten sie eine Abtrennung der Entwicklungsabteilung (DICARWS) vom „aussenpolitischen" Organ der KKIA. Dadurch entstanden heftige Spannungen, weil die KKIA für die politische Vorbereitung von Projekten sorgen wollte und einige Mitglieder beider Gremien sich zurückgesetzt fühlten. Inzwischen hatte sich die DICARWS bereits unauffällig vom unabhängigen PCR distanziert. Der Zentralausschuss von Addis Abeba entschied jedoch unanfechtbar, dass die neue Struktur gelten sollte. Daher wurden trotz der internen Spannungen das PCR, die KKIA und die DICARWS alle unter dieselbe Programmeinheit II, *Gerechtigkeit und Dienst*, eingereiht (vgl. Anhang, Abb. 4 und 5).

Eine andere Tendenz vertrat die Auffassung, dass erfahrungsgemäss Entwicklungsarbeit nie ohne politische Schwierigkeiten durchgeführt werden könne. Daraus zogen einige Vertreter dieser Tendenz den Schluss, dass man ein Mitwirken der allzu deutlich Engagierten ablehnen müsse, während andere hinwiederum meinten, dass die Zukunft nach dem eingespielten Funktionieren der neuen Struktur erst zeigen könne, ob und wie die institutionellen Beziehungen zwischen den Einheiten im OeRK zur Überwindung politischer Probleme in der Entwicklungsarbeit beitragen könne. Es standen sich also ablehnende und temporisierende Ansichten gegenüber.

Die Erwähnung der politisch radikalen, von Lateinamerika massgeblich inspirierten Tendenz im OeRK gibt uns die Möglichkeit, auf den Einfluss der römisch-katholischen Kirche im OeRK hinzuweisen, ein Einfluss, der ebenfalls nicht einheitlich war.

Doch vorerst sei erwähnt, dass die „revolutionäre" Tendenz im OeRK hauptsächlich aus Personen bestand, die aktiv an Entwicklungsprojekten in Zusammenarbeit mit der römisch-katholischen Kirche teilgenommen hatten oder mit Schulungs- und Erziehungsaufgaben betraut waren.

Sie verstanden Entwicklungsarbeit als Bestandteil einer Revolution, in der es um die Verbesserung der politischen Machtstruktur ging. Die „unsichtbare Gewalt" der Strukturen musste ihrer Ansicht nach gebrochen werden, um entwicklungsgünstige Bedingungen zu schaffen.

Es ist bemerkenswert, dass zu einem Zeitpunkt gesteigerter, innerer Spannungen der OeRK als Institution diese radikale Tendenz dank seiner geistigen Toleranz noch „verkraften" konnte.

Die uneinheitlichen, politischen Einstellungen zur Entwicklungsarbeit führten jedoch zur Entzweiung innerhalb einzelner Kirchen und zu den erwähnten Spannungen im OeRK. Ihr Einfluss auf die praktische Durchführung der Entwicklungsarbeit wird nach dem Absatz über die römisch-katholische Kirche analysiert werden.

23 Der Einfluss der römisch-katholischen Kirche auf das soziale und politische Denken im OeRK (1961–1971)

Einleitend soll summarisch die Vielfalt der römisch-katholischen Einflüsse auf den OeRK behandelt werden. Um diese in den richtigen, historischen Zusammenhang zu stellen, wird zuerst über die Haltung der römisch-katholischen Kirche gegenüber dem geistigen und institutionellen Werden des OeRK (1910–1961) berichtet.

Grob skizziert müssen von 1910–1971 drei sich immer weiter voneinander entfernende Elemente in dieser Haltung unterschieden werden: Erstens die *offizielle* Stellung des Papstes, also des Vatikans oder der Kurie, zweitens die Haltung einzelner, führender Katholiken und drittens die Beziehungen von römisch-katholischen und protestantischen Kirchen auf *nationaler* Ebene, innerhalb eines einzelnen Landes.

Von 1910–1950 hielt die oberste, katholische Autorität an ihrem Selbstverständnis als Oberhaupt der alleinseligmachenden Kirche fest, die schliesslich in der Enzyklika *Humani Generis* (1950) gipfelte.

Darin wurden dieses Dogma und die unanfechtbare, geistige Autorität des Papstes erneut bekräftigt. Dies schloss indirekt wieder einen politischen Machtanspruch der katholischen Hierarchiespitze ein. Es ging um den Vorrang des Papstes als geistige Autorität *aller* Christen. Dies galt zum Beispiel auch für die sich als autozephal verstehenden, orthodoxen Kirchen. Damit verlangte der Papst in seinen sozialethischen und politischen Ansichten einen unbedingten Gehorsam seiner Gefolgschaft, also des gesamten Christentums.

Als Reaktion auf die ökumenische Bewegung nach dem Ersten Weltkrieg hatte *Pius XI.* bereits die Enzyklika *Mortalium animos* (1928) erlassen, die als ethische Forderung von nicht katholischen Christen verlangt hatte, in den Schoss der katholischen, rechtgläubigen Kirche zurückzukehren. Gleichzeitig enthielt sie eine politische Absage jeglicher Teilnahme an interkonfessionellen Konferenzen und eine Kritik des ökumenischen Gedankens. Individuelle Verfechter der ökumenischen Idee (unter anderem auch Erzbischof *Nathan Söderblom*) reagierten in heftigen Antwortschreiben auf die offiziell negative Haltung des Vatikans. Zehn Jahre später (1937) lehnten katholische Kirchenführer selbst ihre Teilnahme *als Privatpersonen* an der Vorbereitungskonferenz für die Institutionalisierung der ökumenischen Idee ab. Es gab Katholiken, welche die ökumenische Idee als politisch allzu stark angelsächsisch gefärbt anprangerten, obschon die Orthodoxen und auch die kontinentaleuropäischen Denominationen ökumenisch sehr aktiv waren. Dies lässt den Schluss zu, dass „Oikumene" für manche Katholiken politisch und sozial nicht ein Weltreich einer vereinten, christlichen Kirche, sondern die Vorherrschaft der römisch-katholischen Kirche schlechthin bedeuten sollte.

Weitere zehn Jahre später (1947) wurde teilnahmewilligen Katholiken (besonders aus den Niederlanden) vom Vatikan keine Genehmigung erteilt, um an der Gründungskonferenz des OeRK in Amsterdam teilzunehmen.

Im Gegensatz zur offiziellen Haltung des Vatikans hatte sich jedoch während der Weltkriege eine Zusammenarbeit zwischen Katholiken und Protestanten in den europäischen Ländern entwickelt.

Dadurch ergaben sich feste, individuelle Bindungen und Freundschaften beider Konfessionen, die durch gemeinsame Verfolgung in den Widerstandsbewegungen oder in der Gefangenschaft verstärkt worden waren.

Als 1950 die Enzyklika *Humani Generis* als zweite Konkretisierung der konservativen Haltung der Kirchenspitze das Dogma von der leiblichen Himmelfahrt Mariens verkündete, waren selbst loyale Katholiken nicht damit einverstanden. Und die beiden Enzykliken des Jahres 1950 dürfen als Vorzeichen der sich während des „ökumenischen Konzils" Vatikan II vertiefenden Krise innerhalb der katholischen Kirche angesehen werden [19].

Bis zu Beginn des Zweiten Vatikanischen Konzils (1961) hatte sich die Reaktion der ökumenischen Bewegung auf die offizielle Haltung des Vatikans verändert. Anfangs hatten dessen Vorkämpfer bescheiden um die Teilnahme an ihren Unternehmungen ersucht. Nach den Absagen wurde der OeRK in der Rolle des „Verschmähten" viel vorsichtiger. Die aus Höflichkeit dem Vatikan zugestellten Informationen und Einladungen wurden seltener, die Kontakte auf inoffizieller Ebene brachen aber nie ab, ohne dass die katholische Doktrin von der Unterwerfung anderer Christen und deren Rückkehr nach Rom anerkannt worden wäre.

Noch 1944 hatte der Papst, auch von der orthodoxen Kirche, die Anerkennung seiner eigenen religiösen und damit auch politischen Vormachtstellung innerhalb der christlichen Kirche verlangt. So kam eine Atmosphäre gegenseitigen Misstrauens auf.

Mit dem Pontifikat *Johannes XXIII.* (Oktober 1958) wurden die Beziehungen umgestaltet: Am Zweiten Vatikanischen Konzil (erste Sitzungsperiode 11. Oktober—8. Dezember 1962) nahmen bereits Vertreter des OeRK teil.

Der OeRK arbeitete ferner an der endgültigen Fassung des Dekrets über den Ökumenismus mit. Umgekehrt entsandte der Vatikan erstmals Beobachter an die dritte Vollversammlung des OeRK in Neu Delhi. „Dialog" war das grosse Losungswort: Dialog innerhalb der katholischen Welt und Dialog mit andern Christen und Nichtchristen. (Die Aussöhnung mit dem ökumenischen Patriarchen Athenagoras war eine späte Folge dieses „Dialogs"). Die institutionellen Ergebnisse dieser ökumenischen Öffnung auf katholischer Seite wur-

---

[19] „Ökumenisch" im katholisch-päpstlichen Sinne bedeutet nur eine Teilnahmeaufforderung an alle geistlichen, katholischen Würdenträger, und wurde nicht mit Bezug auf den OeRK als Ausdruck gewählt.

den bereits erwähnt. Doch das Konzil sollte vorerst der Erneuerung der katholischen Kirche dienen. Bis 1971 wurde jedoch klar, dass die katholische Kirche als Reaktion auf das Konzil nur teilweise erneuert, aber stärker gespalten worden war.

Die Annäherung zu Beginn des Jahrzehnts war nicht nur dem Papst, sondern auch den Leitern des Sekretariats für christliche Einheit zu verdanken, die später, oft im Konflikt mit Kurie und Papst, das begonnene Werk fortsetzten.

1963 erklärte der neue Papst *Paul VI.*, dass das Hauptthema des wiederaufgenommenen Konzils (zweite Sitzungsperiode vom 29. September—4. Dezember 1963) die „Lehre von der Kirche" sei. Dies wurde von manchen indirekt als Hinwendung zum Ökumenismus betrachtet.

Denn nur das Ablassen vom Dogma der alleinseligmachenden Kirche, also das Selbstverständnis der Ekklesia durch Ekklesiologie konnte weitere, echte Fortschritte bringen. Andere sahen darin einen Rückschlag für die ökumenische Öffnung. Dieses Urteil sollte sich später bestätigen.

Bis 1966 wurden die Kontakte zwischen OeRK und Vatikan durch Besuche (zum Beispiel der Kardinäle *Bea* und *Willebrands* beim OeRK) weiter gepflegt. Die gesamte, römisch-katholische Kirche betrachtet zunehmend den OeRK als ernstzunehmende, kirchlich-christliche Organisation. Die Konferenz des OeRK über Kirche und Gesellschaft (1966) wurde politisch und in den sozialen Ideen stark von den radikaleren, im Vatikanischen Konzil zu Worte gekommenen Strömungen beeinflusst.

Andererseits kann die sozialethische Enzyklika *Populorum Progressio* (23. März 1967) als Antwort des Vatikans auf diese Sozialkonferenz des OeRK, die auch Entwicklungsfragen einschloss, aufgefasst werden. Doch selbst katholische Theologen heben die Widersprüche in dieser Enzyklika hervor[20]: Die stereotypen Prinzipien würden schon im Text durch Widersprüche neutralisiert. So weckte die Enzyklika *Populorum Progressio* in der katholischen und in der protestantischen Welt zuerst Hoffnungen auf ein moderneres, geistig universaleres Sozialethos, das sich jedoch bei genauerer Prüfung des Textes (der von Katholiken kritischer beurteilt wird, als im OeRK) nicht zu bewahrheiten scheint. Die „Durchführung" und Ergänzung der Enzyklika durch die sozialethischen Einschränkungen in *Humanae vitae* (25. Juli 1968) sollten die Richtigkeit dieser Kritik individueller Katholiken und nationaler katholischer Kirchen bestätigen[21]. Dennoch gab *Populorum Progressio* den

---

20 *Houtart/de Vries*, S. 349 ff.
21 Die sozialen Probleme von „Humanae vitae" konnten zwischen OeRK und Vatikan bis jetzt noch nicht gelöst werden. Die Behandlung der praktischen Auswirkungen dieser Uneinigkeit erscheint infra, S. 189–192.

Anstoss für die gemeinsame Entwicklungskonferenz von Beirut (21.–27. April 1968), zur Institutionalisierung der offiziellen Kontakte in der SODEPAX-Kommission (mit Vertretung der Päpstlichen Kommission *Justitia et Pax*), und dem vom OeRK aufgenommenen Leitmotiv des „Friedens durch Entwicklung" [22].

Doch während der Papst in *Populorum Progressio* die Revolution noch als Versuchung, als Irrweg, als grösseres Übel bezeichnete [23], war die radikale Tendenz im OeRK an der Konferenz von Beirut bereits zur Anerkennung des Rechtes auf Widerstand, des „Rechtes auf Revolution", als letztem Ausweg nach dem Versagen aller anderen Mittel, übergegangen [24]. Ein Teil der römisch-katholischen Kirche in Lateinamerika war ebenfalls radikaler als ihre oberste, päpstliche Autorität. Persönlichkeiten wie Dom Helder Camara verurteilten die „unsichtbare Gewalt" des bestehenden Systems, und der untere Klerus bekannte sich offen zur Revolution. Es scheint deshalb nicht erstaunlich, dass diese beiden radikalen Tendenzen — die protestantische und die katholische in Lateinamerika — im OeRK zusammenfanden, und insbesondere für die *conscientización* mit politischem Gehalt arbeiteten. Katholische Vertreter aus Lateinamerika wurden im OeRK aufgenommen und unterstützt. [25]

In Uppsala (1968) hatten sich katholische Delegierte öffentlich oft sehr radikal geäussert. Die Diskussion um Gewalt und Gegengewalt, die sich wegen des PCR bis zum offenen Konflikt im OeRK ausweiten sollte, wurde aufgerollt.

Dies ist sowohl als Reaktion der Katholiken gegen ihre eigene kirchliche Autorität, wie auch als revolutionäre Beeinflussung des OeRK von Lateinamerika her zu verstehen. Diese Radikalisierung des OeRK durch „abtrünnige Katholiken" wurde ihrerseits im Vatikan wieder nicht sehr wohlwollend vermerkt. Andererseits bekundete der Papst 1969 durch seinen Besuch am OeRK Interesse für die gegenseitigen Beziehungen, die sich jedoch auf offizieller Ebene nach 1971 wieder abkühlten. Nach Uppsala wurde auf protestantischer Seite von einem Beitritt der römisch-katholischen Kirche zum OeRK gesprochen. Die offizielle, politische und theologische Haltung des Vatikans,

---

22 Populorum Progressio, Über den Fortschritt der Völker, Rundschreiben Papst Paul VI, 26. März 1967, Recklinghausen, „Entwicklung, der neue Name für Friede", para 76–80, S. 37–39.
23 ibid., para. 30 und 31, S. 16/17.
24 WCC, SODEPAX, Report on the Baden Consultation on Christian Concern for peace, Baden, 3.–9. April 1970, para 55, S. 30.
25 Wie z.B. Paolo Freire oder Dom Helder Camara.

selbst nach 1971, scheint diesen Beitritt jedoch in eine ziemlich ferne Zukunft zu rücken [26].

So darf zusammenfassend folgendes betont werden: Das Zweite Vatikanische Konzil hatte die *soziale* Ausrichtung auf die „Dritte Welt" im OeRK gefordert, und dessen erste, sozialethische Konferenz „Kirche und Gesellschaft" (1966) stark beeinflusst. Das grosse Echo von *Populorum Progressio* in der ganzen christlichen Welt war jedoch seinerseits wieder ohne einheitliche Auswirkungen. Die radikalen Katholiken kritisierten die Enzyklika als *Populorum Regressio,* der OeRK begrüsste sie jedoch in Uppsala als wahren Fortschritt in der katholischen Kirche, wegen deren diesseitiger Ausrichtung auf Entwicklung. Dazu ist zu erwähnen, dass sich der OeRK nach der anfänglich negativen Haltung des Vatikans von 1961–1971 nun hüte, die offiziellen Stellen der römisch-katholischen Kirche zu kritisieren und dadurch die mühsam erreichten, offiziellen Kontakte zu gefährden.

Es scheint unwiderlegbar, dass es nicht der Vatikan, d. h. die Spitze der römisch-katholischen Kirche war, die den OeRK im politischen und sozialen Denken am stärksten beeinflusste, sondern die einzelnen katholischen Landeskirchen, die mit ihren protestantischen Partnern vor allem in den Weltkriegen zusammenzuarbeiten gelernt hatten und einzelne, markante Persönlichkeiten des Klerus oder auch der katholischen Laienkreise. Das höchste Mass an gegenseitigem Verständnis brachten sich zweifellos die praktisch in der „Dritten Welt" engagierten protestantischen und katholischen Hilfswerke entgegen. Dies wird im Kapitel über die praktischen Beispiele verdeutlicht werden. Die katholischen Hilfswerke konnten sich über theologische und doktrinäre Zwiste hinwegsetzen und oft einen Teil eines ökumenischen Entwicklungsprojektes übernehmen.

Die gegenseitige Bereicherung durch Erfahrung in der praktischen Entwicklungshilfe scheint also mindestens ebensoviel, wenn nicht mehr zur Förderung der Einheit des Christentums beigetragen zu haben, als die traditionsbeschwerten, hochoffiziellen Kontakte zwischen dem katholischen Rom und Genf, dem „protestantischen Rom".

24 Die Spannungen zwischen den modernen sozialen und politischen Tendenzen im OeRK und deren Einfluss auf die Entwicklungsarbeit

Neben den Beziehungen mit allen Stufen der römisch-katholischen Hierarchie und einzelnen davon unabhängigen Katholiken darf bei einer Darstellung der sozialen und politischen Tendenzen innerhalb des OeRK eine alte, ebenfalls

---

26 FAZ, 24. August 1972 – „Hauptaufgaben des ökumenischen Rates – Das Gespräch mit den Orthodoxen - Sorge um die katholische Kirche", von *Karl-Alfred Odin.*

vielschichtige Spannung nicht vergessen werden, welche die Entwicklungsarbeit weniger praktisch als politisch beeinflusste. Die Ostkirchen (Orthodoxie) sind als Mitglieder des OeRK eher auf die theologische Rolle der Kirche ausgerichtet, verfügen ihrerseits im sozialistischen System über relativ wenig Handlungsfreiheit und bedürfen selbst oft der Unterstützung. Um theologisch *konservativ* ihr altes Erbe bewahren zu können, sind sie manchmal gezwungen, entweder politisch *progressive* Meinungen zu vertreten, die der Ideologie ihrer Staaten entsprechen, oder sich jeglicher offiziellen Meinungsäusserung zu enthalten.

Das Moskauer Patriarchat nimmt in der Orthodoxie geistig und politisch wiederum eine Sonderstellung ein. Nach einer auf das oströmische Reich von Byzanz zurückgehenden Tradition ist der Patriarch von Konstantinopel der geistige Schirmherr der orthodoxen Kirche. Doch die politischen Rivalitäten zwischen ihm und dem Moskauer Patriarchat sind nie vollständig verschwunden und setzen sich auf ökumenischer Ebene fort.

Damit sind noch nicht alle Spannungsfelder aufgezeigt. Es wird beispielsweise von verschiedenen Seiten behauptet, dass die oberste Hierarchie der russisch-orthodoxen Kirche vom ideologisch gesehen atheistisch eingestuften Regime als politischer Fühler zur Abtastung der westlichen Welt eingesetzt wird. Somit gehöre diese Hierarchie zum sowjetischen Staatsbeamtentum. Dies scheint nur bedingt richtig, da die wirklichen Inhalte von „Propagandareden" vom westlichen Vertreter oft nur schwer abgeschätzt werden können. Ob und inwieweit die verinnerlichten, christlichen Überzeugungen der Orthodoxie mit dem aus machtpolitischen Gründen geförderten „Kircheninternationalismus" des Regimes übereinstimmen, ist unmöglich festzustellen.

Oft scheint es, als ob selbst den höchsten, kirchlichen Würdenträgern einfach in der Öffentlichkeit keine andere Wahl offen steht, als sich mit dem eigenen Regime politisch zu identifizieren.

Diese stets vorhandene, unterschwelige Spannung ist im OeRK auch in der Entwicklungsarbeit zu erkennen.

241 Die Einstellung der „gemässigten" Tendenz zur Entwicklungsarbeit

Die Gemässigten sehen in der Entwicklungsarbeit ein Friedenswerk, das durch soziale Entropie verwirklicht werden soll [27]. Entropie ist ein Ausdruck aus der Wärmephysik, der als Mass für Energieausgleich oder Durchmischung von Gasen benützt wird. Ins Sozialdenken des OeRK übertragen bedeutet er ein durch Evolution immer engmaschiger werdendes Netz zwischenmenschlicher

---

27 *A. Buchholz*, Die grosse Transformation, Hamburg, 1970,S, 84.

Beziehungen, durch das auch Entwicklungsziele gefördert werden können. Die „Gemässigten" trachten also danach, die Mentalität der Finanz-, Kulturund Machtelite in den Entwicklungsländern so zu beeinflussen, dass entwicklungsgünstige Bedingungen geschaffen werden können. Sie verteidigen eine Ethik der Prinzipien gegen eine allzu extreme Rechtfertigung der Situationsethik. Eine Ethik der Prinzipien bestimmt ein Verhalten, das sich nach „ewigen", allgemein gültigen Moralgesetzen richtet. „Ewig" könnte hier vielleicht als ausschliesslich die christlichen Werte betreffend und deshalb als Europazentrismus aufgefasst werden. Dazu wäre einzuwenden, dass Gebote wie „Du sollst nicht töten" in beinahe allen Moralsystemen oder Weltreligionen verankert sind.

Die Situationsethik erlaubt ein Verhalten, das von den innerhalb der Gesellschaft und der zwischenmenschlichen Beziehungen gültigen Moralgesetzen je nach der Situation abgehen kann. Die weltlichen Bedingungen, die gegebene Situation, rechtfertigen also ein nach ethischen Normen *nicht* als „richtig" anerkanntes Verhalten. Die „Gemässigten" meinen, dass, wenn die Revolution unumgänglich ist, sie weder utopisch, noch anarchistisch, noch marxistisch sein sollte, sondern humanistisch. Ein solcher Humanismus soll durch eine geistige Beeinflussung der Elite (elitäres Prinzip) eine Revolution durch Reformen und möglichst ohne Gewaltanwendung einleiten.

Neue, religiöse Gemeinschaften, wie z. B. die ordenslose Klostergemeinschaft der Brüder von Taizé oder die Laienbewegungen (wie Bad Boll) werden wegen ihrer Ablehnung der Kirche als Institution vom OeRK oft als radikal bezeichnet. In ihrer Einstellung zur Entwicklungsarbeit sind sie jedoch durchaus gemässigt. Sie streben die moderne Form einer völligen Säkularisierung des Christentums an[28], und versuchen, Entwicklungsarbeit als Weltfriedensdienst zu leisten. Entwicklungsarbeit soll gleichzeitig dazu dienen, das gegenseitige Verständnis der Menschen und deren Toleranz zu begünstigen.

242   Die Einstellung der „radikalen" Tendenz zur Entwicklungsarbeit

Für die Radikalen bedeutet „christlich" zugleich revolutionär. Und mit einer situationsbedingten Ethik rechtfertigen sie ein politisch extremes Engagement der Kirche als Institution und der Geistlichen als Einzelmenschen. Sie können in drei Untergruppen eingeteilt werden. In extrem Linksradikale wie *Camillo Torres*, in „christliche, nationale Sozialisten", d. h. Sozialisten mit rein nationaler Zielsetzung, und in weniger politisch motivierte Bildungsreformanhänger. Diese doktrinären Unterschiede können sich aber in der praktischen Entwicklungsarbeit verwischen. Für die „radikale" Tendenz gibt es fruchtbare

---

28 Kirche im Wandel der Zeit, Zürich, 1969, S. 16/17.

Entwicklung nur durch Revolution, Gegengewalt gegen die, wie sie glauben, systembedingte Primärgewalt, welche die Massen in menschenunwürdigen Verhältnissen leben lässt. Sie verwenden den Begriff der „dreifachen Gewalt", welche die Völker der „Dritten Welt" unterjocht: Erstens die durch den ehemaligen Kolonialismus verursachte Unterdrückung, zweitens der wirtschaftliche Druck von aussen auf die Entwicklungsländer, und drittens der Zwang ihrer untereinander oft nicht besonders freundschaftlichen Beziehungen, die ihrer Entwicklung abträglich sind. In Lateinamerika bekämpfen die „Radikalen" den „internen Kolonialismus", d. h. das von der Machtelite geschaffene System, und werden deshalb oft von der Regierung als kommunistische Gefahr bezeichnet.

Es wäre jedoch falsch, die unteren Stufen der Geistlichen und die in der „Dritten Welt" arbeitenden sowie die christlichen Jugendbewegungen einfach als „radikal", und die höher gestellten Persönlichkeiten, die westeuropäischen und amerikanischen Geistlichen durchwegs als „gemässigt" abstempeln zu wollen. Die Spaltung läuft als Zickzacklinie quer durch Konfessionen, einzelne Kirchen und Länder – und dementsprechend auch durch den OeRK.

Im politischen und sozialen Engagement lassen sich natürlich Irrtümer noch weit weniger vermeiden als in der Klärung der theoretischen Doktrin, zu der die Kirchen in ihrer Studienarbeit gelangen sollten. Ferner kann man sich fragen, ob eine für die Zerstörung bestehender Strukturen eingesetzte Entwicklungsarbeit nicht zuletzt auch die Kirche als Institution, selbst immer noch ein Bestandteil dieser Struktur, mitzerstört. Dies wäre der soziale Aspekt der Selbstzerstörung des OeRK. Politisch gesehen ist zu ergründen, ob paradoxerweise nicht in gewissen Fällen der christliche OeRK den kommunistischen Einfluss begünstigt.

Das anschliessend behandelte PCR ist ein Beispiel für den Zusammenprall und die Überwindung historisch bedingter Gegensätze, die im ersten Entwicklungsjahrzehnt die beschriebene Vielfalt von Spannungen im OeRK ausgelöst haben.

243 Die Auswirkungen dieser Spannungen auf die Entwicklungsarbeit: Das Programm zur Bekämpfung des Rassismus (PCR)

Am deutlichsten zeigten sich diese vielschichtigen Spannungen in der internen und externen Kontroverse um das Antirassismus-Programm *(Programme to Combat Racism,* abgekürzt PCR), das auch als Teil der Entwicklungsarbeit des OeRK aufgefasst werden muss [29]. Um anhand dieses Beispiels die praktischen

---

[29] WCC, Central Committee, Document No. 71, Canterbury, 12.–23. 8. 1969. S. 2, pkt. 5: „It is further recognized that the fight against racism in all its forms must be

Auswirkungen der verschiedenartigen, politischen und sozialen Tendenzen darzustellen, sollen zuerst die Hintergründe der Entscheidung für die Schaffung des PCR, dann die Entstehungsgeschichte dieses Programms, die internen und externen Reaktionen, und endlich seine Folgen oder Auswirkungen behandelt werden.

243.1 Die Hintergründe der Entscheidung für die Schaffung des PCR

Bereits auf der Zweiten Vollversammlung des OeRK in Evanston (1954) wurde der Rassismus verurteilt und die Mitgliedskirchen aufgerufen, dagegen zu kämpfen [30]. Wegen der Stellungnahmen des OeRK gegen die Apartheidpolitik traten 1960 zwei der reformierten, südafrikanischen Kirchen aus dem OeRK aus. In dieser Haltung der Oekumene zeigt sich eine politische und eine soziale Tendenz: die *politische Zielsetzung* war am aktiven Einsatz des NCCCA *(National Council of the Churches of Christ in America)* für die amerikanische Bürgerrechtsbewegung zugunsten der Schwarzen zu erkennen und hatte sich seit 1961 im grossangelegten, kapitalaufwendigen *Mississippi Delta Ministry* Programm konkretisiert: Zur Verhinderung des wirtschaftlichen Zwangs zur Abwanderung in den Norden der USA umfasste dieses Programm die Schulung unqualifizierter Baumwollplantagearbeiter, die Schaffung besserer Arbeitsplätze durch Gründung von Dorfgenossenschaften (z. B. *Freedom City*) und Förderung einheimischen Handwerks sowie aktive Beteiligung, Beeinflussung und politische Aufklärung der Schwarzen beim Erkämpfen des Stimmrechtes, bezahlte Rechtshilfe für Schwarze vor Gericht, Durchsetzung gewerkschaftlicher Rechte („gleiche Arbeit, gleicher Lohn") und Förderung der Zusammenarbeit mit den weissen Bürgern [31].

Bereits 1964 wurde das *Mississippi Delta Ministry* Programm auf die Projektliste der DICARWS, der Abteilung für Entwicklungsarbeit des OeRK, gesetzt. Es war das *erstemal,* dass die „reichen" amerikanischen Kirchen, die zu

---

set within the context of the struggle for World Community, including World Development". (Unterstreichung durch die Autorin).

30 B. Sjoellema, A first answer to comments received after the decision by the WCC Executive Committee to support organizations combating racism", S. 1. (The WCC Assembly declares ...) „its conviction that any form of segregation based on race, colour or ethnic origin is contrary to the Gospel and is incompatible with the Christian doctrine of man and with the nature of the Church of Christ. The Assembly urges the churches within its membership to renounce all forms of segregation or discrimination and to work for their abolition within their own life and within society".

31 Es wurden verschiedene „Freedom Corps" gegründet, Flugblätter mit Instruktionen über Verhalten bei Verhaftung, im Gefängnis, im Gespräch mit Weissen, bei Kontaktaufnahme mit andern Bürgerrechtskämpfern usw. herausgegeben.

den grossen „Gebern" für Entwicklungsprojekte gehören, die Hilfe des OeRK erbaten — und erhielten: 1965 wurde ein Drittel des Programmes durch den nationalen Christenrat der USA finanziert und zwei Drittel durch den OeRK. Dies bedeutete nicht nur eine finanzielle Unterstützung (die übrigens bedeutend umfangreicher war als die später vom PCR verteilten Beiträge), sondern eine klare, politische Stellungnahme der Kirchen auf internationaler Ebene gegen eine deutliche, interne (lokale Kirche) und externe Opposition, eine Stellungnahme zugunsten des Kampfes der amerikanischen Schwarzen für ihre Bürgerrechte [32].

Die interne Opposition zeigt sich 1966 in der Entgegnung eines Bischofs einer lokalen, ausschliesslich weissen Kirche. Die externe Opposition umfasste den Ku-Klux-Klan, Staatsbeamte für Stimmregister, lokale Unternehmerverbände usw., die sich ebenfalls 1966 gegen die kirchlichen Sozialarbeiter stellten. Obschon das kirchliche *Mississippi Delta Ministry* Programm keineswegs zur Gewaltanwendung aufforderte, ist doch ersichtlich, dass die durch das PCR plötzlich heftig gewordene Diskussion um Gewalt, Gegengewalt und Gewaltlosigkeit in der Entwicklungsarbeit keineswegs neu ist, sondern mit einer politischen Tendenz, die sich schon 1961 in einem Entwicklungsprojekt konkretisiert hatte, in Zusammenhang gebracht werden muss. Doch blieb die gewaltlose Durchsetzung politischer Ziele das Ideal, wie die Würdigung des OeRK für Martin Luther King zeigt: Ihm zu Ehren wurde auf Anregung der dänischen Volkskirche vom OeRK ein *Memorial Fund* gegründet, dessen Gelder ebenfalls für das *Mississippi Delta Ministry* verwendet wurden [33].

Ein weiteres Beispiel der praktischen Durchsetzung dieser politischen Tendenz war der Beschluss des Zentralkomitees des OeRK (1965, in Enugu), einen Spendeaufruf zu erlassen für Rechtshilfe von schwarzen Angeklagten in Südafrika und Rhodesien sowie Unterstützung ihrer Familien während der Haft [34].

---

32 Die amerikanische Bundesregierung in Washington hatte sich mit der Durchführung des Programmes der Kirchen einverstanden erklärt, konnte jedoch wegen der autonomen Verwaltung durch die lokale Regierung keine aktive Unterstützung gewähren. So drängt sich der Schluss auf, dass der nationale Kirchenrat der USA weniger aus finanziellen Gründen um die Unterstützung des OeRK bat, als er auf internationaler, ökumenischer Ebene einen moralischen Rückhalt benötigte. Das Mississippi Delta Ministry Projekt steht noch 1971 auf der Projektliste (S. 373) mit einem angeforderten Betrag von Dollar 75.000 (Dies ist ein mehr als dreimal höherer Betrag, als das PCR je an eine einzelne Organisation überwiesen hat).
33 30.000 Dollar für ein Jugendprogramm, 20.000 Dollar für individuelle Beihilfen für kleine, schwarze Händler, zur Gründung einer Genossenschaft in Mount Bayon, die die schwarzen Händler des Zwangs enthob, bei weissen Grossisten zu teueren Preisen einkaufen zu müssen.
34 B. Sjoellema, op. cit., S. 1.

Die *soziale Zielsetzung,* die schliesslich ins PCR ausmündete, fand ihren ersten Niederschlag in der Flüchtlingshilfe. Bereits 1961, an einer Tagung über Migration (Leysin, 11.–16. Juni 1961), sollte der spätere Direktor des PCR sich gründlich mit den Wanderungen von Flüchtlingen und Wanderarbeitern (*migrants*), die völkerrechtlich *nicht* den Status von Flüchtlingen haben, auseinandersetzen [35]. Er vertrat die Ansicht, dass die Einwanderungspolitik zum Bestandteil der nationalen Entwicklungsprogramme gemacht werden müsse [36] und schlug als prioritäres Aktionsgebiet für kirchliche Hilfe auch Afrika, insbesondere Südafrika vor, wobei die Motive für Ab- und Auswanderung analysiert wurden. Damals setzte sich der OeRK für soziale Hilfe an Neuankömmlinge ein und gewährte Reiseanleihen und Beihilfen für ärztliche Betreuung [37]. Nach dem Zweiten Weltkrieg hatte sich diese soziale Hilfe hauptsächlich auf europäische Flüchtlinge beschränkt und begann erst 1961 in grösserem Masse die Form einer weltweiten Flüchtlingsunterstützung anzunehmen, die in der Entwicklungsarbeit des OeRK später solch grosse Bedeutung erlangen sollte. Doch selbst in der Nachkriegszeit, als sich der OeRK vor allem mit europäischen Kirchen- und Flüchtlingsproblemen befasste, lag ihm dieselbe soziale Tendenz zugrunde, die sich schon 1948, nach dem israelischen Unabhängigkeitskrieg, in Zusammenarbeit mit der UNRWA bei der Durchführung der Projekte für die palästinensischen Flüchtlinge gezeigt hatte. Nach dem Sechs-Tage-Krieg wurde 1967 ein neues, grossangelegtes Flüchtlingsprogramm eingeleitet, das in Teil 32 der Arbeit eingehender behandelt werden soll.

Auch das grösste aller ökumenischen Hilfsprogramme, die Flüchtlings- und Nothilfe für Biafra ist Ausdruck dieser sozialen Zielsetzung. Sie möchte alles vermeiden, was als politische Stellungnahme ausgelegt werden könnte. Dennoch ist ihr von Vertretern einer „gemässigten" Tendenz angelastet worden, erstens Gewaltanwendung zu fördern und rassische Konflikte zu schüren und zweitens einseitig zugunsten einer Rasse Stellung zu nehmen (z. B. für die Araber gegen die Israeli, oder zugunsten der Ibos gegen die übrigen Nigerianer). Der Gerechtigkeit halber muss jedoch beigefügt werden, dass der OeRK stets auf *beiden* Seiten, *während* und *nach* den Konflikten, Entwicklungsprogramme finanziert und durchgeführt hat. Im Falle der palästinensischen Flüchtlingshilfe fehlen die Proteste von in Israel wirkenden orthodoxen und lutherischen kirchlichen Stellen nicht, im Falle von Nigeria/Biafra wirkten sich dieselben Spannungen erstmals in einem offenen Bruch zwischen einigen Mitgliedern von DICARWS und dem OeRK als Gesamtorganisation aus.

Auf diesem Hintergrund lässt sich zusammenfassend sagen, dass der oft falsch ausgelegte und missverstandene PCR aus einer langjährigen Tradition sozialer und politischer Tendenzen entstand, die wohl noch nicht revolutio-

---

35 Einführungsmemorandum für die Konferenz, The Churches and Migration.
36 ibid., S. 5.
37 ibid., S. 8/9.

när-radikal, aber doch schon aktiv mit Entwicklungsprojekten in gewalttätige und gewaltlose Kämpfe für die Rechte rassischer Minderheiten eingegriffen hatten. Ferner sollte das PCR im Vergleich zu diesen früheren Projekten materiell und finanziell zu den relativ unwichtigen Aktionen gehören, das nur durch sein unverhältnismässig grosses Echo in der Öffentlichkeit eine Bedeutung erlangte, die ihm eigentlich, gemessen an den Resultaten seiner praktischen Durchführung, nie zukommen sollte.

Die Entstehungsgeschichte des PCR soll nun objektiv darstellen, wie nach einer anfänglichen Radikalisierung der Tendenzen noch *vor* der Entscheidung, die das PCR einleitete, dessen Aktionsbereich abgeschwächt und modifiziert wurde. Dabei geht es nicht um eine Rechtfertigung des PCR, sondern vielmehr darum, dessen noch verborgen gebliebene Aspekte zu beleuchten und in einen grösseren Zusammenhang zu stellen.

243.2 Die Geschichte der Entscheidung für die Schaffung des PCR

An der Vierten Vollversammlung in Uppsala (1968) wurde der Kampf gegen rassische Unterdrückung in verschiedenen Sektionen diskutiert und sogar in vorsichtiger Form in die „Botschaft" aufgenommen[38]. Die sozialen Tendenzen in Sektion III (Wirtschaftliche und soziale Weltentwicklung) nennen die Diskriminierung als Hindernis und als menschliche Frage der Entwicklung und rufen die Kirchen zur aktiven Förderung einer Neuverteilung der Macht ohne jegliche Diskriminierung auf[39]. In Sektion IV („Auf dem Wege zu Gerechtigkeit und Frieden in internationalen Angelegenheiten") gehen die politischen Tendenzen noch einen Schritt weiter: „...

Das Sekretariat für Rassenbeziehungen des Ökumenischen Rates der Kirchen sollte verstärkt werden, um den Kirchen zu helfen, kraftvoll gegen alle Erscheinungsformen der Rassendiskriminierung zu Felde zu ziehen"[40]. Dies ist eine unmittelbare Aufforderung dieser kirchlichen Generalversammlung an ihre Exekutive, ihre ständige Institution, nämlich den OeRK, aktiv einzugreifen. Sektion VI („Auf der Suche nach einem neuen Lebensstil") vertritt, wenn auch etwas abgeschwächt, dieselbe soziale Tendenz[41].

---

38 WCC, Uppsala 68 spricht, S. 1: „1.... Vor allem werden wir versuchen die Rassendiskriminierung zu überwinden, wo immer sie auftritt".
39 ibid., S. 51, para. 22/23.
40 ibid., S. 68/69.
41 ibid., S. 97, para. 13 und Anhang zum Bericht, S. 101/102. S. 97: „Rassismus und ethnische Diskriminierung berauben Menschen ihrer Rechte ... Als einzelne und als Kirchen verurteilen wir den Rassismus in jeder Form ... Wenn wir den Rassismus nicht *durch unser Handeln verurteilen,* verleugnen wir unsere Berufung als Christen". (Unterstreichung durch die Autorin). S. 101: „... – Wie kann in Südafrika

Als konkreter Ausdruck dieses Willens der OeRK-Mitglieder zur Bekämpfung des Rassismus[42] wurde vom OeRK als erstes eine „Konsultation über Rassismus" (Notting Hill, 19.–24. Mai 1969) organisiert, der vom Exekutivausschuss das Mandat erteilt wurde, sich auf die Probleme des weissen Rassismus zu konzentrieren, ohne andere Formen von Rassismus zu vernachlässigen[43]. Während dieser Konsultation, die unter dem Vorsitz eines amerikanischen Senators tagte, trat eine deutliche Radikalisierung der Tendenzen unter den 40 Teilnehmern in Erscheinung. Vom OeRK wurde in einer sehr deutlichen, eindringlichen Empfehlung die Schaffung eines „ökumenischen Programmes zur Bekämpfung des Rassismus" gefordert.

Am 21. August 1969 fällte dann der Zentralauschuss in Canterbury die eigentliche und endgültige Entscheidung, deren Einzelheiten bereits wieder gemässigte Elemente enthalten. In der Begründung für die Schaffung des PCR werden Motive genannt, die in der Entwicklungsarbeit des OeRK ständig wiederkehren: Der Rassismus ist ein weltweites Problem, das zur weltweiten Entwicklungsarbeit gehört. Der OeRK soll besonders Formen des *weissen* Rassismus bekämpfen, da sich die Kirchen in der Vergangenheit der Komplizität mit der weissen Oberherrschaft schuldig gemacht haben[44]. Der OeRK muss seine Erklärungen in Taten umsetzen, um dem Vorwurf des leeren Lippenbekenntnisses zu entgehen. Das PCR müsste ein „Akt der ökumeni-

---

der Kampf um Gerechtigkeit und Frieden unter den Rassen geführt werden?" S. 102: „... – Wie kann man sich verantwortlich am Kampf um die Gerechtigkeit unter den Rassen beteiligen?.

42 Im Uppsala 68 Report, S. 241 wird „Rassismus" wie folgt definiert: „By racism we mean ethnocentric pride in one's own racial group and preference for the distinctive characteristics of that group; belief that these characteristics are fundamentally biological in nature and are thus transmitted to succeeding generations; strong negative feelings towards other groups who do not share these characteristics coupled with the thrust to discriminate against and exclude the outgroup from all participation in the life of the community".
WCC, Central Committe, Document No. 10, Addis Abeba, Jan. 10–21, 1971, S. VI, unterscheidet ferner: „1) *Structural racism* refers to racism which is part of the operation and practice of the institutions of society, but is not part of its law or rules. (Industries, banks, schools, churches and other institutions which give verbal assent to equality and justice, but whose performance is exclusive). *Institutional racism* refers to racism which is part of the policy, law or rules of a nation or institution in a society deliberately designed to exclude certain groups on the basis of race". (Als Fussnote im Text, Unterstreichung durch die Autorin).

43 WCC, Central Committee, Doc. No. 71, Canterbury, Aug. 12–23. 1969, S. 1. „3. ... The WCC Executive Committee ... instructed that the Consultation focus attention on the problems of white racism, not excluding the considerations of various expressions of counterracism or other forms of racism...."

44 *R. Dickinson,* The Line and the Plummet, S. 64: An dieser Stelle wird dieses Gefühl sehr treffend als „mea culpa Syndrome" bezeichnet.

schen Solidarität"[45] sein, und die Kirchen sollen wegen vergangenen Unrechts Opfer für das PCR bringen und dadurch die Möglichkeit erhalten, „in bedeutender Weise die moralische Führung" zu übernehmen[46].

Darin zeigt sich wieder der alte Zwiespalt der Kirchen im OeRK zwischen der aktiv eingreifenden und der moralischen, wertebewahrenden Rolle. Die Mitgliedskirchen wurden zur Selbstkritik, zur Abgabe von Boden für Siedlungsprojekte für rassisch diskriminierte Minderheiten und zu Spenden für einen Sonderfonds aufgefordert, der auf 300.000 Dollar veranschlagt wurde. Neben diesem Spendeaufruf für den Sonderfonds sollten aus dem allgemeinen Budget des OeRK und den Haushalten der beiden Abteilungen DICARWS und DWME, die sich mit Entwicklungsprojekten beschäftigen, zusätzlich 200.000 Dollar aufgebracht werden[47]. Es ist also (ausserordentlicherweise) die Organisation selbst, die aus ihren *eigenen* Budgets 200.000 Dollar bereitstellte, damit das PCR unverzüglich beginnen konnte[47a]. Als mässigende Elemente sind zu erwähnen, dass das PCR selbst nur für einen befristeten Zeitraum, nämlich auf fünf Jahre (was für ein Entwicklungsprogramm ziemlich kurz ist), beschränkt wurde, und nicht den Entwicklungsabteilungen, sondern vorsichtigerweise als autonome, ausschliesslich dem Generalsekretariat unterstellte Einheit organisiert wurde. Denn es gab bereits innerhalb dieser beiden Abteilungen Tendenzen, die im PCR eine Bedrohung ihrer Entwicklungsarbeit sahen, obwohl der Beschluss zur Schaffung des PCR wohl erst nach langen Diskussionen, aber endlich doch einstimmig, angenommen worden war. Als Bedingung für die Verteilung der Gelder gilt, dass sie rassisch unterdrückten Gruppen oder Organisationen zugute kommen sollen, *deren Ziele mit denen des OeRK und den beiden Abteilungen DICARWS und DWME nicht unvereinbar sind*[48].

Es sollte zudem ein internationaler, beratender Ausschuss eingesetzt werden, der dem Exekutivkomitee die Organisationen empfiehlt, an die Gelder überwiesen werden sollen. Diese erste Entscheidung über das PCR ist gemässigt, die Vermeidung interner Spannungen wurde berücksichtigt, und der be-

---

45 WCC, Central Committee, Doc. No. 71, S. 3, pkt. 3.
46 ibid., S. 3, pkt. 5.
47 Verteilung wie folgt aufgeschlüsselt: allgem. OeRK-Budget 61.144 Dollar, DICARWS 126.698 Dollar DWME 12.158 Dollar (nach Appendix II Doc. No. 10., WCC, Central Committee, Addis Abeba, Jan. 10–21, 1971).
47a Im normalen Projektverfahren muss nach Einreichung des Vorhabens zugewartet werden, bis die Hilfswerke die notwendigen Mittel zur Verfügung gestellt haben. Dieses eher radikale Element der Entscheidung ist um so erstaunlicher, als die beiden finanzierenden Abteilungen das PCR nicht mit besonderem Enthusiasmus begrüssten. Es darf auch nicht übersehen werden, dass die „eigenen" Mittel des OeRK schliesslich ebenfalls von den Kirchen als Mitgliedschaftsbeiträge einbezahlt werden.
48 WCC, Central Committee, Doc. No. 71, Canterbury, Aug. 12–23, 1969. S. 6, pkt. 3 b).

ratende Ausschuss sollte die Garantie dafür sein, dass die Entwicklungsgelder ihrem Zweck nicht entfremdet wurden [49].

Nach dieser ausschlaggebenden Entscheidung wird nun die praktische Durchführung des PCR analysiert werden.

243.3 Die Durchführung des PCR

Das Sekretariat für das PCR wurde im Februar 1970 ernannt und besteht aus einem Direktor, einem Sekretär für Untersuchungen und Dokumentation und einem Programm-Sekretär. Gleichzeitig ernannte das Exekutivkomitee des OeRK den beratenden Ausschuss [50]. Dieser setzt sich aus siebzehn Mitgliedern zusammen, deren Verteilung aufschlussreich ist: zehn Mitglieder, d. h. die Mehrheit, stammen aus entwickelten Ländern, fünf davon aus den USA, sechs Mitglieder sind ferner aus den Entwicklungsländern. Die Mehrheit des Ausschusses gehört also industrialisierten Ländern an, und die Hälfte davon ist mit den Rassenproblemen in den USA vertraut. Von den Mitgliedern aus der „Dritten Welt" ist die Zweidrittelmehrheit (sowie der Vorsitzende) aus Afrika. Nur vier Mitglieder (die beiden Ostblockvertreter mitgerechnet) sind Europäer, davon nur *einer* aus dem kontinentalen Westeuropa (Niederlande) [51]. Diese Zusammensetzung lässt den Schluss zu, dass eine radikalere Ausrichtung der Empfehlungen mit Priorität für Südafrika nicht von der Hand zu weisen ist. Am 3. September 1970 nahm das Exekutivkomitee des OeRK (Tagung in Arnoldshain) die für die Verteilung der Gelder ausgearbeitete Empfehlung einstimmig an.

In der Begründung dieser Empfehlung kommt die radikalere Tendenz darin zum Ausdruck, dass festgehalten wird, dass die Gelder zur Unterstützung von Organisationen, die den Rassismus offen *bekämpfen,* verwendet werden sollen, und nicht für Wohlfahrtsorganisationen, die nach dem normalen Projektverfahren den OeRK um Hilfe angehen können. Andererseits lässt sich die gemässigte Tendenz darin erkennen, dass, obschon keine *direkte* Kontrolle

---

49 Die Verfasserin erinnert sich noch an die geteilten Meinungen im persönlichen Gespräch unmittelbar nach dieser Sitzung: Ein Mitglied des OeRK-Stabs bezeichnete die Entscheidung als „monumentalsten Fehler der Oekumene", ein anderer Delegierter freute sich aufrichtig darüber, dass der OeRK den Mut zu einer solch kühnen Entscheidung habe und endlich nicht nur schöne Worte mache, sondern sogar Geld zur Verfügung stelle. Andere – wahrscheinlich die grosse Mehrheit – waren sich noch nicht schlüssig, wie sich diese Entscheidung auswirken würde, glaubten jedoch, dass die institutionellen Vorkehrungen eine Radikalisierung des Programmes vermeiden würden.

50 WCC, Central Committee, Doc. No. 10., Addis Abeba, Januar 10–21, 1971, S. 6.

vom OeRK über die Verwendung der Gelder ausgeübt werden soll oder kann[52], die unterstützten Organisationen bereits in ihren Hilfsgesuchsanfragen die Zusicherung geben, dass die Gelder *nicht* zum Kauf von Waffen, sondern für soziale, medizinische und edukative Massnahmen in den unter ihrer Kontrolle stehenden Gebieten verwendet werden. Eine Organisation hat inzwischen sogar den Besuch eines OeRK-Teams angefordert, um die Durchführung sozialer Massnahmen zu begutachten. Die radikale Tendenz dominiert mit der Nennung von Südafrika als unbedingter Priorität und der entsprechenden Verteilung des Hauptteils der Summe (130.000 Dollar von 200.000) an afrikanische Organisationen. Zugleich muss aber festgehalten werden, dass von den neunzehn unterstützten Organisationen nur neun afrikanische Befreiungsbewegungen sind, die zudem, verglichen mit grossen Hilfsprogrammen des OeRK, nur *geringe* Beträge erhielten, die oft auch eher als moralische Unterstützung betrachtet werden können. So erhielt z. B. das *Mozambique Institute* in Dar-es-Salam, das Erziehung sowie soziale und medizinische Dienste für FRELIMO *(Frente de Libertaçao de Mozambique)* übernahm und in Tansania weilenden Flüchtlingen aus Mozambique hilft, 15.000 Dollar für Impfkampagnen, Schulmaterial, Krankenschwesternausbildung, Krankenhausbetriebskosten usw. Dies macht nur 1,5 % der vom *Mozambique Institute* in seinem Entwicklungsprogramm von OeRK angeforderten Summe von ca. 1 Mio. Dollar aus[53]. Das Geld wurde also nicht der militärischen Organisation von FRELIMO überwiesen, sondern deren „Entwicklungsabteilung", dem *Mozambique Institute,* das überdies – und das fällt bestimmt im OeRK ins Gewicht – von einem christlich engagierten Ehepaar (Mondlane) gegründet worden war[54]. Vielleicht ist der OeRK auch daran interessiert, das *Mozambique Institute* zu stärken, um seine eigenen Interessen und Investitionen in der Entwicklungsarbeit in Tansania erfolgreich zu schützen. Der LWB, eines der wichtigsten Mitglieder des OeRK, unterhält z. B. ein Krankenhaus in Tansania, für das 1964 etwas weniger als 50 % der für Entwicklungsprojekte des LWB verfügbaren Gesamtsumme ausgegeben wurde[55]. Ob der Schutz der

---

51 Der Direktor des PCR ist ein holländischer Soziologe, und man kann sich wohl zu Recht fragen, ob der relativ hohe Beitrag der niederländischen Kirchen und Hilfswerke (insgesamt 15.750 Dollar am 1. Januar 1971) und die Zuwendung der holländischen Königin (siehe OeDP, Nr. 5, vom 18. Feb. 1971, S. 6.) neben der Öffentlichkeitsarbeit nicht auch persönlichen Faktoren zuzuschreiben ist.
52 Hierin deckt sich die Erfahrung des OeRK mit der einer anderen Hilfsorganisation, die ebenfalls finanzielle Unterstützung in einem Bürgerkrieg gewährte, ohne dass die Zuwendungen genau kontrolliert werden konnten.
53 WCC, PCR, A Profile of Frelimo, S. 16, para. 33/34.
54 Der ermordete Eduardo Mondlane hatte auch an Konferenzen des OeRK teilgenommen.
55 LWB, Community Development Liaison and Validation Service, Report 1963–1969, S. 38: Ausgaben für Entwicklungsprojekte 1964 9 Mio. Dollar, davon 4,25 Mio. Dollar für das *Kilimanjaro Christian Medical Center.*

eigenen Interessen des OeRK nicht zugleich den kommunistischen Einfluss in der Entwicklungspolitik verstärkt, ist fraglich. Festgehalten sei, dass der Einfluss der Volksrepublik China in der Entwicklungsarbeit in Tansania vorhanden ist. Im vom *Mozambique Institute* verwalteten Krankenhaus in Matwara ist der Arzt Bulgare. Doch verdeutlicht eine starke, christliche Motivation beispielsweise bei diesen Sozial- und Gesundheitsprojekten immer wieder den Unterschied zum Kommunismus, und es lässt sich sogar vermuten, dass christliche und kommunistische Entwicklungsprojekte manchmal in einer Form gesunden Wettbewerbs nebeneinander stehen und sich um die Anerkennung ihrer Leistungen durch die Bevölkerung bemühen. Ferner erhielten die drei Befreiungsbewegungen in Angola [56] insgesamt 50.000 Dollar (MPLA 20.000 Dollar, GRAE 20.000 Dollar, UNITA 10.000 Dollar). Diese vom OeRK angestrebte Unparteilichkeit hatte eine gegenteilige Wirkung, so dass man sich nachträglich beinahe als politische Naivität bezeichnen kann: Eine dieser Organisationen wies die erhaltene Summe mit Vorwürfen der Parteilichkeit des OeRK zurück (Parteilichkeit, weil der OeRK die *anderen* Bewegungen ebenfalls unterstützte), und die beiden anderen Organisationen, die beide für die Befreiung Angolas kämpfen, griffen sich trotzdem gegenseitig an [57]. Dazu sei bemerkt, dass der *höchste,* einer einzelnen Organisation zugesprochene Beitrag sich auf 20.000 Dollar beläuft. Dies ist, wie bereits erwähnt, nicht besonders viel.

In Rhodesien werden zwei Antirassismus-Organisationen unterstützt (ZANU, ZAPU) [58], in Südafrika (Namibia) die SWAPO [59], und in Guinea-Bissau die PAIGC [60]. Des weiteren wird ein *conscientización*-Programm in Sambia unterstützt *(das Africa 2000 Project)* und ein Programm für eine Informationskampagne des ANC [61] in Südafrika. Insgesamt erhalten zehn afrika-

---

56 MPLA = movimento popular de libertaçao de Angola
    GRAE = governo revolucionario de Angola en exil
    UNITA = uniao nacional para a independência total de Angola
57 OePD, Nr. 25, 23. September 1971. Die Tatsache, dass diese Probleme veröffentlicht wurden, und zwar vom eigenen Pressedienst des OeRK, zeugt von der meist aufrichtigen, selbstkritischen Information, die in anderen internationalen Organisationen nicht oft zu finden ist. Eine gute Darstellung der Stammesfehden, die sich auch in den Rivalitäten der verschiedenen Befreiungsorganisationen wiederfinden, ist gegeben in: NZZ, Nr. 121, 12. März 1972, S. 3/4, „Die militärische Lage in Angola" und NZZ, Nr. 176, 16. April 1972, S. 5/6, „Der Buschkrieg in Nord-Mozambique".
58 ZANU = Zimbabwe African National Union
    ZAPU = Zimbabwe African People's Union
59 SWAPO = South West African People's Organisation
    SWANU = South West African National Union
    vgl. WCC, PCR, Namibia, S. 6/7: Beschreibung der Struktur der beiden Organisationen.
60 PAIGC = Partido Africano de Independência da Guinea e Cabo Verde.

nische Organisationen Zuschüsse vom OeRK mit einer kurzen Beschreibung der Programme, für die das Geld verwendet werden soll[62].

In Australien erhielten zwei Räte zum Schutze der Urbevölkerung Beiträge und in England vier Organisationen, die Antirassismus-Informationskampagnen durchführen[63]. In Japan wird das Internationale Komitee zur Bekämpfung der Immigrationsgesetzesvorlage (die rassistische Züge aufweisen soll) unterstützt, in Kolumbien ein Ausschuss für den Schutz der Indianer. Diese Aufzählung soll nur dazu dienen, die weltweite Auffächerung des PCR zu zeigen, denn oft schien es durch oberflächliche Information, als ob der OeRK nur FRELIMO in seinem Kampf gegen die portugiesische Autorität oder ausschliesslich afrikanischen Terrororganisationen beistehen würde.

Bei der Durchführung des PCR muss ferner erwähnt werden, dass trotz zögernder oder ablehnend abwartender Haltung seitens nationaler oder lokaler Christenräte, unabhängige, kirchliche Hilfswerke oft neben Geldspenden bedeutende Werte an Materialhilfe zur Verfügung stellten[64]. OeRK-Mitglieder, die sich *für* das PCR ausgesprochen hatten, organisierten den Transport.

Nach dieser Durchführungsentscheidung von Arnoldshain (3. September 1970) traten die ersten, heftigen Reaktionen auf das PCR in Erscheinung, die hier auf vier Ebenen, nämlich innerhalb des OeRK, bei den Mitgliedern des OeRK, in der kirchlichen Kreisen fernstehenden Presse und in den Gebieten der empfangenden Organisationen aufgezeigt werden sollen.

---

61 ANC = African National Congress. Das unterstützte Programm ist die Lutuli Memorial Foundation für Öffentlichkeitsarbeit zur Untersuchung von Alternativen zur Apartheidpolitik. Diese Stiftung untersteht u. a. dem Patronat von Kaiser Haile Selassie und Frau Alva Myrdal, vgl. WCC, PCR, A Profile of the African National Congress, S. 14/15.
62 WCC, Recommendation by the International Advisory Committee for the Programme to combat racism to the WCC Executive Committee regarding the special Fund, S. 2–4.
    Diese Entscheidung von Arnoldshain war der zweite, bedeutungsvolle Schritt, der die praktische Durchführung des PCR in die Wege leitete.
63 *R. Blackett,* „British Groups against Racism", SE/08, Study Encounter, Vol. VII, No. 2/1971, S. 9–16.
64 Nach einem Pressekommunique des OeRK vom 19. Nov. 1971 machte die Materialhilfe für Befreiungsbewegungen 340.000 Dollar aus, davon entfielen 110.000 Dollar auf Unterrichtsmaterial, 90.200 Dollar auf Nahrungsmittel und 72.000 Dollar auf Medikamente, Krankenhauseinrichtungen usw. Diese Materialhilfe, die für die einzelnen Organisationen oft an Wert den rein finanziellen Zuschuss übersteigt, ist von Vorteil, weil sie nur in Ausnahmefällen zweckentfremdet werden kann.

243.4 Die Reaktionen auf das PCR

243.41 Die Reaktionen innerhalb des OeRK

Bei der Schaffung und ersten Durchführungsphase des PCR verhielten sich die beiden Abteilungen für Entwicklungsarbeit äusserst vorsichtig, obschon von ihren Budgets Gelder durch Beschluss des Zentralausschusses für das PCR abgetreten werden mussten. Vielleicht befürchteten sie eine allzu heftige, negative Reaktion ihrer starken Geberorganisationen oder die gemässigte, apolitische, soziale Tendenz hatte die Oberhand gewonnen. Wahrscheinlich spielten beide Faktoren beim Zustandekommen dieser eher abwartenden Haltung eine Rolle. Interne Mitteilungen sorgten im übrigen dafür, dass das PCR von der Projekthilfe klar und unmissverständlich abgetrennt blieb.

Gegen aussen vertrat das Generalsekretariat und die KKIA (Kommission der Kirchen für internationale Angelegenheiten, die „diplomatische Vertretung" des OeRK) das PCR mit Appellen an die Kirchen, Erklärungen und Pressekommuniques. Der Direktor des PCR veröffentlichte ebenfalls eine Stellungnahme als Antwort auf übertriebene Anschuldigungen [65]. Darin hob er die langjährige Tradition der Bekämpfung des Rassismus durch den OeRK als Teil der Entwicklungsarbeit, als Verwirklichung einer Neuverteilung der Macht, hervor [66]: Dies bedeute keine radikale Option des OeRK zugunsten der Gewaltanwendung, noch eine Identifizierung mit den besonderen Taktiken der Empfängerorganisationen, da die Gelder nur für soziale Zwecke verwendet würden. Er räumte ein, dass dies für die Kirchen ein Risiko sei [67], da erstmals Spenden *nicht* über kirchliche Stellen oder deren Vertretung als Trägerorganisation, sondern direkt an die den Rassismus bekämpfenden Organisationen überwiesen wurden. Ferner hätte der OeRK in der Vergangenheit eher liberal gesinnte, *weisse* Organisationen unterstützt, während das PCR heute hauptsächlich den *Opfern* des Rassismus, d. h. den Nicht-Weissen, helfen wolle. In Anbetracht der ziemlich heftigen Anklagen vom Herbst 1970 ist diese, die radikale Tendenz vertretende Stellungnahme, noch als gemässigt zu bezeichnen. Man darf sich die Frage stellen, ob sie angesichts der aufgetretenen Widerstände nicht bereits eine Art Einschwenken, den Beginn einer Gegenreaktion des OeRK in Richtung auf die konservative Haltung hin bedeutet. Diese Vermutung wird im Absatz 243.5 dieses Kapitels weiter untersucht werden. Doch zuerst sollen noch die Reaktionen der Mitglieder und der „öffentlichen Meinung" berührt werden.

[65] B. *Sjoellema*, A first answer to comments received after the decision by the WCC Executive Committee to support organizations combatting racism (undatiert, nach dem Text zu schliessen vom Herbst 1970).
[66] ibid., S. 4.
[67] ibid., S. 5.

243.42 Die Reaktionen der Mitglieder des OeRK auf das PCR

Auf der Seite der die Entwicklungsarbeit des OeRK finanziell tragenden, d. h. „spendenden" Mitglieder, lassen sich drei verschiedene Haltungen unterscheiden:

Erstens ein uneingeschränktes, „radikales" Bejahen des PCR, wie in den Niederlanden, Schweden, Dänemark [68] und der DDR, wo 900 000 DM durch einen Hilfsaufruf für das PCR aufgebracht wurden [69]. Die ungarischen Lutheraner sprachen sich ebenfalls für das PCR aus und sandten einen symbolischen Beitrag von 300 Dollar [70]. In den USA übernahm der NCCCA Transporte von Material.

Gleichzeitig trat die niederländisch-reformierte Kirche (NGK) in Südafrika an den reformierten holländischen Kirchenbund heran, (die einzige kirchliche Stelle, mit der sie noch in Verbindung stand), und schlug eine gemeinsame Konsultation (OeRK-Südafrikanische Kirchen) über Rassismus vor, eine Idee, die von den Mitgliedern und dem OeRK mit Freuden aufgenommen wurde, aber schliesslich am Widerstand der südafrikanischen Regierung scheiterte [71].

Eine zweite Art von Reaktionen war eine nuancierte, oft sogar ambivalente Haltung. In Norwegen wurde das PCR wohl nicht unbedingt abgelehnt, aber eine genaue Kontrolle über die Verwendung der Gelder wurde gefordert. An einer Zusammenkunft norwegischer Kirchenführer mit Vertretern der Organisation für afrikanische Einheit (OUA) warnte letztere gegen eine undifferenzierte Unterstützung von Befreiungsbewegungen, da nicht alle bei der Verwirklichung ihrer Ziele gleich effizient seien.

Andere Kirchenbünde spendeten materielle Hilfe, wollten aber offiziell auf keinen Fall mit den Befreiungsbewegungen in Verbindung gebracht werden. Der LWB bestand ebenfalls auf der Bedingung einer genauen Kontrolle über die Verwendung der Gelder.

Als dritte Haltung seien die heftigsten, negativen Reaktionen gegen das PCR, die in der BRD und im Vereinigten Königreich auftraten, erwähnt.

In der BRD lief die Spaltung als Zickzacklinie durch die Landeskirchen und trennte auch kirchliche Hilfswerke, die dem PCR Hilfsmaterial zukom-

---

68 OePD, Nr. 32, 12. Nov. 1970.
69 OePD, Monatsausgabe, Oktober 1971. Diese Summe wurde wie folgt aufgeteilt: 300 000 DM für die Mitfinanzierung eines in der DDR hergestellten Schulbuches für den Elementarunterricht in Mathematik in portugiesischer Sprache, 600 000 DM für ein vom Mozambique Institute verwaltetes Krankenhaus in Südtansania (Matwara).
70 OePD, Nr. 6, 4. März 1971.
71 OePD, Monatsausgabe, Juli 1971: Der Briefwechsel OeRK-südafrikanische Regierung wird in extenso wiedergegeben. Ein weiteres Beispiel für das offene Zugeben von Misserfolgen. Seither sind immer wieder Berichte über schlechte Behandlung von Kirchenführern in Südafrika, Verweigerung von Einreisebewilligungen usw. aufgetaucht.

men liessen, von den offiziellen, kirchlichen Behörden ab. Zugunsten des PCR sprachen sich die Landeskirchen von Hessen-Nassau (Spende 100.000 DM) und von Berlin-Brandenburg aus [72]. Die obersten Gremien auf Bundesebene jedoch (VELK und EKD) [73] standen dem PCR eher ablehnend und abwartend gegenüber [74]. Dies wahrscheinlich unter dem Druck ihrer eher konservativen Gläubigen, unter denen die Entscheidung von Arnoldshain „ausserordentliche Unruhe" [75] hervorgerufen hatte. Im Vereinigten Königreich gaben die offiziellen Stellen der Kirche von England erst mehr als ein Jahr *nach* Arnoldshain (18. November 1971) eine offizielle Stellungnahme bekannt, die als negativ bewertet werden kann, weil die Rassismus-*Debatte* wohl bejaht wird, ohne jedoch ein Sonderkonto für Spenden einzurichten [76].

Nach den Reaktionen der „Geberkirchen" auf das PCR sollen nun die der Kirchen in jenen Gebieten kurz beschrieben werden, in denen Antirassismusorganisationen vom OeRK Beiträge erhielten. In Japan begrüsste der nationale Christenrat das PCR. In Australien hatte sich der nationale Christenrat schon vor Beginn des ersten Entwicklungsjahrzehnts, gemeinsam mit dem *National Tribal Council* und dem *Federal Council for the Advancement of Aborigines and Torres Strait Islanders*, für die Urbevölkerung, und insbesondere die Wahrung von deren kultureller Identität, deren Landrecht und für bessere Arbeitsbedingungen eingesetzt. Die Unterstützung des OeRK an diese beiden Organisationen war deshalb willkommen.

In Afrika wurde die Reaktion der südafrikanischen Kirchen, die eine gemeinsame Konsultation mit dem OeRK vorschlugen, die am Widerstand der Regierung scheiterte, bereits erwähnt [77].

Die Enteignung der *Cold Comfort Farm* [78] lässt darauf schliessen, dass in kirchlichen Kreisen auch Tendenzen zugunsten der rassisch Unterdrückten in

72 OePD, Nr. 3, 4. Feb. 1971.
73 VELK = Vereinigte Evangelisch-lutherische Kirche Deutschlands.
EKD = Evangelische Kirchen Deutschlands.
74 OePD, Nr. 28, 1. Okt. 1970.
75 ibid., Schreiben des bayrischen Landesbischofs *Dietzfelbinger*, Vorsitzender des EKD-Rats an den OeRK. Dieser Ausdruck darf wohl als *understatement* bezeichnet werden, wenn die heftigen Worte und Briefe an die Adresse von Dr. *Blake* und des PCR in Betracht gezogen werden.
76 OePD, Nr. 30, 18. Nov. 1971.
77 Nur eine einzige Minderheitskirche, die VELSKA (Vereinigte evangelisch-lutherische Kirche im südlichen Afrika) stellte sich gegen das PCR. OePD, Nr. 28, 21. Okt. 1971.
78 Der Bund, Nr. 100, 2. Mai 1971, und Nr. 110, 13. Mai 1971. OePD, Nr. 10, 8. April 1971.
Die Weltwoche, 26. Jan. 1972, „Missionare des Unbedingten". Die Cold Comfort Farm war eine Kibbutz-ähnliche Genossenschaft, die auf christliche Initiative und mit kirchlicher, finanzieller Unterstützung den ziemlich erfolgreichen Versuch unternommen hatte, eine Gemeinschaft zwischen Schwarzen und Weissen zu schaffen. Für die Beschuldigung der Regierung Rhodesiens, dass sie illegalerweise schwarze Widerstandskämpfer unterstützt hatte, fehlen die Beweise.

offener oder verborgener Opposition gegen die Regierung bestehen. In Tansania, wo der LWB ein grosses Entwicklungsprojekt durchführt und auch verschiedene DICARWS-Projekte laufen, war die Hilfe an das *Mozambique Institute* willkommen. Einzig der Christenrat in Sambia sprach sich nicht zugunsten des PCR aus, doch bleibt offen, ob dies nicht unter dem Druck der Regierung geschah. In Südwestafrika (Namibia) gibt es verschiedene aus der missionarischen Tätigkeit entstandene Kirchen, die sich ebenfalls aktiv gegen rassistische Unterdrückung eingesetzt hatten und deshalb das PCR billigten.

Die regionale Dachorganisation (die *All African Christian Conference*) trat ebenfalls für das PCR ein: Sie leitete ein zweijähriges Programm „zur Bekämpfung des Rassismus und des Stammesdenkens" ein [79]. Dies ist eine besonders fortschrittliche Haltung, die bereits einen Schritt weiter geht als das PCR in seiner praktischen Durchführung, in der klaren Erkenntnis, dass das Stammesdenken der Schwarzen unter sich, d. h. der Rassismus eines Stammes gegen den andern, eine mindestens ebenso ernste Bedrohung des Friedens und der Gerechtigkeit in Afrika darstellt wie der weisse Rassismus und in Zukunft vielleicht noch gefährlicher werden wird.

Zusammenfassend wird also deutlich, dass es alle Abschattierungen von Reaktionen der OeRK-Mitglieder auf das PCR gibt, von der radikalen Bejahung bis zur motivierten, institutionell gehemmten Ablehnung.

243.43 Die „externen" Reaktionen auf das PCR

Am Beispiel der Schweiz mit Vergleichen aus der BRD, Frankreich und England soll im folgenden gezeigt werden, dass sich der Kirche fernstehende Zeitungen dem PCR gegenüber kritisch äusserten [80] und Befürworter und Bekämpfer des PCR sich gegenseitig angriffen [81]. Der OeRK wurde wegen seines PCR kritisiert, weil er afrikanischen Befreiungsbewegungen beistehe, aber z. B. nicht für die Glaubensfreiheit in den kommunistischen Staaten kämpfe. Die politische Einseitigkeit des PCR zeige sich darin, dass es am unverhohlen-

---

79 OePD, Nr. 29, 11. Nov. 1971.
Diese Tatsache widerspricht der Ansicht von Prof. *H. Schoeck,* dass die „Kirchenmänner den (farbigen) Rassismus offensichtlich ignorieren".
H. Schoeck, Entwicklungshilfe – politische Humanität, S. 102/103. Ferner waren es dieselben „Kirchenmänner", die gerade im von *Schoeck* genannten Beispiel des Bürgerkrieges im Sudan aktiv den Frieden vermittelten, dafür vom „arabischen Staat" einen Orden erhielten, also wohl erkannt hatten, dass es sich auch um eine Diskriminierung des arabischen Nordens gegen den schwarzen und christlichen Süden handelte.
80 NZZ, 31. Jan. 1971, und NZZ, 9. Juli 1971, zwei Artikel von *Peter Forster* und von *S. Müller-Markus.*
81 Der Bund, 4. Mai 1971 und 25. Mai 1971, und Berner Student, 18. Mai 1971.

sten von kirchlichen Stellen in Ostblockstaaten gutgeheissen werde. Dem kann entgegengehalten werden, dass sich der OeRK nicht in die innerstaatlichen, politischen Schwierigkeiten der Ostkirchen einmischen kann, ohne deren Stellung als nationale Kirche (vom Regime oft nur geduldet und als oppositionelle Kraft eingeschätzt) stark zu gefährden, und dass sich die orthodoxe Mitgliedschaft des OeRK nie offiziell für oder gegen das PCR ausgesprochen hat. Das Argument, dass das PCR politisch einseitig, d. h. pro-kommunistisch ausgerichtet sei, ist deshalb nicht unbedingt zutreffend. Die Kritik in der Presse bleibt hiermit doch etwas zu vereinfachend. Auf der anderen Seite wurde auch veröffentlicht, dass die evangelisch-theologische Studentenschaft sich in einem Schreiben mit der Antwort des Synodalrates in der Schweiz solidarisch erklärte, in der ausgeführt wurde, dass das PCR nicht einfach global verurteilt werden könne [82]. Auch in der Berichterstattung über die „Interkonfessionelle Konferenz Schweiz–Dritte Welt" [83] lässt sich erkennen, dass anfänglich sehr positiv von einem „neuen Geist" gesprochen wurde, der die Kirchen belebe, dann jedoch die Enttäuschung über fehlende konkrete Resultate wieder eher kritisch tönt [84]. Doch seltsamerweise sind es oft dieselben inkonsequent konservativen Tendenzen, welche die Kirchen wegen ihrer Passivität angreifen, aber zugleich auch ein aktives Eingreifen in „weltliche Dinge", wie im PCR, verurteilen:

Vom OeRK wird erwartet, dass er wohl die „Weltöffentlichkeit aufrütteln" und als ihr „Gewissen" handeln soll, aber ein – zugegebenermassen unvollkommener – Versuch, dies zu tun, wird doch nicht objektiv gewürdigt [85]. Bestimmt ist jedoch das Argument richtig, dass bei finanzieller Unterstützung von Befreiungsbewegungen, sei es auch nur für soziale Zwecke, auf jeden Fall andere Gelder, die für weniger humanitäre Ziele eingesetzt werden können, frei werden. Diese Reaktionen gegenüber dem PCR in der Presse fielen zudem zeitlich mit der „Affäre Schweizer Caritas" [86], einem katholischen Hilfswerk, das mit dem OeRK in der Entwicklungshilfe oft gemeinsam gearbeitet hätte, zusammen [87], so dass das *Image* der Kirchen insgesamt bei einem Teil der „öffentlichen Meinung", die der Kirche fernsteht, und bei einem Teil der gemässigten Tendenz innerhalb der Kirchen fraglos eine Einbusse erlitt. Überdies wurde eine unverkennbar linksgerichtete Tendenz, die einen ziemlich emotionellen, nicht besonders gründlich fundierten Widerstand

---

82 Der Bund, 22. Dez. 1971.
83 Journal de Genève, 3. Nov., 4. Nov., 5. Nov. und 25. Nov. 1970.
84 NZZ, 20. Dez. 1970. S. 17, Journal de Genève, 28. Jan. 1971, 20. Feb. und 21. Feb. 1971.
85 NZZ, 31. Jan. 1971, „Wer den Sturm sät...", und Der Bund, 2. März 1973 „Rassismus und Kirchen".
86 Der Bund, 13. Mai 1971, „Swiss Aid, Caritas und Werbekosten".
87 Zeitschrift Team, Nr. 7/8, August 1971.

gegen den Staudamm von Cabora Bassa, den FRELIMO bekämpft, ebenfalls eng mit dem PCR verknüpft, wodurch die gemässigte Tendenz erneut negativ beeinflusst wurde. Gesamthaft gesehen sind die Reaktionen auf das PCR in den der Kirche fernstehenden Schweizer Zeitungen doch weniger heftig und emotionell gefärbt als in der BRD. Schon wegen der „sensationellen" Spaltung in den deutschen Kirchen auf Grund des PCR wurde diesem Thema, dem OeRK und der Stellung der Kirche überhaupt ziemlich viel Bedeutung beigemessen [88].

Auch die *Frankfurter Allgemeine Zeitung* (FAZ) [89] beschränkt sich nicht nur auf die Berichterstattung über die Zusammenkünfte der Synode von Hessen-Nassau und der lutherischen Landessynode in Eutin sowie die Münchner

---

88 So berichtet z.B. Der Spiegel im Oktober, November und Dezember 1970 sehr ausführlich über nicht nur rein informative, sondern auch weltanschauliche Aspekte des PCR.
Der Spiegel, Nr. 43, 18. Okt. 1970, S. 102: Spiegel-Interview mit dem Generalsekretär des Weltkirchenrates *Eugene C. Blake*: „Das Wort Gewalt wird hochgespielt". S. 98–101: Kirche – Guerillas: Ein Bericht über die vom OeRK unterstützten Organisationen.
Der Spiegel, Nr. 47, 16. Nov. 1970: Spiegel-Gespräch mit dem Kirchenpräsidenten von Hessen-Nassau, Dr. *H. Hild:* „Vertrauen ist christlicher als kontrollieren". In einem fünf Seiten langen Gespräch werden die Argumente für und gegen das PCR erörtert. Dr. *H. Hild* und seine Kirche hatten sich für das PCR ausgesprochen und 100.000 DM an den OeRK überwiesen.
Der Spiegel, Nr. 50, 7. Dez. 1970: Bericht über die Münchner Gespräche zwischen den Vertretern des OeRK und der EKD. Diese Konsultation wird als „Fiasko" bezeichnet.
Spiegel-Interview mit dem Landesbischof von Hamburg, *H. O. Wölber,* einem überzeugten Gegner des PCR. Der Spiegel zieht folgende Schlussfolgerung: „Kirchenführer fürchten einerseits Austritte von Kirchensteuerzahlern und andererseits internationale Isolierung: Von nahezu allen westeuropäischen Kirchen wird das Antirassismus-Programm finanziell unterstützt".

89 FAZ, 23. Sept. 1970 „Auseinandersetzung über Geld der Kirche für Partisanen / Befürworter melden sich zu Wort / An Hilfe für Nordvietnam erinnert / Vor der Entscheidung des Rates der EKD".
6. Okt. 1970: „Lilje warnt vor der Panik wegen der Kirchenaustritte / Aber Entwicklung bedenklich".
6. Okt. 1970: „Recht des Nächsten notfalls auch mit Gewalt zu erkämpfen" „Resolution der lutherischen Generalsynode / Die Kirche hat sich auf das Wort zu beschränken".
Der zweite Artikel erwähnt, dass der Generalsekretär des LWB das PCR voll unterstützt, während die deutschen Lutheraner es ablehnen.
27. Okt. 1970: „Der ökumenische Rat: Keine Billigung der Gewalt / Humanitäre Hilfe / Stellungnahme zur Unterstützung von Befreiungsbewegungen mit kirchlichen Mitteln / Reaktion in Deutschland überrascht".
13. Nov. 1970: „Württemberger verweigern Kirchengeld für Gewalt / Zwei Wiesbadener appellieren an Kirchengericht".

Gespräche (vom 1./2. Dezember 1970), sondern versucht, ebenfalls gründlicher in die Problematik des PCR einzugehen, was bereits in den gewählten Titeln und Untertiteln der Artikel zum Ausdruck kommt. In einem Leitartikel [90] wird sogar die Gewaltanwendung und Unterstützung nicht verurteilt und darauf hingewiesen, dass selbst Luther sich für Gewalt ausgesprochen hatte, falls ihre Anwendung zum Schutze der Schwachen unumgänglich war. Der Artikel ist keine Befürwortung des PCR, sondern eher eine philosophisch-liberale Betrachtung über den Unterschied zwischen Gewalt und Terror. In der Ausgabe vom 13. November 1970 bringt die FAZ ein sehr originelles, zutreffendes Argument: Wenn Gelder von den Kirchen ausschliesslich an gewaltlose Institutionen überwiesen werden sollten, so wäre die Kirche auch nicht befugt, *staatlichen* Einrichtungen in der „Dritten Welt" ihre Sozial- und Entwicklungshilfe zu gewähren, da eines der Merkmale eines Staates die Gewaltanwendung sei.

Die FAZ spricht sich wohl nicht vollkommen zugunsten des PCR aus, aber scheint doch die weltanschauliche Grundlage des ökumenischen Beschlusses mit guten Argumenten stützen zu können. Im Gegensatz dazu schreibt *Die Welt* [91] viel negativer, und dieselben Argumente wie in der Schweizer Presse tauchen auf: Der OeRK hätte in der tschechoslowakischen Krise den Unterdrückten auch keine Hilfe gegen die Kommunisten gewährt. *Die Zeit* lässt in ausgewogener Weise wieder Befürworter und Gegner des PCR zu Worte kommen [92]. Auch Zeitungen mit weniger grossen Auflagen [93] beschäftigen sich mit dem PCR. Im Überblick scheint es doch, dass das PCR in der BRD ein grosses Echo gefunden hat. Wohl gehen die meisten Artikel von Ereignissen in

---

    Diese Nummer enthält ferner eine Gegenüberstellung der Ansichten von Bischof Wölber (contra) und dem Generalsekretär des LWB (pro).
    16. Nov. 1970: Zwei Leserbriefe lehnen das PCR ab, mit der Begründung, dass die Kirche dem einzelnen die ethische Entscheidung über Recht und Unrecht nicht abnehmen kann, und dass die Kirche als Institution niemals in politische Ereignisse eingreifen sollte.
    3. Dez. 1970: „Synode Hessen-Nassau: Überweisung von 100.000 DM an den Weltkirchenrat". In diesem Artikel steht, dass die Synode das Geld nur für gewaltlose Organisationen zu verwenden wünscht, ferner, dass der OeRK offenbar keine Vertrauensbasis in den Gemeinden besitze, noch weniger die gewählte Synode.
90 FAZ, 1. Nov. 1970, „Zwischen Gewalt und Terror".
91 Die Welt, 28. Sept. 1970: „Kirchengeld für Guerillas – Ökumene auf Abwegen".
    29. Okt. 1970: „Schwarze Guerillas – Terror als Freiheitskampf". In diesem Artikel werden die Befreiungsbewegungen ausschliesslich als Terroristen, Mörder von unschuldigen Siedlern, die ihre Kämpfer mit leeren Versprechungen für Ausbildungsstipendien anziehen und nur ihre eigenen Stammesfehden austragen, dargestellt.
    2. Dez. 1970: Leserbriefe, die sich gegen das PCR aussprechen.
92 Die Zeit, 6. Nov. 1970.
93 Süddeutsche Zeitung, 2. Dez. 1970, Stuttgarter Zeitung, 3. Nov. 1970, Die Welt am Sonntag, 1. Nov. 1970, Christ und Welt, 25. Sept. 1970.

den Landeskirchen aus, aber die Fragen der Stellung der Ökumene, des Vertrauensverhältnisses zwischen OeRK-Zentrale und Kirchenleitungen sowie zwischen letzteren und den einzelnen Gemeinden tauchen anhand der Diskussion um das PCR auf. Unter „normalen" Umständen hätten sich die grossen Tageszeitungen wohl kaum so gründlich mit dem OeRK auseinandergesetzt. Und dieses Echo, auch mit seinen negativen, manchmal übertriebenen, emotionell gefärbten Seiten kann als Zeichen des Interesses der deutschen Öffentlichkeit, auch von der Kirche fernstehenden Kreisen, für die internationale Organisation des OeRK, und nicht als Antiklerikalismus gewertet werden.

Anders als die deutsche Presse kommt die englische eher von ausländischen Ereignissen her auf das PCR zu sprechen, was gemäss der noch fest verankerten Idee des britischen Commonwealth in der öffentlichen Meinung Englands nicht weiter erstaunlich ist. Das PCR wird mit der Problematik der Apartheid in Beziehung gebracht [94] und eher weltpolitisch als weltanschaulich diskutiert. Die *Times* schreibt, dass eine Ablehnung der Apartheid nicht automatisch eine Billigung der afrikanischen Widerstandsbewegungen bedeutet [95]. Meist wird auch hervorgehoben, dass der OeRK keine direkte Kontrolle über die Verwendung der Gelder ausüben kann. Aber diese Tatsache wird verschieden gewertet: Auf der einen Seite wird erwähnt, dass die unterstützten Organisationen eine Verwendung für nicht militärische Zwecke zugesagt hätten, und dass bei keiner Hilfsaktion das Risiko einer Zweckentfremdung ausgeschlossen werden kann. Auf der andern Seite wird festgehalten, dass entweder kein Geld [96] oder nur ganz winzige Summen [97] von Grossbritannien dem PCR zufliessen.

Die Leserbriefe [98] von Befürwortern und Gegnern nehmen in der „externen" englischen Reaktion auf das PCR einen wichtigeren Platz ein als in Deutschland oder der Schweiz. Die Reaktion der schottischen Zeitungen ist, der Stellungnahme ihrer Kirchen entsprechend, nuanciert positiv [99]. Der *Guardian* ist zuerst eher sarkastisch [100]; später lässt er aber auch nuanciert befürwortende Stimmen zu Wort kommen [101]: Der Artikel bestätigt, dass es

---

94 The Times, 4. Sept. 1970: „Churches to aid African resisters". The Guardian, 5. Sept. 1970: „Controversial Contributions". *J. Smith,* „The Blind Bishops", The Sunday Express, 1. Nov. 1970.
95 The Times, 5. Sept. 1970.
96 The Westmoreland Gazette, 30. Okt. 1970: „No money from Britain going to terrorist groups, says Bishop".
97 The Glasgow Herald, 11. Nov. 1970: In diesem eher befürwortendem Artikel steht: „the Scottish Churches part (to the PCR) is infinitesimal".
98 z.B. Daily Telegraph, 11. Sept. 1970.
99 The Glasgow Herald, 11. Nov. 1970, The Scotsman, 30. Sept. 1970.
100 The Guardian, 4. Sept. 1970: „Church militant": Man erinnere sich noch an die „noisy consultation" von Notting Hill, wo sich „gentle Christians" mit „militant negroes" getroffen hätten. usw.
101 The Guardian, 29. Sept. 1970: „Churches and Commandos".

allzu einfach wäre, die Aktion des OeRK einfach zu verdammen und alle unterstützten Organisationen als „Terroristen" abzutun. In der englischen Presse wird auch über die abwartende, bedauernde Haltung des Erzbischofs von Canterbury berichtet, der vor der Schaffung des PCR eine eingehendere Information und Konsultation der OeRK-Mitglieder gewünscht hätte.

Nicht die Aktion selbst, sondern eher deren institutionelles Verfahren wird kritisiert [102].

Als letztes Beispiel der „externen Reaktionen" sollen noch einzelne Pressestimmen eines Landes erwähnt werden, in dem die Protestanten eine Minderheit und deshalb vielleicht radikaler sind, als z. B. in der Bundesrepublik, nämlich Frankreich.

Dieser Minoritätsstellung entsprechend, berichten in Frankreich die konfessionell gebundenen Zeitungen viel ausgiebiger über das PCR, dessen Folgen und den OeRK, als die politische Tagespresse. Doch im *Figaro* und *Le Monde* sind auch das PCR befürwortende Artikel und Leserbriefe zu finden [103].

Ein Informationsartikel in *Le Monde* [104] nennt die positiven und negativen Argumente zum PCR und stellt fest, dass die Gegner eine allzu ausgeprägte Politisierung des OeRK befürchten, während die Befürworter auf die Notwendigkeit einer Aktion hinweisen, da die seit langem wiederholten Appelle und Mahnungen der Kirchen zur Bekämpfung der Rassendiskriminierung ohne Echo, ohne konkreten Niederschlag geblieben seien.

Dem bunten Bild der Pressestimmen als Reaktionen Aussenstehender auf das PCR lässt sich folgendes entnehmen: Das PCR hat dem OeRK, der sonst kaum in der politischen Tagespresse erwähnt wird, viel Publizität eingebracht. Der Spaltung in den Kirchenleitungen entsprechend, war die öffentliche Diskussion in der BRD am heftigsten gewesen.

Nach Ansicht eher konservativer Kreise hatte der OeRK damit in seiner Entwicklungsarbeit an Ansehen und Glaubwürdigkeit verloren. Für die manchmal, aber nicht immer linksgerichteten, radikal Gesinnten hatte diese öffentliche Diskussion bewiesen, dass der OeRK nicht nur mit traditionellen Methoden arbeitete. Obwohl meist auch befürwortende Stimmen zu Worte

---

102 Dies scheint jedoch kein echtes Argument zu sein, sondern eher eine diplomatische Verhüllung einer Ablehnung des PCR, um eine öffentliche Diskussion über eine „Vertrauenskrise" zwischen OeRK und anglikanischer Kirche zu vermeiden.

103 Le Figaro, 23. Nov. 1970: "L'aide du Conseil oecuménique aux organisations antiracistes provoque de vives réactions": Der Artikel weist darauf hin, dass Papst Paul VI auch angolesische Widerstandskämpfer empfangen hätte, und dass eine, selbst nicht eindeutige, Aktion des OeRK besser sei, als wohltönende Reden und Absichtserklärungen.

Le Monde, 15. Dez. 1970: "Les églises et les opprimés": In einem Leserbrief vertritt ein Universitätsprofessor ebenfalls eine positive Haltung.

104 Le Monde, 17. Nov. 1970: „Eglises et racisme – remous autour d'une décision du Conseil oecuménique".

kamen, kann man sich doch des Eindrucks nicht erwehren, dass die „externen Reaktionen" auf das PCR mehrheitlich negativ ausfielen.

Abschliessend drängt sich noch eine Feststellung auf: Was im OeRK als schon abgeschwächtes, nicht mehr radikales PCR geschaffen wurde, ist weniger durch seine materiell begrenzte Wirkung, sondern vielmehr durch übertriebene Reaktionen, die oft aus einer oberflächlichen Meinungsbildung über das PCR entstanden, verzerrt oder falsch ausgelegt worden. Dies bedeutet, dass die Vertreter des PCR auf internationaler, ökumenischer Ebene, also auf höchster Stufe, einer politisch und sozial gemässigten Tendenz angehörten, während auf der Ebene der einzelnen Gläubigen nur sehr radikal Gesinnte sich vorbehaltlos mit dem PCR identifizieren konnten [105]. Auf der „mittleren Ebene" der nationalen Christenräte zeigte sich diese Spaltung in allen Verzweigungen und Zickzacklinien am deutlichsten, da beide Tendenzen sich ähnliche Fragen stellten, wobei global gesehen keine die Oberhand gewann. Vom OeRK als Institution aus gesehen, überwiegen wahrscheinlich die Stimmen, die das PCR in irgendeiner Form befürworten und sich aktiv dafür einsetzen. (In den Gebieten, in denen das PCR Organisationen unterstützte, sprachen sich nur die Kirche von England und der Christenrat in Sambia gegen das PCR aus).

Dennoch sollen die Rückwirkungen des PCR zeigen, dass die kritischen Stimmen, auch aus der Kirche fernstehenden Kreisen, im OeRK ernst genommen wurden und die Weiterführung des PCR verändernd beeinflusst haben.

243.5 Die Rückwirkungen dieser Reaktionen auf das PCR

Nach diesen unterschiedlichen Reaktionen auf das PCR kann als erste Folge ein Erstarken der internen Solidarität im OeRK, als Abwehr gegen Angriffe von aussen, erkannt werden.

Der OeRK wehrte sich *gemeinsam,* als Gesamtorganisation, gegen seiner Meinung nach unberechtigte Angriffe. Dies führte dazu, dass selbst die vorsichtigen Abteilungen sich doch wenigstens gegen aussen mit dem PCR und dessen Weiterführung einverstanden erklärten. So wurde das PCR mit grossem Nachdruck und öffentlichem Echo auf der Tagung des Zentralausschusses vom 10.–21. Januar 1971 (Addis Abeba) bekräftigt und noch erweitert.

Der Exekutivausschuss bestätigte es nochmals auf seiner Konferenz in Sofia (5.–9. September 1971). Man darf sich fragen, ob hier nicht auch die Rückwirkung der institutionellen Schwerfälligkeit, die in allen internationalen Organisationen zu finden ist, mitspielt: in dem Sinne nämlich, dass ein einmal

---

105 In der Schweiz z.B. die nach der Interkonfessionellen Konferenz gegründete „Arbeitsgruppe Dritte Welt", die sehr linksgerichtet zu sein scheint. (vgl. NZZ, 15. Jan. 1972, S. 33).

in der Öffentlichkeit bekannt gewordenes Programm nicht wieder rückgängig gemacht oder aufgehoben werden kann, da es bereits in der institutionellen Maschinerie „läuft", selbst wenn nachträglich die Einsicht, dass es ein Fehler gewesen war, vorherrschen würde. Fest steht jedenfalls, dass durch das PCR keineswegs die radikale Tendenz die Oberhand gewann, sondern schliesslich eher die gemässigte: Die in Addis Abeba beschlossene Erweiterung des PCR bestand nämlich darin, dass versucht wurde, die Forschungsarbeit anzuregen, nicht die aktiven Interventionen. Die „theologische" Abteilung des OeRK (Abteilung für Glauben und Kirchenverfassung) wurde beauftragt, die ethischen Grundprobleme des Rassismus zu studieren, und es tritt ein Bemühen zutage, *alle* Organe des OeRK irgendwie mit dem PCR in Verbindung zu bringen, sei es, um die interne Solidarität zu verstärken, oder um die effektiven Auswirkungen des PCR abzuschwächen.

Wohl erhielten die bereits unterstützten Organisationen weitere Beiträge, aber das Programm wurde noch auf mehrere andere Organisationen zum Schutze der Indianer sowie zum Schutze der Eskimos ausgedehnt[106].

Dies bedeutet also eine Verlagerung der Schwerpunkte im PCR von aktiver, eingreifender Unterstützung auf vertiefte Untersuchungen, kontemplative, theologische Bearbeitung und Veröffentlichung von Aufklärungsmaterial. So wurde der politische Einfluss des PCR wohl bewusst diversifiziert und somit abgeschwächt.

Eine weitere, jedoch indirekte Rückwirkung besteht darin, dass die Zusammenarbeit in Entwicklungsfragen zwischen Katholiken und Protestanten im SODEPAX-Ausschuss durch die Differenzen mit der von Rom unterstützten katholischen Kirche Portugals, die sich als Staatskirche gegen die Hilfe an antiportugiesische Organisationen aussprach, eher gehemmt wurde.

Unter den Mitarbeitern des OeRK gibt es viele, die der Ansicht sind, dass das PCR für die gesamte Ökumene ein Prestigeverlust war. Doch gibt es auch Stimmen, welche die heftigen Reaktionen auf das PCR begrüssen, weil sie die Tätigkeit des OeRK überhaupt erst in der Öffentlichkeit bekannt gemacht hätten und selbst harte Kritik den Vorteil bringe, dass der OeRK wenigstens mit Aufmerksamkeit diskutiert würde.

In den einzelnen Ländern werden es besonders die Minderheiten von radikal engagierten, individuellen Gläubigen oder Gruppen sein, die diese Neuorientierung des PCR auf Studien und Untersuchungen ohne politische Aktion bedauern werden, aber zugleich wird damit auch der grundlegende, in der ethischen Motivation begründete Unterschied zwischen der Arbeit des OeRK und linksgerichteten, politisch radikalen Parteien wieder deutlich.

Eine weitere Rückwirkung des PCR darf nicht übersehen werden: Eine andere internationale Organisation, die UNO, erklärte das Jahr 1971, wohl

---

106 WCC, Central Committee, Doc. No. 55, Addis Abeba, Jan. 10–21, 1971.

auch unter dem Einfluss der öffentlichen Diskussion um den Rassismus, zum *International Year for Action to Combat Racism and Racial Discrimination*.

Zusammenfassend sei festgehalten, dass das PCR aus einer traditionellen Überzeugung in der Entwicklungsarbeit zugunsten rassisch unterdrückter Minderheiten, die sich bereits 1961 in konkreten Projekten verwirklicht hatte, entstanden ist. Es stellt jedoch das extremste Programm in dieser Richtung dar, obwohl der anfängliche Radikalismus institutionell und praktisch moderiert wurde. Trotz der ethischen Motivation konnte das PCR als politische Aktion und Stellungnahme des OeRK aufgefasst werden, und dadurch die Glaubwürdigkeit einer desinteressierten, rein sozialen und humanitären Entwicklungshilfe herabmindern. So wurde eine alte Überzeugung der Kirchen, die Verteidigung der Armen und Unterdrückten, in einem neuen Lichte gesehen.

Neuartig und erstmalig war das PCR als Entwicklungsbeitrag nur insofern, als es Hilfe an die sozialen Abteilungen kombattanter Befreiungsbewegungen *ohne* Vermittlung kirchlicher Stellen gewährte. Dies ist im normalen Projektverfahren nicht möglich.

Das PCR wurde nicht nur als Veranschaulichung der Spannungen zwischen den historisch bedingten, verschiedenen politischen und sozialen Tendenzen so ausführlich behandelt. Es wurde auch deshalb als Beispiel gewählt, weil es bereits die gesamte Problematik der Entwicklungsarbeit des OeRK und alle in der im folgenden untersuchten Projekthilfe auftauchenden Schwierigkeiten in sich birgt, ohne ein Entwicklungsvorhaben im engern Sinne zu sein. Es wirft auch die Frage auf, ob Entwicklungsarbeit überhaupt apolitisch sein kann, und gibt darauf, weniger wegen der Konzeption als vielmehr wegen deren Auslegung, eine eher negative Antwort.

Es zeigt zugleich, wie eine klare, verständlich begründete Stellungnahme in ein politisches Dickicht führen kann, wo selbst bei grösster Vorsicht Fehlentscheidungen nicht auszuschliessen sind, und in der praktischen Durchführung oft der Einsatz verhältnismässig bescheidener Mittel weitreichende positive und negative Konsequenzen haben kann.

Ferner wird durch das PCR offensichtlich, dass der OeRK den Mut gehabt hat, neue, noch von keiner internationalen Organisation in derselben Weise beschrittene Wege in der Entwicklungsarbeit zu gehen und Zeugnis eines fortschrittlichen Geistes abzulegen. Er bot z. B. für die Allafrikanische Christenkonferenz den Anreiz, noch weiter zu gehen, und das noch nicht so allgemein bekannte Problem des schwarzen Rassismus („Stammesdenken") ebenfalls aufzugreifen. So soll das PCR als Abschluss, Höhepunkt und zugleich Krise des historisch bedingten, sozialen und politischen Denkens, das im OeRK für die Entwicklungsarbeit grundlegend ist, verstanden werden.

3 Die Analyse der Arbeitsmethoden des OeRK für Entwicklungsvorhaben

Nachdem im historischen Teil dieser Arbeit die geschichtlich gewachsenen, geistigen Grundlagen für die Entwicklungsarbeit des OeRK behandelt wurden, soll dieses Kapitel erstens anhand der institutionellen Struktur und zweitens anhand von praktischen Beispielen veranschaulichen, wie diese geistigen Grundlagen die Arbeitsmethoden geprägt haben.

Das heisst, dass nach dem historischen Rückblick und den theoretischen, sozialen und politischen Betrachtungen, die mit der Entwicklungsarbeit im Zusammenhang stehen, nun deren institutionelle und praktische Seite erörtert werden soll.

31 Die Arbeitsmethoden des OeRK für Projekthilfe

Bevor die institutionell festgelegten Arbeitsmethoden beschrieben werden, wird kurz ein besonderes, wichtiges Merkmal des OeRK hervorgehoben: Sein *Arbeitsstil*. In vielen Organisationen ist ein Abweichen vom „Dienstweg", d. h. von den institutionell festgelegten Methoden schon beinahe ein Verbrechen. Im OeRK nicht. Die in den ethischen Motivationen begründete Betonung und Achtung des Individuums hat oft dazu geführt, dass der OeRK zur Durchsetzung seiner Ziele ganz ungewöhnliche Wege eingeschlagen hat[1]. Verhandlungsgewohnte Funktionäre anderer Organisationen folgen dem psychologisch beinahe machiavellistischen Prinzip des passiven Schweigens, damit sich die „andere Partei" totredet. Anschliessend folgt bei Ablehnung keine klare Antwort, sondern es wird eine institutionelle Verschleppungstaktik angewendet, die in eine kompetenz- und verantwortungslose Anonymität der Maschinerie mündet. Dagegen scheut man sich im OeRK nicht, einander ziemlich deutliche Briefe zu schreiben, sich offen und ehrlich auch mündlich zu streiten, während in anderen Organisationen „unser höchstes Erstaunen" der stärkste Ausdruck der Missbilligung im diplomatischen Umgang ist. Dies prägt den Arbeitsstil mit menschlicher Lebendigkeit und lässt die Möglichkeit aufrichtiger Wiederversöhnung oder Überzeugung des anderen zu. Zugleich erlaubt er die für den OeRK typische, institutionelle Flexibilität.

Dieses Merkmal darf im folgenden, die Arbeitsmethoden eher theoretisch-institutionell analysierenden Teil nicht ausser acht gelassen werden.

---

[1] Ein Hilfswerk, Mitglied der DICARWS, wandte sich sogar mit einem Hilfsgesuch direkt an den König seines eigenen Landes, als bei einem Programm grosse Schwierigkeiten auftauchten.

311 Die Planung von Projekten

Ein Projekt wird, um es ganz einfach darzustellen, im normalen Verfahren von der unterstützungsbedürftigen, kirchlichen Stelle an den OeRK eingereicht, von der DICARWS geprüft, verfeinert, bei Billigung auf die Projektliste gesetzt und schliesslich an die Geberorganisationen, die zur Finanzhilfe bereiten Mitglieder der DICARWS, weitergeleitet[2].

311.1 Die institutionelle Struktur der ökumenischen Projektplanung

Für die allgemeine Struktur des OeRK sei auf die beiden Organigramme verwiesen (vgl. Anhang, Abb. 4 und 5). In dieser Arbeit wird einfachheitshalber die eigentliche und wichtigste Abteilung für Entwicklungsarbeit immer DICARWS genannt, obschon ihr Titel seit Juni 1971 CICARWS lautet[3].

Die 1961 eingesetzte DICARWS[4] war jedoch bis 1970, und grösstenteils auch 1971, ein finanzieller Katalysator für die von ihren Mitgliedern, den kirchlichen Hilfswerken, zur Verfügung gestellten Gelder. Sie ist jedoch nicht ein passiver, sondern sozusagen ein aktiver Katalysator, d. h. ihre Gebietssekretariate (für Asien, Lateinamerika, Afrika und die „orthodoxen Kirchen und Länder, Altkatholiken und den Nahen Osten", sowie Europa, das hier immer weggelassen wird) beteiligen sich oft in beratender, aber einflussreicher Funktion bereits an der detaillierten Planung von eingereichten Projekten.

Die DICARWS legt jedoch Wert darauf, dass die erste, noch nicht detaillierte Planung vom lokalen Christenrat oder der kirchlichen Stelle, die das Projekt an die DICARWS einreicht, ausgearbeitet wird. Die Projekte sollen also an Ort und Stelle, in der „Dritten Welt", *nicht* in der DICARWS beginnen. Anschliessend führt die DICARWS die eigentliche Vorplanung durch.

Für die Ausarbeitung der Projektliste arbeiten die beiden Abteilungen DICARWS und DWME zusammen.

DWME entstand als Abteilung aus dem seit 1961 im OeRK integrierten, Internationalen Missionsrat. Sie sollte vorerst mit langfristigen, meist nur fortzuführenden *Programmen* betraut werden, während die DICARWS kurzfristigere *Projekte* übernahm.

Doch diese Unterschiede verwischten sich bis 1971 allmählich durch die enge Zusammenarbeit, obwohl sich nach wie vor die DWME eher mit Pro-

---

2 R. *Dickinson*, „Do Church-sponsored projects assist development?", Social Compass, International Review of socio-religious studies, XVI/I, 1969, S. 65/66.
3 Da die Arbeit von 1961–1971 reicht, und die neuen Titel erst seit Juni 1971 gelten, hat sich die Autorin vorbehalten, die alten, besser bekannten Bezeichnungen zu wählen.
4 Organigramm der DICARWS, Anhang, Abb. 1.

grammen auf den herkömmlichen Tätigkeitsgebieten der Kirchen (Erziehung und Gesundheitswesen) beschäftigt. Äusseres Anzeichen hierfür ist die Tatsache, dass die CMC der DWME, und *nicht* der DICARWS angegliedert blieb.

Zur Prüfung der von den nationalen kirchlichen Stellen eingereichten Projekte werden Projektunterausschüsse ad hoc eingesetzt. Sie setzen sich aus DICARWS-Mitarbeitern, Vertretern der Projektträger und der Geberorganisationen, und meist einem Berater von ACTS zusammen.

Für die Prüfung der richtigen Einschätzung der Kosten durch die projekteinreichende Stelle wird ferner oft ein Experte von ECLOF, ein „ökumenischer Bankier", beigezogen.

Die wichtigste Rolle in der institutionellen Struktur der ökumenischen Projektplanung nimmt jedoch in der behandelten Zeitperiode das unabhängige Beratungsorgan ACTS *(Advisory Committee on technical services)* ein, das an allen Stadien der Planung, Durchführung und nachträglichen Überprüfung eines Projektes massgeblich beteiligt ist.

Diese institutionelle Struktur soll bereits im Stadium der Vor- und Endplanung verhindern, dass reiche Geberorganisationen kirchlichen Stellen in der „Dritten Welt" *ihre* Projekte aufdrängen.

Die im Pearson-Bericht kritisierte Propaganda der Dienststellen für gewisse, ihrer Bürokratie und den mitfinanzierenden Mitgliedern genehme Projekte *(Agency salesmanship)* soll dadurch vermieden werden. Im OeRK sind individuelle Entscheidungen und persönliche Beziehungen manchmal ausschlaggebender als die rein bürokratische Planung und Vorprüfung des Projektes.

Auch können wichtige Hilfswerke mit grosser Erfahrung, die zu den Geberorganisationen der DICARWS gehören, ebenfalls schon an der Planung beteiligt werden, besonders, wenn sie ein Interesse für die Mitfinanzierung eines bestimmten Projektes bekunden. Ihr Einfluss kann nicht ganz ausgeschlossen, aber durch die Vielzahl der an der Planung und Vorprüfung von Projekten mitbeteiligten Untereinheiten der DICARWS abgeschwächt werden.

Die DICARWS bleibt also ein reiner Katalysator für die Finanzhilfe, ist jedoch, weil sie über die Aufnahme eines Projektes in die Liste entscheidet, in der Planung einflussreich.

Der OeRK ist aber auch für die Finanzhilfe im Begriff, selbständiger zu werden: Nach der Konferenz von Montreux (1970) wurden neue Verfahren für „Sonderprojekte" geschaffen, die nicht notwendigerweise von den nationalen Christenräten in Entwicklungsländern geplant und eingereicht werden, sondern direkt von der neugegründeten CCPD (Kommission der Kirchen für Teilnahme an der Entwicklung) ausgehen. Die CCPD verfügt über eigene, nicht zweckgebundene Mittel für Entwicklungsprojekte, über deren Planung und Durchführung sie allein, als Organ des OeRK, unabhängig entscheidet[5].

5   Für diese Sonderprojekte wurden im Budget der Projektliste 1971 2 237 000 Dollar veranschlagt.

Dies ist eine Neuerung, welche die Rolle der DICARWS als Katalysator für Finanzen erheblich verändert.

Zusammenfassend lässt sich sagen, dass, je nach Projektart und Einstufung, die Planung auf drei Arten durchgeführt werden kann: Im Normalfall durch die projekteinreichende, kirchliche Stelle in der „Dritten Welt", zweitens auf Ersuchen eines OeRK-Mitgliedes, oder sie wird in seltenen Fällen ganz von der CCPD übernommen.

Da es sich jedoch in der Entwicklungsarbeit des OeRK von 1961–1971 vielfach um die Fortführung oder Ausweitung bereits begonnener Arbeiten handelt, muss die Planung oft nur ergänzt oder abgeändert werden. Die Organe des OeRK können sich also schon in der Planung von Projekten auf bereits gemachte Erfahrungen stützen.

311.2 Die praktische Arbeit für die drei Planungsverfahren

Im normalen, echt multilateralen Projektverfahren wird in der Planung wie in der Finanzierung das eingereichte Projekt von den zuständigen Einheiten der DICARWS auf seine Durchführbarkeit und gemäss des pro Kontinent festgelegten Budgets geprüft. Oft fordert die DICARWS zusätzliche Informationen an, oder ein Vertreter von ACTS prüft das geplante Projekt an Ort und Stelle. Es kann umgekehrt auch ein Vertreter des nationalen Christenrates des Projektlandes an einer Informationssitzung der DICARWS in Genf persönlich die gewünschten Auskünfte erteilen. ACTS oder die Gebietssekretariate können ebenfalls den Rat von in dieser Gegend oder in diesem Projekttyp erfahrenen Experten, kirchlichen Hilfswerken oder Missionsgesellschaften einholen. Diese Phase der Planungsprüfung dauert durchschnittlich sechs bis zehn Monate [6]. Dann wird eine kurze Zusammenfassung des Projektes auf die Projektliste aufgenommen. Lehnen die Dienststellen des OeRK die Planung ab, wird das Projekt entweder an die lokale Stelle zur Abänderung der Planung zurückverwiesen oder auf eine spätere Projektliste (möglicherweise als Zusatzprojekt auf die Liste desselben Jahres, aber erst an der Novembertagung) gesetzt oder zurückgezogen, wenn es völlig abgelehnt worden war.

Da über vierhundert Projekte auf der Liste (1971) stehen und die lokalen Träger im einzelnen mit der Durchführung betraut werden, gibt es trotz der Beteiligung der DICARWS an der Planung keine ökumenische Gesamtkosten- und Verlustrechnung. Die Unmöglichkeit einer solchen Aufstellung wird bei der Behandlung der beiden anderen Planungsverfahren noch offensichtlicher.

---

[6] Die „Entwicklungsabteilung" des LWB (CDS), benötigt hierzu sechs bis acht Monate.

Im zweiten, in der Planung *bilateralen*, aber in der Finanzierung ökumenisch-*multilateralen* Projektverfahren wendet sich eine kirchliche Stelle mit ihrem Projekt und der Bitte um Finanzierung an ein ihr bekanntes kirchliches Hilfswerk, das Mitglied der DICARWS ist. In diesem Falle prüft das kirchliche Hilfswerk zuerst das Projekt und kann es mit der Empfehlung um Aufnahme in die Projektliste an die DICARWS weiterleiten, wenn es nicht *bilateral* die erforderliche Gesamtsumme finanzieren kann. Die DICARWS übernimmt also einfach das von Empfänger und Geber bilateral vorgeplante Projekt. Die Aufnahme auf die Liste ist jedoch keine Garantie für die Finanzierung eines Projektes. Meist gelingt es, Geldgeber zu finden, so dass die meisten neuen Projekte nur ein Jahr auf der Liste erscheinen, d. h. bei ihrem ersten Erscheinen finanziert werden. Dies ist jedoch nicht immer der Fall: Projekte können auch zwei Jahre auf der Projektliste stehen, oder, falls die kirchlichen Stellen im Entwicklungsland die Finanzierung ihrer anderen Projekte erreicht haben, zurückgezogen werden, um später wieder eingereicht oder ganz fallen gelassen zu werden.

Das Verfahren für die sogenannten *above-ceiling-projects,* das in der Planung ökumenisch und in der Finanzierung oft bilateral ist, wird im Kapitel über die Aufbringung der finanziellen Mittel beschrieben.

Im dritten Verfahren, in dem Planung *und* Finanzierung echt ökumenisch und multilateral durch die seit 1970 bestehende CCPD durchgeführt werden, wurden vorläufig bereits angelaufene, schon erfolgreiche Anschlussprojekte übernommen wie das Landwirtschafts- und Fischereientwicklungsprogramm auf der Insel Koje Do (Korea), wo schon ein sozial-medizinisches, ökumenisches Projekt der CMC angelaufen war. Auch das Landwirtschaftsentwicklungsprogramm im Maghreb[7] und Bildungsprogramme in Indien, Indonesien, Äthiopien[8], Kongo und Kamerun werden von der CCPD aus dem ökumenischen Entwicklungsfonds, den sie nach eigenem Gutdünken verteilt, unterstützt[9].

Da die CCPD jedoch erst seit Januar 1970 arbeitet, ist es noch zu früh, um zu beurteilen, ob die Rolle der DICARWS als finanzieller Katalysator und aktiver Planer in ein auch finanziell vom Einfluss der Geber unabhängiges, ökumenisches Projektsystem abgeändert werden wird. Bis heute ziehen es jedoch die Mitglieder und Geberorganisationen der DICARWS bei weitem vor, ihre Mittel für genau festgelegte Zwecke dem OeRK zur Verfügung zu stellen und auch die finanzielle Entscheidungsgewalt vollständig zu behalten.

Deshalb scheint es kaum denkbar, dass sie in nächster Zukunft ihre gesamten Gelder ohne finanzielles Entscheidungsrecht dem „ökumenischen Ent-

---

7 DICARWS, Project List 1971, S. 19.
8 Dies ist ebenfalls eine Ausweitung des bereits bestehenden Programmes von RVOG.
9 OePD, Nr. 20, 22. Juli 1971, S. 5.

wicklungsfonds" der CCPD zur Verfügung stellen, damit diese frei darüber entscheiden könnte.

Abschliessend wird deutlich, dass im ersten und dritten Verfahren die DICARWS (und in geringerem Masse auch die DWME), also der OeRK, und *nicht* die Geber, den grössten Einfluss auf die Vor- und Endplanung eines Projektes sowie auf dessen Abänderung oder Fortführung ausüben. Aber auch in der *bilateralen* Planung wird der OeRK oft als Berater hinzugezogen, so dass er auch im zweiten Planungsverfahren ein nicht unerhebliches Mitspracherecht besitzt. Da überdies die Entwicklungsarbeit des OeRK auch in Ländern durchgeführt wird, die sich in einer politischen Konfliktsituation befinden [10], schliessen die Arbeitsmethoden des OeRK für Projekthilfe auch die *politische Vorbereitung* ein. Die Analyse wäre deshalb ohne eine kurze Beschreibung dieser Informations- und Vermittlungstätigkeit unvollständig.

311.3 Die politische Vorbereitung von Projekten durch die Kommission der Kirchen für internationale Angelegenheiten (KKIA)

Den politischen Motivationen des OeRK in der Entwicklungsarbeit entsprechend gehört nicht nur die praktische Planung des Projektes, sondern auch dessen politische Vorbereitung zur ersten Phase der ökumenischen Entwicklungsarbeit. Die Gründe für die politische Informationstätigkeit werden am Beispiel des Vietnamprogrammes erklärt. Da es zu weit führen würde, die gesamte Tätigkeit der „diplomatischen Vertretung" des OeRK, der KKIA im institutionellen Gefüge der ökumenischen Entwicklungsarbeit zu beschreiben, werden hier nur einzelne Beispiele von Versuchen einer Friedensvermittlung durch die KKIA als Vorbedingung für die Planung und Verwirklichung eines umfassenden ökumenischen Flüchtlings- und Wiederaufbauprogrammes herausgegriffen.

Es versteht sich von selbst, dass erfolglose Bemühungen der „ökumenischen Geheimdiplomatie", welche ohne jede praktische Auswirkung auf die Entwicklungsarbeit blieben, nicht behandelt werden.

Dies bedeutet *nicht,* dass durch das folgende Beispiel eines Erfolges die Tätigkeit der KKIA einseitig als gelungene Diplomatie dargestellt wird. Der sudanesische Christenrat (SCC) mit Sitz in Malakal [11] hatte schon seit Jahren

---

10 Wie z. B. im Nahen Osten oder in Vietnam. Diese Programme werden in Teil 32 behandelt.
11 Der Südsudan ist die Heimat einer christlichen, schwarzen Bevölkerung, die in einem fünfzehnjährigen Bürgerkrieg ihre Teilautonomie und Rechte gegen den muselmanischen, arabischen Norden und dessen Regierung durchzusetzen versuchte. Dem sudanesischen Christenrat gehören die protestantischen, orthodoxen und römisch-katholischen Kirchen im Südsudan an.

ökumenische Gelder für ein Nothilfeprogramm erhalten. 1971 belief sich die Summe auf 688.250 Dollar. Durch das Kriegsgeschehen wurde es unmöglich, die Hilfe innerhalb des Südsudans wirksam zu organisieren: Die medizinische Nothilfe wurde z. B. von Kampala (Uganda) aus nach einer Niederlassung südlich von Juba geleitet, doch die Kommunikationen wurden immer schwieriger. Vertreter des SCC erstatteten auf Informationssitzungen der DICARWS über die Kriegslage Bericht. Der OeRK entsandte seinerseits eine Untersuchungskommission in den Südsudan, die die Möglichkeiten eines Hilfs- und Wiederaufbauprogrammes prüfen sollte. Es stellte sich heraus, dass Hilfeleistungen ohne vorherige Verhandlungen für eine Waffenruhe aussichtslos wären. So wurde von der DICARWS zwar ein Programm geplant, konnte aber nicht in die Wege geleitet werden.

Mit Zustimmung der ökumenischen Regionalorganisation, der AACC, bot der OeRK durch Vertreter der KKIA der Regierung in Khartum seine guten Dienste an. Nach einigem Zögern und Rückschlägen kamen Gespräche zwischen OeRK und sudanesischer Regierung in Gang. Doch die Regierung weigerte sich lange Zeit mit der südsudanesischen Befreiungsbewegung, (SSCM unter Generalmajor *Joseph Lagu*), den Anya-Nya-Rebellen, selbst indirekt, d. h. über die KKIA des OeRK, zu verhandeln. Nach etwa zweijährigen Bemühungen des OeRK gelang es, durch Vermittlung der KKIA die beiden Parteien zu einer Verhandlung in Addis Abeba zu bringen (Beginn 16. Februar 1972)[12]. An den Verhandlungen nahmen vier Vertreter des OeRK als Beobachter und Vermittler teil. Der Generalsekretär der AACC und ein Vertreter des sudanesischen Christenrates, (zwei Afrikaner), wurden gebeten, das abgeschlossene Friedensabkommen als Zeugen zu unterzeichnen[13]. Drei Mitarbeitern des OeRK, dem Direktor der KKIA, dem Referenten der DICARWS für afrikanische Flüchtlinge, und dem Generalsekretär der AACC wurde vom sudanesischen Staatspräsidenten *Numeiry* der Verdienstorden beider Nile, I. Kl., als Zeichen der Anerkennung ihrer aktiven Rolle bei der Friedensstiftung verliehen[14].

Während der Verhandlungen organisierte DICARWS bereits die ersten Hilfeleistungen und nach der Ratifizierung des Abkommens (27. März 1972) wurden für die Soforthilfe 50.000 Dollar an den SCC überwiesen. Im April waren auf den Spendeappell des OeRK für ein langfristiges Wiederaufbaupro-

---

12 Journal de Genève, 17. Feb. 1972, „Le gouvernement soudanais négocie avec les rebelles"
Journal de Genève, 28. Feb. 1972, „Avec le concours du Conseil mondial des Eglises le Gouvernement soudanais et les rebelles du Sud signent la paix".
NZZ, 12. März 1972, „Aussicht auf die Befriedung des Südsudans". Alle drei Artikel erwähnen die Vermittlung des OeRK.
13 OePD, Nr. 7, 9. März 1972, S. 5.
14 OePD, Monatsausgabe, Mai 1972, S. 15.

gramm im Sudan bereits 350.000 Dollar zugesagt worden.[15] Die DICARWS hatte also die endgültige, detaillierte Planung abgeschlossen und konnte mit der langfristigen Durchführung beginnen.

Parallel mit der Durchführung des Vietnamprogrammes durch die DICARWS hatte die KKIA eine inoffizielle Vertretung zu den Pariser Friedensgesprächen entsandt, die auch von beiden Seiten empfangen und angehört wurde. Über die Vermittlungsergebnisse ist jedoch aus im folgenden erwähnten Gründen der Geheimdiplomatie nichts öffentlich bekannt.

Immerhin war der diplomatisch-politische Misserfolg der ökumenischen Vermittlung, d. h. das *Nichtzustandekommen* der Waffenruhe, möglicherweise mit einem politisch-taktischen Teilerfolg für den OeRK verbunden: *Nach* den ökumenischen Vermittlungsbemühungen in Paris billigte die Regierung in Saigon das Wiederaufbauprogramm und die Informationstätigkeit des OeRK, denen sie zuvor ziemlich ablehnend gegenübergestanden war. Sie sicherte diesen Projekten sogar ihre Unterstützung zu.

Die politische Vorbereitung von Projekten in den arabischen Ländern (und „Palästina") sowie in Israel verlief ähnlich. Die KKIA hatte Kontakte sowohl mit jüdischen Organisationen innerhalb und ausserhalb Israels, als auch mit der Palästinensischen Befreiungsfront.

Diese Verhandlungen und Informationssitzungen der KKIA haben auf politischer Ebene nicht zur erhofften Versöhnung im Sinne christlicher Ethik geführt. Die Glaubwürdigkeit der neutralen Haltung in den praktischen Wiederaufbauarbeiten wurde jedoch dadurch verstärkt. Araber und Israelis mussten das Bemühen der KKIA um gründliche, richtige Information als Vorbedingung und politische Vorbereitung von Projekten anerkennen.

Die Demarchen der KKIA bei der Menschenrechtskommission der UNO dürfen auch zur politischen Vorbereitung von Projekten gerechnet werden. Dieselbe politische Ausrichtung liess die KKIA bei der brasilianischen Regierung Protestnoten wegen der Behandlung politischer Häftlinge einreichen. Dies bezweckte nicht nur den Schutz oder im besten Falle die Freilassung von Priestern und anderen sozial aktiven Christen. Gleichzeitig versuchte die KKIA durch die Ausübung eines moralischen Drucks Respekt und Schutz für ökumenische Projekte in diesem Lande zu erreichen. Zum politischen Einsatz der KKIA für die Menschenrechte gehört auch das ganze, komplizierte Netz politischer Verbindungen zwischen OeRK und der offiziellen russisch-orthodoxen Kirche in der UdSSR, sowie zwischen OeRK und nicht offiziell anerkannten, christlichen Kirchen, oder zwischen OeRK und staatlichen Ministerien in Osteuropa. Auch hier müssen die politischen Demarchen geheim bleiben, wenn sie der Stellung der Christen in sozialistisch-atheistischen Regimen nicht schaden, sondern nützen sollen. In der Entwicklungs-

---

15 OePD, Nr. 10, 13. April 1972, S. 5.

arbeit zeigt sich ein konkreter Hinweis auf die politische Tätigkeit der KKIA darin, dass bei der ökumenischen Personalvermittlung und — in bescheidenerem Masse — beim Einsatz der finanziellen Mittel für ökumenische Projekte auch eine Beteiligung der Ostkirchen vorhanden ist.

Des weitern führte der Direktor der KKIA im April 1971 eine Untersuchung über den muselmanischen Sozialismus in Algerien durch [16]. Man könnte sie einfach als eine politische Studie auf theologischer Grundlage bewerten. In Wirklichkeit jedoch stellte sie ein Mittel zur Herstellung politischer Kontakte dar, die zur Verstärkung der Zusammenarbeit für ökumenische Projekte und zu deren Erweiterung in diesem Land führten. Zudem war sie eine der Vorarbeiten für die Konferenz in Broumana bei Beirut, an der zum ersten Mal Vertreter des Islams und des Christentums einen offiziellen, internationalen Dialog führten [17]. Dabei ging es nicht nur um die Diskussion theologischer Fragen, sondern hauptsächlich um die Herstellung weiterer, politischer Kontakte zur Förderung der praktischen, ökumenischen Entwicklungsarbeit und der Zusammenarbeit mit Andersgläubigen in solchen Projekten.

Aus diesen wenigen Beispielen der politischen Vorbereitung von Entwicklungsarbeit im Planungsstadium können folgende Schlüsse gezogen werden:

1. Beim sudanesischen Wiederaufbauprogramm wie auch beim PCR, in Vietnam und im Nahen Osten sind politische Bedingungen und Konstellationen unlösbar mit der Entwicklungsarbeit verknüpft und reichen bis in die institutionelle Struktur und Planung der Projekthilfe im OeRK hinein. Nicht nur an Ort und Stelle, sondern auch im institutionellen Gefüge des OeRK müssen deshalb politische Verflechtungen zur Kenntnis genommen werden.
2. Das politische Eingreifen der KKIA bezweckte hauptsächlich die Friedensstiftung als Grundlage der Entwicklungsarbeit. Doch sollte die ökumenische Entwicklungsarbeit manchmal gleichzeitig die Stellung einer christlichen und rassischen Minderheit gegenüber einer andersgläubigen, ethnisch verschiedenen Mehrheit stärken (wie im Libanon) und zugleich z. B. den Einfluss der Volksrepublik China in der Entwicklung des Südsudans eindämmen. [18] Vielleicht ging es auch um den Schutz des bereits investierten, ökumenischen Projektkapitals.

---

16 Report of a visit to Algeria, April 1971, CCIA/26X/C-5/, „Toward an Analysis of Islam, Socialism, Self-Identity, ‚Religions of the Book', Dialogue in contemporary Algeria", p. II.
17 OePD, 13. Juli 1972, S. 5, „Bedeutender islamisch-christlicher Dialog im Libanon". Die Konferenz fand vom 12.–18. Juli 1972 statt.
18 Keesing's Contemporary Archives, 23.–30. Okt. 1971, Nr. 24887 B.
NZZ, 3. Juni 1972, S. 9, „Chinesisches Kriegsmaterial im Sudan". Auch in Tansania versucht der OeRK dem Einfluss der Volksrepublik China entgegenzuwirken.

3. Die politische Informationstätigkeit und die spätere Planung der Entwicklungsarbeit wurden manchmal in Zusammenarbeit mit der römisch-katholischen Kirche, die an Ort und Stelle oft ebenfalls vertreten ist, ausgearbeitet.
4. Die erfolgreiche Vermittlung der KKIA ist auch auf einen Vorteil zurückzuführen, den der OeRK im Vergleich zu anderen Organisationen besitzt: Er verfügte z. B. im Südsudan über etablierte Institutionen und ein ausgedehntes, alle Bevölkerungsschichten erfassendes Informationsnetz. Dies ermöglichte der KKIA, sich durch Berichte von Südsudanesen ein Bild über die Lage zu verschaffen. Dasselbe gilt für Vietnam und den Nahen Osten. Wie bei erfolgreicher Projektarbeit wurden auch politische Erfolge der Vermittlung des OeRK nicht in der Presse verbreitet, sondern nur bescheiden, beinahe versteckt, erwähnt.
6. Oft gelingt die politische Vermittlung durch Abschluss eines Friedensabkommens auf diplomatischer Ebene der KKIA nicht vollständig. Die Teilerfolge durch Ausübung eines moralischen Drucks oder durch Herstellung von Kontakten mittels Informationstätigkeit sind jedoch für die politische Vorbereitung von Projekten des OeRK meist von grösserer Bedeutung.

So zeigen sich in der Projektplanung bereits Tatsachen, die später durch die praktischen Beispiele in der Entwicklungshilfe noch deutlicher zutage treten werden.

312 Die Einschätzung der Projekte in der Entwicklungsstrategie

312.1 Die Wandlung der Entwicklungsstrategie von 1961–1971

Die Veränderungen im Sozialdenken und in der politischen Ausrichtung im ersten Entwicklungsjahrzehnt bestimmten logischerweise den Wandel in der Entwicklungsstrategie.

1961 wurde die „Dritte Welt" noch als „im Umbruch befindliche Gebiete" bezeichnet, und die ökumenische Entwicklungshilfe befasste sich vornehmlich mit Flüchtlingen, Migration und Stärkung der zwischenkirchlichen Hilfe. Dennoch wurde der Entwicklungsabteilung an der Konferenz von Neu Delhi eine neue Aufgabe zugedacht: Der im neuen Titel enthaltene „Weltdienst", der zur eigentlichen Entwicklungsarbeit wurde [19]. Obschon es keine offizielle Definition der Entwicklungsstrategie des OeRK gibt, könnte man sie mit diesem Begriff „Weltdienst" bezeichnen, der soziale Diakonie, Dienst am

---

19 „Division of Interchurch Aid and Service to Refugees" wurde zu „Division of Interchurch Aid, Refugee and World Service".

Nächsten, moderne Projekttypen zur wirtschaftlichen Besserstellung, sowie edukative Programme zur geistigen Entfaltung des Menschen einschliesst. Die Auslegung dieses Begriffes umfasst die globalen, nicht quantifizierbaren Zielsetzungen sowie die ethischen Motivationen des OeRK, seiner Mitarbeiter, Planer und Entwicklungshelfer.

Bis 1971 ist jedoch die Entwicklungsstrategie, der Weltdienst, diesseitsgerichteter oder volkswirtschaftlicher geworden, und zwar durch folgende Schwerpunktverlagerungen:

1. Zu den traditionellen Tätigkeitsgebieten, wie Gesundheitswesen und Schulung, die seit der Kolonialzeit den Kirchen vorbehalten waren, gesellen sich neue Formen der Entwicklungshilfe, wie die Förderung der beruflichen Ausbildung und Werkstätten, Sozialhilfe in Industriegebieten und Grossstädten, Schaffung gewerkschaftlicher Organisationen in ländlichen Gegenden, Verbesserung der Kommunikation durch Massenmedien, landwirtschaftliche Siedlungsprojekte und Ertragssteigerung.

Diese Wendung des OeRK auf volkswirtschaftlich messbare, nicht nur geistig-erzieherische Projekttypen ist aber nicht einheitlich: Wie in der institutionellen Struktur angedeutet, bleibt die alte Zweiteilung zwischen Missionsarbeit (in der Abteilung DMWE) und moderner Entwicklungsarbeit bestehen. Und nicht nur diese praktische Zweiteilung, sondern auch eine Art ideologischer Spaltung begleitet diese Wandlung und verhindert, dass sie sich klar und vollständig vollzieht: 1970/71 ist aus den Statistiken der DICARWS zu entnehmen, dass die Geberorganisationen eindeutig Landwirtschaftsprojekte vorziehen.

Eine Analyse der Gesamtaufteilung der Projektarbeit lässt eine klare Priorität des edukativen Elements erkennen, d. h. dass Projekte für Erziehung, Schulung und berufliche Ausbildung (immerhin eine Verquickung von alten und neuen Formen des Lehrens und Lernens) den ersten Platz in der Entwicklungsstrategie einnehmen.

2. Eine zweite Veränderung besteht in der geographischen Verlagerung der Projekthilfe von Europa in die „Dritte Welt". Diese Veränderung geschah im Zuge des Übergangs von der Flüchtlings- und Auswanderungshilfe der Nachkriegszeit auf Entwicklungsarbeit im eigentlichen Sinne. Obschon alle Kontinente möglichst gleich behandelt werden sollen, fliesst gegenwärtig der grösste Teil der Entwicklungsarbeit nach Afrika. Hier tritt eine weitere Spaltung hervor: Die Geberorganisationen der DICARWS ziehen Asien vor, und doch vereinigt Afrika noch 1971 den Hauptteil der Entwicklungshilfe auf sich. Aus historischen Gründen (Bindungen protestantischer und anglikanischer Ex-Kolonialmächte) konzentriert sich die Projekthilfe auf das englischsprechende, schwarze Afrika.

3. Zu Ende des ersten Entwicklungsjahrzehnts hatte der OeRK die Bedeutung eines nicht allzu isolierten Standortes für den Erfolg eines Projektes er-

kannt. Er begann allmählich, praktisch die *Leistung* zu finanzieren. Diese praktische Neuorientierung stand in einem ideologischen Widerspruch zu der Entwicklungsstrategie, dem alle und alles ohne Bevorzugung einschliessenden Weltdienst.

4. Für die Vollversammlung von Uppsala wurde ein SASP-Mitarbeiter mit einer Begutachtung der bis 1967 geleisteten Entwicklungsarbeit betraut. Er kritisierte die Aufsplitterung der Mittel und Kräfte der kirchlichen Entwicklungshilfe und das Fehlen einer Globalstrategie. Dies warf die Frage des Für und Wider grosser Programme auf. Es trifft zu, dass die Projektlisten bis 1971 zahlreiche „Mini-Projekte" (unter 20.000 Dollar) enthielten. Abgesehen von umfassenden Nothilfe- und Flüchtlingsprogrammen, die hier getrennt behandelt werden, weil sie nicht zur regulären Projektarbeit des OeRK gehören, wird im OeRK die Ansicht vertreten, dass für „Mini-Projekte"[20] ohne zentralisierte Bürokratie bessere Erfolgsaussichten bestehen als für zeitlich und materiell weitgefasste Programme. Diese schliessen grössere Risiken falscher Berechnungen und vollständiger Veränderung der ursprünglich angenommenen Gegebenheiten in sich[21]. Die Praxis der Entwicklungsarbeit von 1961–1971 scheint diese Ansicht zu bestätigen. Auch hier zeigt sich die ideologische Spaltung oder vielleicht in diesem besonderen Falle eine übertriebene Selbstkritik: An vielen Sitzungen im OeRK wird immer und immer wieder beklagt, dass der OeRK *keine* Entwicklungsstrategie habe, (keine „Theologie der Entwicklung"); dass aber gerade dies ein Vorteil sein kann, den der OeRK durch praktische Entwicklungsarbeit bewiesen hat, bleibt unerwähnt.

5. Eine letzte Zweiteilung im „Weltdienst" besteht darin, dass er in Projektarbeit und Not- und Flüchtlingshilfe zerfällt. Die Flüchtlingshilfe macht 1971 nur noch einen — wenn auch beachtlichen — Teil der Entwicklungs-

---

20 Nichts spricht dagegen, dass diese „Mini-Projekte" bei Erfolg nicht ausgebaut werden können, wie z.B. die Landwirtschaftsprogramme im Maghreb.

21 *H. Schoeck,* Entwicklungshilfe, S. 94: Hier kann der Autor falsch verstanden werden, wenn er meint, dass die Kirchen neuerdings staatliche, marktindifferente Globalplanungen befürworten. Theoretisch wird wohl die Zusammenarbeit mit dem Staat betont, aber nicht unbedingt für Globalplanungen, denn bis 1971 bestand die Entwicklungsarbeit des OeRK praktisch immer noch in Bündeln von kleinen Projekten pro Land, und selbst die grossen Wiederaufbauprogramme, die eine Ausnahme bilden, begannen stets mit ganz kleinen Unternehmen, denen sich dann mosaikartig weitere Projekte anfügten, bis dieses Nebeneinander von Mini-Projekten zu einem grossen Programm zusammengefasst wurde. Es waren oft die in der Planung zu gross angelegten Programme, die scheiterten, oder nur zu Teilerfolgen wurden. Die Vielzahl der Mini-Projekte ist natürlich auf das institutionelle Projektsystem zurückzuführen, in dem jede einzelne, kirchliche Stelle in einem Entwicklungsland ihrem nationalen Kirchenrat ein Projekt vorlegen kann, das der DICARWS zugeleitet wird.

strategie aus, während sie 1961 die wichtigste Aufgabe war. Aber die Not- und Flüchtlingshilfe hat sich in ihrer ideologischen Ausrichtung ebenfalls gewandelt: 1961 war sie eine traditionelle Tätigkeit der Kirchen, die wie andere Institutionen der Gesellschaft die Folge von Krieg und Unruhen beseitigen wollten. Die Tätigkeit war vergangenheitsgeprägt. Heute wird in der Flüchtlingshilfe auch noch das politische Fernziel der Versöhnung früherer Kriegsparteien angestrebt. Dennoch fällt das Hauptgewicht auf die Flüchtlings- und Nothilfe als Beginn eines permanenten Wiederaufbauprogrammes. In der Entwicklungsstrategie soll die praktische Nothilfe, ähnlich wie die politische Friedensvermittlung, ein erster Schritt zur echten, langfristigen Entwicklungsarbeit sein.

Nach diesen fünf Punkten, welche die Veränderungen in der Entwicklungsstrategie im OeRK bis 1971 aufzeigen, soll ein knapper Vergleich zwischen der ökumenischen, offiziell nicht festgelegten Entwicklungsstrategie und derjenigen der UNO für das zweite Entwicklungsjahrzehnt, die an deren Feier des fünfundzwanzigjährigen Bestehens (24. Oktober 1970) verkündet wurde, angestellt werden[22].

Die „Internationale Entwicklungsstrategie" der UNO quantifiziert die Ziele für das Jahrzehnt 1970-1980: Die Entwicklungsländer sollen eine jährliche Wachstumsrate von 6% erreichen, (bei 4prozentiger Zunahme der Agrarproduktion, 8prozentiger Steigerung der Industrieerzeugung und 2,5prozentiger Bevölkerungsvermehrung.) Dies würde ein Anstieg des Pro-Kopf-Einkommens in der „Dritten Welt" von jährlich 3,5% ergeben. Nichts von alldem ist in den Zielsetzungen oder Motivationen für die Entwicklungsstrategie des OeRK zu finden, in welcher der Mensch immer wieder in den Mittelpunkt der Entwicklungsarbeit, des „Weltdienstes", gestellt wird. Somit erscheint die Entwicklungsstrategie des OeRK vage, unbestimmt und moralisierend. Aber die Kritik an den Global- und Durchschnittszahlen der Entwicklungsstrategie der UNO in diesem Artikel ist nicht minder hart: Sie sagen nichts aus über die ungleiche Einkommensverteilung in den Entwicklungsländern, welche die angegebenen Durchschnittswerte von Pro-Kopf-Einkommen und Bruttosozialproduktzunahme wertlos macht. Die „Dritte Welt" wird ferner als Einheit dargestellt, obschon sie sehr verschiedenartige Entwicklungsstufen aufweist. Die Globalstrategie der UNO verlangt, dass 0,7% des Bruttosozialprodukts der Industrieländer für staatliche Entwicklungshilfe abgezweigt werden sollen. Dagegen gibt es immer mehr Stimmen, die staatliche Entwicklungshilfe an unerfahrene Ministerien oder für Prestige- oder politisch opportune Ziele für die grössere Verschwendung halten, als private, auf Leistung und Profit bedachte und lokal überprüfbare Vorhaben. Die Industrieerzeugung der Ent-

---

22 KKIA, 26th Executive Committee, 9.-12. Juli 1971, Document CCIA 26x/C-10.
NZZ, Sonntagsausgabe, 15. Nov. 1970, „Entwicklungsstrategie mit Fragezeichen".

wicklungsländer soll in dieser Globalstrategie um das doppelte gesteigert werden als diejenige der Landwirtschaft. Dagegen kann eingewendet werden, ob der Landwirtschaft, die den Hauptwirtschaftssektor der Entwicklungsländer ausmacht, nicht Priorität eingeräumt werden müsste, um die Förderung einer zweigeteilten Volkswirtschaft zu vermeiden. Die Kritik liesse sich im Einzelnen noch lange fortsetzen.

Andererseits ist die Globalstrategie der UNO ein offizielles Dokument, das auf einem politischen Kompromiss beruht, der von hundertsiebenundzwanzig Delegationen an der Feier des fünfundzwanzigjährigen Bestehens der UNO erreicht wurde. Die nicht definierte, aber in der praktischen Arbeit erkennbare Entwicklungsstrategie des OeRK beruht auf einer im Vergleich zur UNO relativ einheitlichen Weltanschauung und einem pragmatischen Vorgehen. Das Dokument der UNO scheint wissenschaftlich und ökonomisch, tatsachenorientiert, ohne jedoch den rationellen Einsatz der Mittel, sondern nur das Verlangen nach vermehrter Finanzhilfe der Industrieländer zu betonen. Man darf sich deshalb fragen, ob nicht der OeRK zu einem Zeitpunkt, zu dem sich auch die UNO z. B. mit Umweltschutz und dem Leben der Einzelnen befasst, eine modernere Konzeption der Entwicklungshilfe besitzt: Denn er unterstreicht, wie auch andere Organisationen, dass oft nicht die *Finanzhilfe*, sondern der Einsatz von qualifiziertem Personal in den Entwicklungsländern wertvoller und effizienter ist. Es mag sein, dass die Kirche als *vorindustrielle* Organisation auch allgemein die Priorität der Landwirtschaft in ihren Projekten höher wertet, als den beinahe schon „veralteten" Gedanken der „Industrialisierung um jeden Preis".

Deshalb drängen sich aus diesem Vergleich paradoxe Schlüsse auf: Ist es vielleicht in der Entwicklungshilfe nicht besser, gar keine Globalstrategie zu haben, sondern nur eine geschickte Taktik? Das heisst, dass es vorteilhaft sein kann, mit einer Globalstrategie, die einem ethischen Begriff („Weltdienst") entspricht, und dadurch alle Arbeitsmöglichkeiten offen lässt, nur einzelne Kriterien für die Projekte, die anschliessend behandelt werden, festzulegen. Die Strategie wird also nicht vom Generalstab von oben festgelegt, sondern die Taktik von den einzelnen, kleinen Einheiten an Ort und Stelle (im Gefecht!) bestimmt. Damit fehlt die *unité de doctrine,* doch lässt dies nicht unbedingt auf Misserfolge in der praktischen Arbeit schliessen. Denn trotz des Fehlens einer von aussen erkennbaren *unité de doctrine* besteht eine Einheit, oder immerhin eine Harmonie in der innerlichen christlichen Grundhaltung und Motivation in der Entwicklungsarbeit.

312.2 Die Kriterien für Entwicklungsprojekte

Bis 1964 galten als Prüfungskriterien für die Aufnahme eines Projektes auf die DICARWS-Liste die sechs sogenannten „Herrenalb-Kategorien" [23], eine Art Credo des OeRK für Projekthilfe. Ein Projekt wurde nach folgenden Gesichtspunkten geprüft [24]:
1. Hilfeleistung in einer Katastrophensituation.
2. Nothilfe an Flüchtlinge und *displaced persons*.
3. Unterstützung von Kirchen, die keine Hilfe von ihren Mutterkirchen (im Lande der Kolonialmacht) erwarten konnten.
4. Dringende ökumenische oder zwischenkirchliche Hilfe.
5. Dringende Nothilfe für Projekte, die nicht von der Muttermissionsgesellschaft übernommen werden konnten.
6. Versuchsprojekte, welche die finanzielle Selbständigkeit eines Vorhabens fördern sollten.

Die Herrenalb-Kategorien zeigen, wie stark die Projektarbeit noch in der zwischenkirchlichen Hilfe und im Missionsdenken verhaftet war. Sie widerspiegeln (bes. Kategorie 3 und 5) auch die politische Lage der Entkolonisierung zu Beginn des ersten Entwicklungsjahrzehnts. Gleichzeitig lassen sie die eher konservativ-defensive Haltung des OeRK, der Hilfe *an die Kirchen,* und noch nicht „Weltdienst" leisten wollte, erkennen.

Nach der Konferenz „Kirche und Gesellschaft" (1966) wurden die Beschränkungen der Entwicklungsarbeit durch die Herrenalb-Kategorien endgültig fallen gelassen, und Kategorie 6 erhielt ein ganz besonderes, neues Gewicht. Von der Vollversammlung in Uppsala wurden diese Kriterien erweitert, und so verändert, dass die zwischenkirchliche Hilfe in den Hintergrund trat. Die gültigen Kriterien können in dreizehn Punkte gefasst werden:
1. Die Projekte müssen den dringendsten menschlichen Bedürfnissen gerecht werden, aber zugleich künftige Bedürfnisse langfristig zu befriedigen helfen.
2. Die Projekte sollen die „christlichen Prinzipien des menschlichen Lebens" hochhalten, d. h. Familienleben, Gesundheit, Bildung und Menschenwürde fördern, ohne jegliche Diskriminierung nach Rasse, Stamm oder Kaste. Sie sollten die Jugend erfassen und zur Mithilfe auffordern.
3. Die Projekte sollen dem Willen der einheimischen Bevölkerung zur eigenen Entwicklung entsprechen und die Möglichkeit besserer Lebensbedingungen durch sozialen Wandel anerkennen.

23 WCCC, Uppsala 1968 Report, S. 121;
Die „Herrenalb-Kategorien" wurden 1956 von einem gemeinsamen Ausschuss des Internationalen Missionsrats und der DICARWS an einer Zusammenkunft in Herrenalb (Westdeutschland) festgelegt.
24 The Ecumenical Advance − A history of the Ecumenical Movement 1948−1968, hrsg. von *Harold E. Fey,* London, SPCK, 1970, S. 182/183.

4. Die Projekte sollen die Teilnahme lokaler Kirchen und Christenräte gestatten, so dass diese den neuen Forderungen innerhalb ihrer eigenen Gesellschaft gerecht werden können.
5. Die Projekte sollen neue Führungskräfte, Erziehung zur Selbsthilfe und Ausbildung für produktive Qualifikationen fördern.

Zu diesen ersten fünf Punkten sei folgendes bemerkt: Gleich im ersten Punkt wird die *Kombination* von Not- und Strukturhilfe erwähnt, die in den Herrenalb-Kategorien noch fehlte. Im zweiten Punkt wird die Nichtdiskriminierung und die Rolle der Jugend hervorgehoben: Prinzipien, die im PCR und in vielen Sozialwerken ihren Niederschlag fanden. Der dritte Punkt entspricht der Absicht des OeRK, seine Projekte nicht aufzudrängen. In der Praxis bedeutet dies oft die Übernahme der Projektleitung durch lokale Partner. In Punkt fünf ist wieder das elitäre Prinzip des OeRK erkennbar: Ein Typ von christlichem „Leader" soll durch Erziehung und Ausbildung geschaffen werden.

In Punkt 6 heisst es weiter: Projekte sollten Experimente, Pionierleistungen mit Demonstrations- und Multiplikationseffekt sein, die bei Erfolg anderswo eingeleitet werden könnten. Dies wird manchmal auch mit „Verbundstrategie" bezeichnet, d. h. dass Anschlussprojekte an das Erstprojekt angefügt werden können [25].

Punkt 7 ist in seiner vorsichtigen Formulierung besonders aufschlussreich: Es können Projekte ökumenisch unterstützt werden, die eher von freiwilligen Organisationen als von der Regierung durchgeführt werden sollen, aus Gründen des sozialen Wandels, der notwendigen Anpassungsfähigkeit usw. Andererseits sollen die Kirchen nicht Geld in Projekte investieren, die von der Regierung oder anderen Organisationen angemessene Unterstützung erhalten. In einigen Fällen ist die beste Methode eine Kombination von Finanzmitteln der Regierung und Dienstleistungen der Kirche.

Dies ist in seiner Kompliziertheit ein typischer Text des OeRK: Die Aussagen scheinen oft vollkommen undurchsichtig und widersprüchlich. Sie werden erst durch die Untersuchung der praktischen Beispiele in der Entwicklungsarbeit transparent. Die Arbeitsmethode des OeRK besteht darin, sich einerseits anderen privaten Organisationen anzuschliessen, oder dort Unterstützung zu gewähren, wo sonst nichts gegeben wird. In diesem Text scheint es, als ob die Zusammenarbeit mit der Regierung nur der Einsparung finanzieller Mittel dienen soll. Aber Punkt 10 lässt erkennen, dass die Integration von kirchlichen Projekten in die nationalen Entwicklungsprogramme ganz allgemein befürwortet wird.

---

25 Beispiele: Vietnam und Koje Do (Korea), wo zuerst ein medizinisches Programm und anschliessend ein landwirtschaftliches durchgeführt wurden.

Punkt 10: Projekte werden gebilligt, die einen Teil eines Entwicklungsprogrammes der Regierung bilden, und in denen die Kirchen mit der Regierung und anderen Stellen an der Planung und Durchführung beteiligt sind. Dieser Text bezieht sich hauptsächlich auf die beiden ältesten Gebiete der kirchlichen Entwicklungshilfe, Erziehung und Gesundheitswesen.

Erst in Punkt 8 kommen weltanschauliche oder „religiöse" Elemente zur Sprache: Gutgeheissen werden Projekte, die ökumenisch sind und zu einer Gemeinschaft und Zusammenarbeit mit anderen religiösen Gemeinden für den Dienst in der Gesellschaft führen. Was „ökumenisch" in diesem Zusammenhang bedeutet, wird nicht weiter definiert — oder als bekannt vorausgesetzt. Man darf wohl annehmen, dass es sich um die geistig-ethische Entfaltung der Gemeinschaft und der Einzelnen, das Finden einer seelischen, nicht unbedingt christlichen Einheit handelt [26].

Punkt 9 umfasst ein politisches Ziel: Projekte sollen den Kirchen die Möglichkeit geben, schöpferisch mit dem Rest der Gemeinschaft am Aufbau der Nation teilzuhaben, mit einer Offenheit, die den Kirchen helfen soll, andere in der Planung und im Entscheidungsprozess mitbestimmen zu lassen. Bei diesem Punkt ist es besonders interessant, zwischen den Zeilen zu lesen. Der OeRK ist trotz seiner Universalität bestrebt, und dies unterscheidet ihn zugleich von der römisch-katholischen Kirche und vom Kommunismus, seine Mitglieder im *nationalen* Gefüge tätig werden zu lassen. Der „Aufbau der Nation" wird damit auch zu einem politischen Anliegen der Kirche. Ferner wird indirekt zugegeben, dass die Kirche oft selbstherrlich und autoritär entschieden hat, in der Überzeugung, mit ihrer Missionserfahrung am besten zu wissen, was der einheimischen Bevölkerung frommt. Sie soll sich jetzt mit einer weniger „triumphalen" Stellung, als staatliche Funktionen ergänzende Institution, zufrieden geben und dies auch in der Projektarbeit zeigen.

Punkt 11: Projekte sollen zeitlich begrenzt oder einer Überprüfung nach drei bis fünf Jahren unterzogen werden. Sie können auch nach einer Periode der ausländischen Unterstützung von örtlichen Trägern übernommen und fortgeführt werden. Die Geberorganisationen der DICARWS verlangen beinahe immer eine finanzielle Beteiligung der lokalen Partner (*counterpart-groups*). Das deutsche Hilfswerk „Brot für die Welt" setzt z. B. 30 bis 35 % lokaler Beteiligung an der Gesamtfinanzierung fest. Die Laufzeit beträgt praktisch für die meisten Projekte zwei bis fünf Jahre bis zur finanziellen Unabhängigkeit. Es gibt aber Ausnahmen, die bis zu zehn Jahren und länger unterstützt werden.

Punkt 12: Projekte sollen zum Verständnis für die Gründe einer erfolgreichen Entwicklung beitragen. Damit wird zugegeben — und dies wird sich

---

26 Ein Beispiel hierfür ist die Zusammenarbeit mit Buddhisten in Vietnam oder mit Moslems im Nahen Osten.

im Verlauf der Untersuchung bestätigen – dass es noch kein völlig unfehlbares Rezept für eine erfolgreiche Entwicklungsarbeit gibt.

Punkt 13: Die Projekte sollen von vorneherein Evaluierungsverfahren und messbare Zielsetzungen in der Konzeption einschliessen.

Auf die Problematik der Messbarkeit der erreichten Ziele wird im folgenden noch eingegangen. Dieser Punkt zeigt immerhin, dass der OeRK der Überprüfung der durchgeführten Projekte grosse Bedeutung beimisst. Gleichzeitig enthält er eine verborgene Selbstkritik, nämlich dass es offenbar Projekte in der Entwicklungsarbeit gab, die *keine* konkrete Zielsetzung hatten, und deren erreichte Resultate nicht messbar waren. Die Untersuchung wird aber im folgenden zeigen, dass es Projekttypen gibt, bei denen die Ergebnisse nur schwer quantifizierbar sind, oder solche, bei denen Messwerte nichts aussagen.

Zu diesem ausführlichen Katalog der Kriterien ist allgemein festzustellen, dass ethische und politische Motivationen immer noch vor die volkswirtschaftlichen gestellt werden, obwohl die rein zwischenkirchliche Hilfe mit ihrer theologisch-religiösen Grundlage nicht mehr erwähnt wird. Auch bleiben Begriffe wie Förderung des sozialen Wandels oder Nichtdiskriminierung irgendwie undefiniert im leeren Raum stehen und können erst durch die praktischen Beispiele veranschaulicht werden.

Die Konferenz von Montreux (1970) veränderte und erweiterte diese Kriterien von Uppsala erneut und verstärkte ihre sozialen, gesellschaftskritischen und politischen Tendenzen, die in fünf Ergänzungspunkten zusammengefasst werden können.

1. Die Programme sollen die soziale Gerechtigkeit fördern, sowie Untersuchungen und Entwicklung von Methoden für die gewaltlose Strukturveränderung und die Unterstützung von Aktionen zur Strukturveränderung.

Ohne auf die mannigfaltigen Auffassungen von sozialer Gerechtigkeit einzugehen, sei nur darauf hingewiesen, dass auch „Strukturveränderungen" ein sehr dehnbarer Begriff ist. „Unterstützung von Aktionen zur Strukturveränderung" kann von den Projektmitarbeitern in der „Dritten Welt" ganz verschieden interpretiert werden: Von der offiziellen Erlaubnis zur Vorbereitung der Revolution über die „Ermunterung von Rebellen" bis zur sozialistischen, politischen, bewaffneten Opposition kann dieser Begriff alles umfassen. Dennoch sah der OeRK grundsätzlich die Anwendung von gewaltlosen Methoden zur Strukturveränderung vor. Die Anregung von Studienarbeit lässt neben der aktiven, gesellschaftskritischen Rolle des OeRK wieder die kontemplative Funktion durchscheinen.

2. Die Entwicklungsarbeit soll Selbstbewusstsein, Selbstsicherheit und Selbständigkeit der lokalen Bevölkerung stärken, damit sie aktiv an ihrer eigenen Entwicklung mitwirkt.

3. Das wirtschaftliche Wachstum der Gemeinschaft, das ein soziales Ungleichgewicht schafft, soll angeregt werden. Dieses soziale Ungleichgewicht

entsteht durch den graduellen Übergang von einer Agrarwirtschaft zu einer gemischten Wirtschaft mit Handel und verarbeitender Industrie: Die Folgen davon sind Landflucht, Vergrösserung der Elendsviertel in den Grossstädten (die durch die Bevölkerungsexplosion noch verschlimmert wird), Arbeitslosigkeit usw. Nach christlicher Überzeugung sollte nun dieses soziale Ungleichgewicht durch die Unterstützung der marginalen Gruppen wenn nicht ausgeglichen, so doch gelindert werden.

Dieser in einer solch gerafften Form vielleicht simplistisch anmutende Punkt zeigt wieder deutlich die Verquickung von modernen, ökonomischen mit weltanschaulichen Kriterien: Vorerst die materielle Besserstellung einer zukünftigen, bevorzugten Elite, die soziale Veränderungen in die Wege leiten soll [27].

Der folgende Punkt soll dagegen die negativen Folgen des wirtschaftlichen Wachstums wieder ausgleichen.

4. Die ökonomische Unterstützung soll nämlich auch jenen zugute kommen, die am Rande der Gesellschaft stehen *(marginal groups)*. Damit sind die Proletarier der Grossstädte, aber auch die Flüchtlinge und aus rassischen oder religiösen Gründen Diskriminierte gemeint.

Die Punkte 3 und 4 widersprechen sich nur bei oberflächlicher Betrachtung. Natürlich kann das Wirtschaftswachstum zur Entwurzelung von menschlichen Gruppen führen. Doch der OeRK verbindet hier sein elitäres Prinzip mit seiner ethischen Motivation der Parteinahme für die Armen und Unterdrückten: Ohne materielle Besserstellung keine geistige Entfaltung. Also gilt es, zuerst materielle, wirtschaftliche Fortschritte zu erreichen, bevor eine geistige Elite gefördert werden kann. Andererseits entsteht dadurch ein soziales Ungleichgewicht, das, gemäss der ethischen Motivation, durch die Hilfe an die Elenden und Benachteiligten wett gemacht werden soll.

5. Letztlich soll die Versöhnung entfremdeter oder isolierter Gruppen zur besseren Integration in die Gesellschaft ein Kriterium für die Entwicklungsarbeit sein.

Damit sind nicht nur christliche Minderheiten in der „Dritten Welt" gemeint, sondern ebenso z. B. ein intellektuelles Mandarinentum, Unberührbare oder Kranke.

Die soziale Orientierung dieser fünf Punke ist im Vergleich zu den praktischeren, projektbezogenen Kriterien von Uppsala unverkennbar und wurde ebenfalls durch die „politische" Stellung des OeRK bestimmt.

Während in Uppsala die Auswertung gemachter Erfahrungen zur Aufstellung der dreizehn Kriterien führte, sollte die Konferenz von Montreux, die während der Durchführung des PCR stattfand, vielleicht in diesen Punkten eine Art politischer Rechtfertigung für die Radikalisierung der sozialen Tendenzen innerhalb des OeRK festlegen.

---

[27] Wie z.B. die Aufwertung der Rolle der Bauern durch erfolgreiche Ertragssteigerung.

Ein wichtiger, negativer Beurteilungsfaktor für die Projekthilfe muss noch angefügt werden. Der OeRK setzt keine eigentlichen Missionsprojekte [28] oder Kirchenbauten auf seine Projektliste. Es werden auch keine religiösen oder politischen Bedingungen an die Projekte geknüpft.

Diese Übersicht über die Kriterien, nach welchen die Projekte eingeschätzt werden, zeigt, wie die Entwicklungsarbeit des OeRK von der Hilfe an Kirchen und Flüchtlinge zu einem wirklichen „Weltdienst" mit einer nach aussen gerichteten, in die Gesellschaft eingreifenden Orientierung geworden ist. Die Flüchtlings- und Nothilfe bleibt jedoch, selbst nachdem die Herrenalb-Kategorien durch andere Richtlinien ersetzt wurden, ein bedeutendes und erfolgreiches Wirkungsfeld des OeRK. Es war seine Haupttätigkeit in den ersten Jahren seines Bestehens und macht noch 1971 den grössten Einzelbetrag auf der Projektliste der DICARWS aus. So spiegelt das Nicht-Aufgeben der traditionellen Hilfeleistungen einerseits und der Ausbau des „Weltdienstes" andererseits die uneinheitliche Entwicklungsstrategie des OeRK wider, welche auf die sich innerhalb des OeRK zuwiderlaufenden, politischen und sozialen Tendenzen zurückzuführen ist. Damit wird gleichzeitig deutlich, dass sich der OeRK im untersuchten Jahrzehnt in einer Übergangsperiode befand. Da jedoch für die Einschätzung der Flüchtlings- und Nothilfe in der Entwicklungsstrategie andere Arbeitsmethoden verwendet werden als bei der Projekthilfe, soll dieser Teil der Entwicklungsarbeit getrennt behandelt werden.

312.3   Die Flüchtlings- und Nothilfe

Bei der Flüchtlings- und Nothilfe unterscheiden sich die Arbeitsmethoden in folgendem von der Projekthilfe: Erstens gibt es keine vorher festgelegten Kriterien für die Programme. Zweitens läuft das Verfahren eigentlich umgekehrt als bei der Projekthilfe, wo bereits geplante Vorhaben eingereicht werden. Denn der OeRK entsendet auf einen Notruf meist einen Mitarbeiter der DICARWS (z. B. den Sekretär für Nothilfe, den Referenten für Materialhilfe oder einen Koordinator aus einer regionalen, ökumenischen Stelle) um den Bedarf abzuschätzen.

Drittens wird gleichzeitig meist ein Sonderspendeaufruf erlassen, da die finanziellen Mittel nur zu einem geringen Teil dem DICARWS-Budget entnommen werden können.

Viertens beginnt bei Projekten die praktische Arbeit erst, wenn die Planung abgeschlossen ist, während bei der Nothilfe der Aufbau von Kommu-

---

28   Die Motivation der Barmherzigkeit ist heute im OeRK verpönt und zudem ist die Weiterführung von Missionskrankenhäusern z.B. zu teuer und ohne Aussichten auf finanzielle Selbständigkeit.

nikations- und Verteilungssystem oft *vor* der Ausarbeitung des Programmes beginnen muss.

Dadurch wird die Flüchtlings- und Nothilfe, zu der aus den beschriebenen Gründen „ideologisch" auch das PCR gehört, eigentlich zu einer Vorstufe einer späteren Strukturhilfe, eines Wiederaufbau- und Wiedereingliederungsprogrammes. Dennoch entspricht sie dem Sinne nach, aber ohne die praktischen Bedingungen (finanzielle Selbständigkeit, lokale Mitfinanzierung usw.) zu erfüllen, sowohl den Herrenalb-Kategorien, wie auch den sozial ausgerichteten Ergänzungspunkten der Konferenz von Montreux, die eine „integrierte Gesellschaft" verlangen. In dem Masse, in dem dieser Ausdruck eine neue Form des alten, christlichen Begriffes der Wiederversöhnung oder Aussöhnung ist, erbringt die Flüchtlings- und Nothilfe den wichtigsten praktischen Beweis für die vom OeRK verfolgte und oft verkündete, wirtschaftliche und politische Friedensstrategie. Dass gerade diese Versöhnungs- und Friedensstrategie die gefährlichsten Spannungen hervorruft, wurde bereits im PCR deutlich, und wird bei den praktischen Beispielen für diesen Typ von Entwicklungshilfe immer wieder klar werden. Hier werden von „Welt und Gesellschaft" die härtesten Anforderungen an die institutionelle Flexibilität, die Effizienz der praktischen Arbeitsmethoden, das diplomatische Verhandlungsgeschick und die kollektive Urteilsfähigkeit des OeRK gestellt. Ferner wird auch enger als bei den meisten Projekten mit anderen Hilfsorganisationen zusammengearbeitet. Dies lässt neben den in einer Katastrophensituation schon besonders schwierigen Problemen der internen Kommunikation (OeRK→lokale Programmleiter) noch die der „externen Kommunikation" (OeRK→Rotes Kreuz→ Caritas Internationalis→UNHCR, Buddhistenvereinigungen usw.) entstehen.

Auf den ersten Blick scheint es, dass Flüchtlings- und Nothilfe ganz ausgesprochen *nicht* kirchliche Dienste wären, bei denen nur die praktischen Arbeitsmethoden zählen und die Motivationen eine geringere Rolle spielen. Wenn jedoch die Devise, dass *Entwicklung der neue Name für Frieden* ist, ernst genommen wird, so kann die Flüchtlings- und Nothilfe nicht nur praktisch, als Vorbedingung für die Projekthilfe, sondern auch weltanschaulich in die Entwicklungsstrategie der Kirchen eingereiht werden. Und die praktischen Beispiele werden zeigen, dass der OeRK gerade in diesem besonders „weltlichen" Dienst trotz der politischen Schwierigkeiten eindeutig Erfolge aufweisen kann.

Die Einschätzung der Projekte in der Entwicklungsstrategie des OeRK zeigt, dass die Schwerpunktverlagerung der uneinheitlichen Strategie, sowie die Erweiterung und Veränderung der Kriterien vom Wandel in der politischen und sozialen Ausrichtung des OeRK beeinflusst wurden.

Es geht nun darum, zu analysieren, wie sich der Entscheidungsprozess als Bindeglied zwischen Planung und Durchführung von Projekten in der ökumenischen Entwicklungsarbeit auswirkt.

313 Der Entscheidungsprozess

Im Entscheidungsprozess werden drei Phasen unterschieden: Der Ursprung der Entscheidung, das Entstehen des Konsensus und das Fällen der endgültigen Entscheidung. Wie in jeder Institution kann deshalb die Entscheidung in verschiedene Segmente zerlegt werden, die auf einen Punkt hin konvergieren, in dem ein Einzelner seine endgültige Entscheidung trifft, die dann wieder, bei der Durchführung von Projekten, in verschiedenartige Teilbeschlüsse zerfällt.

313.1 Der Ursprung der Entscheidung

Wie funktioniert das Projektauswahlsystem des OeRK im einzelnen?

Der Ursprung der Entscheidung für ein Projekt (erstes Segment) liegt in Händen der kirchlichen Stelle in der „Dritten Welt", welche die Vorplanung eines Projektes ausarbeitet. Die nächste Etappe (zweites Segment) ist die Einreichung des vorgeplanten Projektes an den lokalen Christenrat des betreffenden Landes oder an die höchste, nationale, ökumenische Stelle. Diese leitet das Projekt, meist mit einer eigenen, beigefügten Empfehlung oder Beurteilung an den Gebietssekretär in der DICARWS ein. Dieser und seine Mitarbeiter holen nötigenfalls zusätzliche Informationen ein und helfen bei der Formulierung des vorgeplanten Projektes. Dann wird in der DICARWS geprüft, ob es den achtzehn allgemeinen Kriterien und dem für diesen Kontinent oder dieses Land festgesetzten Jahresbudget entspricht. Der Gebietssekretär hat also eine einflussreiche, beratende Funktion, die als drittes Segment betrachtet werden kann.

Viertens gelangt das Projekt vor den gemeinsamen Projektunterausschuss der DICARWS und der DWME, wo es im einzelnen und ausführlich diskutiert wird. Schon beim Ursprung der Entscheidung ist die Verästelung des Entscheidungsprozesses zu erkennen. Eine Art Nebenlinie im Entscheidungsprozess kann die Beiziehung von ACTS im Projektunterausschuss bedeuten. ACTS hatte die verantwortungsvolle Aufgabe — und erhielt somit einen wichtigen Teil der Entscheidungsgewalt — den Projektunterausschuss über die technische Durchführbarkeit des Projektes zu orientieren. Nach diesen Aussagen bilden sich die Meinungen im Projektunterausschuss, und die Mehrheit (meist Einstimmigkeit) entscheidet, ob das Projekt auf die Liste gehört. Der Projektunterausschuss ist demnach eine Art Kontrollorgan, der die Vorentscheidungen der lokalen Kirchen, des nationalen Christenrates und des Gebietssekretärs der DICARWS in einem grösseren Kreise nachprüft, bestätigt oder ablehnt.

Es wird auch bestimmt, in welcher Kategorie ein bestimmtes Projekt in der Liste aufgeführt werden soll.

Die Kategorien der Projektliste muten etwas seltsam an, denn es wird weder nach Zielsetzungen noch nach Projekttypen unterschieden, sondern nach historisch gewachsenen Einteilungen: Die traditionellen Kategorien umfassen Flüchtlingsdienst, Stipendien und Jugendprogramme. Dann wird innerhalb der Gebietseinteilung nach Konfessionen und weiter nach regulären, Selbsthilfe-, Sonderentwicklungsprojekten und Vorhaben mit ökumenischen Teams unterschieden. D. h. ein Projekt trägt z. B. die Aufschrift „interkonfessionelles, reguläres Projekt" (diese machen die grosse Mehrheit aus). Das bedeutet, dass die Projektträger und Geberorganisationen ökumenisch gemischt sind. Es kann z. B. auch „orthodoxes, reguläres Projekt" heissen, falls es allein von orthodoxen Stellen finanziert und durchgeführt wird, aber das normale Projektverfahren des OeRK („regulär") durchlaufen hat. Die Selbsthilfeprojekte sind meistens kleinere, wenig aufwendige Vorhaben. Die „Sonderentwicklungsprojekte", die erst nach der Konferenz von Montreux eingerichtet wurden, sind diejenigen, die unter dem Patronat der CCPD vom ökumenischen, nicht zweckbestimmten Entwicklungsfonds finanziert werden.

Die Projekte für ökumenische Teams umfassen die Personalhilfe. Die Not- und Katastrophenhilfe, für die ein anderes Verfahren gilt, wird nicht in die Liste aufgenommen, es sei denn in einem späteren Wiederaufbaustadium.

Für die Datenverarbeitung der Projekthilfe gelten jedoch wieder andere Einteilungen. In der Statistik wird nach Projekttypen, nach den finanziellen Anforderungen (reguläres oder *above-ceiling-project*) sowie nach den Durchführungsstadien unterschieden.

Es ist deshalb für den Aussenstehenden schwierig, die Projektliste an sich zu beurteilen: Es wird weder angegeben, ob es sich um ein neues Projekt oder um die Fortführung eines alten handelt, noch die Gesamtzahl der Vorhaben pro Projekttyp. Um sich eine Vorstellung vom einzelnen Projekt zu machen, steht eine kurze Beschreibung und ein Kostenvoranschlag in der Liste.

Diese Projektliste erscheint zuerst völlig unsystematisch, aber die Geberorganisationen sind ja am meisten an den finanziellen Fakten, die genau budgetiert werden, interessiert. Die Kategorieeinteilung hat sich nicht nur aus der historischen Entwicklung des OeRK ergeben, sondern wird auch durch die Art des Projektes selbst erschwert: Ein Landwirtschaftsprojekt enthält eine Ausbildungsstätte, ein Sozialwerk ein Gesundheitsprogramm, so dass sie, ausser nach der geographischen Lage und dem Budget, nicht mehr genau in die Kategorie „Landwirtschaft", bzw. „Sozialwerk" gehören.

Die Liste bleibt also ziemlich unübersichtlich. Dies nicht nur wegen der pragmatischen Arbeitsmethoden und des komplizierten Entscheidungsprozesses, sondern diese Unübersichtlichkeit liegt in der Natur der Sache. Und jede straffe, genaue Abtrennung und Einteilung wäre eine Art wirklichkeitsferner Schematisierung aus einer institutionellen Retorte, die von Bürokraten auf Lebenszeit geschaffen wird.

Die Projektliste ist nur eine summarische Zusammenstellung einer universalen Entwicklungsarbeit von jährlich über dreihundert Projekten (gegen Ende des ersten Entwicklungsjahrzehnts sogar mehr, 1961 weniger), die den Geberorganisationen der DICARWS zugeleitet wird. Falls diese sich für ein bestimmtes Projekt interessieren, können sie selbstverständlich die gesamte Dokumentation der Vorplanung und des Ursprunges der Entscheidung anfordern.

Als nächster Schritt – und hiermit entsteht der Konsensus – wird das Projekt dem Abteilungsausschuss *(Divisional Committee)* vorgelegt.

313.2 Die Entstehung des Konsensus

Der Abteilungsausschuss besteht *nicht* aus Mitarbeitern der DICARWS. Er setzt sich aus etwa zwanzig Vertretern nationaler Kirchen und Hilfswerke, die Mitglieder der DICARWS sind, zusammen, und wird von der Vollversammlung der DICARWS-Mitglieder ernannt. Im Abteilungsausschuss wird das Projekt ein letztes Mal diskutiert. Er entscheidet theoretisch eigentlich über Aufnahme in die Projektliste des laufenden Jahres, die Rückverweisung (Aufschub) oder die Ablehnung. Praktisch geschieht es hier jedoch selten, dass ein Projekt im Abteilungsausschuss nicht angenommen wird. So fallen die Einflüsse der ersten Entscheidungsinstanzen, die Entscheidungsanteile der Mitarbeiter des OeRK stärker ins Gewicht, als es die rein institutionelle Struktur des Entscheidungsprozesses vermuten lässt. Der OeRK betonte auch stets – und dies wirkt beinahe verdächtig – dass er *nur* Katalysator, nur „ökumenischer Zwischenhändler" sei und sein wolle. Dies stimmt für die finanzielle, natürlich bedeutende Seite der Projekthilfe. Doch zeigt sich bei der Planung der Projekte und in den frühen Phasen des Entscheidungsprozesses, welch wichtiger Einfluss der OeRK als Berater ausüben kann. Man könnte dies als institutionelle Entscheidungsgewalt durch Meinungsbeeinflussung bezeichnen, welche die finanziellen Entscheidungen der Geber in eine bestimmte Richtung lenken kann.

Die Diskussion im Abteilungsausschuss ist der Beginn der Kristallisierung des Konsensus in der Projekthilfe, der während der Versammlung der DICARWS-Mitglieder, die Ende Juni und im November jedes Jahres stattfindet, abgeschlossen wird. Die Juni-Versammlung ist die Haupttagung, während in der Novembertagung nur noch zusätzliche, weniger grosse Projekte besprochen werden.

Die insgesamt fünfundachtzig Geberorganisationen diskutieren an dieser Versammlung die Projektliste und die einzelnen Projekte, an denen sie interessiert sind. Neben der Plenumsdiskussion spinnt sich ein Netz von individuellen Kontakten der Geber mit den lokalen Projektplanern, kirchlichen Vertretern der „Dritten Welt", OeRK-Mitarbeitern und anderen, an demselben Projekt interessierten Geberorganisationen. Es wird über die Aufteilung der finanziellen Lasten, die mögliche Entsendung von Fachkräften und über Erfahrungen mit ähnlichen Projekten gesprochen.

Handelt es sich um die Fortführung eines Projektes, so erstattet der lokale Träger dem OeRK und den Geberorganisationen Bericht über die erreichten Ziele, und meistens wird das Projekt von denselben Geberorganisationen weiterfinanziert.

Es gibt Projekte, die an der Jahresversammlung *nicht* übernommen werden, obschon sie auf der Liste stehen. Sie finden aus verschiedenen Gründen keine oder nur unzureichende Finanzierung. Die interessierten Geber finden die Planung unvollständig (trotz den Vorstadien der Prüfung vor Aufnahme in die Projektliste), sind schon für ihr eigenes Budget voll engagiert oder haben andere Prioritäten gesetzt als DICARWS. Die Festsetzung von Prioritäten bleiben im OeRK ein noch ungelöstes Problem. Bis 1971 legte die DICARWS keine Prioritäten fest, sondern *alle* Projekte auf der Liste waren gleichgestellt. An der DICARWS-Versammlung vom Juni 1971 wurde zum erstenmal der Versuch unternommen, dass die DICARWS für 1972 die Finanzierung derjenigen Projekte garantiert, die von den lokalen Stellen in der „Dritten Welt" als vorrangig bezeichnet wurden[29]. Es soll damit ein Teil der Entscheidungsgewalt auf die Ebene der nationalen oder regionalen, ökumenischen Organisationen übertragen werden. Damit wird gleichzeitig sowohl die Entscheidungsgewalt des OeRK in der Planung und Beratung als auch die der Geber vermindert werden. An derselben Tagung der DICARWS wurden Projekte im Werte von über 20 Mio. Dollar für 1972 bewilligt, d. h. den Geberorganisationen auf der Projektliste vorgelegt.

Diese Beschreibung lässt vielleicht vermuten, dass sich der Konsensus im Entscheidungsprozess durch die Konfrontation der „feindlichen Brüder", der Geber- und Empfängerorganisationen an der DICARWS-Versammlung ergibt, in der der OeRK eine Zwischenstellung, eine Vermittlerrolle übernimmt. Dem ist nicht so. Denn die meisten Gelder fliessen nur in zwei bis drei Länder pro Kontinent, in denen die Geberorganisationen oft schon eine langjährige Zusammenarbeit und Erfahrung mit den lokalen Stellen hinter sich haben. Oft erleichtern auch persönliche Kontakte die Schlussphase im Entscheidungsprozess. So kommt der Konsensus also nicht durch ein öffentliches Tauziehen, sondern durch die Diskussion technischer Fragen im kleinen Kreis zustande.

Auch bei der Gestaltung des Konsensus nahm ACTS wieder sozusagen als „graue Eminenz" durch seine Beratung und Teilnahme an den Diskussionen

---

29 OePD, Nr. 17, 1. Juli 1971, S. 6.

der Versammlung einen wesentlichen Platz ein. Diese Rolle fällt äusserlich oder institutionell kaum auf, beeinflusst aber den Konsensus in hohem Masse. So konvergieren eigentlich bei der Entstehung des Konsensus drei Hauptlinien, die – gleich einem Stromsystem – von den verschiedenen, schmalen, verästelten Nebenlinien gespeist werden, nämlich von den Einflüssen der lokalen, projekteinreichenden Stellen, des OeRK-Stabes und der verschiedenen, am selben Projekt interessierten, oder schon beteiligten Geberorganisationen. Dieser Konsensus, der einem labilen Gleichgewicht nahekommt, ist die Konvergenzregion dieser Entscheidungseinflusslinien. Zugleich ist er eine Vorbedingung für die nächste Phase im Entscheidungsprozess, wo sich die Linien nun in einem Punkte treffen, an dem die endgültige Entscheidung über die Finanzierung von Projekten fällt.

313.3   Die endgültige Entscheidung für die Finanzierung eines Projektes

Dieser ausschlaggebende Schritt der Zusage für die Finanzierung wird vom Vertreter der Geberorganisation während der DICARWS-Mitgliederversammlung getan. Institutionell und theoretisch gesehen, bleibt diese Entscheidung also vollständig und souverän den einzelnen Mitgliedsorganisationen vorbehalten. Die Finanzierung bleibt demnach ausser bei den erwähnten Sonderentwicklungsprojekten ausschliesslich eine nationale, unilaterale Entscheidung.

Doch haben die beiden ersten Phasen im Entscheidungsprozess deutlich gemacht, dass diese nationale, letzte Entscheidung vor der Durchführung eines Projektes praktisch von zahlreichen, multilateralen Vorentscheidungen abhängig ist. Diese kollektiv erreichten Einflüsse setzen sich aus bilateralen (von Seiten der Empfänger) und internationalen, d. h. von den OeRK-Mitarbeitern geäusserten Meinungen zusammen. In der unilateralen Entscheidung der nationalen Geberorganisationen gibt es demnach bilaterale und internationale, d. h. ökumenische Segmente.

Diese internationalen Bestandteile der nationalen Entscheidung sind das erste Gegenargument gegen die in ökumenischen Diskussionen oft gehörte Kritik, dass die Entscheidungsgewalt im OeRK rein national geblieben sei [30], und der OeRK als Institution eigentlich keine *eigene*, kollektive Meinung durchsetzen könne.

---

30   z.B. *U. Duchrow*, ,,Ecumenical Structures of the Church in the age of ABC-weapons", IPSA-Konferenzdokument, Nr. A 111/12, VIII. Weltkongress, München, 31. Aug. – 5. Sept. 1970.
   Dr. *Duchrow* ist Theologe und war Mitglied der SODEPAX-Kommission.

Das zweite Gegenargument ist die theoretisch oder institutionell verborgene Tatsache, dass selbst die Entscheidung der nationalen Geberorganisationen bei gründlicher Untersuchung und in der praktischen Arbeit manchmal eine *individuelle* bleibt: Denn jedes Hilfswerk hat einen Vertreter für ökumenische Projekte, der die DICARWS-Liste erhält und studiert. Dieser unterbreitet seinerseits seinem Vorstand Empfehlungen und Vorschläge für zu finanzierende Projekte. Er bestimmt also weitgehend in den ersten beiden Phasen den nationalen Entscheidungsprozess (Ursprung der Entscheidung und Entstehung des Konsensus) mit. Da er das Funktionieren des DICARWS-Verfahrens kennt, beeinflusst er die Weisungen, die er von seinem Kirchenrat oder Vorstand für die DICARWS-Versammlung erhält. Selbst wenn er nicht allein, sondern mit seinen Mitarbeitern an die DICARWS-Versammlung geht, beurteilt er doch letzten Endes *allein*, ob das Projekt, zu dessen Finanzierung sein Hilfswerk sich bereit erklärt hat, unterstützungswürdig ist, und den Entwicklungskriterien seiner eigenen Organisation entspricht.

Bei der ökumenischen Nothilfe, die im Sonderverfahren durch DICARWS wahrgenommen wird, ist das Individuelle der endgültigen Entscheidung besonders ausgeprägt: Die meisten Hilfswerke verfügen über einen Nothilfefonds. Der Leiter der Nothilfe muss, da die Schnelligkeit der Hilfe ausschlaggebend ist, *allein und unvermittelt* entscheiden, ob er auf einen ökumenischen Spendeaufruf mit der sofortigen Überweisung einer Geldsumme antwortet. Aus Zeitgründen kann oft weder der nationale Kirchenrat noch die Exekutive des Hilfswerks einberufen werden. Natürlich werden diese Stellen durch den Leiter der Nothilfe, der bis zu einer bestimmten Höchstsumme oft freie Verfügungsgewalt hat, umgehend orientiert, und dort entsteht nachträglich der Konsensus für eine mögliche Weiterführung oder Erhöhung der finanziellen Spende.

Es entspricht tatsächlich den ethischen Grundsätzen und Zielsetzungen in der ökumenischen Entwicklungshilfe, dass die endgültige Entscheidung für die Finanzierung eines Projektes im Grunde genommen von einem Individuum gefällt wird.

Der Wert des Einzelnen wird ja durch die „verantwortliche Haushälterschaft" insbesondere finanzieller Mittel, über die er Verfügungsgewalt besitzt, bewiesen und erhöht. Nicht nur auf der Empfänger-, sondern auch auf der Geberseite, soll die Entwicklungsarbeit an das Verantwortungsbewusstsein und Gewissen des Individuums innerhalb der Gesellschaft appellieren.

Das dritte Gegenargument gegen die These von der ausschliesslichen Entscheidungsgewalt der nationalen Kirchen ist der praktisch echte Multilateralismus in der Projekthilfe: Nur selten wird ein Projekt auf der DICARWS-Liste von einem einzigen Hilfswerk finanziert. Es braucht also eine Art Liktorenbündel gleichlaufender, individueller Entscheidungen, die von den nationalen Kirchen oder Hilfswerken durch Weisungen gebilligt sind, um ein

Projekt zur praktischen Durchführung gelangen zu lassen. Da eine lokale Mitfinanzierung eine Bedingung für die Durchführung ist, fällt ein, wenn auch geringer Teil der Entscheidungsgewalt des Vertreters einer nationalen Geberorganisation weg, und kommt der nationalen, kirchlichen Stelle im Projektland zu. Diese ist jedoch zur Mitfinanzierung gezwungen, wenn sie das Projekt mit ökumenischer Hilfe durchführen will, und deshalb enthält dieser Aspekt keine vollständig freie Entscheidung.

Gemäss seinen Weisungen und nach seinem persönlichen Urteil, das im Konsensusstadium gebildet wurde, entscheidet z. B. ein Vertreter einer Geberorganisation über die Übernahme von 25 % der Gesamtkosten während eines Jahres, ein anderer über die Aufbringung der gesamten, angeforderten Materialhilfe (z. B. ein PKW und ein Unimog), ein dritter über die Bezahlung des Gehaltes einer Fachkraft, usw. Diese Einzelentscheidungen sind integrierende Teile der Globalentscheidung für die Finanzierung der Projekte.

Bis dahin wurde der Entscheidungsprozess nur anhand der Projektfinanzierung dargestellt. Es gibt aber die ebenso wichtige, manchmal beinahe schwierigere und nützlichere Personalhilfe. Sie erfordert nicht nur den Einsatz des Produktionsfaktors Kapital, sondern auch den einer menschlichen Arbeitsleistung. Aus der vorliegenden Untersuchung geht hervor, dass im OeRK Finanzierung und Personalhilfe getrennt, d. h. nicht von derselben Geberorganisation verfügbar gemacht werden sollen.

Der Entscheidungsprozess für Personalhilfe verläuft in den ersten beiden Phasen ähnlich, nur haben die DICARWS-Stellen (SPTF, ACTS, die CMC der DWME) einen beinahe noch grösseren Einfluss in ihrer beratenden Funktion als bei der Finanzierung [31]. Nur in der Endphase des Entscheidungsprozesses gibt es einen grundlegenden Unterschied: Bei der Finanzierung endet der Entscheidungsprozess bei den einzelnen Vertretern verschiedener Geberorganisationen.

Bei der Personalvermittlungshilfe ist es im Gegensatz dazu die anfordernde Stelle, und indirekt der nationale Christenrat im Entwicklungsland, die endgültig entscheiden, ob die ausgewählte Fachkraft im Projekt die Arbeit aufnehmen wird oder nicht. Dies ist wieder ein Verfahren, um die Gefahr einer allzu grossen Macht des Gebers in der Durchführung der Projekte zu vermindern. Der Geber soll sein Personal dem Projekt nicht aufzwingen können.

In allen drei Phasen des Entscheidungsprozesses gibt es keine klare Abtrennung der Kompetenz- und Einflusslinien, sodass der individuellen Initiative im institutionellen Gefüge, wie auch in den Geberorganisationen, viel Spielraum gelassen wird. Dies kann einerseits auf die noch nicht

---

31 Verfahren und Kompetenzlinien gehen aus dem Organigramm hervor (Anhang, Abb. 3).

gefestigte, seit Juni 1971 neue Struktur des OeRK (vgl. die beiden Organigramme Anhang, Abb. 4 und 5), und andererseits auf die schwer durchschaubaren, aber doch bestehenden Rivalitäten zwischen einzelnen OeRK-Einheiten zurückgeführt werden.

Doch schon vor der Vorbereitung und Einführung der neuen Struktur (1969–1971) war der Entscheidungsprozess weder institutionell-international (im OeRK) noch national (in der Mitgliedschaft) genau festgelegt. Bestimmt fallen die Stimmen der reichen Geber im Entscheidungsprozess ins Gewicht, aber der OeRK als Institution ist in der subtileren Meinungsbeeinflussung sehr mächtig. Und aus politischen Gründen sowie wegen der angestrebten, institutionellen Regionalisierung des Entscheidungsprozesses sind die Empfänger nicht nur in der passiven Rolle der dankbar Annehmenden zu sehen. Der echte Multilateralismus der Projekthilfe verhindert sowohl eine Polarisierung der DICARWS-Mitglieder, als auch eine Isolierung des OeRK als Institution von seinen einzelnen Mitgliedern. Zusammenfassend sei darauf hingewiesen, dass der Entscheidungsprozess in der ersten Phase kollektiv, vorerst national und später international ist. Er bleibt in der zweiten Phase weiterhin kollektiv, mit stärkerer Prägung durch die institutionellen Zwänge (Verfahren zur Auswahl, verschiedene Beratungsausschüsse usw.) In der dritten Phase wird er individuell, obschon die aus den parallelen Einzelentscheidungen hervorgehende Aktion, d. h. die Durchführung eines Projektes, wieder echt multilateral ist.

Im Normalfall übernimmt also der OeRK weder die Initiative für die Vorplanung eines Projektes, noch die Verantwortung für dessen Finanzierung oder Durchführung. Ihm bleibt nur die Auswahl für die Aufnahme in die Projektliste vorbehalten. Er ist aber in der gesamten Entwicklungsarbeit praktisch sehr einflussreich.

314   Die Durchführung und nachträgliche Überprüfung von Projekten

314.1   Die Durchführung eines Projekts

Die Verantwortung für die Durchführung von Projekten wird von der nationalen, kirchlichen Stelle oder vom örtlichen Projektträger übernommen. Sie bleibt also ausschliesslich den Organen im Projektland vorbehalten. Eine vom OeRK-Sitz aus zentral gelenkte Durchführung von Projekten ist weder erwünscht noch möglich. Der örtliche Projektträger bestimmt selbst, welche Kompetenzen er dem von ihm eingesetzten Projektleiter und seien Mitarbeitern zuteilt. Oft teilen sich kirchliche und staatliche Stellen oder andere private Organisationen in die Verantwortung für die Durchführung.

Deshalb beginnt in der praktischen Arbeit ein zweiter Entscheidungsprozess im Kleinen, der aus drei Arten von Entscheidungen besteht: Programmentscheidungen sowie technische und administrative Beschlüsse.

Während der zwei- bis dreijährigen (höchstens fünfjährigen) ökumenischen Unterstützung kann es vorkommen, dass die anfangs gutgeheissene Planung abgeändert werden muss. Bei solchen Programmbeschlüssen wird zuerst der Rat der OeRK-Organe und der finanzierenden Hilfswerke eingeholt. Meist unterbreitet der Projektleiter verschiedene, im Projektstab besprochene Änderungsvorschläge, die dem nationalen Christenrat zur Weiterleitung an den OeRK und die Geldgeber zugehen.

Im Finanzierungsvertrag zwischen Geber und Projektleitung werden auch die Berichterstattungsbedingungen festgelegt. In der ökumenischen Entwicklungsarbeit wird Wert darauf gelegt, dass der Projektstab schöpferische, eigene Ideen verwirklicht und Programmentscheidungen, deren finanzielle Auswirkungen unerheblich sind, selbst trifft. Der OeRK berät die Projektträger dahin, praktische, billige, lokal gebräuchliche Methoden zu verwenden. Da die Programmierung bei vielen, kleinen Projekten oft ziemlich summarisch ist, erlaubt er der Projektleitung, pragmatisch vorzugehen. Der Projektstab besteht für den grössten Teil des Projektes aus einer Mehrheit von qualifizierten Laien, die aus der Gegend des Projektstandorts stammen. Ausländer werden nur auf ausdrückliche Anforderung und nur für begrenzte Zeitperioden ökumenisch vermittelt.

In vielen Fällen ergeben sich jedoch Schwierigkeiten der internen Kommunikation (Projektleitung→OeRK→verschiedene Geldgeber), insbesondere bei der Nothilfe in Kriegssituationen.

Die technischen Entscheidungen kann der Projektträger ebenfalls übernehmen: Für die Buchführung kann z. B. ein privater Buchhalter angestellt werden oder eine Bank. Der Projektträger kann sich auch an Forschungsinstitute (Agrarfachschulen), Universitäten oder staatliche Behörden (Verkehrsamt) wenden, falls die Laien im Projektstab nicht über die notwendigen technischen Qualifikationen, die Zeit oder die finanziellen Mittel verfügen. Der Projektträger ist oft auch Klient eines Rechtsberaters oder einer Beratungsfirma. Selbst in den Entwicklungsländern haben kirchliche Stellen den Vorteil, über eine Vielzahl persönlicher und amtlicher Kontakte zu verfügen, deren Hilfe sie auch für die technischen Entscheidungen bei der Durchführung von Projekten in Anspruch nehmen können.

Die administrativen „Kleinentscheide" innerhalb des Projektes trifft die Projektleitung. Je nach Projektart ist die Verwaltung anders aufgebaut. Die örtliche Bevölkerung soll stets ein möglichst grosses Mitspracherecht besitzen und auch an den Verwaltungsaufgaben im Projekt aktiv beteiligt werden. Die Gelder der Geber werden durch den OeRK direkt an den Projektträger überwiesen – und dies ist einer der grossen Vorteile der ökumenischen Entwicklungsarbeit – ohne Umweg über ein schwerfälliges, staatliches Ministerium. Sie sind zweckbestimmt, und ihre Verwendung wird von der nationalen, kirchlichen Stelle kontrolliert. Bei staatlicher Hilfe kann der Geber den Staat meist aus politischen Gründen (Vorwürfe des Neokolonialismus, Paternalismus, Einmischung in die inneren Angelegenheiten eines souveränen Staates usw.) bei der Verwendung seiner Hilfeleistung nicht kontrollieren, noch von sich aus eine „Abrechnung" vom Empfänger verlangen. Bei ökumenischen Projekten kann der Geber viel eher eine administrative Kontrolle verlangen oder den OeRK auffordern, eine Kontrollmission durchzuführen.

Bemerkenswert ist, mit wie geringen Verwaltungskosten viele Projekte durchgeführt werden. Der Projektstab ist meist klein, und gewisse Aufgaben werden z. B. von überzeugten Christen ehrenamtlich[32] wahrgenommen oder ein System von Praktikanten oder Freiwilligen aus der Umgebung aufgebaut.

Die Berichterstattung an den DICARWS-Versammlungen ist erstaunlich objektiv. Dank ihrer ethischen Globalmotivation neigen vielleicht die kirchlichen Stellen weniger dazu, die Verhältnisse zu beschönigen, als auf ihr Prestige bedachte Staaten oder Personen, deren berufliche Stellung oder Wiederwahl von der Präsentierung des erreichten Erfolges abhängt. Vermutlich kann sich die Kirche, als „ewige", in Jahrhunderten denkende Institution, das Zugeben der eigenen Fehler eher leisten als die relativ jungen, regierungsvertretenden Organisationen, deren Mitgliedstaaten ihnen gegenüber von vornherein kritisch oder negativ eingestellt sind.

Dazu kommt, dass erfolgreiche Projekte meist gar nicht diskutiert werden. So fallen die zugegebenen Irrtümer in der Berichterstattung doppelt auf, weil von Erfolgen kaum je gesprochen wird.

Allgemein tritt bei der Durchführung ökumenischer Projekte die Bereitschaft zum Dialog, die Vermeidung autoritärer Entscheidungen und der Respekt vor dem anderen, dem selbst bei Misserfolgen die Gelegenheit für einen neuen Anfang geboten wird, zutage. Dieser Dialog wird mit allen Schichten der Bevölkerung, vom Minister bis zum landlosen Bauern geführt, und zeugt von einem für Aussenstehende bewundernswürdigen Geschick im Umgang mit Menschen.

---

[32] Ein ehemaliger afrikanischer Finanzminister verwaltet z.B. ehrenamtlich ökumenische Projekte.

314.2 Die Rolle von ACTS bei der Durchführung und nachträglichen Überprüfung von Projekten

In der Untersuchung wird verschiedentlich die hervorragende Bedeutung von ACTS aufgezeigt. Weil ACTS das wesentlichste Instrument des OeRK für Beratung in jeder Phase der Entwicklungsarbeit, aber ganz besonders bei der nachträglichen Überprüfung ist, lohnt es sich, etwas eingehender über dieses Organ für beratende, technische Dienste zu berichten.

1961 wurde der Vorläufer von ACTS, der Sonderberatungsausschuss für soziale Projekte (SASP) von der Vollversammlung eingesetzt. An der Ausschussitzung in London (1.–4. Dezember 1963) wurde SASP das Mandat erteilt, soziale Pionierarbeit oder Erstprojekte zu übernehmen [33]. SASP war somit das erste „Werkzeug" für technische Beratung und Erfolgskontrolle in der Projektarbeit des OeRK. Bis zur Vollversammlung von Uppsala hatte SASP folgende Arbeiten durchgeführt: Eine Aufstellung aller christlichen Institutionen in der „Dritten Welt", welche sich mit Entwicklungsarbeit (Erziehung, Sozialwerke, Gesundheitswesen usw.) befassen und eine Untersuchung über die christlichen Gesundheitsdienste in Afrika [34]. Neben dieser Begutachtungsarbeit hatte SASP eigene Projekte übernommen, wie z. B. die *East African Venture*, ein grossangelegtes Projekt für Öffentlichkeitsarbeit durch eine christliche Presse [35]. Dieser Dienst verlor nach 1965 wegen des

---

33 SASP Committee Meeting, London 1.–4. Dez. 1963, Minutes, S. 9: „A SASP Project is ... where the Churches agree to pioneer forms of social action which call for technical and expert services in preparation for the project to be carried out by Churches or by a related operating agency. SASP may serve the project by advising the Churches on or by providing the necessary technical assistance for the formulation, development, implementation, supervision and reporting of the project".

34 SASP entsandte eine Untersuchungskommission von drei Ärzten nach Nigeria, Uganda und Kenia. Später stellte die SASP ein Handbuch für die Durchführung von Untersuchungen im christlichen Gesundheitswesen zusammen. Der Begutachter sollte nach einem ganz detaillierten Schema folgende Fakten berücksichtigen: Die nationalen Statistiken (und ihre Verlässlichkeit), Krankenhaussysteme (Haltung der Regierung gegenüber der Familienplanung, Administration und architektonische Anlage der Krankenhäuser, Personalverwaltung, persönliche Beziehungen zwischen Administration, kirchlichen Stellen, Regierungsbehörden usw.) neben den gebräuchlichen Angaben über Budget, Planung und Unterstützungsanteile.

35 Zur „East African Venture" gehörten folgende Zeitungen: „La semaine camérounaise", „Alpha" (Afrique francophone), „East African Venture", „African News 'Service", „Focus" (Nigeria), „Target-Lengo" (Kenia, Tansania), „Fanassina" (Madagaskar).

Einsatzes anderer Massenmedien [36] durch ökumenische Projekte an Bedeutung. Ferner übernahm SASP die Gewerbeschule im indischen Nazareth und baute sie aus. Diese Projekte, für die SASP bis 1962 28 500 Dollar zur Verfügung standen, wurden „strategische Projekte" genannt, im Gegensatz zu den regulären, auf der Liste aufgeführten Vorhaben *(listed projects)*. Im Juni 1964 wurde es notwendig, SASP gemäss der ökumenischen Projekttypen in vier Unterausschüsse *(panels)* einzuteilen: I Presse, II Gesundheitswesen, (daraus entstand 1968 die CMC), III Landwirtschaftliche Entwicklung, IV Gemeindewesen und Sozialwerke, (das später wirtschaftliche Entwicklung und berufliche Ausbildung einschloss).

1965 betrug das SASP-Budget bereits 100 000 Dollar (meist von Mitgliedern des OeRK aus den Vereinigten Staaten und Grossbritannien finanziert). Dies lässt erkennen, dass das erste Begutachtungsorgan, das auch Erhebungen über landwirtschaftliche Projekte in Nigeria, Ostpakistan und Sambia durchgeführt hatte, von der ökumenischen Gemeinschaft als Notwendigkeit empfunden wurde und seine Dienste geschätzt wurden, obschon sie z. B. zu Spannungen mit alteingesessenen Missionsgesellschaften führen konnten.

, 1965 erstattete SASP dem Zentralausschuss Bericht: Das Organ hatte neunundvierzig Projekte beraten und in die Hand genommen. Je 30 % seiner Tätigkeit entfielen auf Landwirtschaftsprojekte und Projekte für die Förderung des Gemeinwesens, sowie Heranbildung einheimischer Kader.

Die prioritäre Einschätzung der Landwirtschaft ist hier beachtenswert. Eine von SASP eingeführte Neuerung war der Einsatz von Leprakranken für Landwirtschaftsprojekte, ferner die Einführung von landwirtschaftlichen Kreditunionen im Bergland von Taiwan. In Lateinamerika hatte SASP in Zusammenarbeit mit der katholischen Kirche und SUDENE in Brasilien (die staatliche Entwicklungsbehörde, die Projektträger war), die „Cruzada ABC" lanciert. Verschiedene Experten hatten Berichte über Unterernährung und landwirtschaftliche Entwicklung für SASP ausgearbeitet. Für die Vollversammlung in Uppsala sollte überdies ein Mitarbeiter von SASP die gesamte Entwicklungsarbeit des OeRK mit Datenverarbeitung evaluieren und über auftretende Mängel berichten.

Das Begutachtungsformular umfasste 11 Seiten und enthielt u. a. folgende Fragen: Standortbeurteilung, Anzahl der durch das Projekt begünstigten Personen, Anzahl der einheimischen Mitarbeiter, Ursprung der Entscheidung für das Projekt, Möglichkeiten der finanziellen Unabhängigkeit, Laufzeit, Mitbestimmung der lokalen Bevölkerung, Gesamtfinanzkontrolle, jährliche Kosten, Beziehungen des Projektes zu christlichen Gemeinden (Einteilung der Antworten: Fördert es nur Christen, Christen und andere Gruppen, nur

---

36 Z. B. RVOG.

wenige Christen, und „nicht klar"), Beurteilung der erreichten Ziele (Demonstrationseffekt, sozialer Wandel, Nothilfe, Versöhnung verschiedener Parteien). Auf Seite 12 des Evaluierungsbogens mussten folgende Kriterien nach „erfolglos, schlecht, mittelmässig, und gut" eingeteilt werden: Konzeption, administrative Effizienz, Verwirklichung der Gesamtziele, Reaktion der Gemeinschaft, Förderung der Selbsthilfe, Förderung kirchlicher Bemühungen, Förderung nicht kirchlicher Dienste, moralische Zuverlässigkeit des Stabes, Zusammenarbeit zwischen verschiedenen Kirchen, Einfügung in globale Entwicklungspläne, technische Befähigung des Stabes, Stärkung der Kirche, Förderung der sozialen Gerechtigkeit, Realismus der Finanzplanung, Originalität der kirchlichen Arbeit, Hilfsmöglichkeiten der lokalen Kirchen, technische Qualität und Versöhnungswert des Projekts.

Diese Kriterien enthalten ein sonderbares Gemisch von ethischen und technischen Urteilen. Die Finanzplanung muss gesund sein (SASP begann nie ein Projekt, bevor zwei Drittel von dessen Finanzierung sichergestellt waren), und zugleich sollte das Projekt einen „Versöhnungswert" haben, der sehr schwer zu ermessen ist. Immerhin bestimmte diese erste Globalevaluierung durch SASP in ausschlaggebendem Masse die von der Vollversammlung in Uppsala neu formulierten Entwicklungskriterien. SASP war der Initiator der kritischen Beurteilung der ökumenischen Entwicklungsprojekte und hat dem OeRK damit unschätzbare Dienste geleistet. Dieses Organ trug massgeblich dazu bei, dass die ethisch immer noch karitativ, diakonisch ausgerichteten, ökumenischen Projekte zu einer technisch und volkswirtschaftlich orientierten Entwicklungsarbeit wurden.

Als das Mandat 1968 ablief, beschloss die Vollversammlung, dieses technische Begutachtungsorgan weiter auszubauen: Es hiess nun Beratungsorgan für technische Dienste und sollte besonders der DICARWS und DWME, nach 1970 auch der CCPD, für Projektarbeit zur Verfügung stehen. Die Arbeitsmethoden wurden systematischer und lassen sich erstens in die institutionelle Beeinflussung im Entscheidungsprozess und zweitens in die praktische Arbeit bei der Durchführung und nachträglichen Überprüfung von Projekten einteilen: Es wurde bereits geschildert, wie ACTS in jeder Phase der Entscheidung, vom Augenblick der Einreichung eines Projektes an das Gebietssekretariat der DICARWS bis zur DICARWS-Vollversammlung, wo die endgültige Entscheidung zur Finanzierung fällt, zu Rate gezogen werden kann. Sowohl die Mitarbeiter von DICARWS, welche die Vorplanung bearbeiten und über die Aufnahme in die Projektliste entscheiden, als auch einzelne Geberorganisationen der DICARWS oder des Abteilungsausschusses konnten sich an ACTS wenden. Bei den neuartigen, grossen, teuren, sowie besonders originellen, schwierigen oder politisch heiklen Projekten war deshalb der Direktor von ACTS oder einer seiner Mitarbeiter praktisch in jeder Sitzung anwesend. Er konnte auch für rein bilaterale Projekte, die nicht auf der Liste stehen, seinen

Rat geben. Auf das Urteil von ACTS wurde grossen Wert gelegt, auch wenn es ganz kritisch und negativ ausfiel. Obschon ACTS institutionell gesehen nur eine beratende Funktion ohne eigene Entscheidungsbefugnis ausübte, zeigte sich doch in der Praxis, dass der Einfluss auf die Meinungsbildung höchst bedeutend war. Somit war ACTS für die Entwicklungsarbeit von allen ökumenischen Organen das wichtigste. Für die nachträgliche Überprüfung von Projekten konnte ACTS folgende vier Arbeitsmethoden wählen: Die ersten zwei sind herkömmlicher Art und wurden schon von SASP verwendet. Ein Projekt konnte nämlich entweder durch ACTS-Mitarbeiter oder von einem unabhängigen, von ACTS beauftragten Experten begutachtet werden. Dazu gesellten sich noch zwei weitere, in regierungsvertretenden Organisationen weniger oder überhaupt nicht gebräuchliche Methoden: ACTS konnte eine andere, internationale Privatorganisation (z. B. die jüdische Berufsorganisation ORT), die vom OeRK vollkommen unabhängig ist, mit der Evaluierung beauftragen. Es gab auch Fälle, in denen ein gemischtes Team, bestehend aus ACTS-Mitarbeitern und aussenstehenden Experten (Wirtschaftsprofessoren, Agronomen) gebildet wurde, um die Untersuchung durchzuführen.

Die von ACTS vorgelegten Berichte über die nachträgliche Überprüfung von Projekten waren meist sehr ausführlich (dreissig bis vierzig Seiten). Sie blieben jedoch vertraulich oder geheim. Nach ihren Folgerungen arbeitete ACTS Änderungsvorschläge für ein Projekt aus, oder empfahl dessen Aufgabe. ACTS war bestrebt, objektive, kritische Berichte zu erhalten und wählte deshalb oft die Methode der Beauftragung anderer Organisationen. Es fällt auf – und dies spricht eigentlich *für* die ökumenische Entwicklungsarbeit – dass diese Berichte meist viel lobender und positiver waren, als die sehr kritischen der eigenen Mitarbeiter. Es scheint, dass ACTS oder Mitarbeiter des OeRK (z. B. auch von der KKIA) die kirchlichen Projekte viel strenger beurteilen, als andere, internationale, private Fachorganisationen. So sahen auch viele, nach 1968 begonnene Projekte eine periodische, regelmässige Überprüfung durch ACTS im Unterstützungsvertrag vor.

Obschon in dieser Darstellung die institutionelle Kontrolle der ökumenischen Projekte gut zu funktionieren scheint, müssen einige Schwierigkeiten der nachträglichen Überprüfung allgemein und für den OeRK im besonderen noch erwähnt werden.

314.3   Die Schwierigkeiten der nachträglichen Überprüfung von Projekten

Zuerst sollen einige allgemeine Probleme der „ex post Evaluierung" in der Projekthilfe gestreift werden, die sich in jeder Organisation, die Entwicklungsarbeit leistet, stellen.

Erstens das rein menschliche Hindernis des Misstrauens des Projektstabes gegenüber dem „Examinator", Kritiker, „Aufseher"[37]. Möglicherweise erhält der Begutachter nicht alle einschlägigen Informationen, besonders wenn die Besuchszeit zu kurz bemessen ist. Ist er erfahren genug, mag es ihm gelingen, dieses Misstrauen zu überwinden, indem er die Projekteffizienz von der persönlichen Leistung getrennt untersucht.

Da jedoch das erstere oft direkt vom letzteren abhängt, ist diese Unterscheidung sehr schwierig zu treffen.

Zweitens bleiben die Gutachten meist vertraulich. Innerhalb der Organisation und auch extern können sie also nicht so verbreitet werden, dass alle Beteiligten ihre Lehren daraus ziehen können.

Drittens muss ein Mittelweg gewählt werden zwischen der Isolierung des Projektes von der Organisation und übertriebenen Berichterstattungs- und Evaluierungsbedingungen. Es soll also dem Projektstab weder erlaubt sein, ohne institutionelle Kontrolle zu schalten und zu walten, noch sollte das Projekt im „Papierkrieg" untergehen, wobei die Arbeit völlig bürokratisiert wird.

Viertens ist es schwierig, qualifiziertes Personal für nachträgliche Überprüfungen zu finden. Sollte ein Begutachter eine qualifizierte, berufliche Fachkraft, ein Administrator oder „nur" eine im Umgang mit Menschen geübte, fachlich weniger zuständige Person sein?

Sollte für die Überprüfung eines Landwirtschaftsprojektes mit beruflicher Ausbildung ein Agronom oder ein akademisch spezialisierter Pädagoge mit praktischer Erfahrung entsandt werden?

Im OeRK kommen noch weitere Schwierigkeiten hinzu: Da die Projekthilfe nicht zentral gelenkt wird, gibt es nicht immer institutionell festgelegte Evaluierungsperioden (z. B. einmal jährlich). Durch Mangel an Koordination zeigt sich meist erst sehr spät, oder zu spät, dass in einem Projekt Schwierigkeiten entstanden sind. Bei der Überprüfung sollte man eine Verbesserung der internen und externen Kommunikation anstreben. D. h. zwischen Projektstab und OeRK, sowie innerhalb der einzelnen Abteilungen des OeRK, sollten die Ergebnisse der Durchführung und nachträglichen Überprüfung in allen Einzelheiten bekannt gemacht und in einem genau festgelegten Verfahren ausgetauscht werden können. Diese erschwerte Kommunikation ist eine Folge des echten Multilateralismus in der ökumenischen Projektarbeit. Wäre die Durchführung und nachträgliche Überprüfung von Projekten nur ein bilaterales

---

37 Vgl. Deutsche Stiftung für Entwicklungsländer, Report on a conference on Methods and Procedures of Evaluation in Development Aid, Berlin, 18.–22. Nov. 1966. An dieser Konferenz waren unter anderen folgende Organisationen vertreten (englische Abkürzungen): EEC, FAO, IBRD, ILO, OECD, UNDP, UNRISD, WHO, WMO.

Verfahren, das in einem internationalen Rahmen „getarnt" wird, so wären auch die Kommunikationslinien Projektträger→OeRK→Geldgeber einfacher. Weil jedoch verschiedene Mitglieder der DICARWS finanziell am Projekt beteiligt sein können, sowie institutionell verschiedene OeRK-Organe mitberaten und der Projektträger aus verschiedenen kirchlichen und staatlichen oder privaten Organisationen zusammengesetzt sein kann, komplizieren sich die Kommunikationslinien. Jedoch besteht gegen Ende des ersten Entwicklungsjahrzehnts die Bestrebung, die nachträgliche Überprüfung zentral von ACTS aus durchzuführen, um wenigstens ein Vielzahl von Evaluierungsverfahren zu vermeiden.

Bis 1971 hat sich ACTS ziemlich erfolgreich durchgesetzt. Die Begutachtung durch diese, nicht direkt oder finanziell am Projekt beteiligte, objektive Stelle kann dazu beitragen, die Kommunikationslinien zu straffen und zu vereinfachen.

Zweitens ist manchmal die Buchhaltung nicht klar geführt, sei es, weil der Projektleiter keine Zeit oder Erfahrung hat, oder weil der Projektstab so klein und derart in der praktischen, täglichen Arbeit absorbiert ist, dass keine Globalbilanzen aufgestellt werden. Es mag sein, dass der Projektstab auch die Kosten für einen Buchhalter einsparen will, (obschon dies meist eine lohnende Investition ist!) oder er hat nicht die Möglichkeit (abgelegener Standort), einen solchen zu verpflichten. Dies hängt mit dem Problem der Aufbringung der Mittel für Untersuchungen und nachträgliche Überprüfungen zusammen.

Die DICARWS-Mitglieder wollen ihrem Kirchenrat oder den Kirchensteuerzahlern konkrete Ergebnisse vorführen können. Werden Fonds für Gutachten bestimmt, ist dies nicht der Fall. Die Hilfswerke betrachteten daher solche Überprüfungen bis etwa 1968 als teuren Luxus, als *non-operational* und überflüssig. Sie verstanden sich als christliche Praktiker, die Entwicklungstheorie und -theologie eher verachteten. Doch mit der notwendigen Ausarbeitung von Projektkriterien setzte sich auch die Überzeugung durch, dass ein zentralisiertes Überprüfungsverfahren unerlässlich und nützlich sei.

Ferner stellte sich an der Konferenz für Methoden und Verfahren der Evaluierung in der Entwicklungshilfe (Berlin, 1966) heraus, dass die Kosten für Evaluierungen erstens nicht übertrieben hoch sind, und zweitens in der Projektarbeit eine gute Investition bedeuten [38].

---

38 In der BRD wurden nach Schätzungen der Deutschen Stiftung für Entwicklungsländer etwa 0,5 % der Entwicklungshilfebudgets für Gutachten ausgegeben. Schweden gab für ein zehnjähriges Familienplanungsprogramm in Pakistan nur 250 000 schwedische Kronen für Gutachten aus, Norwegen stellte dafür 0,15 % des Budgets für Entwicklungshilfe zur Verfügung.

Dennoch setzte sich erst nach Uppsala (1968) die Erkenntnis der Unerlässlichkeit solcher Überprüfungen durch und heute werden, besonders in Lateinamerika, mehr Gelder im ökumenischen Projektsystem auf Untersuchungs- und Studienarbeit verwendet als zu Beginn des Jahrzehnts.

In der OeRK-Zentrale wird auch mit Datenverarbeitungsmethoden versucht, Globalbewertungen durchzuführen. Dies ist bei der sich ständig erweiternden Projektarbeit dringend notwendig [39].

Eine Folge der SASP-Gesamtüberprüfung war die trotz des wachsenden finanziellen Einsatzes verminderte Anzahl der Projekte, d. h. eine gewisse Konzentration in der ökumenischen Arbeit: 1966—1969 standen durchschnittlich fünfhundertzweiundfünfzig Projekte in der „Dritten Welt" auf der Liste. 1971 waren es nur noch vierhundertzweiundzwanzig. Die Projektzahl ist dennoch hoch genug, um ein erweitertes Budget für die nachträgliche Überprüfung zu rechtfertigen.

Als Abschluss dieses Kapitels über die Institutionen des OeRK und ihre Arbeitsmethoden in der Entwicklungsarbeit werden folgende Betrachtungen angestellt:

Die multilateralen Planungs- und Durchführungsmethoden verleihen der Bezeichnung „interkonfessionell" *(interdenominational)*, die zuerst in der Projektliste seltsam anmutet, einen Sinn. Denn obschon die endgültige finanzielle Entscheidung der nationalen Kirche, oder, wie obenstehend bewiesen, eher individuell deren Vertretern vorbehalten bleibt, überwiegen doch die ökumenischen, multilateralen Elemente in der institutionellen Struktur. Ferner üben die Organe des OeRK einen Einfluss auf die DICARWS-Mitglieder (Geber und Empfänger) aus, der durch institutionelle Zwänge und Trennungen kaum behindert wird.

Im Jackson-Bericht wird kritisiert, dass es in der Entwicklungshilfe der UNO kein „Gehirn" gibt. Mit andern Worten heisst dies, dass die interne und externe Kommunikation ebenfalls erschwert und der Entscheidungsprozess unklar bleibt. Da der OeRK über viel weniger Beamte verfügt als die UNO, könnten die Kommunikationen übersichtlicher gestaltet werden. Der *spiritus rector* eines ökumenischen Projektes wäre nach den obenstehenden Ausführungen also im Normalfall die nationale, kirchliche Stelle oder eine mit ihr verbundene Organisation in der „Dritten Welt". Das „Gehirn" an sich, das die Projekte im einzelnen ausdenkt und ausarbeitet, wäre die DICARWS mit dem „Nervenzentrum" von ACTS. In der Nothilfe zeigen sich die Funktionen des „Gehirns" noch ausgeprägter, da die kirchliche Stelle in der „Dritten Welt"

---

39 1961 betrug das DICARWS-Budget 900 000 Dollar (einschliesslich der Nothilfe und der nicht auf der Liste stehenden Projekte knapp 1 Mio. Dollar), 1971 20 Mio. Dollar (ohne above-ceiling-projects und Nothilfe).

nur einen Notruf erlässt, und meist auch den grössten Teil der Vorplanung den DICARWS-Einheiten überlässt. Institutionell gesehen, ist diese Form der Hilfe also der zentralisierteste Projekttyp. Schmückt man das Bild aus, so wären die Geber der DICARWS das „Herz" der Projekthilfe, deren Lebenspuls. Und z. B. beim PCR und in der Nothilfe für Biafra zeigt sich deutlich, wie sehr die DICARWS von der Meinung ihrer Geber abhängig ist und diese achten muss. Diese finanzielle Abhängigkeit schränkt die praktische Umsetzung der Pläne des „Gehirns" somit wieder ein.

Weiter fällt auf, dass die „ideologischen" Texte der Vollversammlungen und grossen Entwicklungskonferenzen, in denen Kriterien und Richtlinien für die Entwicklungsarbeit festgelegt werden, oft sehr vage und allgemein ethisch gehalten sind. Welch ein Unterschied zur Anschaulichkeit der praktischen Arbeit und der Gutachtenberichte, die sich sogar oft widersprechen! Doch selbst die Kritik aussenstehender Experten oder Organisationen und die „Selbstkritik des OeRK" durch die Mitarbeiter von ACTS vermögen, aus den erwähnten, menschlichen und institutionellen Gründen, eine einwandfreie, vollkommen neutrale, nachträgliche Überprüfung nicht unbedingt sicherzustellen. Die „Selbstkritik" kontrastiert wiederum mit Arbeitsberichten der erwähnten Konferenz über Evaluierung (Berlin 1966), bei deren Lektüre der Eindruck entsteht, dass regierungsvertretende Organisationen ihre Begutachtungssysteme als vollkommen, und ihr Projektsystem als fehlerabgesichert darzustellen versuchen.

Als letzter Punkt sei erwähnt, dass im Verfahren nirgends eine Veröffentlichung erfolgreich abgeschlossener Projekte (und die Mehrzahl der Projekte stehen nur ein bis zwei Jahre zur Anforderung ökumenischer Hilfe auf der Projektliste) vorgesehen ist. Sie werden einfach klassiert und ins Archiv gelegt. Weder der OePD noch die diplomatische Vertretung des OeRK machen Aufhebens von erfolgreichen Unternehmungen.

Auch die Diskussionen in der DICARWS und im ACTS, also organisationsintern, drehen sich nur um in Schwierigkeiten steckende Projekte.

Dies ist durch die Arbeit bedingt und erscheint logisch. Dieses Fehlen von Öffentlichkeitsarbeit, von „Propaganda" für die eigenen Erfolge in der Entwicklungsarbeit darf vielleicht als praktische Auswirkung der ethischchristlichen Auffassungen von Bescheidenheit und Demut ausgelegt werden. Es ist ethisch sicher hoch zu werten, dass der OeRK als Gemeinschaft von Kirchen diesem Prinzip treu bleibt.

Dennoch taucht die berechtigte Frage auf, ob dadurch nicht ein Ungleichgewicht der Auffassungen Aussenstehender über die ökumenische Entwicklungsarbeit entsteht: *Negative* Aspekte der ökumenischen Entwicklungsarbeit, wie z. B. die politischen Verstrickungen im PCR werden sofort und sehr ausgiebig von den Massenmedien aufgegriffen, und die harte Kritik lässt nicht auf sich warten.

Dagegen wird im „Weltdienst" das Gute im Verborgenen getan [40]. Es wird der öffentlichen Meinung dennoch kein Gegengewicht *positiver* Ergebnisse der ökumenischen Entwicklungshilfe geboten: Die Friedensvermittlung im Sudan wurde z. B. nur in ganz kleinen Notizen in der Presse behandelt und für die Verleihung der Orden durch die sudanesische Regierung wurde keine Pressekonferenz einberufen. Die erfolgreichen Beispiele der Zusammenarbeit mit den Katholiken in der ökumenischen Entwicklungshilfe, die zum Teil auch zum Besuch des Papstes im OeRK geführt hat, blieben ohne grosses Echo. Natürlich hat der OeRK für solche Bescheidenheit gute, verständliche Gründe: Im ersten Falle sollte die afrikanische Regionalorganisation den Ruhm ernten, weil sie ja mit der Durchführung des Flüchtlings- und Wiederaufbauprogramms im Südsudan betraut wurde. Im zweiten Falle wollten beide Seiten, OeRK und Vatikan, eine „Politisierung" des Besuchs und übertriebene Hypothesen über einen Zusammenschluss vermeiden.

Aber vielleicht könnte doch durch eine getreue Wiedergabe einiger Erfolge in der Entwicklungsarbeit ein Ausgleich geschaffen werden.

Erstens ein Wiedergewinn von Ansehen nach dem historischen Verlust des Einflusses der Kirchen zu Beginn des zwanzigsten Jahrhunderts (Abwendung der Gläubigen – „pitié des âmes d'Occident") und zweitens ein Gegengewicht für die immer öffentlich und selbstkritisch zugegebenen Irrtümer in der gegenwärtigen Entwicklungsarbeit des OeRK.

Die vorliegende institutionelle Schematisierung der Arbeitsmethoden des OeRK in der Entwicklung bliebe ein leeres, theoretisches Gerüst, würde sie nicht durch eine Typologie der Projekte mit praktischen Beispielen ergänzt und illustriert.

Dies ist ein Wendepunkt der Arbeit im echten Sinne. Die Untersuchung wendet sich sozusagen vom OeRK in Genf, von dessen „Programmkonferenzen", Arbeitssitzungen und Archiven ab, und behandelt anschliessend die praktische Arbeit an Ort und Stelle. Dabei dürfen die Bande, die das Eine mit dem Anderen verbinden, nicht vergessen werden.

---

40 Im Gegensatz dazu wurden z. B. das „Weltbeschäftigungsprogramm" der IAO oder die „Strategie für das zweite Entwicklungsjahrzehnt" der UNO mit solch grossem Massenmedienaufwand eingeweiht, dass das Ansehen der beiden Organisationen steigen konnte, und in weiten Kreisen dadurch praktische Errungenschaften bereits als erreicht vorausgesetzt wurden.

32 Die Projekttypen in der Entwicklungsarbeit des OeRK

Eine Typologie der Entwicklungsvorhaben erfordert deren Einteilung in Kategorien. Dies sollte nicht darüber hinwegtäuschen, dass ein Projekt mehreren Kategorien zugleich angehören oder in einzelnen Sektore aufgeteilt werden kann, die je in eine Kategorie fallen: Einer Musterfarm (Landwirtschaftsprojekt) kann z. B. eine Agronomenschule (Projekt für berufliche Ausbildung) angegliedert sein, oder Primar- und Sekundarschulprogramme (Erziehungsprojekte) können zur Flüchtlingshilfe gehören. Die einzelnen Kategorien greifen also ineinander über und ergänzen sich.

321. Die sechs Haupttypen von Entwicklungsvorhaben

Die Entwicklungsvorhaben des OeRK können in sechs grosse Kategorien eingeteilt werden, die im folgenden mit typischen Beispielen dargestellt werden sollen. Die Beispiele wurden so ausgewählt, dass die „klassischen" Merkmale, sowie die für jeden Projekttyp stets wiederkehrenden Schwierigkeiten möglichst anschaulich behandelt werden können.

Aus historischer Sicht wird mit den ältesten, d. h. traditionellen Tätigkeitsgebieten der kirchlichen Entwicklungshilfe, der Erziehung und Ausbildung einerseits und dem Gesundheitswesen andererseits begonnen, es folgen die Sozialwerke und die landwirtschaftliche Projekthilfe. Abschliessend werden die beiden nicht unbedingt nach normalen Verfahren der Projekthilfe durchgeführten Leistungen in der Katastrophenhilfe und im Flüchtlingsdienst zur Sprache kommen. Wohl gehört die Flüchtlingshilfe, insbesondere in Europa, ebenfalls zu den traditionellen Hilfswerken des OeRK, doch haben sich Arbeits- und Durchführungsmethoden derart verändert und auf die „Dritte Welt" ausgedehnt, dass die modernen Flüchtlingshilfeprogramme kaum mehr mit der traditionellen Individualhilfe verglichen werden können. Im ersten Entwicklungsjahrzehnt scheinen Katastrophenhilfe und Flüchtlingsdienst die beiden erfolgreichsten Gebiete der ökumenischen Entwicklungsarbeit gewesen zu sein, und die Analyse der Projekttypen soll die Gründe für dieses Gelingen herausstellen.

Es werden also folgende Kategorien von Entwicklungsprojekten im einzelnen beschrieben werden:
— Erziehung und Ausbildung,
— Gesundheitswesen,
— Sozialwerke,
— Förderung der Landwirtschaft,
— Katastrophenhilfe,
— Flüchtlingsdienst.

321.1 Erziehung und Ausbildung

Diese Katagorie umfasst nicht mehr nur die traditionelle Schulung, welche von den durch die Missionen aufgebauten „Buschschulen" bis zum regionalen, der Kirche unterstellten Erziehungssystem reicht, sondern wurde im ersten Entwicklungsjahrzehnt vom OeRK modern ausgebaut und erweitert. Die „Erziehung" im weiteren Sinne umfasst nun auch die – modern gestalteten – Alphabetisierungskampagnen für Kinder und Erwachsene, die *conscientización*, die auf politische oder gewerkschaftliche Aktivierung abzielen kann, und die Heranbildung von Führungskräften *(leadership training)*. Zu den Ausbildungsprojekten gehören berufliche, bzw. fachliche Schulung, Ausbildung von Lehrkräften, „mittleren Kadern" und technischen Instruktoren, handwerkliche Lernbetriebe und Agrarschulung. In diesen Bereich fällt auch die Vermittlung von Kenntnissen durch Rundfunkdienste.

Auf dem Gebiet der Erziehung sei als Beispiel das Vorhaben der *cruzada ABC* in Brasilien erwähnt. „ABC-Kreuzzug" bedeutet hier nicht nur Alphabetisierungskampagne, sondern steht gleichzeitig für *Açao Basica Christa* (ABC – übersetzt etwa: „christliche Elementaraktion"), eine gemeinsame Organisation von Katholiken und Protestanten mit Sitz in Recife. In dem mit grosser Mehrheit katholischen Land ging die erste Initiative zweifellos von der katholischen Seite aus (1960–1963), wurde aber von 1962 an vom OeRK stark unterstützt und als SASP-Projekt mitfinanziert. Mit Unterstützung der brasilianischen Regierung wurde das Projekt unter der Trägerschaft der SUDENE (der staatlichen Gesellschaft für nationale Entwicklung) begonnen: Fahrbare Schulen wurden eingerichtet, die selbst sehr abgelegene Gebiete erreichten und Halbtags- oder Wochenunterricht vermittelten. Es wurde eine „funktionelle Alphabetisierung" angestrebt, die kein abstraktes Wissen, sondern wirklichkeitsnahen, sozusagen „greifbaren" Unterricht für die Landbevölkerung bieten sollte, eine *educaçao de base*, die später in die *conscientización* ausmünden konnte. 1966 wurde dasselbe Programm ausgebaut, um auch Gemeindezentren mit sozialen Diensten und Berufsausbildung (seit 1968) einzuschliessen.

Ein anderes Beispiel eines Schulungsprogrammes war die Einrichtung arabischer Schulen in Israel[1]. Es wurden Erziehungs- und Erholungszentren für Araber in Israel, sowie Lehrerausbildungsstätten geschaffen. Das Projekt unterstand dem *Near East Christian Council Committee for Refugee Work* und der lokale Träger war der *International Christian Council* in Israel. Dieses

---

1 Nach der Projektliste 1962 angeforderte Summe 70 000 Dollar, 1961 überwiesene Summe 11,594 Dollar.

Erziehungsprogramm war also ein Teil der Flüchtlingshilfe für Araber aus Palästina, sozusagen ein Gegenstück zu den Hilfsaktionen des OeRK in den arabischen Nachbarländern Israels.

Projekte zur Schulung von Führungskräften gibt es hauptsächlich in Lateinamerika, (vielleicht darf dies als Hinweis darauf verstanden werden, dass manche dieser Länder zu den höchstentwickelten der „Dritten Welt" gehören, oder dass die Kirche dort besonders aktiv Konferenzen organisiert), unter dem Patronat der ISAL[2] und vom OeRK mitfinanziert. Diese Projekte bestehen meist in Seminaren oder regelmässigen Kursen für Laien mit meist soziologischen Diskussionsthemen.

Um den Abschnitt über den Projekttyp „Erziehung" abzuschliessen, sei noch eine Untersuchung über kirchliches Erziehungswesen in Indien und in Kolumbien angeführt[3].

In Indien, wo 1961 nur 2,4 % der Bevölkerung Christen waren, wurde das Erziehungssystem von den Engländern übernommen, und blieb vorerst noch wenig verändert. Der im Auftrag der Regierung ausgearbeitete „Kothari-Bericht" (1966) über die Reform des Erziehungswesens weist auf die allzu grosse Priorität der *Geisteswissenschaften* in den höheren Schulen hin, die für die technisch-wirtschaftliche Entwicklung des Landes von geringem Nutzen seien[4]. Ein Vergleich zwischen staatlichen und von der Kirche getragenen (und vom OeRK oft unterstützten) Erziehungsinstitutionen ergab ein für *die letzteren positives Bild:* Die Anzahl der Studenten der Naturwissenschaften und die Zahl der Laboratorien und technischen Einrichtungen lag höher, als in den staatlichen Erziehungseinrichtungen. Ein Drittel der christlichen *Colleges* nahmen auch weibliche Studenten auf: demgegenüber standen nur ein Fünftel der staatlichen Schulen den Frauen offen. Überdies waren die christlichen Erziehungsinstitute die ersten, die „Unberührbare" (die unterste soziale Schicht) als Studenten aufnahmen. Deswegen erhielten sie während

---

2   Iglesia y Sociedad en America Latina: Der regionale Sozialdienst der lateinamerikanischen, christlichen Kirchen.

3   Es handelt sich um die vom OeRK und der römisch-katholischen Kirche gemeinsam in Auftrag gegebene Studie von *François Houtard* (katholisch) und *Egbert de Vries* (protestantisch) Eglises et développement, Kap. II (S. 186–219) und Kap. III (S. 220–240).

4   Es wurde nicht mehr, wie in der Kolonialzeit, eine Elite von Beamten benötigt, sondern Techniker, Agronomen, „mittlere Kader" usw. Der Bericht zeigt, dass die indische Elite selbst, auch ohne kolonialen Einfluss, eher zu geisteswissenschaftlichen und weniger zu technischen Disziplinen neigt. Im untersuchten Jahrzehnt nahm jedoch die Gesamtzahl der technischen Hochschulen zu. Dies führte dazu, dass die Quantität der Ausgebildeten sich erhöhte, deren Qualität jedoch nicht verbessert wurde. Vgl.: *G. Etienne* Les chances de l'Inde, Paris, 1969, Annexe 3.

einiger Jahre für ihre Studenten keine staatlichen Stipendien mehr. Obschon heute die christlichen Erziehungsinstitute nur 5 % aller Bildungsinstitutionen ausmachen, ist ihr *Image* sehr gut, und die Durchfallquote ihrer Absolventen an den Universitäten oder technischen Hochschulen ist geringer, als die der Studenten aus staatlichen Schulen. Die christlichen Erziehungsinstitute sind heute vollständig ins staatliche Erziehungswesen integriert worden und bilden hiermit einen Teil des offiziellen Systems. Sie erhalten staatliche Subventionen unter der bereits seit langem erfüllten Bedingung, dass ihre Institute Anhängern jeder Religion offen stehen. Andererseits zeigt dieselbe Untersuchung, dass auch die christlichen Erziehungsinstitute eine Machtelite ausgebildet haben, deren scharf ausgeprägtes Kastenbewusstsein vom christlich-ethischen Ideal einer gerechten, d. h. demokratischen Gesellschaftsstruktur ziemlich unberührt blieb. Wohl zielten die christlichen Erzieher darauf ab, das Elitebewusstsein zu stärken (dies ist eine immer wieder erkennbare Konstante in den Entwicklungsbemühungen des OeRK), aber mit dem Zweck, eine für Veränderungen offene, entwicklungsfördernde Mentalität zu schaffen. Ob dieses Ziel erreicht wurde, bleibe dahingestellt. Die zitierte Untersuchung beurteilt das Gesamtbild trotz der positiven Aspekte eher negativ.

Für Kolumbien ist das Bild noch ungünstiger. Die Analyse des Lehrmaterials, Schüler- und Elternbefragungen, sowie Statistiken über die Motivationen bei der Wahl eines bestimmten Erziehungsinstitutes wiesen klar darauf hin, dass die staatlichen Gymnasien liberaler und eher entwicklungsorientiert sind als die konfessionellen, wobei die protestantischen noch toleranter, für eine pluralistische Gesellschaft offener dargestellt werden als die katholischen, die sehr traditionelle Werte überliefern[5]. Die nuancierte Schlussfolgerung gibt an, dass, obschon fortschrittlichere Tendenzen auch zu erkennen sind, das Mittelschulsystem die Aufrechterhaltung einer konservativen, starren Gesellschaftsstruktur erleichtert[6]. Die konfessionell ausgerichteten Erziehungsinstitute scheinen diese Tendenz noch zu verstärken, obschon die protestantischen durch die Befürwortung von Reformen manchmal zum Symbol einer Demokratisierung des Unterrichtswesens geworden sind, und ihre Absolventen überdurchschnittlich hohe akademische Qualitäten aufzeigen.

Um zu veranschaulichen, dass in der Entwicklungsarbeit des OeRK für Kolumbien die in der zitierten, selbstkritischen Untersuchung angeprangerten

---

5 48 % der Befragten eines katholischen Erziehungsinstitutes gaben z. B. an, dass die christlichen Werte dem technischen Fortschritt geopfert würden. Die Mehrzahl der Eltern, die ein katholisches Institut wählten, wollten ihren Kindern eine stark auf moralische Werte ausgerichtete Erziehung geben. Es sei noch bemerkt, dass dieser Teil der Untersuchung von Katholiken durchgeführt wurde.

6 *Houtard, de Vries*, S. 218.

Mängel nicht unbeachtet blieben, sei das interkonfessionelle Projekt des *Modelo Educación Integrada* in Bogotá erwähnt: Als Teil eines nationalen Programmes für einen neuen Schultyp wurde in einem Industrievorort von Bogotá (Barrio Florencia, 20 000 Einwohner) ein Zentrum eingerichtet, in dem versucht wird, Vermittlung von Kenntnissen mit alltäglichen Erfahrungen zu verbinden[7].

Handwerkliche Ausbildungskurse wurden daran angeschlossen. Der Unterricht erfolgt in Diskussionsgruppen ohne Betonung auswendig gelernten Wissens. Sport und Wochenendveranstaltungen (mit Einladung der Eltern) gehören auch zum *Modelo,* das in Zusammenarbeit mit katholischen und protestantischen kirchlichen Stellen, Laien, der ISAL (Kolumbien) und der „Gemeinde der zwölf Apostel" durchgeführt wird. Noch kann das Experiment nicht beurteilt werden, aber es zeigt, dass immerhin Versuche mit neuartigen Methoden unternommen werden.

Als Beispiel für *Berufsausbildung* sei als erstes ein seit 1959 vom OeRK unterstütztes Projekt für eine Handwerks- und Gewerbeschule in Nazareth (Indien) erwähnt. Dieses Ausbildungszentrum, ursprünglich für Schneider, Schreiner und Schmiede, wurde 1966 mit einer OeRK-Anleihe durch Kurse für Monteure und eine Drehwerkstatt erweitert, die von den Lehrlingen selbst gebaut wurde. Der Ausbildungsstätte wurde eine Produktionseinheit (Giesserei, Schweisserei) angegliedert, um das Projekt in Zukunft vollständig selbsttragend werden zu lassen. Der Ausstoss dieser Produktionseinheit ist durch die verfügbare Energie noch beschränkt, soll aber durch einen an die nahe gelegene Genossenschaftsspinnereileitung angeschlossenen, eigenen Transformator erhöht werden. Für den Ausbau der Anlagen und die handwerkliche Verarbeitung werden nur diejenigen Materialien eingeführt, die in Indien selbst nicht zu finden sind. Die Schule befindet sich in der Nähe der erwähnten Genossenschaftsspinnerei, in der jedoch nur wenige Absolventen Arbeit finden können. Das Problem der Beschäftigung ist noch nicht gelöst, doch die Beschäftigungsaussichten der Ausgebildeten sind relativ gut. Denn gemäss des Gutachtens einer vom OeRK unabhängigen Organisation, das von ACTS in Auftrag gegeben wurde, übertrifft das Niveau der Schule dasjenige ähnlicher Projekte der indischen Regierung, da deren Instruktoren weniger qualifiziert sind, und die Absolventen deshalb den in der Industrie verlangten Normen nicht genügen. Somit bleiben sie arbeitslos, während in der Industrie weiterhin eine grosse Nachfrage nach qualifizierten Arbeitskräften besteht[8].

---

7 WCC, DICARWS, Project List 1971, S. 407 (Gesamtkosten 90 000 Dollar, lokaler Beitrag 45 000 Dollar, durch DICARWS angeforderter Beitrag für 1971 12,963 Dollar).
8 Dies nach Aussagen von Beratern der indischen Regierung, der Internationalen Arbeitsorganisation, und dem UNDP.

Die Bilanzen der Schule zeigten, dass der Transport von Materialien nach der Schule und von Fertigprodukten zum Verkauf eine der Schwierigkeiten des Projekts ist, da die lokalen Transporteure ziemlich hohe Preise verlangen. Dieses Problem kann mit der vorgeschlagenen Anschaffung zweier betriebseigener Fahrzeuge gelöst werden. In der Umgebung (Entfernung 25 Meilen) plant die indische Regierung den Bau eines neuen Hafens (Tuticorn), nachdem die Verbindungsstrasse bereits ausgebaut wurde. Ferner sollen ausländische Werkzeughersteller *(toolmakers)* für zwei bis drei Jahre angestellt werden, um indische Nachfolger auszubilden. ACTS befürwortet das übersichtliche, d. h. nicht allzu gross angelegte Projekt, da dieses Gutachten zeigt, dass mit einem vernünftigen Einsatz von bescheidenen Mitteln seit Jahren ein guter Erfolg erzielt wurde. Aus dem Evaluierungsbericht geht weiter hervor, dass dieser Erfolg hauptsächlich auf folgende Faktoren zurückzuführen ist: der Standort der Gewerbeschule ist ökonomisch und verkehrstechnisch gut gewählt worden. Die Erweiterung der Schule erbrachte keine allzu grosse Verschuldung, weil sie mit „Selbsthilfemethoden" durchgeführt wurde. Der Ausbau erfolgte ohne betriebsfremden Bauunternehmer. Das Projekt ist auch für die Leitung übersichtlich. Der Projektleiter und die Ausbilder sind technisch kompetent (der Administrator ist mit den lokalen Verhältnissen vertraut und war ein Berufsmilitär), dynamisch, der Evaluierung gegenüber aufgeschlossen (ohne Misstrauen), und die Ausbildung ist arbeitsmarktorientiert. Dank der Produktionseinheit ist die Schule von 1966–1970 selbsttragend geworden (d. h. in einem für Entwicklungsprojekte dieser Art recht kurzen Zeitraum, zudem werden die meisten Ausbildungsprojekte meist nie finanziell unabhängig). Die Bilanzen und die Buchführung sind einwandfrei. Ein Mangel des Projekts besteht darin, dass keine Statistiken über die von den Absolventen gefundenen Arbeitsplätze erstellt werden. Ferner weist der Gutachter darauf hin, dass er innerhalb von zwei Monaten der *dritte* Prüfer des Projekts gewesen sei! (Der erste wurde von einer lokalen kirchlichen Stelle und der zweite von einem mitfinanzierenden kirchlichen Hilfswerk in Europa entsandt). Dies weist auf einen gewissen Mangel an Koordinierung hin, der bei Entwicklungsprojekten oft auftritt, in diesem Falle jedoch auch der besonders komplizierten Befugnis- und Entscheidungsstruktur im OeRK und dessen loser Verbindung mit Projektträgern und Geldgebern zuzuschreiben ist. Doch die positiven Elemente überwiegen in der *Art Industrial School* im indischen Nazareth.

Als Gegenspiel, d. h. als missglücktes OeRK-Projekt, soll eine landwirtschaftliche Schule in Afrika hier aufgeführt werden: Nach den ersten drei Jahren der Laufzeit führte SASP eine Überprüfung mit Verbesserungsvorschlägen durch, da ein anwachsendes Defizit aus den ungenau geführten Büchern hervorging. Diese Empfehlung wurde nicht befolgt, und die Ausbildungseinheit blieb administrativ von der Produktionseinheit ungetrennt. Wegen allzu hoher Transportkosten konnten die Produkte nicht mit Gewinn vermarktet werden. Der Lohn des ausländischen Projektleiters machte 40 % der gesamten Hilfsgelder aus. Dieser technisch unfähige Direktor erhielt ein befristetes Weiterbildungsstipendium, nachdem er dem neu eingesetzten Stellvertreter grosse Schwierigkeiten bereitet hatte. Nach Ablauf seines Stipendiums verschwand er ohne Kündigung. Ferner waren Buchführung und Planung des Projekts dilettantisch, und die Verantwortlichen zeigten sich gegenüber der Überprüfung sehr misstrauisch. Die von der Regierung erhofften Subventionen blieben aus. Der Standort war landwirtschaftlich und verkehrstechnisch ungünstig, und die Anbauflächen zu gross, um intensiv bewirtschaftet werden zu können. Die Schule scheint das Vertrauen der lokalen Bevölkerung nicht zu besitzen, und es gibt keine Statistiken über Arbeit und Einfluss der Absolventen nach Abschluss der Schule. Soweit die Zusammenfassung der im Gutachten beschriebenen, projektgebundenen Schwierigkeiten.

Als institutionelle, mit den Arbeitsmethoden des OeRK verbundene Mängel werden folgende erwähnt: unzureichende Kommunikation und Koordination zwischen Projektleitern, lokalen Projektträgern und den durch Vermittlung des OeRK mitfinanzierenden Hilfswerken[9], sowie eine falsche Beschreibung des Projekts auf der Projektliste der DICARWS. Ferner konnte der OeRK offensichtlich die Verantwortlichen des Projekts nicht dahingehend beeinflussen (oder sogar unter Druck setzen), die früheren SASP-Empfehlungen durchzuführen. Somit fällt der Vergleich dieses Projekts mit ähnlichen Agrarschulen ziemlich negativ aus[10], und der Hauptgrund dafür scheint in technischer Inkompetenz, menschlichem Versagen und in schlechten zwischenmenschlichen Beziehungen zu liegen.

Ein anderes, zum Projekttyp „Erziehung und Ausbildung" gehörendes Unternehmen verdient hier besonders hervorgehoben zu werden: es ist die Vermittlung von Elementarkenntnissen und fachlicher Grundschulung mit modernen Massenmedien, wie z. B. durch den vom LWB aufgebauten Rundfunkdienst „Stimme des Evangeliums" *(Radio Voice of the Gospel* – RVOG) mit Hauptsitz in Addis Abeba[11].

---

9 Dies ging so weit, dass das Projekt nach sechs Jahren zu einem praktisch nicht mehr kontrollierten Experiment wurde.
10 Es scheint doch bedeutungsvoll, dass der kurze Bericht über das erfolgreiche Nazareth-Projekt von einer vom OeRK völlig unabhängigen Organisation, aber wohl im Auftrag von ACTS ausgearbeitet wurde, während die bedeutend ausführlichere, sehr negativ kritische Evaluierung von einem ACTS-Mitarbeiter stammt. Dies darf wohl als weiterer Beweis der selbstkritischen Haltung des OeRK angesehen werden.
11 LWB, Berichte 1963–1969, zusammengestellt für die Fünfte Vollversammlung des LWB, Februar 1970, S. 92–107.

RVOG wurde am 26. Februar 1963 gegründet, nachdem das Bauland von der äthiopischen Regierung zur Verfügung gestellt worden war. Dieses Vorhaben entstand zweifellos als moderne Fortführung der historischen Mission, denn 70 % der Programme sind auf Ausbildung, (insbesondere in Landwirtschaft und Haushaltung), und kulturelles Wissen, (nicht nur religiöse Sendungen, sondern auch politische Diskussionen, Theaterstücke u. a. m.), ausgerichtet.

In Zusammenarbeit mit der WACC *(World Association of Christian Communication)* wurden auch technische Dienste aufgebaut und lokale Führungskräfte und Techniker ausgebildet, die für RVOG arbeiten [12]. Die WACC hat die technische Verantwortung für die Herstellung von 50 % der täglichen Kurzwellenprogramme übernommen. Ferner stehen die Studios in Kontakt mit den entsprechenden nationalen Ministerien, mit der UNESCO, mit der FAO und der WHO, sowie mit der Wirtschaftskommission der Vereinten Nationen für Afrika und der Organisation für afrikanische Einheit. 1966 wurden weitere Kommunikationsbüros in Hong-Kong (seit 1968 mit Sendungen in Mandarin nach der Volksrepublik China) und in Tokio eingerichtet [13].

Das Programmstudio in Hong-Kong arbeitete mit nationalen Rundfunkdiensten an einem Fernsehprogramm für Taiwan mit, das 400 000 Menschen erreichen sollte. 1969 verfügte RVOG über vierzehn Programmstudios [14], die hauptsächlich in englisch und französisch, aber auch in Hindi, Tamil, singhalesisch, Mandarin, Haussa, arabisch, persisch, madagassisch, Suaheli, Fulani, Telegu und amharisch senden. Die Gesamtinvestition (1963–1969) betrug 1.853.801.73 Dollar, wovon 8.950 Dollar von Einzelpersonen gespendet wurden [15]. Die beiden grössten kirchlichen Geber waren die lutherischen Kirchenbünde der BRD und der USA, wobei die Kirchen der BRD allein mehr als ein Drittel der Gesamtsumme übernahmen. Vielleicht könnte die Vermutung auftauchen, dass die Direktoren der einzelnen Studios oder im grössten Sender in Addis Abeba vornehmlich Deutsche wären. Dies trifft

---

12 Z. B. BBC, die „Deutsche Welle", und „Radio Nederland" haben RVOG unterstützt. Die WACC verfügt ferner über ein Ausbildungszentrum in Nairobi und ein Literaturzentrum in Kitwe.
13 Erstaunlich niedrig sind die Verwaltungskosten für diese mit einem Direktor und Bürohilfen besetzten Büros: 35 000 Dollar pro Jahr.
14 LWB, Berichte 1963–1969, S. 106/107: Jabalpur, Madras, Andhra Pradesh (Indien), Enugu und Jos (Nigeria), Colombo, Jerusalem (vorübergehend eingestellt), Hong-Kong, Beirut, Teheran, Antsirabé (Madagaskar), Mashi (Tansania), Ngaoundéré (Kamerun) und Addis Abeba.
15 ibid., S. 104.

nicht zu: das Personal ist international, und neben amerikanischen, skandinavischen und deutschen Direktoren stehen meist noch ein Direktor oder Rundfunkmann des Landes, in dem das Studio arbeitet. Wohl sind die Exekutivdirektoren von sieben der vierzehn Programmstudios Pfarrer, deren Stab und Programmdirektoren jedoch ausgebildete Rundfunkspezialisten. So scheint RVOG in sechs Jahren zu einem wirklich unerwarteten Erfolg geworden zu sein [16], der bei der sehr unterschiedlichen Hörerschaft in der „Dritten Welt" ein grosses Echo gefunden hat [17]. Im Gegensatz zu den normalen Projekten steht RVOG als solches *nicht* auf der Projektliste der DICARWS, sondern wird als LWB-Projekt direkt von dessen Mitglieder finanziert, wobei der LWB als Organisation Mitglied des OeRK ist, wie auch dessen Mitgliedskirchen, die zugleich zu den „Gebern" der DICARWS gehören. Mit RVOG verbundene Projekte (z. B. die Radiostation im Kongo, die auch französische Programme sendet) stehen dagegen auf der Projektliste. Dies als Beispiel für die in Kapitel 31 behandelte, komplizierte institutionelle Struktur der ökumenischen Entwicklungsarbeit, welche die rein institutionelle Klassierung einzelner Vorhaben erschwert [18]

Soviel zum ersten Projekttyp „Erziehung und Ausbildung". Zusammenfassend sei festgehalten, dass in der Erziehung, die ja als langfristige, geistige Investition angesehen werden muss, der eigentliche Erfolg nur am schwer messbaren Gesinnungswandel der Geschulten oder Ausgebildeten abzuschätzen ist und nicht unbedingt an Statistiken über abgelegte akademische Examen und dgl.: So können Alphabetisierungsstatistiken z. B. trügerisch sein, da mitgezählte Schulabsolventen ihre Kenntnisse, falls diese nicht eng mit ihrer Umwelt verknüpft sind, rasch wieder vergessen, oder eine Abnahme der Prozentzahl vergessen lässt, dass, gemessen an der Bevölkerungszunahme, die absolute Anzahl der Analphabeten steigt.

Ein durch die Erziehung vermitteltes Elitebewusstsein kann sich sowohl positiv auswirken, z. B. in Form einer Aktivierung lokaler Arbeitskräfte, die einen wirtschaftlichen Aufschwung ermöglicht, oder entwicklungshemmend

---

16 LWB, Berichte 1963–1969, S. 93: Der norwegische Generaldirektor des LWB-Rundfunkdienstes scheint selbst darüber erstaunt zu sein.

17 Z. B. erhielt das Studio in Jabalpur auf sein täglich gesendetes Hindi-Programm bis zu 15 000 Hörerantworten im Jahr.

18 Es werden in dieser Arbeit auch Projekte zur Entwicklungsarbeit des OeRK gezählt, die rein institutionell z. B. einem grossen Mitglied zugeordnet sind, oder, wie das PCR, eine selbständige Einheit bilden. Dies ist wegen der Verästelungen des Entscheidungsprozesses, dessen Kompetenzlinien nicht unbedingt dem institutionellen Aufbau folgen, gerechtfertigt. Deshalb können LWB-Projekte ohne weiteres zur Entwicklungsarbeit des OeRK gerechnet werden. Dies wurde theoretisch in Teil 31 dieses Kapitels ausgeführt.

sein, falls die vermittelten Werte allzu europäisch orientiert oder unzeitgemäss sind. Selbst wenn Absolventen von Ausbildungsstätten im späteren Berufsleben den Kontakt mit dem Entwicklungsprojekt aufrechterhalten, bleibt der Erfolg oder Misserfolg oft dennoch eine Ermessensfrage.

Unbestreitbar ist jedoch die Tatsache, dass in der Entwicklungsarbeit des OeRK diese Projekte sowohl zahlenmässig als auch finanziell den Hauptbeitrag bilden[19]. Diese Feststellung ist auf den ersten Blick erstaunlich, da auch in der „Dritten Welt" mit der Entkolonisierung die Verstaatlichung und Laizisierung des Erziehungswesens einsetzte. Es erklärt sich jedoch erstens daraus, dass Vorhaben des OeRK auf dem Gebiete der Schulung im engeren Sinne oft gemeinsam mit der Regierung geplant, durchgeführt und finanziert werden. Auch enthalten Projekte anderer Typen (Gesundheitswesen, Landwirtschaftsförderung und Sozialwerke) sehr oft ein edukatives Element (Ausbildung von paramedizinischem Personal in einem Krankenhaus, Musterfarm mit Agronomenschule, Gemeindezentrum mit handwerklichen Kursen für Jugendliche usw.).

Zweitens darf aus dieser Feststellung nicht leichtfertig abgeleitet werden, dass der OeRK traditionsgebunden einfach die Missionsschulen weiterführt. Im Gegenteil, von 1961–1971 zeigt sich eine deutliche Tendenz zur immer vielfältigeren Auffächerung der Kategorie „Erziehung und Ausbildung" in Projekte, die völlig modern orientiert sind und deren Durchführung sehr realistisch ist. Doch selbst in der modernsten Ausrichtung der Vorhaben dieser Kategorie lässt sich die alte Rolle der Kirchen, und mit ihnen des OeRK, als Vermittler und Hüter traditioneller ethischer Werte nicht verkennen. Diese Feststellung trifft in beinahe noch frappanterer Weise für die nächste Art von Projekttyp, der sich ebenfalls aus der Missionstätigkeit entwickelte, zu.

321.2 Gesundheitswesen

Die CMC *(Christian Medical Commission)* erfüllt eine ähnliche Funktion wie ACTS und entstand aus der zweiten Unterabteilung *(panel)* von SASP, die sich mit den medizinisch-sanitären, kirchlichen Projekten befasste[20]. Neben

---

19 WCC, DICARWS, Statistical Analysis of DICARWS listed Projects from all continents, S. 1. List of Projects 1971, S. 165–170, 266–273, 357–372.

20 SASP wurde im Juni 1964 in vier panels unterteilt: I – Presse, II – Medizinische Projekte, III – Landwirtschaftliche Entwicklung, und IV – Sozialwerke in den Städten, Gemeindewesen und Ausbildung von Arbeitskräften. Ferner hielt der OeRK, zwei Konsultationen „On the Healing Ministry of the Church" in Tübingen ab (1964 und 1967).

seiner beratenden und evaluierenden Funktion enthält jedoch das Mandat[21] der CMC auch praktische Aufgaben, nämlich die Durchführung von Erstprojekten, also Experimenten, als praktische Anwendung der neuen, von der CMC vertretenen Zielsetzung in der medizinischen Entwicklungsarbeit[22]. Von 1968—1970 wurden der CMC für Untersuchungen 500.000 Dollar und für Experimentalprogramme 5 Mio. Dollar zur Verfügung gestellt unter der Bedingung, dass lokale finanzielle Beiträge zum Projekt garantiert werden und die CMC materiell nur die Anfangsperiode (maximal 5 Jahre) unterstützt[23].

Als Beispiel für die Entwicklungsarbeit des OeRK im Gesundheitswesen sei ein solches Experimentalprogramm, das Gemeindegesundheitszentrum auf der Insel Koje Do an der Südküste Koreas angeführt: 1968 wurde von einem Missionsarzt das „Dilemma" der von den Missionen aufgebauten Gesundheitsdienste in Korea beschrieben und der CMC geschickt: Das Dilemma lag kurz gesagt darin, dass die Missionskrankenhäuser einen für die arme, wenig hygienebewusste Bevölkerung viel zu kostspieligen Gesundheitsdienst unterhielten, der hauptsächlich Pflege und kaum vorbeugende Massnahmen umfasste. Ohne Herabsetzung der beruflichen Qualifikationen des Personals sollte versucht werden, ein weder auf die städtische Elite, noch auf ein Krankenhaus konzentriertes Gesundheitszentrum für Präventivmassnahmen einzurichten, um mit möglichst einfachen, wenig kostspieligen Methoden zu arbeiten. Dem Zentrum sollten dann entferntere Pflegestellen *(satellite clinics)* untergeordnet werden, die einfache Massnahmen autonom durchführen, und zugleich in ein Überweisungs- und Informationsaustauschsystem eingegliedert werden können. 1969 wurde das Projekt unter dem Patronat der CMC auf die Projektliste der DICARWS gesetzt. Bis Oktober 1971 wurde folgendes erreicht[24]: Die Klinik hatte mit Impfungen (Pocken, Masern, Kinderlähmung) für Kinder von 0—5 Jahren begonnen; sie behandelte durchschnittlich vierzig Patienten im Tag und führte Heimbesuche für TB-Kranke und Mütterberatung in umliegenden Dörfern durch. Die Hilfspflegerinnen waren alle aus der örtlichen Bevölkerung ausgewählt worden, und ihre Arbeit in Erziehung zur Hygiene und Familienplanung wurde von der Projektleitung und der einheimischen Bevölkerung gleichermassen geschätzt. Die lokale

---

21 CMC, Report on the first meeting of the CMC, 2.—6. Sept. 1968, S. 2: „Mandate ... Functions: ... (the CMC shall):1) promote the more effective use of resources for medical work through the establishment of structures for joint planning and action ...2) promote the development of, and channel funds to, selected experimental programmes of strategic and catalytic significance ...".
22 In den Abschnitten über die Zielsetzung der verschiedenen Projekttypen und über die Motivationen wird dieses Thema wieder aufgegriffen werden.
23 CMC, Report on the first meeting, S. 4.
24 CMC, Contact, Occasional Paper No. 5, Oktober 1971, S. 11.

Bevölkerung war also zur Mithilfe bereit und hatte das Zentrum akzeptiert. Von einem grösseren Krankenhaus waren Krankenschwestern turnusgemäss für sechs Monate für Koje Do freigestellt worden, und die Abteilung für vorbeugende Medizin der Universität Yonsei hatte Mediziner im letzten Ausbildungsjahr *(Public Health)* als Praktikanten zur Verfügung gestellt.

Ferner arbeiteten auch Medizinstudenten der wichtigsten Universität des Landes *(Seoul National University, School of Public Health)* wochenweise dort. Diese Massnahmen hatten geholfen, Personal einzusparen und gleichzeitig beinahe ausschliesslich Koreaner für das Programm zu gewinnen. Doch dieser Erfolg wurde nur mit grossen Schwierigkeiten, die teilweise noch ungelöst bleiben, erreicht. Die Berichte des projektleitenden Arztes sprechen sehr ausführlich und lebendig von diesen Hindernissen, die in mancher Hinsicht typisch sind für diese Art von Entwicklungsarbeit und sozusagen zu den konstanten, immer wiederkehrenden Problemen solcher Projekte (auch in anderen privaten Organisationen und anderen Erdteilen) gehören.

Erstens bezweifelt der als Chirurg ausgebildete Arzt, der als einziger für den Beginn des Projektes verantwortlich war, seine eigene Kompetenz, da er wohl mit den Verhältnissen in Entwicklungsländern, nicht aber in Korea, vertraut sei, jedoch über keine Erfahrung in „öffentlichem Gesundheitsdienst, Pädiatrie oder Personalverwaltung verfüge".

Zweitens hatte der Hauptteil der ihm zufallenden Aufgaben wenig oder gar nichts mit Medizin zu tun: neben der Planung des Gesundheitsprogramms war er zugleich Bauleiter, Administrator, Buchhalter, „diplomatischer Vertreter" bei den Dorfältesten, Einkaufschef, Leiter der paramedizinischen Berufsausbildung, Psychologe, Mechaniker und Sozialhelfer [25]. Aus diesem Grunde wurde dem Projekt später durch die CMC ein zweiter ausländischer Arzt zugeteilt, dessen Hilfe der erste sehr hoch schätzte.

Drittens entstanden beim Bauen durch den isolierten Standort des Projekts zusätzliche Probleme für den Nachschub an Material und die Personaleinstellung [26]. Dies ist auch einer der Gründe, weshalb selbst nach zweijährigen Bemühungen noch kein koreanischer Arzt als lokaler Nachfolger für das Projekt gefunden werden konnte [27].

---

25 CMC, Contact, S. 6. Dies scheint eine allgemeine Erfahrung von projektleitenden Ärzten zu sein, die in zahlreichen Berichten auftaucht.

26 Es ist ebenfalls typisch, dass die gut ausgebildete Elite eines Entwicklungslandes meist wenig Neigung zeigt, ausserhalb der Hauptstadt in „unterentwickelten Gegenden" zu arbeiten und der Dorfgemeinschaft oft eher überheblich gegenübersteht.

27 Das in den Entscheidungsgremien und von den Geldgebern oft vertretene Prinzip der lokalen Nachfolge entspringt wohl der ethisch richtigen Auffassung der Vermeidung des vielgeschmähten „Neokolonialismus" im Kleinen und der Wahrung der Kontinuität der begonnenen Arbeit, ist aber oft, sei es einfach wegen Fehlens an qualifizierten Arbeitskräften im Entwicklungsland, sei es wegen des bekannten

Viertens war das Projekt zu Beginn für die Arbeitskapazität des Personals zu gross angelegt. Da die Planung zahlreiche Unsicherheitsfaktoren einschloss, kam es zu einer Überschätzung der Leistungsfähigkeit. Derartige Fehleinschätzungen sind keine Seltenheit.

Fünftens war die lokale Bevölkerung anfangs enttäuscht über die einfachen Bauten und Methoden des Gesundheitszentrums. Sie hatte einen viel grösseren Aufwand erwartet und fand, dieses Projekt gleiche allzu sehr der „traditionellen Eingeborenenmedizin", welche die erwartungsvollen, „fortschrittlicheren" Dorfbewohner verachteten. Da die Patienten meist nach einer ersten Behandlung nicht ins Zentrum zurückkehrten, musste das Heimpflegeprogramm in grösserem Umfange erweitert werden [28].

Sechstens ist die Gesundheitsgesetzgebung in Korea auf solch hohen, nicht den medizinischen Bedürfnissen des Landes angepassten Normen aufgebaut, dass dem paramedizinischen Personal, d. h. selbst ausgebildeten Krankenschwestern, auch die einfachsten Behandlungsmassnahmen, wie z. B. Einspritzungen, untersagt wird. Obwohl diese Gesetzgebung weitgehend undurchführbar geblieben ist, da dem gesamten Lande und besonders in ländlichen Gegenden viel zu wenig Ärzte zur Verfügung stehen, erschwert sie dennoch Konzeption und Durchführung von Projekten wie Koje Do [29]. Die dem Ärztemangel Rechnung tragende, realistische Idee des Aufbaus eines wenig kostspieligen, präventiven Gesundheitsdienstes mit Kompetenzdelegierung an medizinisches Hilfspersonal, die man sich etwa mit dem Bild der „barfüssigen Ärzte" in der Volksrepublik China vergegenwärtigen könnte, (obschon die CMC wahrscheinlich nicht soweit gehen würde), ist also nur schwer zu verwirklichen.

Nach der Schilderung dieser Anfangsschwierigkeiten des Projektes ist der erreichte, wenn auch nicht vollständige Erfolg nicht nur nach den Rückgangsziffern der Krankheitshäufigkeit oder der Anzahl gesunder Kinder über fünf

---

Phänomens der Abwanderung der inländischen, geistigen Elite, oder wegen deren äusserst klassenbewussten Mentalität und der gesellschaftlichen Tabus praktisch schlicht undurchführbar. Im Falle von Koje Do würde z. B. ein dort zu arbeiten gewillter, koreanischer Arzt von seinen Verwandten wahrscheinlich verachtet, und nähme seiner Familie jede Aussicht auf sozialen Aufstieg oder höhere Bildung.

28 Es ist oft schwierig, die Eingeborenen „gesundheitsbewusst" zu machen. Sie unterziehen sich häufig nur einer Behandlung „fremder" Medizin, wenn sie wirklich schwer krank sind. Auch verlassen sie nach eigenem Gutdünken oft vor Abschluss der Behandlung das Krankenhaus. Es gibt sogar Aberglauben, nach welchen man nur ins Krankenhaus geht, um zu sterben.

29 CMC, Report on the first meeting, S. 54–59. Eine ähnlich absurde Regelung gilt für einen afrikanischen Staat: Der von der Regierung eingeführte Dreijahreskurs für staatlich ausgebildete Pflegerinnen (State qualified nurse) bleibt wegen allzu hoher Anforderungen nicht voll belegt, und die festgesetzten Löhne für diese Krankenschwestern sind so hoch, dass weder private, noch staatliche Gesundheitsdienste

Jahren zu werten, sondern ebenfalls nach der effektiv erreichten Mitarbeit der örtlichen Gemeinden und der koreanischen, akademischen Behörden, die viel schwieriger zu erreichen war als rein medizinische Verbesserungen.

Ein zweites Beispiel eines Gesundheitsprogramms, das auf die Verbesserung des Gesundheitszustandes der gesamten, erreichbaren Bevölkerung abzielte, ist das von einer christlichen Hebamme und einer Krankenschwester völlig ohne finanzielle Hilfe von aussen aufgebaute *Panti Walujo* Projekt in Indonesien [30]. In dem beinahe verdächtig positiven Bericht werden folgende Gründe für den Erfolg angegeben:
1. eine disziplinierte Zusammenarbeit ohne Korruption
2. eine vom Zentrum einfach durchführbare Kontrolle der Aussenstationen
3. die positiven Motivationen der Mitarbeiter, die stolz auf das Erreichte waren und mit grosser Überzeugung arbeiteten
4. die einfachen, nicht kostspieligen Methoden, z. B. wurde ein pharmazeutisches Labor eingerichtet, das gewisse Medikamente, deren Ankauf sehr teuer ist, selbst herstellt
5. eine gute Projektleitung

Als die Arbeit erschwerende Faktoren werden die zeitlich begrenzten Verbote der Regierung z. B. „Hungerödempatienten" zu erwähnen, angeführt, sowie politische und religiöse Gründe, die zur Schliessung der Familienplanungsinformationsstelle führten [31].

Der Erfolg des Projektes wird an folgenden Ergebnissen gemessen:
— nach fünfjähriger Laufzeit des Programmes gab es in dem als „Hungergebiet" bekannten Tätigkeitsbereich keinen Fall von Kwashiorkor oder allgemeiner Unternährung mehr.
— Die Sitte, den Neugeborenen Blätter auf den Nabel zu legen, die Tetanus verursachten, schien verschwunden.

diese bezahlen können, und die gut ausgebildeten Pflegerinnen also paradoxerweise trotz dem herrschenden Mangel an Pflegepersonal noch mit Arbeitslosigkeit nach der Ausbildung zu rechnen haben. Für bereits arbeitende Krankenschwestern, die diesen neuen Anforderungen nicht genügen, musste eine zweite Kategorie qualifizierter, eingeschriebener Pflegerinnen (qualified registered nurse) eingeführt werden, die jedoch zu einer Zwischenkategorie der staatlich eingeschriebenen Pflegerin (State registered nurse) weitergebildet werden sollen. Subventionen für solche Kurse in bereits bestehenden Schulen gewährt die Regierung jedoch *nicht*, da die neu eingeführten staatlichen Kurse nicht voll belegt sind! Die bereits arbeitenden Krankenschwestern können sich jedoch meist keine nochmalige Ausbildungszeit von drei Jahren leisten, abgesehen davon, dass ein solcher Mangel an Pflegepersonal herrscht, dass sie vom Gesundheitsdienst gar nicht freigestellt werden können!

30 CMC, Report on the fourth annual meeting, 9.–15. Juni 1971, S. 22–28.
31 In Lateinamerika gibt es ähnliche Situationen: dort wird die Familienplanung z. B. durch den noch verbreiteten Männlichkeitskult (machismo) besonders erschwert.

- Durch Verbesserung des Bewässerungssystems konnte der landwirtschaftliche Ertrag verdoppelt werden.
- Eine ständig wachsende Zahl von Patienten kommen aus umliegenden Dörfern ins Zentrum.
- Die Gesamtkosten des Projekts konnten vom Gesundheitszentrum selbst gedeckt werden.
- Die im Rahmen dieses Programmes errichtete Primarschule erhielt den ersten Preis des Distrikts für die Leistungen ihrer Schüler.

Dieses Programm soll zeigen, dass Geldinvestitionen manchmal weniger ausschlaggebend sind als gut durchführbare, neue Ideen und das Einfühlungs- und Vorstellungsvermögen des am Projekt beteiligten Personals.

Bei den von der CMC mitgeplanten und vom OeRK unterstützten Projekten im Gesundheitswesen wird ferner immer wieder betont, dass die Zusammenarbeit der kirchlichen Stellen und Missionsgesellschaften untereinander verstärkt und die Eingliederung ihrer Programme ins staatliche Gesundheitswesen gefördert werden müsse. Ein Beispiel einer gelungenen Zusammenarbeit zwischen der Regierung und einem Missionsarzt, der ursprünglich zugleich Leiter eines Krankenhauses war, ist in einem Bericht aus Liberia enthalten [32].

Dieser Arzt wurde von seinem Missionskrankenhaus freigestellt, um das staatliche Gesundheitswesen zu organisieren. Er schuf ein System von „Gesundheitsstellen", die einem grösseren Zentrum zugeordnet wurden, das seinerseits wieder mit dem Distriktkrankenhaus in Verbindung stand. Seine Schilderung der administrativen Schwierigkeiten enthalten erneut typische Probleme der Entwicklungsarbeit im Gesundheitswesen: Missionen und kirchliche Stellen lassen ihre Projekte nur sehr widerwillig in ein staatliches Programm eingliedern, weil sie den Verlust der eigenen Identität befürchten [33]. Überdies ist das Personal in einem Missionskrankenhaus nur ungern bereit, seine Dienste als „Gemeindeentwicklungsprojekt" ausserhalb des Krankenhauses zu erweitern, da es an Zeit und zusätzlichem Personal dafür fehlt, selbst wenn die Regierung die sich daraus ergebenden Kosten übernähme. Wie beim Koje Do Projekt sind auch die im staatlichen System angestellten, einheimischen Medizinstudenten oft wenig begeistert von einfachen, ihr persönliches Prestige wenig fördernden Methoden [34]. Ferner

---

32 CMC, Report on the fourth annual meeting, 9.–15. Juni 1971, S. 29–34.

33 Dieser Widerstand ist nicht unbedingt zu verdammen, da in gewissen Fällen ein staatliches Gesundheitssystem noch ineffizienter sein kann, als die oft mangelhaften, veralteten und unvollkommenen Einrichtungen der Missionsprojekte.

34 Im Gegensatz dazu sind christlich motivierte Ärzte oder von kirchlichen Stellen rekrutierte ausländische Fachkräfte oft eher bereit, auch unangenehme Arbeiten auszuführen. Ihr Klassen- und Stellungsbewusstsein ist vielleicht doch weniger ausgeprägt. CMC, Report on the fourth annual meeting, S. 31; „Giving penicillin shots is much more attractive to the health assistant than digging toilets".

verunmöglichen Transportschwierigkeiten eine regelmässige Versorgung aller Betreuungsstellen mit medizinischem Material. Den grössten Wert scheint der Autor des Berichtes darauf zu legen, dass das staatliche Gesundheitswesen rein und vollkommen *national* bleiben muss, obwohl dies zusätzliche Verzögerungen in der schon mühsamen Durchführung zur Folge hat [35].

Zusammenfassend sei festgehalten, dass der OeRK und besonders die CMC beim Projekttyp „Gesundheitswesen" versucht, von der traditionellen, rein kurativen Medizin der Missionskrankenhäuser abzukommen und möglichst weit in alle Schichten der Bevölkerung reichende Präventivmassnahmen zu fördern. Dabei besteht auch eine starke Tendenz, die kirchlichen Projekte im Gesundheitswesen überhaupt aufzugeben und dem entsprechenden Staat zu überlassen. Dies stösst auf den Widerstand der konservativ denkenden Geber und des in älteren Projekten beschäftigten Personals, die zu Recht darauf bestehen, dass Krankenhäuser immer noch nützlich, ja notwendig, und deshalb trotz der immer höheren Kosten daseinsberechtigt wären [36].

Die für den Projekttyp „Gesundheitswesen" angeführten Beispiele lassen jedoch erkennen, dass die Sozialhilfe in das medizinische Programm miteinbezogen werden muss. Es geht also nicht nur ausschliesslich um Impfungen, Kinderpflege oder Ernährungshilfe, sondern auch um Erziehung zur Hygiene, gesunde Wasserversorgung, u. a. m., d. h. um Massnahmen, die bereits ebenso gut zum Projekttyp der „Sozialwerke" gerechnet werden könnten.

Im folgenden sollen nun einige Beispiele dieses Typs besprochen werden.

321.3 Sozialwerke

Dieser Typus umfasst Projekte, die in den Projektlisten als Gemeindeentwicklung *(Community Development)* oder Gemeindezentren *(Community Centres)* umschrieben werden, sowie die Sozialhilfe in Industriegebieten und Elendsvierteln *(industrial* oder *urban mission)*. Die „Selbsthilfeprojekte" gehören auch dazu, sowie die Jugendprogramme oder Jugendzentren. Die meisten Sozialprojekte schliessen medizinisch-sanitäre Verbesserungen und berufliche Ausbildung und Grundschulung ein. Dementsprechend sind sie also mit den bereits beschriebenen Projekttypen eng verbunden.

---

35 Er wartet z. B. auf ein von der Regierung zur Verfügung gestelltes Fahrzeug, obwohl er von amerikanischen Kirchen eines erhalten könnte. Ob dies als Selbstschutz eines Regierungsbeamten, der Ausländer und überdies Missionsarzt ist, aufzufassen ist, oder als echtes Vertrauen in die „Afrikanisierung" oder „Nationalisierung" des Gesundheitsdienstes, bleibe dahingestellt.

36 Bei der Behandlung der Zielsetzungen und der Motivationen wird dieses Problem wieder aufgenommen.

Die Frage könnte auftauchen, weshalb nicht auch die Sozialarbeit für Waisenhäuser, Behinderte, Altersheime, Heime für ledige Mütter usw. in die eingehendere Beschreibung dieses Typs von Entwicklungsprojekten miteinbezogen wird. Ohne die Leistungen des OeRK auf diesem Gebiet herabwürdigen zu wollen, die ja in den Entwicklungsländern, die meist keine gut ausgebauten, staatlichen Sozialleistungen oder Fürsorgedienste haben, besonders notwendig sind, sollte die Analyse sich doch eher auf den Teil der Entwicklungsvorhaben konzentrieren, der in seiner Konzeption etwas Neuartiges oder Typisches aufweist, oder dessen Durchführung wegen schlecht abzuschätzender Schwierigkeiten besonders interessant erscheint. Die obengenannte „Sozialfürsorge" unterscheidet sich jedoch nicht grundlegend von ähnlichen Vorhaben in den industrialisierten Ländern und wird deshalb hier nur berührt, ohne durch Beispiele untermauert zu werden.

Um den Rahmen zu schaffen, in dem die „Sozialwerke" im richtigen Zusammenhang gesehen werden können, muss darauf hingewiesen werden, dass, wie allgemein bekannt, das rasche Bevölkerungswachstum, die zunehmende Landflucht, Unterbeschäftigung (Wanderarbeiter), und der Zerfall der traditionellen Gesellschaftsstruktur (Stamm, Grossfamilie) zu einer rapiden, unorganischen, von den staatlichen Behörden oft unkontrollierbaren Ausdehnung der Armenviertel in den grösseren Städten der „Dritten Welt" geführt hat [37]. Die Entwurzelung der Neuankömmlinge in der Stadt hat ein enormes Ansteigen der Kriminalität, Prostitution und der Abtreibungen, der Drogensucht (z. B. Opium in Hong-Kong oder altindianische Drogen in Mexico City, also nicht die modernen, z. Z. im Westen verbreiteten Drogen) und des Alkoholismus zur Folge. Die ungesunden, oft menschenunwürdigen Wohnverhältnisse erhöhen die Gefahr der Epidemien und schwächen den allgemeinen Gesundheitszustand der Bewohner. Es entsteht eine Mentalität, welche die Soziologen „Anomie" nennen, d. h. Regellosigkeit und Lethargie mit sehr wenig Gemeinschaftsgefühl. Bei einer solchen Mentalität ist es besonders schwierig, Initiative zu wecken und gemeinsame Selbsthilfe anzuregen.

Die Projekte für „städtische Mission" gehörten zum Aufgabenkreis von Untergruppe IV des SASP. 1967 lief z. B. in Sao Paolo ein solches Projekt an, das vom OeRK mitfinanziert wurde [38]. Die zahlreichen Projekte für „städtische Mission" in Lateinamerika wurden später regional koordiniert [39]. In der

---

37 SODEPAX, World Development, Official Report on the Conference on World Cooperation for Development, Beirut, 21.–27. April 1968, Conference Paper No. 4 „Population Growth and the Family in the Development Programme", *R. Dickinson*, The Line and the Plummet, S. 25–31.

38 Das Projekt wurde in Zusammenarbeit mit Katholiken, Pfingstkirchen und SASP durchgeführt.

39 MISUR ist die Koordinierungsstelle: Mission Urbana e Industrial en America Latina, z. B. Projektliste 1971, S. 377.

Regel umfasst ein Projekt für städtische Mission folgende Unternehmung: Sozialhelfer versuchen, von einem Zentrum in einem Elendsquartier durch Heimbesuche festere Kontakte zwischen den „Nachbarn" zu schaffen. Da ein Familienverband meist nicht besteht, weil, je nach Art des Elendsviertels, die männliche Einwohnerschaft arbeitslos ist oder unregelmässig arbeitet oder auch als Wanderarbeiter periodisch abwesend ist, besteht die schwierige Aufgabe darin, die in der Mehrzahl weiblichen Erwachsenen zu bewegen, gemeinsam ihre eigenen Verhältnisse zu verbessern. Die männliche Einwohnerschaft ist also meist abwesend, ohne festen Wohnsitz, und kann nur selten für regelmässiges Arbeiten gewonnen werden.

Durch Kontakte mit den lokalen Behörden können z. B. neues Bauland, oft sogar Kredite, und Baumaterial für neue Wohnungen verfügbar gemacht werden.

Zur Verminderung der Jugendkriminalität werden Werkstätten geschaffen, oder die Vermittlung von Arbeitsplätzen organisiert. Damit ist das Problem jedoch noch nicht gelöst, denn oft ist ein in einem Elendsviertel aufgewachsener Jugendlicher nicht mehr gewillt, regelmässig einer Arbeit nachzugehen.

Die Sozialhelfer versuchen ebenfalls, durch Selbsthilfeprojekte z. B. die sanitären Einrichtungen zu verbessern, oder eine turnusgemäss von den Bewohnern selbst betreute Kinderkrippe zu organisieren, in der manchmal ein Ernährungsprogramm durchgeführt wird. Daran angegliedert werden oft Hauswirtschaftskurse für Frauen.

Ohne die Kategorien klar abtrennen zu wollen, scheint doch die *industrial mission* im Vergleich zur *urban mission* zusätzlich noch folgendes einzuschliessen: Bei einem Projekt für industrielle Mission ist meist noch eine Person in der Gruppe für Arbeitnehmer-Arbeitgeberbeziehungen zuständig. Z. B. in Singapur förderte die Regierung die Industrieanlagen von Jurong. Das vom OeRK unterstützte Projekt für industrielle Mission wird von den Arbeitgebern mitfinanziert (1970 mit einem Zuschuss von 3.333 Dollar, 1971 das Doppelte, d. h. 6.667 Dollar von einer Gesamtsumme über zwei Jahre von 36.965 Dollar). Gleichzeitig werden die Verbindungen mit den lokalen Gewerkschaften und dem nationalen Gewerkschaftsbund verstärkt. Diese Unterstützung des OeRK-Projektes durch *beide* Sozialpartner zeigt, dass die geleistete Arbeit als nützlich und notwendig anerkannt wird, und ein gutes Einvernehmen zu herrschen scheint. Für die beiden Jahre 1970 und 1971 wurden durch die DICARWS je 10.000 Dollar zur Weiterführung des Projektes angefordert.

In Seoul (Aussenquartier Sung Nam) übernahm das Gemeindezentrum die Entrichtung der Schulgelder für Kinder aus armen Familien, bemühte sich mit Erfolg um die Einrichtung von gesunden Spielplätzen, mit Aufsicht für Kinder im Vorschulalter, und organisierte ein freiwilliges System für ärztliche und zahnärztliche Pflege, wobei Ärzte und Zahnärzte einen Teil ihrer Zeit für kostenlose Behandlung in diesem Armenviertel zur Verfügung stellten.

Zu den Jugendzentren dürfen auch die YMCA- und YWCA-Herbergen (christliche Vereine junger Männer und Frauen) gerechnet werden. In Kalkutta konnten z. B. neunundachtzig bedürftige Arbeiterinnen in einer solchen Herberge untergebracht werden, die hiermit als eine Art „sozialer Wohnungsbau" betrachtet werden kann. Zu dieser Herberge gehören eine Bibliothek, ein Saal für organisierte Amateurtheaterspiele und Diskussionen, sowie Räume für Schneider- und Stoffärbekurse.

Nach der Nennung dieser bereits laufenden, realistisch den Verhältnissen und Bedürfnissen der untersten sozialen Schichten angepassten Beispiele von „städtischer und industrieller Mission" und städtischen Gemeindezentren, soll noch ein bereits in der Planung erfolgloses und vom OeRK abgelehntes, d. h. für abgeänderte Planung an den entsprechenden nationalen Christenrat zurückverwiesenes Projekt als Illustration der Hindernisse bei der Durchführung solcher Entwicklungsarbeit angeführt werden.

Im Auftrag von ACTS und einem der grössten Geldgeber der DICARWS wurde die Vorplanung eines von einem nationalen Kirchenrat eingereichten Projekts für ein Gemeindezentrum von einem vom OeRK unabhängigen Institut für soziologische Forschung evaluiert. Es stellte sich nach einer Umfrage in der Bevölkerung des armen Vorstadtviertels einer afrikanischen Hauptstadt, in der das Zentrum errichtet werden sollte, erstens heraus, dass kaum mit einer lokalen Mitarbeit gerechnet werden konnte. Ein Teil der Befragten schien sogar dem Projekt feindlich gegenüberzustehen, weil sie – unbegründeterweise – eine Umsiedlung oder Enteignung befürchteten. Die Bevölkerung war ausserdem aus solch unterschiedlichen, ethnischen, religiösen und sprachlichen, entwurzelten Splittergruppen zusammengesetzt, die sich gegenseitig voneinander abschlossen, dass ein kollektiver Geist oder ein normales Arbeitsklima ausgeschlossen schien. Die staatlichen Stellen hatten zweitens überhaupt keine, weder nationale noch lokale systematische Entwicklungsplanung oder Entwicklungspolitik ausgearbeitet, so dass, selbst bei Nichtberücksichtigung der Faktoren politischer Instabilität, keine offizielle Unterstützung erwartet werden konnte. Drittens war von einer anderen privaten Organisation, ein kleines, nur ein einziges, aber vordringliches und von den Einwohnern verstandenes Projekt (Familienplanung) geplant, das, weil mit geringerem Aufwand durchführbar, grössere Aussichten auf Erfolg zu haben schien. Ein vierter Fehlschluss in der Planung war die – theoretisch richtige – Idee der Förderung heimischer Kultur, welche das Interesse der Bevölkerung am Gemeindezentrum hätte anregen können. Es zeigte sich jedoch, dass die örtliche Bevölkerung sich noch in dem Stadium geistiger Entwicklung befand, in dem alles „Europäische" bewundert und nachgeahmt wurde, und deshalb eine Förderung der eigenen, afrikanischen Kultur durch andere als Zurücksetzung, als beabsichtigtes Nichtteilhabenlassen am fremden Fortschritt aufgefasst worden wäre. Aus diesen Gründen wäre also das Zentrum nach Ansicht der Vorplanungsevaluierung *nicht* in die Umgebung integriert und somit *nicht* zur aktiven Sozialhilfe geworden, sondern ein Fremdkörper geblieben. Dementsprechend sollte die Planung dahin abgeändert werden, dass z. B. eine nationale Universität oder eine andere Organisation für die gemeinsame Durchführung des Projekts gewonnen werden sollte. Dies hätte möglicherweise eine Verlegung des Standortes bedeutet. Zudem musste eine positivere Unterstützung der Regierung abgewartet werden. Es ist demnach anzunehmen, dass eine aussichtsreichere Durchführung des Projekts in diesem Lande sich in nächster Zukunft als unrealisierbar erweist.

Abschliessend sei für diesen Projekttyp der „Sozialwerke" in Vorstadt- und Industriegebieten folgendes festgehalten: Trotz des etwas altmodischen Namens „städtische und industrielle Mission" geht es bei diesem Typ der Entwicklungsarbeit nicht um die „Seelsorge" im beschränkten Sinne [40], sondern eher um das Ausfüllen einer Lücke im staatlichen, meist schlecht organisierten Wohlfahrtswesen. Es ist nicht nur der „Arbeiterpfarrer", der in der Fabrik arbeitet und vielleicht die Freizeit der unqualifizierten Arbeitnehmer durch eine Jazz-Band organisiert, um sie möglicherweise vom übermässigen Schnapskonsum abzulenken, sondern es sind meist Teams mit einer Mehrheit von Laienangestellten, die für grössere Projekte dieser Art arbeiten.

Auch bei solchen Unternehmen gibt es stereotype Schwierigkeiten: Der Erfolg eines Sozialwerks hängt davon ab, ob die Bevölkerung ihr Denken und ihre kollektive Arbeit überhaupt auf ein zu erreichendes Ziel entstellen kann. Ferner sind es meist die allerärmsten Schichten, die sich am ehesten veränderungs- und umgebungsfeindlich verhalten. Die lokalen Behörden lassen dem Projekt wohl moralische, aber weniger aktive Unterstützung zukommen.

Ausserdem müssen die Mitarbeiter an einem solchen Projekt äusserst anpassungsfähig sein und die lokalen Tabus, Sitten und Vorstellungen kennen. Dazu gesellt sich die zusätzliche Schwierigkeit der Einfühlung in eine besondere Mentalität der Slumbevölkerung, die selbst den eigenen, nicht dieser Schicht angehörenden Landsleuten nur schwer verständlich ist. Allein

---

40 In vielen Gesprächen mit Leitern im OeRK und Projektleitern in der „Dritten Welt" kommt klar zum Ausdruck, dass die Einsicht vorherrscht, zuerst materielle Verbesserungen anzustreben und erfolgreich durchzuführen, um durch das praktische Beispiel die Bewohner der Elendsviertel aus ihrer Lethargie aufzurütteln. Für „Seelsorge" sind die Betreuten meist nicht empfänglich. Wohl braucht der Priester, Pfarrer oder Laiensozialhelfer eine christliche Motivation, um diese Arbeit überhaupt zu unternehmen; doch diese überträgt sich nur teilweise und indirekt, vielleicht als „neue Initiative", „soziale Aktivierung", oder schwacher Ausdruck eines „Unternehmergeistes" auf die Gesamtbevölkerung.

die Erfahrung in der Entwicklungsarbeit reicht noch nicht aus, um ein „Sozialwerk" zum Erfolg werden zu lassen [41].

Was bedeutet denn überhaupt Erfolg bei einem Projekt des Typs „Sozialwerk"? Im Erziehungs- und Gesundheitswesen lassen sich wenigstens Statistiken aufstellen, (selbst wenn auch diese nicht immer genügen, um den Erfolg zu ermitteln), über Alphabetisierungsprozentsätze, bestandene Examen, Hochschulabsolventen, Rückgang und Verschwinden bestimmter Krankheiten, oder besseren Ernährungszustand. Im Gegensatz dazu ist bei den Sozialwerken kaum damit zu rechnen, dass ein Gemeindezentrum die Jugendkriminalität bedeutend herabsetzt, da die Slums sich meist rascher ausdehnen und bevölkern, als die Sozialhilfe wirksam werden kann. Wohl können funktionierende Wasserleitungen, zahlreiche Einschreibungen für Haushaltkurse oder die Anzahl der beschafften Arbeitsplätze anschauliche Resultate vermitteln. Sie können jedoch nur auf einen Erfolg *hinweisen,* denn eine bleibende Veränderung der Mentalität jener oft in subhumanen Verhältnissen lebenden, gesellschaftlich nicht strukturierten Schichten ist kaum messbar und oft eher einer Sisyphusarbeit vergleichbar.

Damit soll keineswegs die Entwicklungsarbeit des OeRK auf diesem Gebiet herabgesetzt, sondern gezeigt werden, dass die Kirchen hier eine Funktion erfüllen, die weniger deutlich als auf dem Sektor Erziehung und Ausbildung oder Gesundheitswesen nachweisbar ist und weniger Aussicht hat, in naher Zukunft vollkommen vom Staat des betreffenden Landes übernommen zu werden. „Sozialwerke" werden auch nicht unbedingt finanziell unabhängig und schaffen nicht immer bleibende, materiell abschätzbare Werte, wie z. B. eine mit Gewinn absetzbare Ernte bei einem Landwirtschaftsprojekt. Es zeigt sich im Gegenteil, dass solche Projekte für eine noch nicht lang etablierte und gefestigte Regierung keine Erhöhung des nationalen Prestiges bedeuten, und dass auch die Mitarbeiter des Projektes kaum die Genugtuung eines bleibenden Wertes ihrer eigenen Bemühungen erwarten dürfen. So leistet also der OeRK mit seinen Sozialwerken nicht nur eine das staatliche System ergänzende Arbeit, wie bei den zuerst beschriebenen Projekttypen, sondern eher eine Vorarbeit für ein in Zukunft aufzubauendes Wohlfahrtssystem. Solche Vorhaben versprechen im Entwicklungsland meist keine Erhöhung des

---

41 Diese Qualifikation sollte noch weiter diversifiziert werden, da es ein Irrtum ist, gemeinhin von der „Dritten Welt" zu sprechen: Erfahrung in der Entwicklungsarbeit in Korea ist in Afrika oder Lateinamerika oft nutzlos, da die Unterschiede in den Entwicklungsstufen gewaltig sind. Selbst wenn einheimisches Personal, das bereits für andere Projekte in demselben Land gearbeitet hat (ein Idealfall) für ein Projekt gefunden werden kann, sind überdies die Projektbedingungen, selbst im gleichen Land, so unterschiedlich, dass auch dieser Faktor allein noch keine Erfolgsgarantie bietet.

Ansehens der helfenden Organisation, oder ihrer Mitarbeiter, denn sie kommen einer Bevölkerung zugute, die weder politisch, noch wirtschaftlich einflussreich ist.

Bei den Projekten für die Förderung der Landwirtschaft gilt nicht ohne weiteres dieselbe Schlussfolgerung: Dieser vierte Projekttyp soll anschliessend zur Sprache kommen, weil er zumeist auch dieselben Elemente der Sozialhilfe wie der Typ „Sozialwerk" enthält.

321.4 Projekte zur Förderung der Landwirtschaft

Zu diesem Projekttyp gehören neben den schon behandelten Agronomenschulen und Rundfunkkursen für berufliche Ausbildung, (die oft zu den erfolgreichen Projekten gehören), auch Siedlungsvorhaben, Gründungen von Genossenschaften, Bewässerungsanlagen, politische und gewerkschaftliche Befürwortung der Landesreform, Strassenbau, Sozialhilfe, u. a. m.

Somit können Projekte des OeRK zur Förderung der Landwirtschaft sowohl mit dem Typus „Sozialwerke", als auch mit dem Typus „Erziehung und Ausbildung" in Zusammenhang gebracht werden. Obschon die Projekte für Erziehung und Ausbildung zahlenmässig und finanziell in der Entwicklungsarbeit des OeRK den ersten Platz einnehmen, wurden immerhin von 1966–1969 siebenundsechzig Landwirtschaftsprojekte für eine angeforderte Summe von 2.299.891 Dollar unternommen oder fortgeführt. Da in den meisten Entwicklungsländern die Landwirtschaft noch den wichtigsten Wirtschaftssektor darstellt, kann die Entwicklungsarbeit oft mit einfachen, praktischen Mitteln dort einsetzen und anschauliche Resultate mit einem „Demonstrationseffekt" in nicht allzu langer Zeit erzielen.

Ein Beispiel für erfolgreiche Entwicklungsarbeit in der Landwirtschaft, welche die nationale Wirtschaftsentwicklung des entsprechenden Landes förderte, bieten die Projekte des OeRK in Algerien [42]. Sie werden weitgehend von der Regierung unterstützt. Es liegt auf der Hand, dass in einem vorwiegend muselmanischen Land, in dem die christliche Minorität hauptsächlich aus Katholiken besteht, und die Protestanten nur einen winzigen Teil einer bereits kleinen, meist ausländischen Minorität ausmachen, vom OeRK z. B. keine grossen Erziehungsprojekte geplant werden konnten. Dies wäre auch von der Regierung als „neokolonialistische", geistige Beeinflussung aufgefasst worden.

Deshalb konzentrierte der OeRK seine Entwicklungsarbeit auf die Landwirtschaft, und die meist volle Deckung der angeforderten Summen für diese Projekte zeigt, dass auch die Geberseite diese Priorität als richtig, und damit

---

42 Vgl. dazu auch OePD, Nr. 29, 19. Okt. 1972, S. 1–6.

erfolgversprechend und unterstützungswürdig erachtete. Bereits 1960, also zwei Jahre *vor* der algerischen Unabhängigkeit und mitten in den Befreiungskämpfen, arbeitete ein Team von Sozialhelfern an einem Projekt des OeRK in Algerien. Daraus sollte sich bis 1971 ein gutausgebauter Dienst von christlichen, meist von der Regierung angeforderten und bezahlten Experten entwickeln [43]. Unter der lokalen Trägerschaft des *Comité chrétien de Service en Algérie* (CCSA) wurde z. B. im *Arrondissement* Ain M'Lila im Departement von Constantine ein den staatlichen Genossenschaften zugute kommendes Projekt für die künstliche Besamung von Kühen durchgeführt, das später auch privaten Bauern zugänglich gemacht werden sollte. Es war ein Erstprojekt mit einem effizienten Verteilungssystem von tiefgefrorenen Spermien, das von der lokalen Bevölkerung sehr gut aufgenommen wurde. Ein zweiter lokaler Träger von OeRK-Projekten sind die Aufforstungsunternehmen *(Chantiers populaires de reboisement)*, eine halb staatliche, halb private Organisation, die von einem internationalen Ausschuss verwaltet wird. Für ein Entwicklungsprogramm in Ostalgerien stellte der OeRK Traktoren und Pumpen zur Bodenbearbeitung, sowie Futterkonzentrate für Geflügelzucht zur Verfügung. Auch Baumaterialien für Hühnerställe, Bienenhäuser und Unterstände für Schafe und Kühe wurden geliefert.

Im Gebiet der Hochebenen (Aurès) läuft ein Musterprojekt für Terrassierung und Verbesserung von Weideland. Zu diesem Zwecke wurden von den lokalen Behörden zwei Grundstücke dem Projekt überschrieben. Es geht darum, den ausgelaugten, erodierten, abgegrasten Boden zuerst mit Phosphorsäure anzureichern und anschliessend humusschaffende Trockenpflanzen anzusäen. Verschiedene Sorten wurden ausprobiert, und mit einigen davon recht gute Ergebnisse erzielt. Die bestgeeigneten Sorten sollen nun auf weiteren Flächen angesät werden.

1971 stand Algerien, gemessen an der durch die DICARWS vermittelte finanzielle Hilfe zur Förderung der Landwirtschaft, nach Kenia, Kamerun und der Republik Zaïre (Kongo Kinshasa) in Afrika an vierter Stelle und von den arabischen Ländern an erster. Dieses Beispiel könnte dazu dienen, die Annahme zu widerlegen, dass eine der Zielsetzungen in der Entwicklungsarbeit des OeRK ausschliesslich die Unterstützung und Stärkung christlicher

---

[43] Unter dem Programm der *North African Venture, Maghreb,* arbeiten fünfundachtzig Fachkräfte in Algerien. 1971 wurde dieses Programm als „Sonderentwicklungsprojekt" unter das Patronat der neugegründeten *Commission of the Churches for Participation in Development (CCPD)* gestellt. Dies bedeutet nicht nur, dass dieses Programm langfristig (d. h. länger als die normale Laufzeit von drei bis fünf Jahren) unterstützt werden soll, sondern dass es vom OeRK und seinen Mitgliedern als bereits erfolgreich betrachtet wird. Für den OeRK ist es überdies kein teures Unternehmen, da die Regierung die Hauptkosten trägt.

Gruppen wäre. Es soll aber nicht bestritten werden, dass es Länder gibt, in denen diese Motivation mitspielt.

Als Exempel für die Förderung der Landwirtschaft durch Neubesiedlungsvorhaben sei ein im Norden Thailands geplantes und von ACTS empfohlenes Projekt angeführt. Die Vorplanung des von der Abteilung für *Rural Life* des nationalen Christenrates ausgearbeiteten Projekts wurde von einem, vom OeRK unabhängigen, asiatischen Agronomen evaluiert: Das Projekt soll jungen Absolventen einer vom Christenrat finanzierten Agrarfachschule Gelegenheit bieten, in einem eigenen Betrieb ihre Kenntnisse praktisch anzuwenden. Eine solche Möglichkeit bleibt ihnen normalerweise, da sie kein eigenes Kapital besitzen, und die Familienbetriebe meist schon in kleinste, unwirtschaftliche Parzellen aufgeteilt und „übervölkert" sind, verschlossen. Ausserdem sollen arme, aus kinderreichen Familien stammende Absolventen bevorzugt werden. Diese Arbeitsplatzbeschaffung soll durch den Ankauf von Land mit einer OeRK-Anleihe seitens des nationalen Christenrats erfolgen. Auf diesem Boden könnten die dreissig Ausgebildeten angesiedelt werden. Es soll nicht, wie üblich, eine Reis-Monokultur betrieben werden, sondern Sojabohnen, Knoblauch, Erdnüsse, Tabak, Wassermelonen, sowie Mais, der den besten Verkaufspreis erzielt, im Trockenfarmverfahren (d. h. ohne künstliche Bewässerung – *dry farming*) angebaut werden. Nach dreijähriger Laufzeit könnten Hilfskräfte eingestellt werden, und die für den Anbau in der Trockenzeit notwendigen Traktoren brauchen nicht Betriebsbesitz zu sein, sondern können günstig gemietet werden. Von den für jede Bauernfamilie vorgesehenen zwanzig *acres* Anbaufläche (20 *acres* = ca. 8 ha) soll jedoch vorerst nur mit der Hälfte (zehn *acres*) begonnen werden. Es ist bei Landwirtschaftsvorhaben oft zu erkennen, dass die Arbeitskapazität der Neusiedler überschätzt, und ihnen eine zu grosse Anbaufläche zugeteilt wird[44]. Die Vermarktung der Produkte kann durch einen christlichen Händler unter Ausschaltung des üblichen, unwirtschaftlichen Systems der Zwischenhändler direkt erfolgen. Nach Rückzahlung der gewährten Anfangskredite mit niedrigen Zinsen wird das vom Christenrat angekaufte Grundstück in den Besitz der bebauenden Farmer übergehen. Diese rechtliche Regelung soll ein Anreiz für die Leistungen der Bauernfamilie sein. Allerdings würde dies höchstens etwa zwanzig Jahre in Anspruch nehmen, doch wäre der Erwerb des Landrechts bei vollem Arbeitseinsatz auch früher möglich[45]. Die

---

44 Hier soll schon in der Planung der Fehler des früher begonnenen, zu gross angelegten brasilianischen Siedlungsprojekts vermieden werden.

45 Das System scheint für unsere Verhältnisse nicht besonders entwicklungsfördernd. Dazu sei jedoch erwähnt, dass die Bauern normalerweise „auf ewig" durch Vererbung und mit sehr hohen, lokalen Zinsen verschuldet sind, und weder die Hoffnung, noch die Möglichkeit haben, sich je aus dem ungünstigen Abhängigkeitsverhältnis als Pächter zu lösen.

Kredite für Werkzeuge, Saatgut und andere, aufwendige Materialien werden ebenfalls unter günstigen Bedingungen gewährt, doch sollte, um den Erfolg des Projektes zu gewährleisten, betont werden, dass kein Werk der Barmherzigkeit, sondern ein Investitionsprojekt auf rein ökonomischen Grundlagen geplant ist. Damit soll Korruption und die Neigung zur Verschwendung der Gelder in den empfangenden Organisationen so gut wie möglich vermieden werden. Der Standort des Projekts wurde in einer fruchtbaren, landwirtschaftlich bereits entwickelten Gegend gewählt, in der das Land Privatleuten abgekauft werden könnte, die ihre Gelder in Industrieinvestitionen, bei denen raschere und höhere Gewinne erhofft werden, anlegen wollen.

Die Verwaltung soll in Form einer Genossenschaft erfolgen, die (wenigstens in der Anfangszeit) von einem, wenn möglich aus Asien stammenden Agronomen kontrolliert wird. Soweit die ziemlich positiven Aspekte des Projekts. Zu den voraussichtlichen Schwierigkeiten gehören folgende: Bei einer möglichen, späteren Erweiterung des Projektes sollte erstens die Infrastruktur weiter ausgebaut werden. Dafür sollte die Unterstützung der Regierung beansprucht werden können, da der nationale Christenrat nicht über die dafür notwendigen Mittel verfügt. Nach informativen Gesprächen mit Regierungsbeamten zu schliessen, sollen künftig staatliche Beihilfen bereitgestellt werden.

Die Reduktion der Anbaufläche pro Familie von zwanzig auf zehn *acres* wurde bereits erwähnt, doch ist als zweite Schwierigkeit keine „Idealgrösse" eines Betriebs *vor* der Durchführung des Projekts mit Sicherheit festzulegen. *Drittens* — und auch das ist ein Problem, das schon in anderen Beispielen von Entwicklungsprojekten aufgetaucht ist — fällt es schwer, einen Projektleiter zu finden, der zugleich ein erfahrener, kompetenter Administrator und ein fachlich gut qualifizierter Agronom ist. Davon hängt jedoch weitgehend das Gelingen des Projektes ab. Vom lokalen Christenrat wurde dem unabhängigen Gutachter sogar vertraulich mitgeteilt, dass der vom OeRK entsandte Experte nur die kirchliche Buchhaltung geprüft und für die praktischen Probleme des Projekts keinen Rat gewusst hätte.

Zusammenfassend ist jedoch zu bemerken, dass für die relativ geringe, vom OeRK angeforderte Anleihe von rund 50.000 Dollar für dieses Siedlungs- und Landwirtschaftsprojekt, das zugleich als Sozialhilfe gedacht ist, die Vorinvestitionsbewertung der Planung von ACTS *doch* ziemlich gründlich durchgeführt wurde. Der vom OeRK unabhängige Evaluator hat in seinem Bericht genaue Haushalts- und Anbaupläne aufgestellt, und seine Empfehlungen (Verkleinerung der Anbaufläche, Diversifizierung des Anbauguts, Verlegung des endgültigen Standorts, Projektkontrollsystem) wurden angenommen und sollen von ACTS und dem Projektträger in die Wirklichkeit umgesetzt werden.

Als letztes Beispiel für die Projekte zur Förderung der Landwirtschaft soll noch ein bereits zehn Jahre laufendes, verhältnismässig teures, grossangelegtes Projekt in Zentralbrasilien, 76 km von Imperatriz, an der Überlandstrasse von Brasilia nach Belém, genannt werden. Es hat DICARWS und ACTS schon viel Probleme aufgegeben und darf trotzdem nicht als voller Misserfolg gewertet werden [46]. Dieses Projekt war eines der ersten, grossen ökumenischen Entwicklungsprojekte, das 1961 von einer Missionsgesellschaft, der *Confederaçao Evangélica do Brasil* (CEB), dem örtlichen Partner *(counterpart)* für Projekte des OeRK in Brasilien, übertragen wurde. Von 1966–1969 erhielt Brasilien allein 38,2 % der für Lateinamerika durch DICARWS verfügbaren Summe, und davon flossen 35,7 % diesem Projekt zu. Es darf daher zurecht als finanzielle Hauptlast der Entwicklungsarbeit des OeRK in Lateinamerika angesehen werden. Doch steht der finanzielle Aufwand von beinahe 1 Mio. Dollar seit 1963 – nach dem letzten Evaluierungsbericht von 1971 – in einem sehr ungünstigen Verhältnis zum Erfolg des Projekts. Zum besseren Verständnis dieses Vorhabens folgt eine kurze Beschreibung, anschliessend eine Zusammenfassung seiner wechselvollen Geschichte, und schliesslich eine Darstellung der aufgetretenen Mängel.

Auf einer ungerodeten, vom Staat Maranhao zur Verfügung gestellten Fläche (3000 ha) sollten aus den Dürregebieten des Nordostens abgewanderte Bauern mit ihren später nachfolgenden Familien angesiedelt werden, um je 12 ha im Brandrodungs-Landwechselbau zu bearbeiten. Später war eine Einkaufsgenossenschaft für diejenigen Siedler vorgesehen, die zum permanenten Feldbau übergegangen waren. Aber auch nicht zum Projekt gehörende Spontansiedler sollten die Möglichkeit haben, Mitglied der Genossenschaft zu werden.

Gleich zu Beginn der Besiedlung tauchte ein Problem auf: Manche Bauern verkauften nach einem ersten mühsamen Versuch der Bodenbearbeitung ihr Land an aus andern Gebieten herreisende Spekulanten. Das erhaltene Bargeld hatten sie ziemlich rasch durchgebracht und daraufhin die Siedlung verlassen, – worauf das Land wieder an den Buschwald verloren ging.

Die Siedler, welche die begonnene Bebauung fortsetzten, stellten nach den ersten Rodungen Lohnarbeiter für die Erntezeiten an. Für deren Bezahlung, Saatgut, usw., wurden ihnen Kleinbauernkredite gewährt. In Mischkultur wurde Reis (Hauptkultur) mit Mais, Maniok, Bohnen und Baumwolle angebaut, wie in andern Siedlungen dieser Gegend. 1971 – zu Ende der in dieser Arbeit behandelten Zeitperiode – gehörten vierundvierzig Familien mit durchschnittlich vier Kindern zur Siedlung, die auch über eine landwirtschaftliche Versuchsstation verfügte.

46 Für eine allgemeine Darstellung des Entwicklungsstandes in Zentralbrasilien, in der das Projekt kurz beschrieben wird, siehe NZZ, 7. März 1971, S. 5/6, „Von Brasilia zur Amazonasmündung".

So scheint sich das Projekt in dieser Beschreibung nicht wesentlich von andern, erfolgreichen Vorhaben zur Förderung der Landwirtschaft zu unterscheiden.

Ein kurzer, geschichtlicher Abriss zeigt jedoch, dass schon 1963, nach der Übernahme des Projektes durch die mit dem OeRK in Verbindung stehende CEB die ersten Schwierigkeiten auftraten: Innerhalb von zwei Jahren hatte das Projekt fünf verschiedene Leiter! Endlich wurde von zwei brasilianischen Agronomen und zwei brasilianischen Volkswirten eine neue Planung in Fünfjahresphasen vorgelegt. 1966 wurde SASP beauftragt, das Projekt zu evaluieren. Ein SASP-Vertreter besuchte das Projekt kurz und riet, eine private, lokale Beratungsfirma mit der Evaluierung zu beauftragen. Die Vorschläge im Bericht der Beratungsfirma konnten wegen Mangel an finanziellen Mitteln nicht durchgeführt werden. Zudem fand 1968 ein internationales, ökumenisches Jugendarbeitslager im Projektgebiet statt, das unglückliche Auswirkungen hatte: Erstens war es der Grund, weshalb die Regierung dem Projekt Schwierigkeiten machte, und zweitens kamen sich die Siedler vernachlässigt vor, und durch die internationalen Kontakte hatten sie eine Art „Kulturschock" erlitten. Im selben Jahr hatte zudem eine der reichsten privaten, aber vom Staat unterstützten Geberorganisationen *bilateral,* und trotz des Abratens von seiten der zuständigen Lateinamerikaexperten im OeRK, der CEB teure, landwirtschaftliche Maschinen zugesagt und geliefert, die nicht rentabel eingesetzt wurden. So entstanden zwei getrennte Finanzquellen für das Projekt, eine ökumenische, multilaterale, und eine von der Geberseite aus halbstaatliche, bilaterale. Die bereits nicht sehr übersichtliche Buchführung wurde dadurch noch komplizierter und verworrener. Ferner wurden die Kosten für die Dienstleistungen der Genossenschaft gar nicht erfasst, und die Genossenschaft selbst nicht von den anderen Konten des Projekts abgetrennt. 1969 wurde als Bedingung für weitere Hilfsgelder ein genaues Buchhaltungssystem und vierteljährliche Berichterstattung über das Projekt gefordert.

Doch das Personal schien die administrativen Fähigkeiten zur Erfüllung dieser Bedingungen nicht zu besitzen. 1970 trat die Sperrung von Geld, Investitionsgütern und qualifizierten Arbeitskräften seitens der multilateralen Hilfsquelle noch deutlicher zutage, und als Ausgleich wurden die bilateralen Beziehungen verstärkt. Doch konnten die Linien und Kompetenzen im Entscheidungsprozess schon nicht mehr klar erkannt werden. Zur Aufklärung der Lage entsandte der OeRK ein aus Mitarbeitern und Vertretern der Geldgeber zusammengesetztes Team. Dieses Team empfahl die Weiterführung des Projekts, und die von DICARWS wegen der nicht eingegangenen Finanzberichte zurückbehaltenen Gelder wurden überwiesen. DICARWS schlug dem bilateralen Geber vor, er solle das Projekt übernehmen. Dieser verlangte als Vorbedingung eine erneute, gründlichere, vom OeRK unabhängige Evaluierung, die einem deutschen Professor eines Universitätsinstitutes übertragen wurde. Dieser arbeitete einen Bericht von hundertfünfundsechzig Seiten aus[47]. Bevor jedoch die in diesem letzten Bericht hervorgehobenen Schwierigkeiten und eine mögliche Lösung dargestellt werden, soll als Folgerung aus der Projektgeschichte folgendes betont werden: Wie bereits bei der Durchführung des PCR, aber nicht aus politisch-ideologischen Gründen wie bei diesem, sondern aus rein finanziellen, wurde offenbar, dass grosse Hindernisse bei der Verwirklichung der Entwicklungsvorhaben nur durch die institutionelle Komplexität der Hilfsstruktur des OeRK bedingt waren. Ferner zeigten sich auch die für Entwicklungsprojekte internationaler Organisationen typischen Merkmale eines verwischten Entscheidungsprozesses einer dem Projekt abträglichen Diskontinuität in der Führung der Entwicklungspolitik, die vielleicht übertriebenen Forderungen der Berichterstattung, und die dadurch bedingte, jede vernünftige Planung ausschliessende Sperrung von Hilfsgeldern. Die Kommunikationslinien vom Projekt zum lokalen Träger und zu dessen Büro in São Paolo, von dort an verschiedene Dienststellen des OeRK, und von diesen wieder strahlenförmig an die Geber, zusätzlich zum bilateralen Hilfssystem, waren ebenfalls zu vielschichtig, um eine genaue Information, eine Abstimmung der Zielsetzungen, oder eine gemeinsame Planung von Geber und Empfänger zu ermöglichen. Ein wieder sehr selbstkritischer, von einem ACTS-Berater verfasster Bericht, der ausschliesslich die ökumenische Hilfsstruktur für dieses Projekt behandelte, ohne genauer auf das Projekt selbst einzugehen, gelangt zum Schluss, dass die strukturellen Schwächen der Instanzen *über* der Projektleitung und *nicht* die letztere für die wachsenden Probleme verantwortlich gemacht werden müssten. In diesem Bericht wird ferner die im OeRK sehr oft vertretene Meinung geäussert, dass das Individuelle, sozusagen die menschliche Erfindungsgabe, die zwischenmenschlichen, oft problemlösenden Beziehungen, im Gestrüpp der administrativen, anonym bleibenden Verwicklung untergegangen seien[48]. Des weiteren

---

47 An einer Informationssitzung über das Projekt wurden äusserst eindrückliche Filme über die erreichten Resultate und die bestehenden Schwierigkeiten der Bewirtschaftung im Projekt gezeigt. Z. B. versteht man nach dem Ansehen dieser Filme, weshalb das Vermarktungssystem unwirtschaftlich und weshalb die Tätigkeit der Saisonarbeiter weder kontrollierbar noch rentabel ist. Doch wird ebenfalls deutlich, dass die Siedlung als solche, als bebaute Fläche im umgebenden, dichten Busch bereits eine beinahe übermenschliche Leistung darstellt, und dass die Grundstücke nicht alle dieselbe Bodenbeschaffenheit besitzen, wodurch den einzelnen Siedlern Vor- oder Nachteile zufallen.

48 Manchmal scheint diese in der christlichen Ethik begründete Betonung des Individuellen der Entfaltung der Persönlichkeit auf Kosten der technischen Kompetenz zu gehen. Doch dieses Projekt ist ein Beispiel dafür, dass selbst ein hochqualifizierter, technisch durchaus kompetenter Projektstab keine Garantie für den Erfolg des Projekts bietet. Ferner tritt hier wieder dasselbe Problem auf, wie bei den

wird sehr richtig darauf hingewiesen, dass die Geldgeber wohl gerne kurzfristige, sensationelle Projekte unterstützen. Dadurch wird die Planung am Projektende nach den – von den Gebern oft nicht einmal geäusserten, sondern von der Projektleitung nur erratenen – Wünschen der Geber ausgerichtet. Dies gilt insbesondere, wenn ein deutlich spürbarer, finanzieller Druck die Kontinuität des Projekts gefährdet, und beide Seiten beginnen, sich allmählich zu misstrauen. Soviel zu den institutionell bedingten Schwierigkeiten, um anschliessend zu den lokalen, d. h. projektgebundenen Problemen überzugehen:

1. Die pro Siedlerfamilie vorgesehene Anbaufläche von 12 ha war viel zu gross für ihre Arbeitskapazität, die nur eine gute Bewirtschaftung von ca. 3 ha erlaubte[49]. (Die nicht zum Projekt gehörenden Spontansiedler bewirtschafteten ebenfalls ca. 3 ha, also war die Projektzugehörigkeit in dieser Hinsicht *kein* Vorteil. Dies trug zu Beginn der Siedlung dazu bei, die Versuchung, das erhaltene Land an Spekulanten zu verkaufen, um Bargeld zu besitzen und eine zeitlang nicht arbeiten zu müssen, zu einer wirklichen Gefahr werden zu lassen).

Die Anstellung von Lohnarbeitern brachte auch keine Vorteile, da deren Arbeitskapazität so niedrig war, dass sie kaum ihren Lohn durch Mehrproduktion herauswirtschafteten.

2. Die ertragssteigernden Produkte (Dünger, Unkraut- und Insektenvertilger usw.) waren so teuer und die Marktpreise für die im ganzen Gebiet, also in harter Konkurrenz produzierten Erträge so niedrig, dass die Ertragssteigerung keinen Mehrgewinn einbrachte.

3. Mit einer Projektinvestition von nahezu einer Mio. Dollar seit 1963 liegt das Einkommen einer Projektsiedlerfamilie 1970, d. h. nach achtjähriger Bodenbearbeitung, nur 9 % über dem Durchschnittseinkommen einer Spontansiedlerfamilie, die ohne jede Entwicklungshilfe arbeitete, obschon die Projektsiedler über eine grössere Nutzfläche und den Einsatz von Lohnarbeitern verfügen konnten.

4. Die Kosten für die Dienstleistungen der Genossenschaft sind wegen der unklaren Buchhaltung nicht zu ermitteln. Immerhin beträgt der Preisvorteil für einen gebietsüblichen Warenkorb 12 % für Genossenschaftsmitglieder.

---

medizinischen Projekten, nämlich dass der Projektleiter soviele verschiedene Aufgaben zu bewältigen hat, dass er, um auf jedem Gebiet kompetent zu sein, ein wahres Universalgenie sein müsste. Werden jedoch die Aufgaben verschiedenen Personen übertragen, so entsteht sofort die Frage der rationellen Kompetenzverteilung und der administrativ grösseren Schwerfälligkeit und Unübersichtlichkeit des Projekts.

49 Die Probleme der optimalen Betriebsgrösse werden auch analysiert in: *T. W. Schultz*, Transforming Traditional Agriculture, New Haven/London, 1964, S. 110–130.

5. Von den verfügbaren Kleinbauernkrediten erhielten elf Projektsiedler, d. h. 4,6 % aller Genossenschaftsmitglieder, beinahe 50 %, was auf eine sehr ungleiche Verteilung dieser Kredite hinweist [50].
6. Die verfügbaren Transportmittel und landwirtschaftlichen Maschinen wurden unwirtschaftlich eingesetzt, und es fehlte eine genaue Kontrolle über deren Unterhalt- und Betriebskosten. (Z. B. wurde über das an der Genossenschaftstankstelle abgefüllte Benzin keine Abrechnung verlangt). Dies sind nur die Hauptmängel, die im Bericht erwähnt werden. Es scheint offensichtlich, dass das Projekt bei gleichbleibender Konzeption nie finanziell selbständig werden kann, da das Projektvermögen noch durch Geldwertschwund aufgezehrt wird.

Die für die Siedler beinahe kostenlosen Dienstleistungen der Genossenschaft, die ausserdem nur sehr wenigen zugute kommen, sind überdies für die Geldgeber teuer.

Die Einführung einer genauen Kostenkontrolle und die administrative Trennung von Genossenschaft und Siedlungsprojekt scheinen unumgänglich notwendig. Insgesamt sei der Arbeitskräftebesatz und die Ausrüstung des Projekts im Vergleich zu seinen Wirkungsmöglichkeiten „überdimensioniert", stellt der Bericht fest.

In der vorgeschlagenen neuen Konzeption soll die finanzielle Unabhängigkeit der Siedler 1973/1974 erreicht werden, und zwar durch folgende Modifikationen:

Das Projekt soll in einzelne, *individuell* nicht kollektiv, bewirtschaftete Erwerbsgartenbaubetriebe aufgelöst werden, die zur Hauptsache – und dies ist eine Lösung von bestechender und überraschender Einfachheit – *Tomaten* anbauen sollen. Dies ist ein in diesem Gebiet konkurrenzloses Produkt mit erheblicher Nachfrage (besonders in der Stadt Imperatriz), das somit einen guten Marktpreis erzielen könnte. Nach den vom Evaluator durchgeführten – und im Film überzeugend dargestellten – Versuchen, gedeihen die Tomaten gut. Die ersten Verkäufe – mit vorhandenen Transportmöglichkeiten – brachte bereits nicht unerhebliche Gewinne. Daran soll ein kollektiver Weidemastbetrieb angeschlossen werden, um die verfügbaren, nicht bebauten Hektaren Land zu nützen und zu vermeiden, dass diese entweder wieder zu Urwald oder überhaupt nicht gerodet werden. Die Versuchsstation und die geplante Agronomenschule werden aufgegeben, da sie nutzlos seien. Neben den staatlichen Agrarkrediten werden zusätzliche Kredite aus einem eigens geschaffenen Projektfonds gewährt, der *Eigentum* des Projektträgers sein und *ausschliesslich* von diesem verwaltet werden soll, um administrative Ungereimtheiten auszuschliessen. (Eine 3 %ige Verzinsung würde die Verwaltungs-

---

[50] Die Frage, ob einzelne Siedler durch ihre Leistung „kreditwürdiger" waren als andere, bleibt offen.

kosten des Kreditfonds decken). Mit diesen neuartigen Vorschlägen lässt der sonst wenig ermutigende, sachliche und wirklich ausführliche Bericht über ein Landwirtschaftsprojekt des OeRK gewisse Erfolgsaussichten zu.

Doch die Darstellung der praktischen Verwirklichung dieser Vorschläge geht über die in dieser Arbeit behandelte Zeitperiode hinaus, und bleibt nach guten Anfangsergebnissen noch abzuwarten.

Als Abschluss dieser Beschreibung von vier „klassischen" Projekttypen in der Entwicklungsarbeit des OeRK seien hier einige der wichtigen Bedingungen erwähnt, die zum Gelingen eines Projekts beitragen und für alle vier behandelten Projekttypen die gleiche Gültigkeit besitzen:

1. Wahl eines nach Bodenbeschaffenheit und Verkehrslage günstigen Standorts für das Projekt (oft ist jedoch „günstig" eine Ermessensfrage, oder der Standort ist bereits vorgegeben oder vorgeschrieben u. a. m., so dass er nicht frei gewählt werden kann).
2. Menschlicher Einsatz und technische Kompetenz der Projektleitung. (Dennoch sind die Prinzipien der lokalen Projektübernahme oder der Übergabe an eine lokale Trägerorganisation manchmal praktisch undurchführbar).
3. Anpassung der Zielsetzung an die lokalen Verhältnisse. (Vermeidung einer Überschätzung der Leistungsfähigkeit in der Planung, was oft sehr schwierig ist. Ferner können sich die „lokalen Verhältnisse" sehr rasch, z. B. zwischen Planung und Projektbeginn grundlegend ändern).
4. Übersichtlichkeit und Einfachheit der administrativen Projektstruktur. Wesentlich ist eine gute Buchführung, ohne übertriebene Berichterstattungsforderungen.
5. Optimale und möglichst unkomplizierte Kommunikationsmöglichkeiten die ungehindert funktionieren können. (Offenes Verhältnis sowohl zwischen Gebern und Empfängern, wie zwischen Projektstab und Evaluator, sowie zwischen OeRK-Zentrale und OeRK-Mitgliedern, ohne Rivalitäten, mit Kommunikation in beiden Richtungen, von Geber über OeRK, lokalen Träger, Projektstab und umgekehrt).
6. Einbeziehung der Regierung – soweit wie irgend möglich – in das Entwicklungsprojekt. (Dies kann in sehr verschiedener Form geschehen und bildet oft eine zusätzliche Schwierigkeit für private, internationale Organisationen im Vergleich zu regierungsvertretenden Organen).
7. Einbeziehung der Mithilfe der lokalen Bevölkerung – soweit wie irgend möglich. Die Abschätzung dieser Mithilfe schliesst jedoch in der Planung viele Unsicherheitsfaktoren ein.

Bereits die Zusammenfassung dieser Bedingungen lässt erkennen, dass Projekte nur unter Einschluss zahlreicher Unbekannten und Ermessensfragen definiert werden können.

Diese Aufzählung macht ebenfalls klar, dass *alle* diese Bedingungen, (die hier nur in reduzierter und ausgewählter Form aufgezählt werden), wohl kaum je vollständig erfüllt werden können – es sei denn in einem theoretischen Entwicklungsmodell eines wirtschaftswissenschaftlichen Lehrbuches, also sozusagen „in der Retorte". In der Wirklichkeit der „Dritten Welt", so verschieden ihre einzelnen Glieder auch sein mögen, geht es jedoch meist darum, unter vielen Übeln das geringste zu wählen, oder aus den bestehenden, unabänderlichen Zwängen das Beste zu machen.

Dementsprechend ist doch eine Institution, die in ihrer *theologischen Arbeit* „in Jahrtausenden" oder wenigstens Jahrhunderten denkt, trotz ihrer Unvollkommenheiten nicht ungeeignet, auch ihren Beitrag zu einer ganz „weltlichen" Entwicklungsarbeit zu leisten. Denn eben diese Gewohnheit, in der eigenen Institution in Jahrhunderten, d. h. gemessen am heutigen Zeitgeiz in sehr grossen Zeitspannen zu denken, und damit irgendwie auch ein ewiges Bestehen der Kirchen in der Welt vorauszusetzen, hindert den OeRK auf der aktiven, praktisch und pragmatisch eingreifenden Seite daran, einer kollektiven, zur Passivität führenden Verzweiflung anheim zu fallen. So verhütet die kontemplative, weltanschauliche Globalhaltung des OeRK ein wegen der scheinbaren Sinnlosigkeit mutloses Aufgeben der praktischen Arbeit.

Als Übergang zu den letzten beiden Typen in der Entwicklungsarbeit des OeRK, Katastrophenhilfe und Flüchtlingsdienst, sei darauf hingewiesen, dass sich diese Tätigkeit in vielem von den vier zuerst beschriebenen Projektarten unterscheidet: Erstens kann sie ihrem Wesen nach nicht lange im voraus geplant werden. Zweitens durchläuft sie administrativ nicht immer das normale Projektverfahren. Drittens gehören die Leistungen des OeRK auf diesem Gebiet nicht alle unbedingt zur Entwicklungsarbeit im üblichen, enggefassten Sinne, und viertens werden die gewählten Beispiele nicht ausschliesslich aus der „Dritten Welt" stammen.

Und doch wird hier die Ansicht vertreten, dass Katastrophenhilfe und Flüchtlingsdienst aus folgenden Gründen zur Entwicklungsarbeit des OeRK gehören: Nach der in der Einleitung gegebenen Definition der Entwicklungshilfe braucht diese nicht unbedingt auf die „Dritte Welt" beschränkt zu sein. Ferner machen und machten diese beiden Projekttypen von jeher einen grossen Teil der DICARWS-Arbeit aus und gaben in historischer Sicht der ganzen Entwicklungsarbeit des OeRK die praktischen und verfahrenstechnischen Grundlagen.

Im geschichtlichen Rückblick darf sogar gesagt werden, dass die Entwicklungshilfe des OeRK als Organisation mit der Flüchtlings- und Katastrophenhilfe begann, und diese beiden Typen schon im Titel der DICARWS enthalten sind. Überdies weisen sie oft im Durchführungsstadium viele derselben Merkmale und Schwierigkeiten auf, wie Projekte für Erziehung, Landwirtschaft, Gesundheitswesen oder die Sozialarbeit in Elendsvierteln. Sie enthalten aber darüber hinaus noch andere Züge, die für die Schlussfolgerungen dieser Studie aufschlussreich sein können. Eine bei diesen beiden Projekttypen besonders bezeichnende Gefahr für den OeRK liegt in den politischen Verstrickungen, die seine Katastrophen- oder Flüchtlingshilfe als parteiisch erscheinen lassen können. Es ist evident, dass auch bei den vier anderen Projekttypen politische Schwierigkeiten auftreten können, aber auf weniger internationaler Ebene als beim Katastrophen- oder Flüchtlingsdienst. Zudem soll gezeigt werden, welch grosse Bedeutung gerade diesen beiden Typen zukommt, weil sie oft den Beginn einer langfristigen, stabilen Entwicklungsarbeit des OeRK bilden, (meist als „Wiederaufbauprogramm" gekennzeichnet) und gleichzeitig zu den erfolgreichsten, wirksamsten Bereichen ökumenischer Zusammenarbeit gehören.

Die etwas künstliche Trennung dieser beiden Projekttypen soll nur der Klarheit der Darstellung dienen, in der zuerst kurz die Hilfsaktionen nach Naturkatastrophen, die hier zu diesem Zwecke eng definierte „Katastrophenhilfe" behandelt werden soll. Die Projekte in von Menschen geschaffenen Katastrophen, wie Kriege und Konflikte aller Art, die „Flüchtlingshilfe", ist für die nachfolgende Entwicklungsarbeit bedeutungsvoller und wird deshalb etwas ausführlicher untersucht.

321.5 Katastrophenhilfe

Eine erfolgreiche Katastrophenhilfe wurde vom OeRK nach dem Erdbeben vom 26. Juli 1963 in Skopje (Üsküb) durchgeführt: Der Generalsekretär des OeRK erliess einen Sonderspendeaufruf für 500.000 Dollar an die Mitglieder. (In Katastrophenfällen wird, der Lage entsprechend, meist dieses *ad-hoc*-Verfahren gewählt, obwohl seit 1971 ein besonderer Sekretär für *Emergencies* vollamtlich im OeRK arbeitet). Die Katastrophenhilfe in Skopje konnte unter folgenden, günstigen Umständen durchgeführt werden:
1. An Ort und Stelle waren die OeRK-Vertreter beeindruckt von der herrschenden Ordnung und Disziplin (keine Plünderungen, staatliche Mobilisierung von Militär, gut funktionierende lokale Verwaltungsdienste).
2. Die sozialistische, also nicht unbedingt kirchenfreundliche Regierung war ohne langwierige Verhandlungen mit dem Hilfsvorschlag des OeRK einverstanden und wies ihm den Wiederaufbau des Sektors „Trnodal-Kozle" zu.
3. Die Regierung billigte auch den Wiederaufbau einer orthodoxen, einer Methodisten-, und einer Baptistenkirche.
4. Nach etwa drei Wochen hatten die Mitarbeiter des OeRK geeignete, vorfabrizierte Häuser von einer Firma in Österreich bestellt, die ohne Zoll- und administrative Schwierigkeiten nach Skopje transportiert werden konnten. (Keine hohen Transport- und Verteilungskosten wie z. B. in

Dacca). Neben der Errichtung dieser vorfabrizierten Häuser durch Freiwillige im „Kirchensektor", schloss das Hilfsprogramm durch Einsatz des Sekretariats für „materielle Hilfe" auch Lieferungen von Kleidern und andern Hilfsgütern ein. Über die Wiederaufbauarbeiten wurde mit Bewilligung der Regierung ein Film gedreht, über den sich die jugoslawischen Behörden sehr lobend aussprachen. Am 23. April 1964, also acht Monate nach der Katastrophe, konnten den lokalen Behörden hundertfünfundzwanzig Wohnhäuser, ein Gemeindehaus und drei wiederaufgebaute Kirchen übergeben werden.

Die Vorteile einer solchen erfolgreichen Katastrophenhilfe im Vergleich zur Projekthilfe liegen darin, dass der OeRK in ziemlich kurzer Zeit sichtbare Erfolge vorweisen kann, und es für die Mitglieder einfacher ist, für eine solche Katastrophe Gelder aufzubringen, als für ein grosses, weit entferntes Landwirtschaftsprojekt mit über zehnjähriger Laufzeit und unsicheren Ergebnissen. Dazu kommt, dass die Katastrophenhilfe meist auch ziemlich rasch und vollständig abgeschlossen wird, und bleibende, gut abschätzbare Auswirkungen, die ohne weiteres als Dienst zugunsten der nationalen Wirtschaftsentwicklung angesehen werden dürfen, aufweisen kann.

Die zwei folgenden Beispiele sollen noch die Zusammenarbeit des OeRK mit andern Hilfswerken in der Katastrophenhilfe veranschaulichen: Gemeinsam mit „Caritas Internationalis" wurde neben Unterständen für Obdachlose und den üblichen Hilfsprogrammen (Kleider, Nahrung) nach der Erdbebenkatastrophe in Iran ein neues, von der Regierung gewünschtes Krankenhaus errichtet, (Beiträge des OeRK : 135.000 Dollar). Nach den Überschwemmungen des Euphrat in Syrien, im Januar 1969, wurde vom OeRK gemeinsam mit dem syrischen „Roten Halbmond" ein Hilfsprogramm durchgeführt. Für eine Summe von 50.000 Dollar wurden mit Erlaubnis der Regierung zehn Dörfer durch das OeRK-Hilfsprogramm wiederaufgebaut.

Als Beispiel für die auch bei der Katastrophenhilfe auftauchenden Schwierigkeiten, die denen in der Projekthilfe sehr ähnlich sind, und deshalb ein Unternehmen nicht unbedingt zu einem vollen Erfolg werden lassen, sei das Programm des OeRK nach den Erdbeben in Anatolien (19.–21. August 1966) erwähnt.

Auf Ersuchen des Christenrates im Nahen Osten (NECC = *Near East Christian Council)* wurde ein Hilfsprogramm für 100.000 Dollar ausgearbeitet. Es umfasste die Entsendung eines holländischen Bauingenieurs, einer schwedischen Fachkraft und zweier amerikanischer qualifizierter Bauarbeiter, vorfabrizierter Unterstände aus der BRD, Transport von Baumaterialien (vor allem Isoliermaterial, Holz, Nägel, Wellblech, Werkzeuge und Transportmittel, d.h. Lastwagen). Da es im August in Anatolien bereits schneite, und die Zufahrtswege in die Erdbebengebiete sehr schlecht waren, ging es darum, den Wiederaufbau möglichst rasch, d.h. vor Einbruch des Winters abzuschliessen.

In Zusammenarbeit mit der türkischen Regierung, der Armee und dem „Roten Halbmond" wurden die ersten Hilfeleistungen (Zelte, Decken, Medikamente) erbracht. Später billigte das türkische Innenministerium offiziell den nicht mehr provisorischen, sondern dauerhaften Wiederaufbau eines Dorfes an einem anderen, weniger gefährdeten, von der Bevölkerung gewünschten Ort. Unter Oberaufsicht eines Koordinators des OeRK aus der Zweigstelle in Istanbul wurde bis Dezember 1966 ein Dorf ganz aufgebaut, in einem andern zwölf Doppelunterstände für vierundzwanzig Familien, und in einem dritten eine Klinik und provisorische Behausungen für fünfundsiebzig Familien errichtet. Nach diesem Erfolg begannen die politischen Schwierigkeiten auf nationaler und lokaler Ebene: Die türkische Regierung lehnte eine Weiterführung des Aufbaus von festen Behausungen ab mit der Begründung, dass Rivalitäten unter den Dörfern entstünden, und eine Dorfgemeinschaft auf den Wiederaufbau der andern eifersüchtig wäre [51]. Ferner wurden alle überwiesenen Hilfsgelder des OeRK auf dessen Konto eingefroren und erst 1967 zur Bezahlung von *in der Türkei angekauften* Baumaterialien freigegeben. Für das verwendete Holz wurde eine Rechnung für die *doppelte* Quantität gestellt, und für das vom OeRK kostenlos zur Verfügung gestellte Wellblech wurde ebenfalls eine Rechnung präsentiert. Auf lokaler Ebene traten alte, politische Gegensätze zwischen Kurden (die teilweise noch als Nomaden lebten) und den andern Bewohnern Anatoliens stärker zutage. Ein Dorf beklagte sich, nachdem die lokalen Vertreter den neuen Standort *selbst* gewählt hatten, dass sie umgesiedelt worden seien. In einem andern Dorf bestand die Bevölkerung darauf, das OeRK-Emblem mit dem blauen Schiffchen, das sie auf Hilfsmaterial gesehen hatten, auf die neugebauten Häuser zu kleben. Der Koordinator äusserte sich darüber nicht sehr begeistert, da er neue politische „Empfindlichkeiten" wegen dieser „Propaganda" befürchtete.

Nach höflicher, langer Überlegung schlug die Regierung dem OeRK vor, das Aufbauprogramm nicht fortzusetzen, aber auch nicht aufzuhören, sondern in einem der Dörfer ein kulturelles Gemeindezentrum (für Konzerte usw.) und eine Käsefabrik zu bauen. Der OeRK und andere, an der Hilfe Mitbeteiligte hatten eine Primarschule und ein Atelier für ländliches, lokales Handwerk vorgesehen. Sie fanden die Vorschläge der Regierung wirklichkeitsfremd.

Als Abschluss des Programms wurden als letztes im Dezember 1967 zwei wiederaufgebaute Schulen, von denen eine noch nicht vollständig eingerichtet war, den lokalen Behörden übergeben.

51 Dazu ist zu bemerken, dass die Regierung selbst dem OeRK die Dörfer zugewiesen hatte, und in der Notlage nicht allen zugleich geholfen werden konnte. Ob die Regierung eines muselmanischen Landes über die effiziente Hilfe des christlichen OeRK erstaunt war und sich ihres Prestiges unter der lokalen Bevölkerung beraubt fühlte, bleibe dahingestellt.

In diesem Beispiel tritt ein auch für andere Projekte typisches Problem sehr deutlich hervor : Inwieweit soll das private Hilfswerk seine, nach eigenen Erfahrungen ausgearbeiteten Programme auf die Wünsche der Regierung des „Gastlandes" abstellen?
Wie soll objektiv beurteilt werden, ob diese Wünsche gerechtfertigt oder prestigebedingt sind?

Soll eher auf lokale, politische Bedingungen oder auf das „Diktat" einer weitentfernten, nationalen Regierung Rücksicht genommen werden? Ist es einem internationalen Hilfswerk überhaupt möglich, die politisch unterschwelligen Spannungen zwischen lokalen Behörden unter sich, sowie zwischen diesen und der Zentralregierung zu erfassen?

Wie soll sich das mitten im Programm stehende Hilfswerk verhalten, wenn eine anfangs gegebene, offizielle Einwilligung zurückgezogen wird? [52] Überspitzt darf also für diesen Fall beinahe gesagt werden, dass das private Hilfswerk auf jeden Fall der Kritik ausgesetzt ist : Arbeitet es effizienter und erfolgreicher als die staatlichen Behörden, wird sein wachsender Einfluss, seine „Konkurrenz von aussen" befürchtet. Ist es erfolglos, wird es von den höheren Stellen innerhalb der eigenen Institution und von den Geldgebern, sowie vom „Gastland" kritisiert. Dieses Problem ist akuter in der Katastrophenhilfe als in der Projekthilfe, weil für Planung und Durchführung weniger Zeit zur Verfügung steht, und politische Fragen beim konzentrierten Einsatz in der praktischen Arbeit vielleicht vernachlässigt werden[53]. Ohne die Anmassung, über Recht oder Unrecht der jeweiligen Massnahmen und Haltungen urteilen zu wollen, sei nur auf die Problematik dieser Fragen hingewiesen.

Abschliessend können aus dem Abschnitt über Katastrophenhilfe folgende Konstanten abgelesen werden :
— Die institutionelle Koordinierung in der *ersten* Hilfsphase ist *immer* schwierig.
— Wegen mangelnder Koordinierung gelangen oft unbrauchbare oder nicht unbedingt notwendige Materialien ins Katastrophengebiet. Dies ist oft auf falsche Information aus dem Katastrophengebiet oder auf ungenügend vorbereitete Einzelaktionen zurückzuführen.
— Das Verteilungssystem für die Hilfsgüter und Dienstleistungen ist schwierig aufzubauen.

52 Das oft verteidigte Prinzip der Zusammenarbeit mit der Regierung in der Entwicklungsarbeit ist wohl in der Theorie einfach festzulegen, aber oft schwierig in die Praxis umzusetzen.
53 Da in diesem Falle z. B. die Beziehungen der Regierung mit dem Hilfswerk immer sehr höflich, diplomatisch und manchmal freundlich-unbestimmt waren, war es selbst für den mit nahöstlichen Verhältnissen vertrauten Koordinator, der auch weniger Sprachschwierigkeiten hatte, als einige Mitarbeiter des Programmteams, sehr schwierig, genau auszuloten, wie die politischen Verhältnisse in Wirklichkeit beschaffen waren.

- Zweckentfremdung, Devisenbeschränkungen oder andere administrative Massnahmen erschweren den optimalen Einsatz der Hilfsgelder.

Diese kurze Aufzählung betrifft die Schwierigkeiten der praktischen Durchführung.

Für die Hindernisse auf der institutionellen Seite gilt folgendes :
- Wegen des Universalismus des OeRK kann ein Katastrophenhilfeprogramm Anstoss für organisationsinterne, „ideologische" Spannungen geben. (Dies ist in der Flüchtlingshilfe noch häufiger der Fall).
- Es können auch Gegensätze zwischen „Kirche und Staat" im Katastrophengebiet selbst auftreten.
- Sogar bei Naturkatastrophen, aber noch viel ausgeprägter in der Flüchtlingshilfe, verunmöglicht die politische Komplexität der Lage oftmals eine „neutrale" Hilfe.
- Wie bei jeder andern Projekthilfe müssen auch hier die lokalen Gewohnheiten und Bräuche bekannt sein und berücksichtigt werden.

Diese Konstanten verweisen sowohl zurück auf die vier vorher behandelten Projekttypen, gelten aber auch für die folgenden Beispiele in der Flüchtlingshilfe.

321.6 Projekte für Flüchtlingshilfe

Da den Flüchtlingsprojekten in dieser Arbeit eine ganz besondere Bedeutung beigemessen wird, sollen drei ziemlich umfangreiche Programme dieses Typs der Entwicklungsarbeit in chronologischer Reihenfolge zur Sprache kommen, und dies nur wegen der Einfachheit der Darstellung. Zwei der drei Programme harren noch ihres Abschlusses.

a. Das Flüchtlings- und Wiederaufbauprogramm in Vietnam (1965—1971)
b. Das „Nahost-Palästina-Flüchtlingsprogramm" *(Near East Palestine Refugee Program,* 1967—1971)
c. Die Flüchtlings- und Wiederaufbauhilfe für Nigeria/Biafra (April 1968 bis 31. März 1971) das grösste, je durchgeführte und abgeschlossene ökumenische Programm.

321.61 Das Flüchtlings- und Wiederaufbauprogramm in Vietnam

Die Übersicht über die Entwicklungsarbeit des OeRK in Vietnam soll in folgende vier Abschnitte unterteilt werden :
321.611 Der institutionelle Aufbau des Programms
321.612 Die praktisch durchgeführten Projekte
321.613 Die Untersuchungs- und Informationsarbeit
321.614 Erfolge und Schwierigkeiten des Vietnamprogramms

321.611 Der institutionelle Aufbau des Programms
Auf Ersuchen der *East Asian Christian Conference* (EACC) sollte von DICARWS ein ökumenisches Programm in Vietnam begonnen werden. 1965 wurden Mitglieder der EACC nach Saigon entsandt, um mit der *Evangelical Church in Vietnam,* die nicht Mitglied des OeRK war, der Regierung, und den bereits dort arbeitenden kirchlichen Hilfswerken Kontakte aufzunehmen, um die Dienstmöglichkeiten abzuschätzen [54]. Anschliessend wurden für ein erstes Programm 30.000 Dollar durch DICARWS aufgebracht, und die EACC stellte aus eigenen Mitteln 20.000 Dollar zur Verfügung. Ein burmesischer Laie wurde für den Programmbeginn in einem Büro in Saigon eingesetzt, das später zum ökumenischen *Asian Christian Service* (ACS) werden sollte. Die Hilfsorganisation der amerikanischen Kirchen, der *Vietnam Christian Service* (VNCS) blieb jedoch unabhängig vom ACS weiter bestehen und erhielt vom OeRK später, als greifbares Zeichen ökumenischer Zusammenarbeit, auch eine geringe finanzielle Unterstützung.

Von Anfang an waren also *zwei* institutionell und finanziell voneinander unabhängige, ökumenische Organisationen am „ökumenischen Vietnamprogramm" massgeblich beteiligt. Um den Unterschied noch zu betonen, bestand der OeRK ebenfalls von Beginn des Unternehmens an auf zwei Prinzipien : Im Gegensatz zum VNCS sollte das Hilfswerk ACS ein rein *asiatisches* Organ mit asiatischem Personal, aber materieller Unterstützung von DICARWS sein, während der VNCS mehrheitlich mit *amerikanischen* Personal und Geldern amerikanischer Kirchen arbeitete.

Das zweite Prinzip war, *beiden* Kriegsparteien, also auch Nordvietnam zu helfen. Durch den polnischen Christenrat sollten die entsprechenden Kontakte hergestellt werden.

---

54 Es handelte sich vor allem um das „Mennonite Central Committee", eine missionsgebundene Institution, „The Southern Baptist Convention", und „The Christian Missionary Alliance", die mit Hilfsgeldern von amerikanischen Kirchen arbeiteten und mit dem „Church World Service", dem DICARWS-Mitglied des amerikanischen Christenrates, in Verbindung standen.

Die Koordinierung zwischen ACS und VNCS erfolgte durch Berichterstattung über die Tätigkeit von ACS durch CWS *(Church World Service,* DICARWS-Mitglied des amerikanischen Christenrates) an den DICARWS-Sitzungen, reichte aber nicht über diese, rein institutionelle Gepflogenheit viel weiter in die praktische Arbeit hinein.

In den Plänen des OeRK für den Wiederaufbau nach Kriegsende wird immer wieder betont, dass eine Zusammenlegung der beiden Stellen unter ökumenischem Patronat wünschenswert sei. Dies ist nicht nur institutionell durch Vereinfachung der Administration zu begründen, sondern auch politisch, da eine wahrscheinliche Koalitionsregierung kaum „amerikafreundlich" eingestellt sein würde, und in der Bevölkerung eine deutliche Amerikaphobie verbreitet war.

Doch bis 1971 arbeiteten die beiden Hilfswerke noch nebeneinander, wobei nicht übersehen werden darf, dass der amerikanische CWS eine sehr gut organisierte, praktisch effiziente Organisation ist.

Für die Hilfe nach Nordvietnam arbeitete der OeRK über die osteuropäischen Mitglieder, in Zusammenarbeit mit deren nationalen Rotkreuz-Organisationen, der Liga der Rotkreuzgesellschaften, dem IKRK und dem nordvietnamesischen Roten Kreuz, das den Empfang der medizinischen Hilfsgüter bestätigte. Später wurden durch die KKIA (Kommission der Kirchen für Internationale Angelegenheiten) auch Kontakte mit der nordvietnamesischen Vertretung in Paris und in andern Ländern hergestellt, aber die Hilfe nach Nordvietnam blieb, nicht nur wegen der institutionellen Erschwerungen [55], weniger umfangreich, als die für Südvietnam.

In Südvietnam selbst arbeitete der ökumenische ACS mit vietnamesischen Hilfswerken, Buddhisten, „US-AID" und, für den Transport, auch mit Einheiten der amerikanischen und südvietnamesischen Armee zusammen.

Doch erst 1968 trat das Programm durch die Gründung des *Coordinating Committee for Rehabilitation in Vietnam* im OeRK in eine Phase weitreichender, systematisch geplanter Arbeit ein.

In leitender Stellung waren zwei Exekutivsekretäre, deren einer neun Jahre als Direktor eines Freiwilligendienstes in Vietnam gearbeitet hatte, und der andere, selbst Vietnamese, am IUHEI in Genf eine Ausbildung für internationale Beziehungen absolviert hatte.

So wurden nach Voruntersuchungen für den Unterausschuss der DICARWS für Vietnam die Wiederaufbaupläne für ein befriedetes Vietnam

---

[55] So befürchtet vielleicht CWS an einem ökumenischen Programm weniger effizient arbeiten zu können, und die geldgebenden Kirchen wollen, sozusagen als „Wiedergutmachung", wahrscheinlich „ihre eigene" Organisation als Zeichen internationaler Verständigung aufrechterhalten.

ausgearbeitet, neue Projekte begonnen, und eine politisch-humanitäre Informationstätigkeit in die Wege geleitet.

Um die Inangriffnahme eines einheitlichen, echt ökumenischen Programms nach Kriegsende zu erleichtern, beschloss der Unterausschuss, nur Projekte mit höchstens fünfjähriger Laufzeit zu beginnen. Über den institutionellen Aufbau des Vietnamprogramms gibt das vereinfachte Organigramm Aufschluss (vgl. Anhang, Abb. 2).

321.612 Die praktisch durchgeführten Projekte [56]
Nach der Aufbringung der Mittel, (bis November 1966 standen schon 100.000 Dollar zur Verfügung, nachdem der erste Aufruf nur auf 30.000 Dollar angesetzt worden war), wurden zuerst angeforderte Hilfsgüter (Schweinefleisch aus Dänemark, Reis, Matratzen und Hebammengerätekoffer) sowie Geld nach Nord- und Südvietnam geschickt.

1966 ersuchte die südvietnamesische Regierung des ACS vier Teams für Hilfe in den Flüchtlingslagern zusammenzustellen, von denen jedoch wegen der Komplikationen der Einstellung von asiatischem Personal (keine Visa, lange Anreise usw.) nur zwei Teams zu arbeiten begannen. Es folgten Projekte für Sozialhilfe in Saigon und auf dem Lande. In Saigon umfassten die Projekte Blindenfürsorge, die Einrichtung einer Druckerei zur Arbeitsbeschaffung für Kriegsinvaliden, die Betreuung von Schuhputzjungen, den Bau von Unterständen für letztere, sowie die Aufnahme und Pflege verlassener Kinder. Auf dem Lande wurden medizinische und soziale Massnahmen in den Flüchtlingslagern oder -siedlungen ergriffen. Ende 1968 erhielt der damalige, nicht vietnamesische Direktor von ACS bei seinem Rücktritt vom Minister für Gesundheit und Wohlfahrt einen Verdienstorden erster Klasse für Sozialarbeit.

Zu Beginn des Jahres 1969 schloss das Programm ferner ein Flüchtlingsansiedlungsprojekt mit medizinischer Hilfe in Laos ein, das später noch erweitert wurde (Alphabetisierung, Hühnerzucht, Strassenbau usw.). Im selben Jahr half der ACS der vietnamesischen Laienorganisation „New Life Cooperative" beim Wiederaufbau des Distrikt 8 in Saigon, unterstützte die Regierung im staatlichen Programm zur Ausrottung von Geschlechtskrankheiten *(VD Eradication Programme)* und errichtete, mit Hilfe der YWCA (christliche Vereine junger Frauen), ein Wohnheim für bedürftige Mädchen.

1970 wurde zusätzlich ein dreimonatiges Flüchtlingshilfeprogramm in Kambodscha durchgeführt und mit einem, vier grosse und zahlreiche Nebenprogramme umfassenden Landwirtschaftsprogramm begonnen, das einen Pflugdienst mit japanischen Maschinen, Saatgutverteilung mit Anpflanzung

---

56 Für eine ins einzelne gehende Schilderung der Projekte, vgl. OePD, Nr. 20, 20. Juni 1972, „Bericht aus Saigon", S. 1–5.

von ausgiebigen, neuen Reissorten *(high yield varieties)* eine Mühle für Viehfutter mit Lagerhaus, eine Schweinezucht und Ausbildungskurse über neue Methoden und Maschinenreparaturdienst für Bauern sowie eine Kalk- und Mörtelherstellungsanlage umfasste.

Dafür konnte die Mitarbeit der „Young Christian Farmers Union", der Genossenschaft für Landwirtschaftskredite und der südvietnamesischen Buddhistenvereinigung gewonnen werden. Das Programm sollte auch dazu dienen, die hochschnellenden Preise für Saatgut und Nahrungsmittel stabilisieren zu helfen. Zudem wurden Stipendien für technische Ausbildung an drei buddhistische Mönche verliehen. Mit dem Stipendienprogramm wurde überdies die Ausbildung vietnamesischer Sozialfürsorger an der Universität der Philippinen und Kurse für technische Instruktoren finanziert. Zu den einzelnen Projekten gehörten ebenfalls Kurse für Hauswirtschaft, Schneidern, Förderung des lokalen Handwerks u.a.m.

Innerhalb von sechs Jahren war also aus einer traditionellen, kirchlichen Nothilfe mit Verteilung von Nahrungsmitteln an Flüchtlinge ein Entwicklungsprogramm geworden, das sämtliche Projekttypen der ökumenischen Entwicklungsarbeit umfasste. Besonders hervorzuheben ist die Zusammenarbeit mit buddhistischen Organisationen, als Merkmal dafür, dass erstens der OeRK nicht nur die christliche Minderheit (in Vietnam schätzungsweise 12–15% der Bevölkerung) als lokalen Partner anerkennt, und zweitens die ökumenischen Programme bei der lokalen Bevölkerung Anklang fanden. Eine weitere Besonderheit dieses Programms ist dessen, den militärischen Auseinandersetzungen folgende, Ausdehnung auf die Nachbarländer Laos und Kambodscha, wobei das Programm in Laos 1971 erweitert und konsolidiert wurde. Neben dieser praktischen Aufbautätigkeit war ein anderes, besonders interessantes Merkmal dieses Programms der Versuch der politischen Beeinflussung zur Wiederversöhnung durch ein Informationsbüro des OeRK in Saigon. Eine solche Initiative scheint jedoch geeignet, den Angriffen gegen ein politisches Engagement der Kirchen neuen Auftrieb zu geben.

Anschliessend soll dargelegt werden, wie es zu einer solchen Tätigkeit kam.

321.613 Die Untersuchungs- und Informationsarbeit des OeRK im Rahmen des Vietnamprogramms

In einigen Berichten war schon zu Beginn des Aufbaus von ACS die Frage aufgetaucht, ob und inwieweit jede Arbeit, selbst die Flüchtlingshilfe, immer von der einen oder anderen Seite als politische Aktion gedeutet werden könnte. Es wurde auch festgehalten, dass Projekte wegen des Kriegsgeschehens zeitweise aufgegeben werden mussten, und wochenlang keine Verbindung zwischen der Zentrale in Saigon und den auf dem Lande arbeitenden Teams bestand.

Ferner mussten zu Ende des Jahres 1968 mit der Aussicht auf ein ökumenisches Wiederaufbauprogramm (mit Billigung der wahrscheinlichen Koalitionsregierung) viele asiatische Helfer entlassen werden, weil sie aus Ländern stammten, deren Regierung sich mehr oder weniger auf die Seite der südvietnamesischen Regierung gestellt hatten, und diese Helfer deshalb später als nicht erwünschte Personen angesehen werden könnten.

Diese beiden Faktoren liessen im OeRK allmählich den Gedanken aufkommen, Hilfeleistungen seien zwecklos, wenn nicht zugleich „politisch" aktive Bestrebungen für eine Friedensregelung unternommen würden. Der Unterausschuss der DICARWS für Vietnam war sich überdies einig, dass dem Westen allzu wenig richtige Information über die wirklichen, sozialen und wirtschaftlichen Bedingungen in Vietnam zuflossen. Zudem war das *Engagement* des OeRK an Geld und Personal so stark angewachsen, dass eine solche Informations- und Untersuchungstätigkeit, sozusagen ein „Beobachtungssystem" des OeRK, durchaus gerechtfertigt erscheinen konnte. Dieses Büro sollte die Bedürfnisse für den Wiederaufbau und die künftige Rolle der ausländischen Hilfswerke sowie die Methoden für die Verwirklichung der „sozialen Gerechtigkeit" untersuchen. Einer der beiden Exekutivsekretäre begann mit dieser Arbeit: Er berichtete über den Missbrauch der christlichen Religion „zur Unterstützung der Kampfmoral", der die christlichen Kirchen bei der Bevölkerung in Vietnam – selbst wenn diese Kirchen, und mit ihnen der OeRK, solche Methoden des „heiligen Krieges" verurteilen, – in Misskredit brachten. Ein weiterer Berichtpunkt betraf die sozialen Schwierigkeiten des Wiederaufbaus, die darin bestanden, eine vom Krieg ganz gut lebende Bevölkerungsschicht (Prostituierte, in Horden zum Stehlen organisierte Jugendliche, arbeitslose entlassene Soldaten usw.) am vordringlich auf die Förderung der Landwirtschaft ausgerichteten Wiederaufbau zu beteiligen. Die gesamte Bevölkerung war zudem kriegsmüde, aber zugleich auch kriegsgewohnt, und dadurch weniger an einer systematischen, geplanten, strengen, vielleicht auch persönlich opfervollen Arbeit interessiert. Die politischen Verhältnisse, die übliche Korruption, die sich durch die lange Periode des „indochinesischen Krieges" noch verstärkt hatte, und die Methoden der Umbesetzung von hohen Posten mit regierungstreuen Gefolgsleuten liessen den Berichterstatter z.B. zum Schluss gelangen, dass Wahlen in Vietnam sinnlos und ohne gültige Resultate bleiben würden. Eine „dritte Kraft" innerhalb des Landes seien die religiösen Führer, die eine Vermittlerrolle spielen könnten, (vornehmlich Buddhisten, mit Unterstützung des katholischen, einheimischen Erzbischofs und des OeRK, während die *Evangelical Church* eher in sich abgekapselt und konservativ eingestellt sei und wohl keine Führerrolle übernehmen könnte). Diese „dritte Kraft" würde auch in der Bevölkerung einen gewissen Einfluss ausüben. Eine Machtübernahme der Nationalen Befreiungsfront (Vietkong) in Südvietnam sei unwahrscheinlich, doch wurden Beispiele der geschickten Taktik des Vietkong gegeben, der grosse Teile der Bevölkerung auf seine Seite zu ziehen verstehe. Es handelt sich, wie der Bericht ausführte, um Marxisten, aber nicht um „Kommunisten" in dem Sinne, wie dieser Begriff in Europa oder in Amerika üblicherweise verstanden würde.

Das Büro nahm auch Kontakte mit lokalen, politischen Interessenverbänden auf, und verstärkte die bereits bestehenden Verbindungen mit religiösen Gemeinschaften. Gleichzeitig führte auf internationaler Ebene die KKIA (Kommission der Kirchen für Internationale Angelegenheiten) Gespräche mit den nordvietnamesischen Vertretungen in Paris und Osteuropa. Doch im Jahre 1971 konnte man diese politischen Friedensbemühungen für ein realistisches Wiederaufbauprogramm nicht als Erfolg bezeichnen: Der Exekutivsekretär wurde von der südvietnamesischen Regierung des Landes verwiesen.

Trotzdem arbeitete das Büro weiter, jedoch ohne erkennbare Wirkung. Auf internationaler Ebene konnte die Vermittlung des OeRK bis Ende 1971 ebenfalls noch keine sichtbaren Resultate aufweisen [57].

Immerhin zeigt dieser Versuch des Verstehens und Erfassens politischer Verhältnisse die Bemühungen der DICARWS, nicht rein theoretische, in einem Genfer Büro abstrakt geplante Programme durchzuführen, oder sich in der Entwicklungsarbeit in einer weltfremden Haltung christlicher Barmherzigkeit einschliessen zu wollen. Er zeigt weiter, dass, wie bei anderen Projekttypen, nicht unbedingt die Investition der finanziellen Mittel für den Erfolg ausschlaggebend ist, sondern ebenso eine objektive Information über die Komplexität der Bedingungen, unter welchen die Arbeit fortgeführt oder ausgebaut werden muss. Doch zugleich erweist sich hier wieder, wie z. B. beim PCR, wie problematisch es ist, nach aussen hin die strenge, politische Neutralität der Hilfeleistungen im Kriegsgeschehen zu wahren.

Dies sind jedoch nicht die einzigen Schwierigkeiten, die dieses Programm begleiten.

321.614 Erfolge und Schwierigkeiten des Vietnamprogrammes
Es soll hier nicht weiter auf die Transport- und Verteilungsprobleme von Hilfsgütern, die Zerstörung neu aufgebauter Häuser, und die oft lange unterbrochenen Kommunikationen mit der Zentrale in Saigon, die das militärische Geschehen verursachte, eingegangen werden.

Es seien nur noch kurz einige „praktische" Schwierigkeiten erwähnt: Falls Hilfspersonal aus „neutralen" asiatischen Ländern endlich eintraf, musste ein

---

57 Es ist ebenso klar, dass eine solche Vermittlung, um erfolgreich zu sein, streng geheim bleiben muss. Es gibt ein anderes Beispiel, wo die KKIA vollkommen erfolgreich war, um in einem Bürgerkrieg die beiden Parteien zu einem Friedensschluss zu bringen, worauf ein Flüchtlingsprogramm des OeRK im entsprechenden Lande begonnen werden konnte.

intensiver Sprachlehrgang von drei bis acht Wochen absolviert werden[58]. Oft wurden während der Hilfsarbeit alle persönliche Habe oder Hilfsgüter – selbst wenn sie unter Bewachung standen – gestohlen, so dass die Arbeit nicht nur durch Bombardierungen behindert wurde.

Im Falle Nordvietnams erwies sich die Hilfe als noch schwieriger: Vorerst wollten nordvietnamesische Stellen nur die Überweisung von Bargeld annehmen, dessen Verwendung nicht kontrolliert werden konnte; später willigten sie jedoch auch in die Entsendung medizinischer Hilfsgüter ein, die entweder über Moskau-China oder über Hong-Kong-Haiphong nach Nordvietnam gelangten.

Jeder der möglichen Transportwege war sehr teuer und mit unvermeidlichen, grossen Verspätungen verbunden[59], doch bestätigte immerhin das nordvietnamesische Rote Kreuz den Empfang der Sendungen. Auch die komplizierte, institutionelle Hilfsstruktur des OeRK selbst verlangsamte und verminderte die Hilfeleistungen. Trotzdem liefert der OeRK nun in der Schweiz gedruckte Schulbücher als „Wiederaufbauhilfe" nach Nordvietnam.

Als Erfolg ist die Anerkennung des Hilfsprogramm durch die südvietnamesische Regierung und die Mithilfe des OeRK am Regierungsprogramm *(VD Eradication* und Wohnungsbau) zu werten. Ferner die von der Regierung übernommenen „Erstprojekte" des ökumenischen Programms, wie die Beschäftigung für Jugendliche in Gefängnissen und deren Betreuung nach der Entlassung, sowie andere, von der Bevölkerung begünstigte Sozialwerke in Saigon[60]. Aus dem Organigramm der institutionellen Hilfsstruktur kann man ablesen, dass nach 1968 keine rein vom ACS zusammengestellten Teams mehr direkt dem ACS unterstellt waren, sondern dass sämtliche Tätigkeiten in die Hände der vietnamesischen Organisationen übergegangen waren, denen auch die Fonds zuflossen, im Unterschied zum VNCS, der immer noch direkt amerikanische Hilfsteams beschäftigte.

Für den Wiederaufbau als solchen sind zweifellos die Landwirtschaftsprojekte als grössten Erfolg zu werten: Die ländliche Bevölkerung, und damit die grosse Mehrheit der Vietnamesen, wirkt aktiv an der Schaffung einer Wirtschaftsgrundlage für die Nachkriegszeit mit und steht neuen, ihr noch unbekannten Methoden keineswegs feindlich gegenüber. Durch die vom OeRK verfolgte, schwierig durchführbare Personalpolitik ist es schliesslich

---

58 Die OeRK-Stellen rieten dringend von der Verwendung von Dolmetschern ab.
59 Dies ist je nach dem Frachtgut sehr wichtig: Antibiotika z. B. sind nicht unbeschränkt haltbar.
60 Das beim Typus der Sozialwerke beschriebene Problem der Apathie und des Mangels an Initiative tritt hier verstärkt in Erscheinung, da noch das Kriegserlebnis und die nicht frei gewählte Abwanderung sowie das ungewohnte, urbane Milieu die Entwurzelungserscheinungen vertiefen.

doch gelungen, das Hilfsprogramm der DICARWS nicht als „amerikanisch" oder „kolonialistisch-kirchlich" erscheinen zu lassen. Selbst in der verworrenen Lage nach der Têt-Offensive (Januar 1968) arbeiteten die medizinischen und sozialen Teams in den Flüchtlingslagern weiter. Vom OeRK wird geplant, alle bereits erreichten praktischen Ergebnisse nach Kriegsende und Einsetzung einer neuen Regierung in einem grossangelegten Wiederaufbauprogramm zusammenzufassen und auszubauen. Doch liegt diese Entwicklung noch in der Zukunft, genau wie die endgültige politische und territoriale Regelung des Nahostkonflikts, so dass also dementsprechend 1971 weder das Vietnamprogramm noch das Palästina-Flüchtlingsprogramm des OeRK, von dem nun die Rede sein soll, abgeschlossen werden konnten.

321.62 Das Nahost-Palästina-Flüchtlingsprogramm (NEPRP, 1967–1971)

Wie beim Vietnamprogramm werden auch hier
321.621 die institutionelle Struktur,
321.622 die praktische Arbeit und
321.623 die Probleme und Erfolge des NEPRP
dargestellt.

321.621 Die institutionelle Struktur des Programms
Der geographischen Lage des Konflikts entsprechend lag die Verantwortung für den Beginn des Programms bei der nahöstlichen, mehrheitlich orthodoxen Vertretung im OeRK. Schon zwei Tage nach Ende des Sechstagekriegs (8. Juni 1967) versuchte der für Nahostfragen und orthodoxe Angelegenheiten verantwortliche Direktor im OeRK an die orthodoxe Patriarchate von Alexandria, Jerusalem und Moskau zu gelangen. Ein Tag später wurde der damals grösste Spendehilfsaufruf (für 2 Mio. Dollar) für diese Katastrophe erlassen. Der OeRK, „Caritas Internationalis", Oxfam, das internationale, christliche Komitee für Israel und der *Near East Christian Council* (NECC) begannen mit der Flüchtlingshilfe. Das ökumenische Programm wurde vom NECC, der einen Ausschuss für Flüchtlingsarbeit schuf, koordiniert. Am 26. Juni besuchte ein Abgeordneter des OeRK zur Ermittlung der Hilfsmöglichkeiten folgende kirchliche Stellen in Beirut, Damaskus und Kairo: das griechisch-orthodoxe Patriarchat von Antiochia, das armenische Katholizitat von Silizien, die syrisch-orthodoxe Kirche, die armenisch-evangelische Kirche, die nationale evangelische Union im Libanon, die Vertretung der episkopalen Kirche und den NECC, ferner die Vertretung der römisch-katholischen Kirche, der UNRWA und des Hochkommissariats der Vereinten Nationen für Flüchtlingsfragen (UNHCR). Diese Aufzählung mag bereits genügen, um auf das dichte Netz der kirchlichen Verbindungen und traditionsgebundenen

Verstrickungen hinzuweisen, das durch die regionale Vertretung des OeRK, den NECC, koordiniert werden sollte. Ferner enthielt das Programm Leistungen für fünf verschiedene Länder (Libanon, Syrien, Jordanien, Ägypten und Israel), d. h. wie im Falle Vietnams sollte *beiden* Seiten geholfen werden. Gebietsmässig wurde das Programm unterteilt nach „Ostufer" und „Westufer" des Jordans, Gazastreifen, Jerusalem und Umgebung und nach den Ländern Syrien, Libanon und VAR, wobei bis 31. Dezember 1968 der Hauptteil der Gelder (729.000 Dollar) für das Gebiet „Ostufer des Jordans" aufgewendet wurde. Vom 19. Juni 1967 an wurden regelmässig Tätigkeitsberichte über die Fortschritte des Programms und genau geführte Abrechnungen an den OeRK übermittelt. Auch hier sollte das Programm mithelfen, in den arabischen Ländern die Stellung der einzelnen Kirchen zu heben, welche die christlichen Interessen in der Administration der „Heiligen Stätten" wahrten. Dadurch sollte das Programm später in eine langfristige Entwicklungsarbeit ausmünden können. Die Verstärkung der Position der christlichen Kirchen war wohl nicht das Hauptziel, aber ein Faktor, der bei der Planung einer langfristigen Entwicklungshilfe mitberücksichtigt werden musste.

Die Zusammenarbeit mit der UNRWA, die strikt und mandatskonform nur für die Flüchtlinge von 1948 verantwortlich war und finanzielle Schwierigkeiten hatte, gehörte auch zur institutionellen Struktur des NEPRP *(Near East Palestine Refugee Program)* sowie einige Projekte des LWB für berufliche Ausbildung, medizinische Massnahmen und Selbsthilfe (hauptsächlich für das Westufer des Jordans, und in geringerem Masse auch für das Ostufer).

Die erste Phase der Arbeit darf mit der Konsultation über das Problem der palästinensischen Flüchtlinge (29. April–4. Oktober 1969 in Nicosia, Zypern) als abgeschlossen betrachtet werden. Auf dieser, unter dem Patronat der KKIA stehenden Konsultation wurde ein *Near East Ecumenical Committee for Palestine Refugees* mit der Fortführung des Programms betraut. 1970 wurden noch 1.041.000 Dollar für das von der Konsultation in Nicosia beschlossene Fortführungsprogramm bereitgestellt, und 1971, im letzten Laufjahr dieses Programms, das jedoch durch einen neuen Plan abgelöst werden könnte, noch 958.000 Dollar.

1970 sollte dem Hilfsprogramm, ähnlich wie im Wiederaufbauplan für Vietnam, auch die Informationsarbeit angegliedert werden.

321.622 Die praktische Arbeit

Im Gebiet „Ostufer des Jordans" hielten sich unmittelbar nach dem Sechstagekrieg nach ersten Schätzungen etwa 30.000 Flüchtlinge auf. Mit dem ökumenischen Programm wurden, nach der Versorgung der Flüchtlinge, die Arbeitsplatzbeschaffung und der Bau von Unterständen gefördert. In der Gegend des Westufers wurde ebenfalls der Häuserbau unterstützt, ferner bescheidene Anleihen für die Wiederaufnahme kleiner handwerklicher Betriebe gewährt. Das *International Christian Committee for Israel* hatte selbst während des Krieges seine Arbeit für Einzelhilfe und Häuserbau nie unterbrochen. Von Juni bis November 1967 hatte das koordinierende, programmleitende NECCCRW *(Near East Christian Council Committee for Refugee Work)* für das „Westufer des Jordans" folgende Projekte durchgeführt: ein Kindergarten (mit ärztlicher Betreuung) in Jalameh, sowie Näh- und Schneiderkurse für Kinderkleider. In der Gegend um Jenin wurden vier während des Krieges geschlossene Kliniken wieder eröffnet, Selbsthilfe in verschiedenen Dörfern und zwei Familienzentren in Qubeibeh und Yamoun (bei Jenin) organisiert, die eine Kinderklinik und eine Hauswirtschaftsschule einschlossen, ferner drei Zentren für Berufsausbildung (zwei im YMCA-Haus in Jericho und eines in Jerusalem). In neun Dörfern wurde mit Entwicklungsprojekten für Infrastruktur (Strassen, Schulen) und Wiederaufbau der Häuser begonnen. Im Gazastreifen war die Hilfe ganz besonders schwierigen Bedingungen unterworfen: Die Bevölkerung war misstrauisch und arbeitslos, die Wirtschaft vollständig lahmgelegt, und der OeRK war die einzige dort arbeitende internationale Hilfsorganisation. Es gelang jedoch, bis September 1969 ein Atelier für Jugendliche, Familienzentren, Kurse für Schneidern, Stricken, Weben und Sekretärinnenschulung einzurichten, ferner Sozialarbeit zu leisten, und Anleihen für Ausbildung und bereits bestehende Institutionen zu gewähren. Ein Erfolg waren vor allem die Zitronenplantage und das Waisenhaus „Hope".

In Syrien hatte die Regierung für die rund 75.000 Flüchtlinge überhaupt keinen Hilfsplan. Die UNRWA betreute nur 5.000 von ihnen, die aus einem seit 1948 bestehenden Lager geflohen waren.

Der OeRK begann auch da ein Nothilfeprogramm mit Verteilung von Nahrung und Kleidern.

Ägypten gelangte an den OeRK mit der Bitte, die geschlagenen ägyptischen Soldaten im Sinai zu retten und stellte fest, dass weder das Rote Kreuz, noch der Vatikan dort eine Hilfsaktion unternommen hatten. Doch gab es Anzeichen dafür, dass die dem OeRK zugeleiteten Berichte über die Notlage im Sinai wahrscheinlich übertrieben waren, und der OeRK beschränkte sich darauf, hauptsächlich Medikamente, proteinhaltige Nahrungsmittel und Decken nach Ägypten zu senden. Das „ökumenische Beratungskomitee für kirchliche Dienste in Ägypten" verfolgte dabei gegenüber dem OeRK eine Politik, die mit einiger Zurückhaltung als „undurchsichtig" umschrieben werden könnte: Es wurden Insulin für Zuckerkranke, Penicillin und Familienplanungsmedikamente angefordert, die ein dänisches Seruminstitut liefern sollte. Doch blieb unklar, was mit diesen Medikamenten und den Hilfsgeldern geschah, (es wurden z. B. Vermutungen laut, sie seien zum Waffenkauf verwendet worden). Als von Dänemark aus eine Untersuchung angeordnet wurde, war der Direktor des „ökumenischen Beratungsausschusses" zurückgetreten und unauffindbar, und der Nachfolger schien von nichts zu wissen. Daraufhin wurde dieses Hilfsprogramm nicht weitergeführt.

Im Libanon wurde ein Atelier für Metallbearbeitung und eine Werkstätte für Fernseh- und Radioreparaturen eingerichtet, die sehr gut funktionierten. Der Erfolg kann sicher teilweise auf die angesehene Stellung der Christen in diesem Lande, die wie alle grösseren religiösen Gemeinschaften, als Partei im libanesischen Parlament vertreten sind und führende Staatsposten innehaben, zurückgeführt werden.

Im Gegensatz dazu stiess das Hilfsprogramm in Jordanien auf verschiedene Hindernisse: Die Flüchtlinge waren gegenüber jeglicher Nahrung in Konserven misstrauisch, weil sie glaubten, es würde ihnen „unreine Nahrung", (z. B. Schweinefleisch oder nicht rituell geschächtetes Fleisch, das der Koran ebenfalls verbietet), gegeben. Ein Landwirtschaftsprojekt (im Wadi Zerha) musste sogar aufgegeben werden, weil keine regelmässige Arbeit organisiert werden konnte. Aus dieser punktuellen Beschreibung der praktischen Arbeit lässt sich bereits ablesen, dass je nach dem Land, in dem das Hilfsprogramm unternommen wurde, der Erfolg mehr oder weniger gross war, und jegliche Verallgemeinerung irreführend wäre.

321.623 Probleme und Erfolge des NEPRP

Auch bei diesem Hilfsprogramm tauchte ein „klassisches" praktisches Problem auf: Unmittelbar nach Kriegsende wurden Hilfsgüter in den Nahen Osten geschickt, wo jedoch noch kein Verteilungssystem hatte organisiert werden können, und die Materialien deshalb einfach liegen blieben. Die Koordinierung zwischen den einzelnen kirchlichen Organisationen war in dieser Hinsicht sehr unvollkommen. Dies rührte auch daher, dass die lokalen Kirchen in den einzelnen Ländern selbst eine ziemlich schwache Stellung innehatten (mit der erwähnten Ausnahme des Libanon). In einem der Tätigkeitsberichte über die Flüchtlingshilfe wird ferner betont, dass der Unterschied zwischen erfolgreichen und erfolglosen Projekten nur den lokalen persönlichen Initiativen zuzuschreiben sei, dass meist originelle, brauchbare Ideen fehlen würden (sowohl bei der lokalen Bevölkerung wie beim Hilfspersonal), und dass das gesamte Hilfsprogramm mehr Sozial- als Nothilfe einschliessen sollte.

Diese praktischen Schwierigkeiten und Unausgeglichenheiten des Programms waren jedoch nicht nur auf die lokalen, durch den Krieg erschwerten Bedingungen zurückzuführen, sondern auch auf den politischen Druck, der von verschiedenen Seiten immer wieder auf den OeRK ausgeübt wurde, und sich wie ein roter Faden durch die Geschichte der Durchführung des NEPRP zieht.

Bereits zwei Tage nach Kriegsende gelangte von Kairo aus die Aufforderung an den OeRK, die „israelische Aggression" in einer öffentlichen

Erklärung zu verdammen. Am 27. Juni 1967 erhielt der Generalsekretär des OeRK einen Brief von orthodoxen Kirchenführern, in dem besonders die Vertreter von Syrien und dem Libanon die Israelis ziemlich heftig der Aggression beschuldigten und ebenfalls auf eine ökumenische Stellungnahme drängten [61]. Die Vertreter der Kirchen in den arabischen Ländern im Nahen Osten reichten ferner dem Generalsekretär auf der Vollversammlung in Uppsala ein Memorandum ein, das kaum als gemässigt oder objektiv bezeichnet werden kann, und das ihn zu einer Stellungnahme veranlassen sollte [62].

Zu Beginn des Jahres 1969 war die Tätigkeit der palästinensischen Befreiungsorganisationen und die Stellung des OeRK ihnen gegenüber zudem politisch so umstritten geworden, dass der Generalsekretär eine Nahostreise unternahm (1.–12. März 1969), um zu versuchen, sich selbst Klarheit über die politischen Verhältnisse zu verschaffen.

Gemessen an dem auf den OeRK ausgeübten politischen Druck war auch die Nahost-Erklärung des Zentralausschusses von Canterbury (August 1969) wenig radikal [63], doch wird nun bereits das *politische* Element der Unabhängigkeit und territorialen Integrität *aller* Staaten, also auch Israels, in Punkt 1 genannt.

Auf der andern Seite liessen sich auch die amerikanischen jüdischen Vereinigungen hören [64]: Diese erklärten, dass die Protestanten im und durch den OeRK dem Einfluss der arabischen Propaganda ausgesetzt wären. Zu Ende des Jahres 1969 wurde innerhalb des OeRK besonders von Seiten der KKIA betont, dass eine gründlichere politische Informationstätigkeit für die Fortführung des NEPRP unerlässlich sei. 1970 wurde das NEPRP institutionell um ein Informationsprogramm erweitert. Im Februar 1970 fanden Konsultationen zwischen dem OeRK und dem Weltjudenkongress, dem amerikanischen Synagogenrat und dem amerikanischen Judenausschuss statt [65].

---

61 Beim Lesen des Berichts des ersten „Abgesandten" des OeRK, der die notwendigen Kontakte für das Hilfsprogramm aufnehmen sollte, kann man sich des Eindrucks nicht erwehren, dass die arabischen „Gastgeber" auch eine Art emotionellen Druck auf den Vertreter des OeRK ausüben: Es wurden ihm in einem syrischen Militärkrankenhaus von Napalm Bomben verbrannte, sterbende Patienten gezeigt, was wohl für das Abschätzen der Hilfsmöglichkeiten nicht unbedingt notwendig gewesen wäre.
62 Die Erklärung der Vollversammlung von Uppsala über den Nahen Osten (WCC, Palestine Refugees – Aid with Justice, Report of the consultation on the Palestine Refugee Problem, S. 84) war keine politische Stellungnahme, sondern der OeRK bestand auf den Garantien für Glaubensfreiheit, Zugangsfreiheit zu den heiligen Stätten und allgemein auf den religiösen Aspekten des Krieges.
63 op. cit., S. 85.
64 Z. B. das „US Jewish Committee".
65 The World Jewish Congress, the US Synagogue Council, the US Jewish Committee.

Später im selben Jahre führte die KKIA Gespräche mit Vertretern der PLO *(Palestine Liberation Organization)*. So lässt sich vielleicht doch von 1967–1971 im OeRK ein gewisser Wandel in der mit dem NEPRP eng verbundenen politischen Ausrichtung erkennen: Unmittelbar nach dem Sechstagekrieg schienen, obwohl auf beiden Seiten geholfen wurde, die politisch-emotionellen Sympathien noch eher auf Seiten der arabischen Bevölkerung oder der orthodoxen Tendenz zu liegen [66].

Dies war auch historisch bedingt, hatte sich doch der OeRK seit seiner ersten Vollversammlung mit dem Problem der palästinensischen Flüchtlinge befasst und hatte stets die Friedensbemühungen der Vereinten Nationen und die Arbeit der UNRWA unterstützt [67].

1970 jedoch war der OeRK bestrebt, sich eine politisch objektive Meinung zu bilden, und die eher gemässigte Tendenz hatte sich scheinbar selbst in der KKIA durchgesetzt. An der Exekutivsitzung der KKIA im Sommer 1971 wurde von einem zur Überprüfung der Lage in den Nahen Osten entsandten Vertreter sehr objektiv über die politische Lage Bericht erstattet. Es wurde darauf verwiesen, dass sich die Araber in den von Israel „verwalteten" (d. h. „besetzten") Territorien eines noch nie erlebten Wohlstandes erfreuen würden. Die von den Arabern vermutete und befürchtete „Entchristianisierung" habe nicht stattgefunden, sondern im Gegenteil habe sich der Prozentsatz der christlichen Bevölkerung erhöht. Die Spannung zwischen der PLO und den arabischen Regierungen sei unerträglich geworden. Es wurde jedoch auch auf die politische Unzufriedenheit der Araber Bezug genommen und darauf hingewiesen, dass die PLO wohl selbst nach dem Verlust der Unterstützung seitens der arabischen Regierungen keineswegs „abgetötet" worden sei, sondern weiterkämpfen würde.

Neben diesem politischen Druck der gleichzeitig zum laufenden NEPRP auf den OeRK ausgeübt wurde, lässt sich eine zweite Konstante beobachten, eine parallellaufende Frage, nämlich das konfessionelle oder „religiöse" Problem der „Heiligen Stätten" und ihrer Verwaltung.

Diese Frage stellt einen uralten, immer wieder aufflammenden, latenten, religiösen Zwist und Kampf um „Einflussphären" verschiedener Kirchen dar [68]. Die griechisch-orthodoxen und armenischen Mitglieder des OeRK besassen 80 % des „Immobilienwerts" der „Heiligen Stätten", wogegen die Protestanten eigentlich keine direkten Interessen zu wahren hatten. Der OeRK wurde beim israelischen Bürgermeister von Jerusalem wegen des Schutzes der *muselmanischen* Heiligen Stätten vorstellig und anerkannte 1971

---

66 WCC, Palestine Refugees, S. 81, Absatz 3, S. 82, pkt. 3a.
67 op. cit., S. 74–77.
68 *B. Hürni*, Le conflit israélo-arabe, 1946–1948, Seminararbeit für Prof. *J. Freymond* vom 5. Feb. 1969, S. 6 und S. 28–30 (polykopiert).

lobend die objektive, religiös neutrale, alle Konfessionen berücksichtigende, effiziente Verwaltung *aller* Heiligen Stätten durch die Israelis.

Zusammenfassend ist festzuhalten, dass die institutionelle Koordinierung der zahlreichen Kirchen im Nahen Osten ein äusserst schwieriges Unterfangen war, dass die Gefahr einer kollektiven politischen Indoktrination im OeRK auftauchte, aber durch dessen in der späteren Phase gemässigt-objektive Haltung abgeschwächt wurde. Durch die Notwendigkeit, das NEPRP zugleich in *fünf* verschiedenen Ländern mit unterschiedlichen Bedingungen durchzuführen, wies das Programm uneinheitliche Aspekte auf.

Ferner wurden durch die ökumenische Hilfeleistung sowohl alte politische, als auch alte konfessionelle Fragen wieder neu aufgerollt.

Abschliessend ist noch zu sagen, dass die politische und die konfessionelle Frage der Heiligen Stätten *institutionell und praktisch* klar vom NEPRP abgetrennt wurde. Es ist dennoch nicht zu verkennen, dass diese Einflüsse weder bei den Diskussionen in der Zentrale noch in der lokalen Arbeit ganz ausgeschaltet werden konnten. So fanden sie in der offiziellen Struktur *keinen* Niederschlag, *und doch* gehören diese politischen und konfessionellen Probleme der Heiligen Stätten ethisch-geistig – und vielleicht auch gefühlsmässig – zu diesem Flüchtlingsprogramm, das von der Nothilfe zur Entwicklungsarbeit übergegangen war.

In welchen Gebieten war nun diese praktische Entwicklungsarbeit am erfolgreichsten? Wohl am ehesten im Libanon, der am wenigsten kriegsgeschädigt war, und in dem, wie bereits erwähnt, die Christen als politische Kraft wirksam sind, so dass die Einrichtung von technischen Ausbildungsstätten auf keinen lokalen Widerstand stiess und gut funktionierte. Als grösste Leistung darf vielleicht die Hilfe im Gazastreifen bezeichnet werden, wo viele konkrete, aber auch psychologische Schwierigkeiten zu überwinden waren. In Jordanien und im Gazastreifen war der OeRK als Hilfsorganisation sozusagen unbekannt, hatte aber bis 1971 doch einen bleibenden Entwicklungsbeitrag, wie z. B. die Zitronenplantage oder der abgeschlossene Wiederaufbau zerstörter Dörfer geleistet. Für die materielle Nothilfe ist hervorzuheben, dass günstige Transportbedingungen im Rahmen des Hilfsprogramms ausgehandelt werden konnten [69]. Die Zusammenarbeit mit andern Hilfswerken wie der UNRWA und dem Hochkommissariat der Vereinten Nationen für Flüchtlingsfragen funktionierte so gut, dass sogar gemeinsame Programme durchgeführt werden konnten, und die UNRWA vom OeRK-Programm auch finanziell unterstützt wurde.

---

69 Die Flugfracht für die Flüchtlingshilfe kostete mit demselben Flugzeugtyp und denselben Versicherungsleistungen ungefähr die Hälfte pro Flugzeug als diejenigen eines anderen internationalen Hilfswerks.

Obschon dem OeRK von aussen der Vorwurf gemacht werden konnte, unverantwortliche palästinensische Guerillaorganisationen durch sein Hilfsprogramm politisch zu unterstützen, darf auf der anderen Seite nicht übersehen werden, dass das NEPRP auch einen Beitrag zur wirtschaftlichen Entwicklung im Nahen Osten geleistet hat, der noch nicht vollständig abgeschlossen ist und vielleicht noch künftige positive Ergebnisse zeitigen wird.

Im Gegensatz dazu gehört das Hilfsprogramm für Nigeria-Biafra, das am 31. März 1971 offiziell beendet wurde, bereits der Vergangenheit an. Nichtsdestoweniger tauchen auch hier, jedoch in anderer Beleuchtung, wieder ähnliche Probleme in der Entwicklungsarbeit des OeRK auf.

321.63 Das Nigeria/Biafra Flüchtlings- und Wiederaufbauprogramm

In mancher Hinsicht ist dieses grösste kirchliche Hilfsprogramm ein Sonderfall, der nicht leicht in das Schema der üblichen Entwicklungsarbeit und Flüchtlingshilfe einzureihen ist.

Chronologisch lassen sich drei Phasen unterscheiden: die erste vom November 1967 bis August 1968, die zweite vom August 1968 bis zum 11. Januar 1970 und die dritte vom 11. Januar 1970 bis 31. März 1971.

Institutionell bestand die Struktur in der ersten Phase aus einem Nebeneinander verschiedener Hilfswerke. In der zweiten Phase zerfiel das ökumenische Programm deutlich in zwei Teile: Die vom OeRK ausgehende Hilfe und die der davon losgelösten „Nord Church Aid", später „Joint Church Aid" (JCA), die ein selbständiges Unternehmen einiger Mitglieder des OeRK und Hilfswerken der römisch-katholischen Kirchen war. In der dritten Phase lief wieder ein gemeinsames ökumenisches Wiederaufbauprogramm über den nigerianischen Christenrat.

Es ist deshalb notwendig, nach dem historischen Rückblick über den Ablauf der Hilfe eine Zweiteilung in der institutionellen Struktur beizubehalten, indem zuerst das eigentliche Programm des OeRK und anschliessend die Hilfe der JCA analysiert wird. Als Abschluss sollen neben dem Erfolg und den Problemen dieses Programms dessen Besonderheiten hervorgehoben werden.

321.631 Der chronologische Ablauf des Programms in drei Phasen
Am 21. November 1967 erliess der OeRK einen Sonderaufruf zur Spende von 250.000 Dollar für ein Nothilfeprogramm. Im Jahre 1967 liefen über den nigerianischen Christenrat schon insgesamt zwölf reguläre Projekte in Nigeria, u. a. ein Heim für blinde Frauen, ein Sozialhilfeprojekt und ein Ausbildungszentrum in Port Harcourt sowie verschiedene Selbsthilfeprojekte (Gesamt-

summe: 377.000 Dollar). In Port Harcourt gab es ferner Gemeindezentren, eine Kinderklinik, ein Landwirtschaftsprojekt der Lutheraner und eines der englischen „Christian Aid". Auf katholischer Seite arbeiteten bereits der „Catholic Relief Service" und „Caritas Internationalis" in Nigeria.

Bereits in der ersten Phase des Anlaufens der Nothilfe ergaben sich zahlreiche Schwierigkeiten. Deshalb wurde, nachdem am 20. März 1968 eine gemeinsame Erklärung über katholisch-protestantische Zusammenarbeit in der Nothilfe abgegeben worden war, eine ökumenische Delegation an den nigerianischen Christenrat entsandt (22./29. März 1968), um Fragen der praktischen Durchführung zu besprechen. Die Haupthindernisse bestanden erstens in der Überweisung von Hilfsgeldern und zweitens in der bereits unmissverständlichen Parteinahme des nigerianischen Christenrates *für* die Bundesregierung und dementsprechend *gegen* Biafra. Hinzu kamen noch drei weitere Probleme: Die hilfsbedürftige Bevölkerung in den Kriegsgebieten war und blieb im Busch versteckt, da sie sich vor den Truppen beider Seiten fürchtete. Die Verteilung von Hilfsgütern und Nahrungsmitteln, bei der die üblichen Hindernisse (schlechte Verbindungen, administrative Verzögerungen usw.) nicht ausblieben, wurde dadurch noch zusätzlich erschwert. Die vereinzelten Hilfsflüge der kirchlichen Organisationen wurden ferner *ohne* offizielle Flug- oder Landebewilligung der nigerianischen Bundesregierung durchgeführt, und die Ibos in Biafra begegneten zu Beginn diesem Hilfsprogramm mit grossem Misstrauen. Auch der Vorschlag des OeRK für einen *mercy corridor* für Stockfischtransport nach Biafra war von der nigerianischen Bundesregierung abgelehnt worden.

In Uppsala gab die Vierte Vollversammlung im Juli 1968 eine allgemeine Erklärung über die Nothilfe für Nigeria/Biafra ab und erliess einen weiteren Spendeappell für 3 Mio. Dollar. Eine Delegation aus Biafra (ein Richter, drei Minister und einer der Präsidenten des OeRK, der zugleich Berater der Regierung von Biafra war) wurde von der Vollversammlung angehört [70].

Unterdessen versuchte das IKRK immer noch in sehr heiklen Verhandlungen von der nigerianischen Bundesregierung eine Flugbewilligung für die Nothilfe von Santa Isabel auf der Insel Fernando Poo (Guinea) nach dem Landestreifen Uli in Biafra zu erhalten und ersuchte den OeRK am 14. August 1968 abzuwarten, damit eine nicht „zugelassene", d. h. „illegale" Nothilfe die Resultate der Verhandlungen nicht gefährde. Am 16. August 1968 gaben die am Hilfsprogramm beteiligten Organisationen („Caritas Internationalis", das IKRK, der OeRK und die UNICEF) noch eine gemein-

---

[70] Diese Tatsache widerspricht der Auffassung von Prof. *H. Schoeck,* dass der Weltkirchenrat nicht den Mut gehabt hätte, Biafra auch mit politischen Druckmitteln zu helfen. *H. Schoeck,* Entwicklungshilfe – politische Humanität, S. 36.

same Erklärung über die Notlage in Biafra ab, doch die effektiven Hilfeleistungen konnten die Bedürftigen nicht mehr erreichen, und nach Schätzungen starben jeden Tag, *ohne* Epidemien, 6000 Menschen in Biafra den Hungertod.

Im August begann nun die zweite Phase des ökumenischen Hilfsprogramms: Einige kirchliche Hilfswerke, deren humanitäres Denken und christlich-ethische Motivationen nicht von völkerrechtlichen und institutionellen Beschränkungen beeinträchtigt wurde, fanden, dass die Zusammenarbeit des OeRK mit dem IKRK viel zu schwerfällig und deshalb zu langsam sei und somit die Hilfsgüter die Verhungernden nicht erreichten. Bereits hatten der „Caritas-Verband Deutschland" (römisch-katholisch) und „Das Diakonische Werk" (Stuttgart, protestantisch) vier DC-7 gekauft, weil die amerikanische Fluggesellschaft, die für das IKRK und den OeRK Hilfsgüter nach Biafra transportierte, zu wenig effizient helfen konnte. Die beiden deutschen Hilfswerke hatten überdies Warenlager auf der portugiesischen Insel Sao Tomé eingerichtet [71], während die Waren des Programms des IKRK und des OERK immer noch auf Fernando Poo gestapelt wurden.

Nunmehr lag die Schwierigkeit darin, geeignete Piloten zu finden, welche die gefährlichen „illegalen" Flüge unternahmen. Im August flog nur noch Graf Carl Gustav von Rosen mit einer Maschine der schwedischen Transair-Gesellschaft. Nach seiner Rückkehr nach Stockholm beschlossen die vier skandinavischen Hilfswerke und Mitglieder der DICARWS *(Folkekirkens Nødhjaelp,* Dänemark, die norwegische *Kirkens Nødhjaelp,* die schwedische *Lutherhjaelpen und die finnische Kyrkans U-Landshjaelp)* am 18. August 1968 eine *ad-hoc* Organisation *Nord Church Aid* für den Transport von Hilfsgütern nach Biafra zu gründen.

Graf v. Rosen hatte an dieser Sitzung teilgenommen. Ein Abkommen über diese Zusammenarbeit und ein Charter-Vertrag mit Transair wurden angenommen und an der offiziellen Gründungssitzung vom 26. August in Malmö unterzeichnet. An dieser Gründungssitzung nahmen auch der Direktor des „Diakonischen Werks" als Vertreter der von Sao Tomé aus fliegenden, kirchlichen Hilfswerke und ein Vertreter des biafranischen Christenrates teil. Den Vorsitz führte ein General, und Colonel Graf v. Rosen wurde die Leitung der Flugoperationen übertragen. Zwei weitere Berufsmilitärs übernahmen führende Stellungen innerhalb des Programms.

Hier muss die Schilderung des Fortgangs der Ereignisse unterbrochen werden, um die historische Bedeutung dieser Sitzung vom 26. August 1968 für Leben und Arbeit des OeRK hervorzuheben: Noch waren sich die hektisch

---

[71] Dies war der eigentliche Grund, weshalb in Uppsala nicht mehr Fernando Poo als Hilfsstützpunkt genannt wurde, und nicht ein Nachgeben des Weltkirchenrates auf den Druck der nigerianischen Bundesregierung, wie Prof. Schoeck angibt. ibid., S. 36.

an der Lösung der unzähligen praktischen Probleme (Flugbesatzungsversicherungen, Lagerverwaltung, Personaleinstellung usw.) arbeitenden Teilnehmer der Gründungssitzung der NCA kaum bewusst, *wie* sich ihre Entscheidung *auswirken* würde, doch stand ihnen *deren Bedeutung* vor Augen: Zum erstenmal seit dem Bestehen des OeRK hatten sich einige Mitglieder zusammengeschlossen, um ihre eigene, administrativ unabhängige Organisation zu gründen, deren Hilfsflüge nach streng völkerrechtlichen Normen illegal waren, die aber von echt humanitären Prinzipien getragen wurde. Die Mitglieder der NCA, später (vom 9. November 1968 an) JCA *(Joint Church Aid)* genannt, gehörten innerhalb des OeRK zu den vom ökumenischen Gedanken überzeugtesten und innerhalb der DICARWS aktivsten, bestorganisiertesten Hilfswerken. Es war auch das erste Mal, dass (nach der Sitzung vom 8.–9. November 1968 in Rom) Protestanten und Katholiken so eng und praktisch, nicht nur akademisch-theologisch in einer gemeinsamen Nothilfeaktion zusammenarbeiteten.

Doch die Spannungen auf institutioneller und lokaler Ebene sollten nicht ausbleiben: Im September 1968 musste der OeRK bestätigen, dass er als Organisation wohl weiterhin in Zusammenarbeit mit dem IKRK sein Programm durchführte [72], dass jedoch zugleich die Erklärung der Vollversammlung von Uppsala über den Krieg in Nigeria den einzelnen Mitgliedern das Recht gäbe, ihre Hilfe nach eigenem Gutdünken zu organisieren, und dass die Zentrale des OeRK auf die nationalen Entscheidungen ihrer Mitglieder keinen Einfluss oder Zwang ausüben könne, noch wolle. Als Beweis für diese institutionell „neutrale" Haltung wurde in einer öffentlcihen Erklärung vom 20. November 1968 bekräftigt, dass der OeRK als solcher weiterhin mit dem IKRK als einzigem, ihm offenstehenden „legalen" Hilfskanal arbeite, aber zugleich auch die Tätigkeit der JCA unterstütze. So erhielt das IKRK 150.000 Dollar und die JCA 100.000 Dollar vom OeRK.

Auf lokaler Ebene kritisierte die nigerianische Bundesregierung die Hilfeleistungen der JCA. Die Abkürzung „WCC" *(World Council of Churches)* würde *war can continue* heissen und die Hilfe wäre parteiisch. Die JCA ging ihrerseits vom Prinzip aus, dass die Hilfe denen, die ihrer am dringendsten bedürfen, zukommen sollte, und dies war ohne Zweifel die Bevölkerung von Biafra.

Trotz dieser Spannungen konnte der OeRK nach Kriegsende und nach der Auflösung der JCA, die ihre Arbeit beendet hatte, im Januar 1970 auf Ersuchen des nigerianischen Christenrates ein Wiederaufbauprogramm in die Wege leiten.

---

[72] Der OeRK setzte die Zusammenarbeit mit dem IKRK auch aus Rücksicht auf die Haltung seiner afrikanischen Mitgliedskirchen fort, die eine Sezession in Nigeria und deren Folgen für andere afrikanische Staaten befürchteten.

Damit begann die dritte und letzte Phase des Nigeria/Biafra-Programms, die am 31. März 1971 abgeschlossen wurde, als die ökumenischen Projekte der Verantwortung des nigerianischen Christenrates unterstellt wurden. Für das Wiederaufbauprogramm (10 Mio. Dollar) schloss der OeRK ein Abkommen mit der nigerianischen Militärregierung und dem nigerianischen Christenrat ab. Das Programm umfasste langfristige Gesundheits- und Landwirtschaftsprojekte in Asaba, Ernährungsprogramme, Krankenhäuser und Leprapflegestellen, eine Schule für die Rehabilitierung von Blinden und Tauben u.a.m. Doch die Durchführung des Programms wurde durch folgende Umstände erschwert: Der OeRK hatte in Nigeria nach dem Krieg einen „schlechten Ruf", besonders bei den offiziellen Stellen. Der schwarze Rassismus war immer noch sehr lebendig: Die noch übrig gebliebenen Ibos (mehrheitlich christlich) waren arbeitslos oder wanderten aus. Zugleich war im OeRK das PCR (Anti-Rassismus-Programm) eingeleitet und in der Öffentlichkeit heftig diskutiert worden. Überdies war die Regierung dem nigerianischen Christenrat gegenüber nicht besonders freundlich eingestellt. Z.B. „übernahmen" die Regierungsstellen das Noternährungsprogramm des Christenrates für den „East Central State" (das frühere Biafra) [73]. Bei der Behandlung der Schwierigkeiten dieses Programms werden diese Fragen nochmals aufgegriffen werden.

Nach diesem chronologischen Rückblick über das Programm wird nun dessen zweite Phase, die weitaus die aktivste und zugleich interessanteste war, herausgegriffen, um die praktische Arbeit, die effektiven Hilfeleistungen des OeRK und der JCA darzustellen. Da jedoch in dieser Phase die JCA durch ihre Luftbrücke, gemessen an der Menge der Hilfsgüter und Anzahl der Flüge weitaus die wichtigste Hilfeleistung erbrachte, während der OeRK wie ein „Rahmen" eher in der ersten und dritten Phase aktiv gewesen war, muss sich die Darstellung hauptsächlich auf die JCA konzentrieren.

321.632 Die Nothilfe der JCA für Nigeria/Biafra
Über die institutionelle Struktur der JCA sei nur folgendes erwähnt: Was im August 1968 als „NCA" von den vier skandinavischen Kirchen mit Unterstützung zweier deutscher Organisationen gegründet worden war, wurde nach der Sitzung in Rom vom 8.–9. November 1968 zu einer erweiterten Organisation, in der nationale, protestantische und katholische Hilfswerke aus Deutschland, der Schweiz, Holland, den USA, und den vier skandinavischen Ländern

---

[73] D. h. mit andern Worten, dass dem nigerianischen Christenrat von der Regierung jegliche Hilfe in Biafra untersagt wurde. Es herrschen berechtigte Zweifel darüber, ob die nigerianische Bundesregierung das Programm wirklich „übernahm" oder nicht einfach einstellte, um die Ibos möglichst vollständig zu vernichten.

vertreten waren, und der sich die „Caritas Internationalis" ebenfalls angeschlossen hatte. „Ideologisch" gesehen war es also eine echt ökumenische Organisation, die jedoch institutionell vom OeRK unabhängig blieb. Im Januar 1969 waren bereits siebenundzwanzig Hilfswerke aus siebzehn verschiedenen Ländern an diesem grössten je unternommenen und abgeschlossenen kirchlichen Beistandsprojekt beteiligt. Im Dezember 1969 nahmen Vertreter von dreiunddreissig Organisationen aus zwanzig verschiedenen Ländern an der Konferenz der JCA in Sandefjord teil.

Das Generalsekretariat der JCA befand sich in Kopenhagen, und die Flugoperationen unterstanden immer einem Berufsmilitär, zu jenem Zeitpunkt einem Generalmajor.

An der Luftbrücke beteiligten sich 1968 sechs verschiedene private Fluggesellschaften, die vertraglich der JCA verpflichtet waren, mit einem Einsatz von sechs DC-7, fünf DC-6 und einer C-47.

In Sao Tomé war das meist militärisch ausgebildete Personal (elf Personen) nach einem präzisen Plan eingestellt: Das Programm war in „Flugoperationen" und „Nothilfeverwaltung" unterteilt. Der ersten Abteilung wurden die Flugpläne der einzelnen Gesellschaften und das Kommunikationswesen zugeteilt. Die zweite Abteilung umfasste die Hafenverwaltung, Transport der Hilfsgüter, die Verwaltung der Lagerhäuser und das Kinderhilfeprogramm. Die portugiesischen Behörden werden in den Berichten der JCA lobend erwähnt, und ihre Unterstützung wurde sehr geschätzt. Doch trug gerade die Wahl von Sao Tomé auf portugiesischem Staatsgebiet der JCA die Vorwürfe der Parteilichkeit und des Zusammengehens mit „Imperialisten, Kolonialisten und Rassisten" ein.

Nach Biafra wurden hauptsächlich Medikamente, Stockfisch und sonstige proteinkonzentrierte Nahrung über den Landeplatz von Uli gebracht, der mit eingeflogenem Baumaterial zuerst ausgebaut werden musste, so dass er im November 1968 fünfunddreissig Landungen pro Nacht bewältigen konnte. Von Uli aus gingen die Materialien an ein Verteilernetz mit dreihundertzweiundsiebzig Stellen, an denen die Nahrung gekocht und verteilt wurde. Es sollte zuerst den Kwashiorkor-Patienten, allen Kindern unter elf Jahren und schwangeren oder stillenden Müttern geholfen werden. Pocken- und Masernimpfungen wurden ebenfalls durchgeführt.

Bis Ende des Jahres 1968 landeten durchschnittlich 7,2 Flugzeuge der JCA pro Nacht in Uli, die insgesamt über 8000 t Material nach Biafra gebracht hatten, d. h. monatlich etwa 220 Flüge eingeflogen.

Um das Ausmass der Luftbrücke der NCA abzuschätzen sei nur erwähnt, dass kirchliche Hilfswerke insgesamt vom April bis 31. August 1968 (d.h. *vor* der effektiven Aufnahme der Arbeit der NCA) nur vierundneunzig Flüge nach Biafra durchgeführt hatten, während die NCA im September 1968, dem ersten Monat ihrer Arbeit, bereits zweihundertsieben Flüge nach Uli unternommen hatte, und hiermit begann, die riesigen Mengen gestapelter Waren in Sao Tomé abzubauen [74].

1969 wurde die amerikanische und kanadische Nothilfe bereits wirksam, und nicht mehr taugliche Flugzeuge konnten ersetzt werden. Bis Juni 1969 fanden monatlich im Durchschnitt 327 Flüge statt, die 18.000 t Hilfsgüter nach Uli brachten. Im Vergleich dazu flog das IKRK von zwei Stützpunkten (Santa Isabel und Cotonou, Dahomey) etwa 14.200 t Material nach Uli.

Die NCA hatte eine eigene Fluggesellschaft gegründet „Flughjaelp H F", die mit sechs DC–6 flog, von denen jedoch zwei untauglich wurden.

Bis Dezember 1969 verschlimmerte sich die Notlage immer mehr. Für Biafra war die Lage auch militärisch aussichtslos geworden, und das Elend konnte kein noch so effizientes Hilfsprogramm mehr mit Aussichten auf Erfolg bekämpfen. Am 12.Januar 1970 wurde die Luftbrücke nach Uli eingestellt, nachdem das Personal des IKRK und der JCA evakuiert worden war. (Eine Gruppe katholischer Geistlicher, die auch zu den Helfern gehörten, blieb unauffindbar.) Die JCA bot der militärischen Bundesregierung von Nigeria am 11. Januar ihre Flugzeuge, Ausrüstung und Waren an. Doch die nigerianische Regierung lehnte kategorisch ab: Sie wollte nichts mit einer Organisation, die Biafra geholfen hatte, zu tun haben.

Während des ganzen Jahres 1969 hatte das IKRK versucht, eine Flugbewilligung auch für Tagflüge von der nigerianischen Regierung zu erhalten. Die Bemühungen blieben erfolglos – ein IKRK-Flugzeug wurde sogar im Juni 1969 abgeschossen, und die Flüge wurden eingestellt. Bis Ende des Jahres waren die Verhandlungen ohne positive Ergebnisse geblieben.

Vom 16. August 1968 bis zum 12. Januar 1970 waren von JCA fünftausenddreihundertacht Nachtflüge nach Uli durchgeführt worden, von denen zweitausendneunhundertfünfundfünzig auf NCA, eintausendeinhundertzweiundneunzig auf JCA/USA, und sechshundertsiebenundsiebzig auf das kanadische kirchliche Hilfswerk „Canairrelief" entfielen. Doch diese Zahlen dürfen nicht über die Schwierigkeiten des Nothilfeprogramms der JCA hinwegtäuschen. Diese sollen im folgenden skizziert werden.

321.633 Die Probleme der Nothilfe für Nigeria/Biafra

Vorerst seien die institutionellen Probleme nochmals kurz erwähnt: Einerseits konnte der OeRK als Organisation seine eigenen Mitglieder, die sich in der JCA zusammengeschlossen hatten, nicht desavouieren, noch wollten sich die letzteren vom OeRK trennen, sondern ausschliesslich für diese dringende

---

[74] In einer Diskussion der Hilfswerke wurde sehr eindrücklich beschrieben, wie zuerst die Lagerhäuser desinfiziert werden mussten, und wie fürchterlich der Stockfischgeruch war!

Nothilfe ein rasch wirkendes System aufbauen. Auf der anderen Seite hatte sich der OeRK zur Zusammenarbeit mit dem IKRK verpflichtet, das nun seinerseits wieder durch seine eigenen institutionellen Zwänge zeitweise gelähmt wurde [75]. (Z.B. während der Verhandlungen um die Flugbewilligung und nach dem „Abkommen" über Flüge „auf eigene Gefahr"). Die Verteilung der Hilfsgelder durch den OeRK zeigt, dass sowohl das IKRK, wie auch die JCA unterstützt wurden, und Vertreter des IKRK hatten sich mehrmals mit Vertretern der JCA in Genf (z.B. am 27. März 1969) und an den „strategischen Punkten" der Programmhilfe getroffen: Die JCA hatte ein Flugzeug vom IKRK übernommen und bei Beendigung der Luftbrücke das Personal des IKRK evakuiert. Dabei hatte die JCA den institutionellen „Vorteil", (der zugleich auch eine echte Gefahr war), in ihrem humanitären Werk weniger an völkerrechtliche Normen gebunden zu sein, als das IKRK, und deshalb gelang es ihr, wohl „illegal", eine doch ziemlich umfangreiche Hilfe zu leisten.

Dieser „Vorteil" der JCA sollte auch viele politische Schwierigkeiten schaffen, die im folgenden noch ausgeführt werden. Die institutionelle Zweiteilung des ökumenischen Hilfsprogramms in die Leistungen des OeRK an den nigerianischen Christenrat und die Hilfe der JCA an Biafra hatte die Beziehungen der beiden „ideologisch" eng verbundenen, aber administrativ getrennten Organisationen mehrfach getrübt: Z.B. verlangte der OeRK im Dezember 1969 das Einstellen der Luftbrücke der JCA, ohne dass die JCA dieser Forderung Folge leistete. Auch innerhalb der JCA wurde die Organisation schwierig und Reibungen unvermeidlich. So wurde es nach der Erweiterung der NCA in die JCA mit der Zusammenarbeit der katholischen Hilfswerke im November 1968 unerlässlich, die Kompetenzbereiche der einzelnen Mitglieder abzugrenzen: Die deutschen Hilfswerke übernahmen die Ernährungs- und Gesundheitsprogramme (Medikamente usw.), die UNICEF die „Kinderbrücke" (es wurde in Libreville, Gabun, ein Kinderdorf gegründet), und andere Mitglieder waren für die Entsendung von Ärzten, die Flugoperationen (hauptsächlich die NCA, die JCA/USA und die „Canairrelief") oder für die Stipendien nigerianischer Studenten verantwortlich.

Neben diesen institutionellen Hindernissen galt es die praktischen zu überwinden: In den Hilfszentralen war es schwierig, Piloten, Flug- und Versicherungsgesellschaften für ein derart, von aussen gesehen abenteuerliches und „illegales" Unternehmen zu gewinnen: Die Luftbrücke hatte doch dreizehn Todesopfer gefordert, nicht wegen der ständigen FLAK-Beschiessung oder der Flugplatzbombardierungen durch die nigerianische Bundesarmee, sondern wegen der schlechten Lande- und Wetterbedingungen,

---

[75] Für eine eingehende Untersuchung über die Rolle des IKRK: *Th. Hentsch,* Le CICR dans le conflit du Nigéria, Thèse de doctorat à l'IUHEI, Genève 1973.

unter welchen die Nachtflüge durchgeführt werden mussten (tropische Gewitter, Bodennebel, mangelhafte Beleuchtung des Flugfeldes usw.). Der finanzielle Verlust von Flugzeugen, die durch militärische Operationen beschädigt und unbrauchbar wurden, oder ohne Landung umkehren mussten, wird im Tätigkeitsbericht des Chefs der Flugoperationen der NCA auf rund 2,5 bis 3 Mio. Dollar geschätzt. Deshalb war es schwierig, Piloten zu finden, und einige Fluggesellschaften erhöhten ihre Preise derart, dass die JCA deren Verträge nicht mehr erneuern konnte.

Dies waren jedoch nicht die einzigen Personalschwierigkeiten: Insgesamt waren *sieben* verschiedene Personen, alle mit militärischen Graden, „Chef der Flugoperationen" gewesen. Es gab auch einzelne persönliche Rivalitäten zwischen privaten Flugunternehmen. Doch die JCA hatte selbst die vertraglich gebundenen Piloten *niemals* gezwungen, „planmässig" zu fliegen, und dennoch konnte die Luftbrücke mit Ausnahme weniger Tage ohne Unterbrechung funktionieren [76].

In Biafra selbst waren die praktischen Bedingungen für die Durchführung der Hilfe ausgesprochen schlecht: Das Ausladen der Hilfsgüter ging langsam vor sich, wodurch der Landeplatz für das nächste Flugzeug länger als notwendig besetzt war. An den einzelnen Punkten des Verteilungsnetzes war das Elend kaum mehr zu lindern obschon die Zusammenarbeit der Helfer so gut wie möglich funktionierte [77].

Von der Verwaltung der Lagerhäuser in Sao Tomé und der Inspektionsarbeit der portugiesischen Behörden wurde bereits gesprochen, und dies soll zu den politischen Fragen, die das ökumenische Hilfsprogramm aufwarf, überleiten.

---

[76] Im November 1968, im Januar–Februar 1969, im Oktober 1969. Der Landestreifen in Uli wurde im Oktober 1968 während drei bis fünf Nächten pro Woche bombardiert.

[77] Im Februar 1969 hatte die WACC ein ökumenisches Filmfestival organisiert. Die Filme über Biafra und die Augenzeugenberichte waren erschütternd: Die Autorin erinnert sich an ein Gespräch mit einem katholischen Priester von „Caritas Internationalis" und einem protestantischen Helfer, die für das Programm der ICA gearbeitet hatten: Das Ärgste wäre nicht, dass man dem Sterben machtlos zusehen müsse oder dass die Hilfe immer nur ein Tropfen auf einen heissen Stein bedeute, sondern dass sie als Geistliche die Selektion derer, die Pflege und Nahrung bekommen würden, und derer, die ohne Hilfe in den sicheren Tod geschickt würden, vornehmen müssten, also gezwungen wären, als Helfer eines humanitären Programms über Leben und Tod zu entscheiden. Aus der hungernden Bevölkerung müssten an den Speisungsstellen die noch Stärkeren ausgewählt werden, weil man genau wisse, dass den schon allzu sehr geschwächten wegen der beschränkt verfügbaren Hilfsmittel nicht mehr zu helfen sei. Andererseits geht aus Berichten des IKRK hervor, dass die Hungersnot je nach Gebiet in ihrem Ausmass variierte. Aber in der letzten Phase der Nothilfe und in den Gebieten, in denen nur noch die Vertreter des OeRK arbeiteten, hatte sie ein beträchtliches Ausmass angenommen.

Eben diese Zusammenarbeit der JCA mit portugiesischen Behörden wurde der JCA von der nigerianischen Bundesregierung als politische Parteinahme für eine „kolonialistische, rassistische Macht" vorgeworfen. Objektiv gesehen bleibt jedoch festzuhalten, dass vielleicht gerade diese Verlegung des Hilfsstützpunktes von Fernando Poo (wo kaum mehr Platz für gelöschte Güter gefunden werden konnte) nach Sao Tomé massgeblich zum Erfolg des Programms beigetragen hat.

Gleichzeitig wurden „die Kirchen", und mit ihnen der OeRK in Europa und Afrika, von andern Staaten wegen des PCR einer anti-portugiesischen Haltung bezichtigt.

Die nigerianische Bundesregierung richtete jedoch auch andere Anschuldigungen gegen die JCA: In einer Note vom 28. Februar 1969 an die Regierungen der skandinavischen Länder verurteilte sie die JCA wegen der völkerrechtswidrigen Verletzung ihres Luftraumes und forderte diese Regierungen auf, ihren Einfluss auf die Organisation geltend zu machen. Die nigerianische Bundesregierung hatte der JCA an Stelle von Uli die Benützung eines anderen Flugplatzes angeboten, der aber in einem vollständig von den Bundestruppen besetzten Gebiet lag, von wo aus die Verteilungsstellen nicht erreichbar gewesen wären. Deshalb wurde dieser Vorschlag von der JCA abgelehnt. Diese ziemlich heftigen Drohungen und Demarchen gegen die JCA dürfen eigentlich schon als Hinweis auf den relativen Erfolg der Hilfe für Biafra gewertet werden. Die JCA wurde also nicht militärisch, sondern auch politisch bekämpft. Es mutet weiterhin seltsam an, dass die nigerianische Bundesregierung die JCA wiederholt aufgefordert hatte, sich vollständig dem IKRK zu unterstellen, und gleichzeitig diesem Hilfswerk alle nur erdenklichen Schwierigkeiten in den Weg legte. Ferner wurde beiden Hilfswerken vorgeworfen, Waffen nach Biafra zu liefern und somit den Krieg unnütz zu verlängern.

In dieser Arbeit geht es nicht darum, über Recht und Unrecht in einem Bürgerkrieg, über „Völkermord", Stammesfehden oder Prinzipien der humanitären Hilfe und deren Anwendung ein Urteil zu fällen, sondern zu zeigen, dass auch die JCA, deren Grundsatz nur darin bestand, dort zu helfen, wo die Not am grössten war, in die gesamte politische Problematik hineingezogen wurde, und trotz der verhältnismässig grossen Erfolge des Hilfsprogramms nicht von schweren Anschuldigungen verschont blieb.

Um den Überblick über das Flüchtlingshilfe- und Wiederaufbauprogramm des OeRK für Nigeria/Biafra in allen drei Phasen abzuschliessen, sollen einige Besonderheiten hervorgehoben werden. Es ist erstaunlich, dass die in der zweiten Phase so aktive JCA sich ohne weiteres wieder im OeRK auflösen konnte, ohne dass eine ständige Abspaltung in eine eigene Organisation, oder gegen aussen eine offene Uneinigkeit im OeRK entstand.

Dies zeigt eine gewisse, dem OeRK eigene, aber hier besonders klar zutage tretende institutionelle Flexibilität, die wohl verschiedene Nachteile wie z.B.

arbeitstechnische Vielschichtigkeit in sich birgt, aber zugleich auch erlaubt, dass der OeRK, obschon sich die JCA für die Besiegten eingesetzt hatte, auf Seiten der Sieger und mit Ermächtigung der Siegerregierung in der dritten Phase ein Wiederaufbauprogramm einleiten konnte. Ferner zeigt die Zweiteilung des Hilfsprogramms in der zweiten Phase, dass, obwohl der lokale Christenrat gegen Biafra Partei ergriffen hatte, andere Mitglieder des OeRK trotzdem dieser Bevölkerung helfen konnten. Nun könnte dem OeRK wohl vorgeworfen werden, er wäre janusköpfig und würde nie eine klare Stellung beziehen, aber damit taucht gleichzeitig die alte Frage nach der „neutralen Entwicklungsarbeit" wieder auf. Auch in diesem Falle hatte der OeRK als Organisation auf beiden Seiten geholfen: Während z.B. die NCA (also die *lutherischen,* skandinavischen Kirchen) ihre Luftbrücke nach Biafra ausbauten, hatte der LWB ein grosses Entwicklungsprojekt im Nigerdelta und ein weiteres landwirtschaftliches Sofortprogramm mit dem Anbau von achtzehn Morgen Land begonnen.

(Diese beiden Projekte lagen in dem von der Bundesregierung beherrschten Gebiet).

Neben dieser institutionellen Flexibilität, welche die beidseitige Hilfe erst möglich machte, ist eine zweite Besonderheit dieses Programms zu erwähnen: Während sonst in den meisten Fällen das Wiederaufbauprogramm direkt als Weiterführung der Flüchtlings- und Nothilfe betrachtet werden kann, (wie in den obengenannten Beispielen in der Türkei, Vietnam und Palästina), deren Projekte oft am selben Standort einfach erweitert werden, wurde hier, wegen der Zweiteiligkeit der ökumenischen Arbeit in der zweiten Phase, das Wiederaufbauprogramm, sowohl institutionell als auch praktisch, vollständig von der Nothilfe abgetrennt: Es wurde im normalen Verfahren des OeRK auf Ersuchen des nigerianischen Christenrates geplant und durchgeführt, um nicht von Aussenstehenden mit der JCA, der die neue Militärregierung keine Sympathien entgegengebracht hatte, in Verbindung gebracht zu werden. Im Entscheidungsprozess hatten jedoch die Mitglieder der aufgelösten JCA als Geberorganisationen der DICARWS wieder ihr normales Mitsprache- und Mitfinanzierungsrecht. Denkt man an die politischen Spannungen zwischen JCA und der nigerianischen Bundesregierung, so darf die blosse Tatsache, dass ein Wiederaufbauprogramm überhaupt durchgeführt werden konnte, als Erfolg für den OeRK angesehen werden.

Eine dritte Besonderheit dieses Programms liegt darin, dass die reine Nothilfe meist kurzfristig geplant und durchgeführt wird, und der Wiederaufbau in eher langfristige Entwicklungsarbeit ausmündet. Für Nigeria/Biafra war es eher umgekehrt: Die Nothilfe, die sonst nur einige Monate dauern sollte, (wie z.B. in der Türkei und in Jugoslawien), und die von der JCA zu Beginn als kurzfristig vorgesehen war, dauerte beinahe zwei Jahre, (April 1968 – Januar 1970), während die ökumenische Wiederaufbauhilfe schon nach etwa vierzehn Monaten dem lokalen Christenrat übertragen wurde. Ob dies auf die politischen Schwierigkeiten zwischen der JCA und der nigerianischen Bundesregierung, oder auf die nach dem Sieg der Bundestruppen auftretenden Spannungen zwischen „Kirche und Staat" zurückzuführen ist, bleibe dahingestellt. Auch die Frage, ob die Stellung der Kirchen im heutigen Nigeria durch die Nothilfe der JCA geschädigt worden war, kann nur mit Vermutungen beantwortet werden. Fest steht, dass die politischen Konstellationen die Durchführung dieses Programms weit mehr belastet und beeinflusst haben, als die rein institutionellen oder religiösen Faktoren.

Und hiermit kommen wir von den Besonderheiten dieses grössten ökumenischen Programms zu den allgemeinen Konstanten der Entwicklungsarbeit des OeRK.

Als erste Konstante wurde mit der Gründung der ökumenischen Sonderorganisation NCA und später JCA erneut deutlich, dass die letzte, institutionelle Entscheidung für die Durchführung eines Programms eindeutig bei den nationalen Kirchen liegt. Diesmal ging es nicht darum, die Ausrichtung oder Zielsetzung einer Entwicklungsarbeit zu verändern, sondern nur um die Beschleunigung und bessere Wirksamkeit einer vom OeRK bereits begonnenen Tätigkeit. Die relativ geringe Hilfeleistung in der ersten Phase war auch nicht nur auf die institutionelle Kompliziertheit der Weltorganisation zurückzuführen, sondern viel eher auf die Behinderung auf lokaler Ebene.

Wie bei anderen „normalen" Entwicklungsprojekten ist auch hier der Erfolg der Leistung kaum messbar: Hatte die JCA nur das Leben der biafranischen Flüchtlinge um einige Monate verlängert, die entweder früher im Krieg umgekommen wären, oder später dennoch verhungerten, weil sie von der Gegenpartei vernachlässigt wurden? Wieviel Menschen hatte der OeRK insgesamt gerettet? Sollte ein privates Hilfswerk in „nationale Stammesfehden" eingreifen? Kann die Parteinahme für die Schwachen, die ethisch berechtigt ist, nicht politisch dazu führen, dass der Sieger den Besiegten um so härter behandelt? Stand der gesamte Aufwand des ökumenischen Programms in allen drei Phasen in einem günstigen Verhältnis zum erreichten Erfolg? War die Hilfe der JCA nicht sinnlos gewesen, weil sie keine bleibenden, sichtbaren Resultate aufzuweisen hat?

Rückblickend ist es einfach, solche Fragen zu stellen, die edle, humanitäre Gedanken und ethisch-christliche Motivationen mit machtpolitischen Realitäten und philosophischem Machiavellismus überschatten. In der Entwicklungsarbeit des OeRK, zu der auch Nothilfe und Wiederaufbau gehören, müssen alle diese Erwägungen miteinbezogen werden. Und dieses Programm für Nigeria/Biafra wurde deshalb so ausführlich behandelt und an das Ende dieses Kapitels über die Beispiele der praktischen Durchführung der Entwicklungsarbeit gestellt, weil es als Gegenstück und Vergleich zum PCR, das ja die Überleitung vom theoretisch-historischen Teil zum praktischen Teil dieser

Arbeit darstellt, die gesamte Problematik des ökumenischen Beitrags zur Entwicklungsarbeit ebenfalls in dramatischer Weise beleuchtet.

Es wäre viel einfacher gewesen, diese Beispiele von Programmen länger und ausführlicher zu behandeln oder aus der Vielzahl der Projekte einige Dutzend auszuwählen. Doch mit der gezwungenermassen schematisierenden Konzentration und Kürzung gelang es vielleicht, sowohl die für den OeRK kennzeichnende, unendliche Vielfalt der Entwicklungsprojekttypen zu zeigen, als auch die immer wiederkehrenden Konstanten, als Ursachen für Erfolg oder Misserfolg, und die „klassischen" Irrtümer hervorzuheben. Es fiele bedeutend leichter, diese Konstanten in der Entwicklungsarbeit bei der Beschreibung der praktischen Beispiele in der bunten Fülle eines vignettenhaften Gerankes von anregenden Einzelheiten untergehen zu lassen, als sie in einer, das Wesentliche hervorhebenden, und damit zwangsläufig schematisierenden Textkonstruktion herauszuarbeiten. Doch ist gerade das letztere der wahre Zweck dieses Kapitels gewesen.

Bevor jedoch nach diesem anschaulichen Teil der praktischen Beispiele auf die untergründigen, tieferliegenden Motivationen der ökumenischen Entwicklungsarbeit eingegangen wird, bedürfen noch zwei weitere, die Arbeitsmethoden des OeRK betreffende Fragen der Analyse, nämlich die je nach Projekttyp verfolgten *Zielsetzungen* und die *Aufbringung und der Einsatz der Mittel* für die Durchführung der Projekte. Noch zeigt sich der OeRK bei der Behandlung dieser beiden Themen von seiner aktiven, pragmatischen Seite, als soziale, umweltverändernde Kraft, während bei der anschliessenden Behandlung der Motivationen in der Entwicklungsarbeit wieder seine wertebewahrende, geistig-seelische Komponente, gleich wie diejenige der Mitgliedskirchen, in den Vordergrund tritt.

322 Die Zielsetzungen der verschiedenen Projekttypen

Im Kapitel über die institutionellen Arbeitsmethoden des OeRK wurde ausgeführt, weshalb in der Entwicklungsarbeit nicht wie in anderen internationalen Organisationen kurz-, mittel-, und langfristige Globalplanungen ausgearbeitet werden können (wie z. B. in der EWG). Die Geber entscheiden pragmatisch, je nach Projekt und von Fall zu Fall. Daraus ergeben sich zwei Folgen: Es kann auch keine globale Kosten-Gewinn-Analyse durchgeführt werden, da beim Einsatz der finanziellen Mittel nicht genau geklärt werden kann, wieviel Geld insgesamt für die Planung von später *nicht* durchgeführten Projekten ausgegeben wurde, oder inwieweit der Gesamtaufwand für Projekthilfe in einem guten Verhältnis zu den erreichten Zielen stand. Oft ist es auch aus bereits genannten Gründen, nicht nur wegen der fehlenden Globalplanung, ausgeschlossen, im einzelnen genau festzuhalten, ob die Zielsetzungen für einen bestimmten Projekttyp global verwirklicht wurden oder nicht. Deshalb ist dieses Kapitel wie folgt aufgebaut: Es muss je nach Projekttyp unterschieden werden nach den Fernzielen, oder der allgemeinen, globalen Zielsetzung und den projektbezogenen und projektgebundenen Zielsetzungen mit ihren einzelnen, direkten, relativ kurzfristigen Zielen, wie z. B. dem Anbau von Tomaten statt Mais oder der Einführung von Mittagsmahlzeiten in einer Schule, deren Kinder einen langen Schulweg haben und sonst nicht lernfähig sind.

In den Schlussbetrachtungen soll dennoch der Versuch gewagt werden zu erklären, in welchem Masse die Zielsetzungen für kirchliche Projekttypen verwirklicht worden sind.

Theoretisch steht also dieses Kapitel zwischen dem der Einschätzung der Projekte in der Entwicklungsstrategie und demjenigen der Motivationen, denn es behandelt die „äusserlich sichtbaren" Zielsetzungen, die anhand der praktischen Beispiele erkennbar geworden sind.

322.1 Die Zielsetzungen in den Projekten für Erziehung und Ausbildung

In der allgemeinen Zielsetzung im Erziehungswesen zeigt sich wieder die eher kontemplative, wertebewahrende und -vermittelnde Rolle der Kirchen, und gleichzeitig in der Zielsetzung für die berufliche Ausbildung die aktiv in die Gesellschaft eingreifende Kraft, – also beide Komponenten der Doppelrolle des OeRK.

322.11 Die Zielsetzungen für Erziehungsprojekte

Wegen ihrer Zielsetzung der „Bildung" nach dem europäischen Verständnis dieses Begriffs wirkten sich die Erziehungsprojekte oft entwicklungshemmend aus, da sie eine fremde Kultur vermittelten, die später zur Stütze einer konservativen Elite wurde, die den „Status quo" erhalten wollte.[1] Durch das direkte Ziel der Alphabetisierung erlitten also die „Gebildeten" nicht nur einen Kulturschock, der sie allem Bekannten entfremdete, sondern zugleich

---

1 *R. Dickinson,* The Line and the Plummet, S. 23, 45 und 53. *F. Houtart, E. De Vries,* Eglises et Développement, S. 218–220 und OePD, Nr. 21, 5. Aug. 1971,,,Die christliche Bildungsarbeit muss neue Wege gehen".OePD, Nr. 20, 22. Juli 1971, S. 8: Repressive Strukturen behindern fortschrittliche Bildungsarbeit: „Mit einem vernichtenden Urteil über den sozialen, wirtschaftlichen und politischen Kontext, in den sich die christliche Bildungsarbeit auf dem lateinamerikanischen Kontinent einfügt, wurden ... Delegierte ... konfrontiert."

einen Minderwertigkeitskomplex, da die Erziehungsprojekte klar werden liessen, dass der weisse Mann wegen seiner Bildung einen schwer einzuholenden Vorsprung besass. Indirekt trugen diese Projekte somit auch zu Rassenspannungen bei.

Historisch gesehen können drei Stufen der Zielsetzung für Erziehungsprojekte erkannt werden.

322.111 Die dreigestufte Zielsetzung für Erziehungsprojekte
In der Kolonialzeit, in der dem Imperialismus der Staaten der Triumphalismus[2] der Kirchen entsprach, war die Globalzielsetzung der Erziehungsprojekte die Bekehrung zum guten Christen durch die Vermittlung einer geistig überlegenen Kultur. Durch den Aufbau des Erziehungswesens in den Kolonien konnte die Kirche noch als „Nebenziel" ihren eigenen geistigen Einfluss und ihre politische Macht ausdehnen.

Nach dieser ersten, politisch bedingten Stufe veränderte sich die Globalzielsetzung: Selbstverständlich ging es noch um die Vermittlung von nützlichen Kenntnissen und moralischen Werten, aber eher zur Vorbereitung einer neuen, einheimischen Elite[2a] auf die geistige Führung eines neuen Staates.

Die Erziehung sollte zum Aufbau einer einheitlichen Nation, zur Befriedung der Bevölkerung nach Kriegen oder zur Sesshaftigkeit von Flüchtlingen beitragen. Das Direktziel in dieser zweiten, ebenfalls von der Politik geprägten Stufe der Zielsetzungen war ein altes christliches Ideal, nämlich die Heranbildung eines „ganzen Menschen", einer individuell abgerundeten, verantwortungsbewussten, denkfähigen Persönlichkeit. Durch die Züchtung eines ethisch begründeten Individualismus sollte das, in der ersten Stufe im Vordergrund stehende, elitäre Prinzip verwirklicht werden. Damit versuchte der OeRK gleichzeitig die Beziehungen zwischen dem neuen Staat und der jungen lokalen Kirche günstig zu gestalten: Denn die Kirche konnte im noch nicht gefestigten Staat durch Erziehungsprojekte als Institution anerkannt und in die Nation integriert werden. Es ging also nicht mehr um die universale, triumphale Machtausdehnung, sondern eher um eine defensive Absicherung, die sich durch Erziehungsprojekte festigen liess.

Die dritte und für die vorliegende Arbeit wichtigste Stufe der Zielsetzungen für Erziehungsprojekte ist die vom OeRK aus der lateinamerikanischen

---

2 Unter Triumphalismus versteht man eine kirchliche Geisteshaltung, die die Verwirklichung des Reiches Gottes auf Erden in der siegreichen Machtentfaltung und universalen Machtausdehnung der Kirchen sieht.

2a Die Schwierigkeiten dieses Prozesses werden auch erwähnt in: The American Economic Review, Vol. LII. Nr. 2, May 1962, S. 46–58: „the Development of Entrepreneurship", von *G. F. Papanek.*

römisch-katholischen Soziallehre[3] übernommene Bewusstseinsbildung *(conscientización)*. Sie wird oft auch die *Freire-Methode* genannt, nach dem Pädagogen, der sie erfand und heute im OeRK als Direktor des neugebildeten Instituts für kulturelle Aktion arbeitet[4]: Der Unterricht soll nicht mehr fremde, konservative Werte vermitteln, sondern anschauliches, auf die lokalen Verhältnisse zugeschnittenes Wissen[5]. Diese Zielsetzung wurde nun von zwei verschiedenen Tendenzen aufgenommen. Auf der einen Seite von sozial gesinnten Pädagogen und Sozialhelfern, die von unten her, durch die unterste soziale Schicht, einen entwicklungsfördernden Wandel der Mentalität herbeiführen wollten.

Die Masse der Armen sollte zum selbständigen Denken erzogen werden, um sich wirtschaftlich und geistig befreien zu können. Doch sollte sich herausstellen, dass es gerade beim Proletariat am schwersten ist, ein Urteilsvermögen zu entwickeln — und es dieses nur in Ausnahmefällen erwerben kann. Es leistet vielmehr gegen jegliche Veränderung Widerstand, teils aus Misstrauen, teils aus der Unfähigkeit, nach einer, seine Kräfte erschöpfenden Arbeit noch etwas zu leisten, oder weil es nicht aus der Abgestumpftheit und Resignation herausfinden kann.

Das aus der *conscientización* abgeleitete soziale Ziel einer Humanisierung des Lebens, einer Befreiung von subhumanen Verhältnissen, einer Verwirklichung der Menschenwürde in der Entwicklungsarbeit wurde jedoch von einer zweiten, radikaleren, politischen Tendenz aufgegriffen, die bereits in der beschriebenen Spaltung innerhalb des OeRK analysiert wurde: Die Bewusstseinsbildung sollte dazu dienen, die „Unterdrückten" ihrer künftig zu erkämpfenden Rechte bewusst zu machen, ein Prozess, der sie zwangsläufig in revolutionäre Opposition gegen die bestehende Gesellschaftsstruktur und die etablierte Staatsgewalt zwingen musste[6]. Die Reaktionen liessen nicht auf sich warten: Die radikale Auffassung der *conscientización* liess diese poli-

---

3   Begründet auf dem Manifest vom 15. Aug. 1967, Botschaft von achtzehn Bischöfen der „Dritten Welt" als Antwort auf den Appell der Armen, und der Erklärung der lateinamerikanischen Bischofskonferenz von Medellin (1968).

4   OePD, Nr. 29, 11. Nov. 1971: „Die Herausgabe einer Zeitschrift für pädagogische Methoden der Bewusstseinsbildung ist geplant". (Prof. Paolo Freire musste Lateinamerika wegen politischer Opposition verlassen).

5   Die Definition der Bewusstseinsbildung lautet wie folgt: WCC Central Committee, Addis Abeba, Jan. 1971, Document No. 10 (rev.) S. 3: „... (conscientización is)... an awakening of consciousness, a change of mentality, involving an accurate, realistic awareness of one's locus in nature and society: the capacity to analyse critically one's situation, its causes and consequences, comparing it with other situations and possibilities, and action of a logical sort aimed at transformation. Psychologically it entails an awareness of one's dignity, the practice of freedom".

6   CAMARA, Dom Helder „Entwicklungsprojekte und Strukturwandel", Vortrag vor der Konferenz von Montreux, Jan. 1971, Ungerechte Fesseln öffnen, S. 71.

tische Tendenz sofort als kommunistische Gefahr erscheinen[7]. Das *Etablishment* warf ihnen Massenaufwiegelung, Manipulation und Befürwortung der Gewaltanwendung vor. Bei der Behandlung der geistig-ethischen Motivationen soll gezeigt werden, weshalb sich selbst diese radikale, christliche Zielsetzung sowohl vom Kommunismus, wie auch von der offiziellen römisch-katholischen Sozialdoktrin unterscheidet. Fest steht, dass auf die radikale Auffassung der *conscientización* in den Erziehungsprojekten wieder eine gemässigte Gegenreaktion als Ausgleich folgte, wie beim PCR. Die abgeänderte Zielsetzung hiess nun „Erziehung zum sozialen Wandel"[8] und setzte die Vermittlung der Kenntnis der demokratischen Rechte und ihrer verfassungsmässigen Anwendungsmöglichkeiten voraus. Diese Rechte sollten wirksam für den Wandel eingesetzt werden.

Doch nach wie vor ist die Bildungsarbeit das prioritäre Werk der Kirchen und die Globalzielsetzung bleibt die Bewusstseinsbildung[9].

322.112 Die scheinbaren Widersprüche in der Zielsetzung für Erziehungsprojekte und ihre „christliche Logik"

In allen drei Stufen der Zielsetzung tritt das Prinzip der Heranbildung einer Elite auf. Steht diesem elitären Prinzip nicht dasjenige der Bekämpfung des Kastengeistes entgegen? Nein, denn in der christlichen Grundhaltung soll jedem Menschen ohne Unterschied der Rasse oder sozialen Stellung (Aufnahme von „Unberührbaren" in christliche Schulen, Bekämpfung der rassischen Unterdrückung) ein Recht auf die Entfaltung seiner Persönlichkeit gegeben werden.

Doch scheint nicht eben dieses Hervorheben des Individuellen, des „ganzen Menschen", im Widerspruch zu der Globalzielsetzung der kollektiven Entwicklung, der sozialen Gerechtigkeit zu stehen? Nein, denn im OeRK wird darauf die Antwort gegeben, dass nur die volle, persönliche Entfaltung breiter Schichten eine kollektive Besserstellung ermöglicht, und also ersteres Vorbedingung, und nicht Widerspruch, des zweiten sei. Offensichtlich ist dies ein sehr ehrgeiziges Ziel.

In der zweiten Stufe der politisch bedingten Zielsetzungen für die Bildungsarbeit förderten die Kirchen den Nationalismus (z. B. in Indonesien), den sie gleichzeitig in Europa bekämpften. Die Lösung des Widerspruchs in

---

7   ibid., S. 72/73.
8   OePD, Nr. 22, 2. Sept. 1971.
9   OePD, Nr. 20, 22. Juli 1971, S. 5: Gerechtigkeit als Ziel kirchlicher Entwicklungshilfe − CCPD will Bewusstseinsbildung fördern: „Priorität erhalten Bildungsprogramme ... Ziel dieser Programme ist die Bewusstseinsbildung, die Darlegung ungerechter Verhältnisse und die Förderung von Bemühungen zur Veränderung ungerechter und inhumaner Strukturen."

der ökumenischen Anschauung besteht darin, dass Nationalismus in der „Dritten Welt" zum Aufbau der Nation (gegen Stammesdenken) und zur Förderung der Entwicklung beitrage, in Europa jedoch dem Wohlstand der grösstmöglichen Zahl abträglich sei.

Wie soll die revolutionäre Idee der *conscientización* mit den Friedensappellen des OeRK in Einklang gebracht werden können? Die radikale Tendenz erwidert, dass der Friede in bestimmten Fällen nur durch Revolution zu erreichen sei, weil sonst keine menschenwürdigen Verhältnisse für alle geschaffen werden können. Die Revolution sollte also eine Humanisierung einleiten.

Wie kann man die Tatsache, dass vielerorts die Kirche in der Erziehungsarbeit immer noch den „Status quo" aufrechterhält und die herrschende Klasse stützt, mit der Sozialdoktrin des entwicklungsfördernden Gesinnungswandels vereinen? Die Antwort darauf schliesst den Kreis der Argumente wieder mit dem elitären Prinzip ab: Die arme, traditionsgebundene, gedankenträge Masse ist noch nicht für die dringenden, entwicklungsfördernden Veränderungen zu gewinnen. Deshalb muss die Macht- und Wirtschaftselite dafür motiviert und eingesetzt werden können.

Abschliessend sei darauf hingewiesen, dass die Zielsetzungen für Erziehungsprojekte hier so ausführlich behandelt wurden, weil sie teilweise auch für alle andern Projekte gelten, und deshalb im folgenden immer, manchmal als Leitmotiv, manchmal als unterschwellig vorhandener Zusatz, bei den neu erwähnten Zielsetzungen miteingeschlossen werden müssen.

322.113 Anzeichen der Verwirklichung der Zielsetzungen für Erziehungsprojekte

Da die Erziehung eine langfristige, geistige Investition für Generationen ist, in der die Ausgaben mit keinen sichtbaren Gewinnen verglichen werden können, seien nur kurz einige Anzeichen einer erfolgreichen Verwirklichung ihrer Zielsetzungen genannt: Im schwarzen Afrika befand sich 1960 beinahe das gesamte Bildungswesen [10] in Händen kirchlicher Institutionen. Noch heute erfüllen die Kirchen und der OeRK mit seinen Erziehungsprojekten eine allgemein anerkannte, ergänzende, nützliche Funktion im Erziehungswesen. Die heutige Elite (Politiker, Gewerkschaftsführer, Lehrer) gingen meist in eine Missionsschule [11].

---

10 *R. Dickinson*, The Line and the Plummet, S. 44.
11 Der Einfluss ist oft auch an der „Verchristianisierung" der Vornamen (häufig Apostelnamen) zu erkennen. NZZ, 13. Mai 1972, S. 2, „Versöhnung Mobutus mit der katholischen Kirche, Kardinal Malula darf nach Zaïre zurückkehren." Im Artikel wird ausgeführt, dass ein Grund für die Rückkehr des Kardinals die Tatsache ist, dass die Kirche immer noch die „Hauptlast der Schulbildung trägt".

Deshalb pflegt die Elite manchmal auch gute, enge Beziehungen mit der Kirche [12].

So wird auch zu Beginn des zweiten Entwicklungsjahrzehnts das Erziehungswesen eine der Hauptaufgaben in der Entwicklungsarbeit des OeRK bleiben [13].

322.12 Die Zielsetzungen in der beruflichen Ausbildung

322.121 Die Globalzielsetzung
Da der OeRK bei den Projekten für berufliche Ausbildung als aktive, gesellschaftsverändernde Kraft wirken will, geht es nicht nur darum, praktische und berufliche technische Kenntnisse, sondern gleichzeitig eine typisch protestantische Mentalität des vollen Einsatzes zu vermitteln, in der die Arbeit nicht verachtet, sondern als Teil der Menschenwürde eingeschätzt wird. Doch das protestantisch-aktive Prinzip des „Adels der Arbeit", auf dem die moderne westliche Industriegesellschaft begründet ist, in die „Dritte Welt" verpflanzen zu wollen, bleibt ein beinahe aussichtsloses Unterfangen: Einerseits stösst man damit, besonders in asiatischen Ländern, auf eine vollkommen entgegengesetzte Weltanschauung, in der Askese, Verzicht, Selbstverleugnung und philosophisch-geruhsame Selbstversenkung angestrebt werden, und ein diesseitiger Zeitbegriff keine Rolle spielt. Ferner gibt es Völker, die eine natürliche Neigung zum Studium der Geisteswissenschaften haben, und manuelle oder „technische" Arbeit von jeher verachteten. So erscheint auch die christliche Fachkraft im Einsatz verdächtig: Er arbeitet zuviel, um gesellschaftlich wirklich auf einer hohen Stufe zu stehen, also ist er vielleicht nur gekommen, weil er zuhause keinen guten Posten hatte oder irgendwelche Geschäfte machen will.

---

12 Die Autorin erinnert sich an eine panafrikanische Konferenz, an der Minister, Gewerkschaftsfunktionäre und Techniker einer nationalen Delegation miteinander in dieselbe Missionsschule gegangen waren. Ferner fehlte an den Einladungen der durchaus weltlichen Konferenz nie ein Vertreter der Kirche. Selbst bei schlechten Beziehungen zwischen Kirche und Staat zeigt doch schon die Tatsache der Spannungen an sich, dass die Kirche noch als einflussreiche Kraft gilt.
13 A. Philip, „Die zweite Entwicklungsdekade der Vereinten Nationen und die Aufgabe der Kirchen", Vortrag vor der Konferenz von Montreux, Ungerechte Fesseln öffnen, S. 97: „... Schliesslich ist zu Beginn dieser zweiten Entwicklungsdekade die Hauptaufgabe der Kirche, die Öffentlichkeit anzusprechen, überall den Prozess der Bewusstseinsbildung zu fördern, ..."

In afrikanischen Staaten steht die soziale Schichtung als Hindernis der Anerkennung des Prinzips vom „Adel der Arbeit" entgegen [14]: Der Häuptling war im Stammesverband meist ein Alter, der als Zeichen seiner Stellung und Würde nie arbeitete, sondern nur Befehle für die Arbeit erteilte, oder sich mit dem Rat der Dorfältesten im Palaver beriet. Er wurde auch nicht seiner eigenen Leistung wegen in diesen Rang gehoben, sondern oft aus Tradition, wegen des Ansehens seiner Familie, seiner Güter oder ihm zugeschriebener magischer Kräfte. Die Behauptung „Arbeit adelt" erscheint als ein von den Weissen zur Unterdrückung der anderen erfundener Trick. Gerade wegen dieser tiefverwurzelten Anschauungen betonen die modern gesinnten Staatschefs immer und immer wieder die „Eigenleistung" der Nation, den Arbeitseinsatz usw., weil sie genau wissen, dass altes Brauchtum und die Haltung der Ältesten, die sich gegen das Neue richtet, weil es ihre Haus- und Vormacht bedroht, diesem Prinzip entgegenwirken.

Diese Globalzielsetzung der Schaffung einer Mentalität des aktiven Einsatzes des OeRK ist auch historisch bedingt, hat sich aber grundlegend geändert, bis sie vom OeRK als Institution aufgenommen wurde: Im extremen Glauben eines strengen Kalvinismus galt es, sich die Prädestination des Auserwählten, für das Paradies Bestimmten, durch harte Arbeit und eigene Leistung zu verdienen. Der „Adel der Arbeit" war also auf ein besseres Jenseits ausgerichtet.

Heute gilt im OeRK noch immer dieses kalvinistisch-hugenottische Ideal, aber vollkommen diesseitsgerichtet: Durch seine Projekte für berufliche Ausbildung beweist der OeRK die diesseitsgerichtete, soziale Kraft der Kirchen, beweist deren eigene „weltliche" Lebenskraft.

Aus dieser Globalzielsetzung lassen sich direkte Ziele für die berufliche Ausbildung ableiten: Es geht darum, lokale Führungskräfte, einheimische Partner für die Übernahme von Projekten heranzubilden [15].

---

14 In mehreren Sprachen gibt es den Ausdruck „arbeiten wie ein Neger", der während der Zeiten der Sklaverei geprägt wurde und sich oft in der postkolonialen Area ins Gegenteil verkehrt hat: Oft arbeiten heute ausländische weisse Fachkräfte in vollem Einsatz unter weniger kompetenter, einheimischer Führung, die nur „kontrolliert": Aus politischen Gründen der Betonung postkolonialer Unabhängigkeit blieben die hohen Stellen mit Verantwortung den Einheimischen vorbehalten („Afrikanisierung der Kader"), wobei Freundschaft oder Verwandtschaft mit dem Staatspräsidenten mehr zählt als berufliche Qualifikationen. Solche Stellen können höchstens noch als Zeichen der in harter ausländischer Währung untermauerten „Freundschaft" (sprich sarkastisch: gebundene Entwicklungshilfe) ansässigen Persönlichkeiten der Nationalität der Ex-Kolonialmacht zukommen, aber niemals nur auf Grund beruflicher Effizienz und Arbeitsleistung vergeben werden.

15 Die Schwierigkeiten der Verwirklichung dieses Zieles wurden bereits geschildert. Vgl. dazu: IBRD, IDA, The Development of African Private Enterprise, Volume I, Main Report, December 1971, S. 1–8.

Eine gewisse Garantie für ihr berufliches Können und ihren Einsatz sieht der OeRK darin, diese in eigenen Projekten beruflich auszubilden: Vielleicht dass ihnen neben dem technischen Wissen doch auch die geistige Beeinflussung des „Adels der Arbeit" wenigstens teilweise beigebracht werden könnte. So geht es also im behandelten Jahrzehnt bestimmt nicht mehr darum, „Seelen zu gewinnen", sondern durch Berufsausbildung den wirtschaftlichen Lebensstandard — ganz diesseitsgerichtet — soweit zu heben, dass geistige Werte und Prinzipien anerkannt werden können. Um dieses Ziel zu erreichen, muss auch eine verbesserte Kommunikation zwischen Ausbilder und Auszubildenden hergestellt werden: So führte das Ideal, die Globalzielsetzung, zum „Miniziel" der Einrichtung einer Sendestation (RVOG) zur Verbesserung der Kommunikation für berufliche Ausbildung, die ihrerseits zu einem grossen, einflussreichen, kirchlichen Projekt erweitert werden konnte.

322.122 Die projektbezogene Zielsetzung
Die berufliche Ausbildung soll arbeitsmarkt- und nachfrageorientiert sein: Die Ausgebildeten sollen mit Sicherheit einen ihren Qualifikationen entsprechenden Arbeitsplatz erhalten, und die hergestellten Produkte müssen abgesetzt werden können. Nur so gelingt die Verwirklichung der projektbezogenen Zielsetzungen, nämlich die spätere finanzielle Selbständigkeit der Berufsschule. Ohne Importe, sondern durch Selbsthilfe soll das Projekt ausgebaut und selbsttragend werden. Um die Beschäftigungsmöglichkeiten zu erhöhen, sollen arbeitsintensive Produktionsmethoden, nicht teure, ausländische Maschinen verwendet werden [16]. Zur Verwirklichung dieser Ziele ist die Wahl des Standorts solcher Projekte von Bedeutung. Doch auch hier stösst die Zielsetzung auf Widerstand: Die Einführung arbeitsintensiver Methoden wird oft als „Trick" aufgefasst, um den lokalen Kräften die besten Errungenschaften vorzuenthalten und sie nicht aufsteigen zu lassen. [17]

322.123 Die erfolgreiche Verwirklichung dieser Zielsetzung
Ein Massstab, an dem man die Verwirklichung der Zielsetzungen in der beruflichen Ausbildung messen könnte, ist die Quote der nicht abschliessenden Studenten *(drop-outs)*. Diese scheint in verschiedenen Beispielen kirchlicher Einrichtungen niedriger als in ähnlichen, *staatlichen* Ausbildungsstätten. Doch fehlt auch hier eine Globalstatistik. Ferner könnte man vergleichen, wieviel der Ausgebildeten gute Arbeitsplätze gefunden hatten. Da scheinen z. B. in Indien die Erfolge trotz der schlechten Arbeitsmarktlage gut zu sein.

---

16 Entwicklungspolitische Dokumente, S. 53, „Botschaft der Konferenz von Beirut 1968".
17 *R. Dickinson*, S. 28.

Aber es gibt keine Aufstellung der beruflichen Stellungen der in ökumenischen Projekten Ausgebildeten. Inwieweit die Mentalität des vollen Einsatzes vermittelt werden konnte, bleibt auch eine Ermessensfrage. Doch in mündlichen Berichten über Ausbildungsprojekte ist immer wieder zu erkennen, dass sich die Arbeitsmoral einheimischer Christen von der ihrer Landsleute positiv unterscheidet [18].

Ein voller Erfolg, der auch statistisch-wissenschaftlich bewiesen werden kann, war die Verbesserung der Kommunikation durch RVOG.

Letztlich jedoch bleibt auch die in anderen, ökumenischen Projekten angestrebte Veränderung der Mentalität eine Erscheinung, die in der „Dritten Welt" ungeheuer schwer zu erfassen ist, und deshalb oft zu einer Ermessensfrage wird.

322.2 Die Zielsetzungen im Gesundheitswesen

322.21 Die historische Perspektive

Auch dieser Projekttyp war zur Zeit des Kolonialismus und der Missionen ein Mittel zur Bekehrung: Die Überlegenheit der christlichen Religion zeigte sich darin, dass der christliche Arzt den Kranken zu heilen, vom Zauber zu erlösen usw. vermochte. Die medizinische Hilfe galt auch als konkreter Beweis der angewandten christlichen Barmherzigkeit und Nächstenliebe. Doch auch diesen christlichen Zielen standen und stehen noch heute diametral entgegengesetzte Auffassungen entgegen: Es gibt Völker, die das Mitleid nicht kennen [19]. Andere fassen das Leiden als unabänderliches, passiv zu erduldendes Schicksal auf. Ferner gibt es eine äusserst seltsam anmutende Trennung in „einheimische Krankheiten", gegen die nur „einheimische Medikamente und Zauber" helfen, und „europäische Krankheiten", bei denen man sich möglicherweise von einem weissen Arzt helfen lassen kann.

Aus drei ganz einfachen Gründen versuchte der OeRK nach 1960 eine neue Zielsetzung für Gesundheitsdienste zu finden: Erstens wurden die traditionellen Missionskrankenhäuser immer teurer und überstiegen die Finanzmöglichkeiten der Projektbudgets, ohne selbsttragend werden zu können. Sie blieben eine „ewige" Verpflichtung.

Zweitens ergaben Untersuchungen, dass oft Laiendienste besser funktionierten als das Missionsgesellschaftswesen [20].

---

18 Es gibt Beispiele, in denen muselmanische Unternehmer christliche Angestellte ihrer „Arbeitsethik" wegen ihren eigenen Glaubensbrüdern vorziehen.
19 *H. Schoeck*, S. 111.
20 *F. Houtart, E. de Vries*, S. 315 ff.

Drittens sollte der moderne Staat imstande sein, in Zukunft den Gesundheitsdienst *national,* nicht punktweise, wie die Mission, zu organisieren.

Die Lösung schien in einer verstärkten Zusammenarbeit mit dem Staat zu liegen [21].

322.22 Die neue Globalzielsetzung der CMC (Christian Medical Commission)

Nach der neuen „Bibel"[22] der CMC sollten Gesundheitsdienste für einfach durchführbare Präventivmassnahmen, Erziehung zur Hygiene und zu einer weniger monotonen Ernährung organisiert werden: eine Art Sozialmedizin ohne zu grossen, oft unnützen, finanziellen Aufwand.

Dennoch sollte das medizinische Personal über hohe Qualifikationen verfügen, aber möglichst viele Kompetenzen delegieren, und so als „Mini-Zielsetzung" die Bevölkerung aktiv am System beteiligen. Dieses System sollte einem möglichst grossen Teil der Bevölkerung zugute kommen, nicht nur einigen Privilegierten, die sich das Missionskrankenhaus leisten konnten [23]. Die CMC betont jedoch immer wieder, dass die Präventivmedizin als *Ergänzung,* nicht als Ersatz der kurativen Medizin der Missionskrankenhäuser gedacht sei.

Es handelt sich also um eine grossangelegte „Entmystifizierung" der Medizin, die sowohl auf den Widerstand der Missionen als auch auf den der lokalen Bevölkerung stiess.

322.23 Die projektbezogenen Zielsetzungen

Die CMC erhielt die Befugnis zur Umsetzung dieser Globalzielsetzung in die Praxis: Sie sollte Versuchsprojekte in die Wege leiten. Ziel dieser Experimente sollte die Anwendung der Sozialmedizin sein, die durch einfache Methoden (Selbstfabrikation von Medikamenten, Zweigstellen und „Aussenposten" zur Erfassung einer möglichst grossen Zahl der ländlichen Bevölkerung, u. a. m.) nach einer Anlaufzeit von fünf Jahren selbständig oder vom Staat übernommen werden konnte.

---

21 Ein Beispiel solcher Zusammenarbeit ist das Gesundheitsprogramm für Neu-Guinea-Papua (OePD, Nr. 13, 11. Mai 1972, S. 11).
22 *M. King,* Medical Care in developing countries – A Primer on the Medicine of Poverty, 1:1 – 30 : 9, Annexes A–K, London 1966.
23 Die Autorin erinnert sich an ein Gebiet, dessen Dorfschaften noch in der Bronzezeit leben, und wo jährlich eine Choleraepidemie das Bevölkerungswachstum ausgleicht. Dort wäre ein solches System der „Armenmedizin" nicht unangebracht.

Im Gesundheitsdienst sollten die lokalen Tabus genau untersucht und berücksichtigt werden.

Der Dienst sollte billig, aber nicht kostenlos sein, da die Einheimischen oft ein Geschenk, weil es kostenlos ist, auch als wertlos betrachten. Das Koje Do Projekt in Korea darf als Teilerfolg eines solchen Experiments angesehen werden.

322.24 Die problematische Durchführung dieser Ziele im Gesundheitswesen

Die CMC musste und muss für die Durchsetzung dieser für die Kirchen und Missionen modernen Zielsetzung gegen verschiedene Widerstände kämpfen.

Erstens wurde das Globalziel der engeren Zusammenarbeit zwischen Kirche und Staat im Gesundheitswesen auf der einen Seite durch die institutionelle Struktur der Missionen und das oft unklare Abhängigkeitsverhältnis der Krankenhäuser von kirchlichen und weltlichen (medizinischen) Verwaltungssystemen behindert, auf der anderen Seite vereitelte häufig eine unrealistische, nationale Gesetzgebung oder politische Opposition die Vereinfachung und Verbesserung der Sozialmedizin.

Zweitens erblickten die Missionen in der neugegründeten CMC, die sich auf frühere Untersuchungen des OeRK berufen konnte, um zu beweisen, wie unmässig teuer und oft den Verhältnissen unangepasst die „Missionsmedizin" war, eine gefährliche Konkurrenz: Sollte der OeRK plötzlich auf einem Gebiet, wo die Missionen historisch gesehen die allergrössten Verdienste hatten, und dafür auch den Dank von Bevölkerung und Regierung erhielten, eingreifen und sogar bessere Leistungen erbringen? Diese Opposition beruhte jedoch auf einem Missverständnis, da die CMC die Nützlichkeit der heilenden Medizin nie bestritten hatte, sondern nur bewies, dass der OeRK als solcher *nicht* auf diesem Gebiet tätig werden konnte. Seine Projekte auf dem Gebiet der Präventivmassnahmen würden ein neues Tätigkeitsgebiet eröffnen und keine Konkurrenz zur Missionstätigkeit darstellen.

Doch die Einwände der Missionen beschränkten sich nicht nur auf „ideologische" Meinungsverschiedenheiten in der Zielsetzung: Es ging auch um eine Art Prestigedenken einzelner [24]. Die Verantwortlichen zogen es vor, in Krankenhäusern mit modernsten Techniken „Wunder zu vollbringen", als die viel undankbarere Aufgabe der medizinischen Aufklärung für die breite Masse zu beginnen. Die meisten, – ob Ausländer oder Einheimische – arbeiteten viel lieber in einem grossen Bezirkskrankenhaus in einem grossen Ort oder gar in der Landeshauptstadt als „im Busch".

---

24 Die inneren Motivationen des Missionspersonals entsprachen eher einem Elitedenken als der sozialistischen Einstellung der „barfüssigen Ärzte".

Selbst jene Missionskliniken, die mit dem Programm der CMC einverstanden waren, konnten sich niemals an einem nach aussen gerichteten Sozialprogramm beteiligen, da meist das gesamte Personal tagtäglich innerhalb des Krankenhauses alle Hände voll zu tun hatte. Meist verfügten die Krankenhäuser auch aus den erwähnten Gründen der Kosteneinsparung und des Mangels an qualifiziertem Personal über viel zu wenig Mitarbeiter, und diese waren, ebenfalls aus einer Art Zusammengehörigkeitsgefühl und Prestigedenken auch nicht bereit, in der „Sozialmedizin", die abschätzig beurteilt wurde, eingesetzt zu werden.

Doch nicht nur die Missionen leisteten Widerstand gegen die Zielsetzung der CMC. Aus ganz ähnlichen Gründen war es auch schwierig, die örtliche Bevölkerung zur Mithilfe zu gewinnen. Die „Revolution der gesteigerten Erwartungen" *(revolution of raising expectations)* in der Entwicklungshilfe schuf eine Mentalität, die alles Einfache, ohne moderne, kostspielige, andere in Erstaunen versetzende Einrichtungen, mit Verachtung strafte. Sollte eine „fremde Medizin" besser sein, wenn sie mit ähnlichen Mitteln arbeitete wie die einheimische? Eine Impfung war z. B. in einer halben Minute erledigt, und man konnte kein sichtbares Zeichen der Behandlung oder der Heilung in der Grossfamilie oder Dorfschaft vorzeigen.

Im Gegensatz zu den barfüssigen Ärzten in der Volksrepublik China, denen die anspruchslose Bevölkerung vertraute, wurden in anderen Ländern bereits zu hohe Ansprüche gestellt, so dass die Bevölkerung nicht einsah, dass zuerst ohne weiteren Aufwand sanitäre Einrichtungen und kanalisiertes Trinkwasser geschaffen werden mussten, bevor überhaupt von echter „Medizin" gesprochen werden konnte. Ein Arzt, der eigenhändig bei solchen Unternehmen mithalf, genoss weit weniger Ansehen als einer, der künstliche Brutkästen und Röntgenapparate vorzeigen konnte.

Ähnlich wie bei der Einführung arbeitsintensiver Produktionsmethoden war und ist der Glaube weitverbreitet, dass Präventivmassnahmen nur getroffen würden, um ihnen *nicht* die beste medizinische Pflege, die man in den Industrieländern genoss, zukommen zu lassen, und sie so in ihrer Entwicklung behindern zu wollen. Das Prestigedenken in der Gesellschaftsstruktur verunmöglichte ferner die Übernahme solcher Projekte durch einheimische Ärzte, selbst wenn die Projekte bereits ein erfolgreiches Anfangsstadium erreicht hatten.

Alle diese ideologischen, institutionellen, individuell-praktischen und motivationsbedingten Widerstände konzentrierten sich im Problem der Familienplanung, die als Sozialmassnahme ebenfalls zum Aktionsprogramm und den projektgebundenen Zielen der CMC gehörte. Gerade weil die Opposition gegen die Familienplanung alle diese Gründe gegen die von der CMC befürwortete Sozialmedizin nochmals aufzeigt, wird sie hier als Zusammenfassung und Verdeutlichung der Problematik in der Zielsetzung der ökumenischen Gesundheitsprojekte an den Schluss dieses Kapitels gestellt.

In der praktischen Entwicklungsarbeit des OeRK hat die projektbezogene Zielsetzung der Familienplanung die traditionsgebundenen Tendenzen am klarsten von den fortschrittlichen getrennt. Die deutlichen Meinungsverschiedenheiten über die Zielsetzung, die nicht nur für den Gesundheitsdienst, sondern auch für die Sozialwerke gelten, trennten deshalb nicht nur die im vorangegangenen als eher traditionsgebunden beschriebenen Missionsgesellschaften von der CMC, sondern oft auch die politisch radikale von der konservativen Tendenz innerhalb der Mitglieder des OeRK.

Doch nicht nur in den internen Beziehungen der Mitglieder innerhalb des OeRK bestand hierüber Uneinigkeit. Die in der SODEPAX-Kommission begonnene institutionelle Zusammenarbeit mit den Katholiken für praktische Entwicklungsvorhaben wurde ebenfalls von dem allgemein bekannten Unterschied zwischen der offiziellen katholischen Doktrin und der abgestuften protestantischen Auffassung über Familienplanung beeinflusst.

Wegen dieser Auseinandersetzung über diese medizinisch-soziale Zielsetzung fand die Durchführung von Familienplanungsprojekten des OeRK mit empfängnisverhütenden Mitteln meist mit Einwilligung der betreffenden Regierung (oder als Teil eines nationalen Entwicklungsprogramms) und der einzelnen in aller Stille statt. Obschon nicht viel von der praktischen Durchführung der Familienplanung gesprochen wird, darf es als Zeichen der Aufgeschlossenheit und des Muts des OeRK bezeichnet werden, dass trotz der Auseinandersetzung solche Projekte verwirklicht werden konnten.

Über den organisationsinternen Verlauf dieser Auseinandersetzung und deren Einfluss auf die Aussenbeziehungen des OeRK mit der römisch-katholischen Kirche könnte eine andere Dissertation geschrieben werden. Die Hauptstadien der Diskussion sollen hier nur kurz zusammengefasst werden.

1966 befasste sich die Konferenz „Kirche und Gesellschaft" des OeRK bereits eingehend mit dem Problem der Beschränkung der Bevölkerungsexplosion und betonte die Verantwortung der Regierung, ihre Bürger über alle verfügbaren Mittel der Familienplanung zu informieren.

1968 wurde der vom OeRK geprägte Begriff der „verantwortlichen Elternschaft" von der Entwicklungskonferenz des SODEPAX-Ausschusses von Beirut, an der zum erstenmal offiziell katholische Experten teilnahmen, eingehend diskutiert und festgelegt [25]. Dieses Prinzip lässt alle Möglichkeiten und Mittel der Familienplanung, die mit dem Gewissen der einzelnen vereinbar sind, zu. Die Verantwortung trägt in einer typisch protestantischen

---

25 WCC, Weltweite Entwicklung, Offizieller Bericht, Beirut 21.–27. April 1968, S. 32–34.

Auslegung des Prinzips wieder der einzelne, d. h. die beiden Eheleute, denen die protestantische Kirche offiziell nichts vorschreibt. Sie kann die Aufgabe der Aufklärung und Erziehung jedoch allgemein zu fördern versuchen. Es wird ausgeführt,[26] dass die Geburtenkontrolle nicht aufgezwungen werden darf und die Menschenwürde der einzelnen und seine moralischen Überzeugungen respektieren muss. Ferner soll die Familienplanung nur ein Teil eines Entwicklungsprogramms sein und keinesfalls eine Ersatzmethode für die Steigerung der landwirtschaftlichen und industriellen Produktivität eines Landes. Der Einfluss der Katholiken auf den gemeinsam ausgearbeiteten und angenommenen Bericht der Konferenz von Beirut, der nicht nur dem OeRK, sondern auch der Päpstlichen Kommission für Gerechtigkeit und Frieden zugeleitet wurde, ist unverkennbar. Er drückt sich in einer gewissen Verallgemeinerung der Formulierungen und einem Ausgleich der Argumente für und gegen die Bevölkerungsbeschränkung aus. Dennoch wurde das Prinzip der „verantwortlichen Elternschaft", das die Entscheidungsfreiheit über die Mittel der Geburtenbeschränkung in sich schloss, angenommen. Diese gründliche Aussprache zwischen OeRK und Katholiken über diese ethisch-theologische Zielsetzung der Familienplanung war nur möglich, weil der Papst ein Jahr zuvor mit seiner Enzyklika *Populorum Progressio* (26. März, Ostern, 1967) eine vorwärtsweisende Richtung eingeschlagen hatte. Die Punkte 36, *Die Familie,* und 37, *Bevölkerungsfragen,*[27] betonen ebenfalls die Bedeutung der „normalen", vom „Christentum geheiligten" Familie und die Freiheit der Ehepartner, *ohne* restriktiv zu sein. Doch dieser die modernsten medizinisch-wissenschaftlichen Auslegungen erlaubende Text wurde sehr rasch in der Enzyklika *Humanae vitae* restriktiv ausgelegt. Damit wurde der fortschrittliche Anstoss von *Populorum Progressio* zunichte gemacht[28], und diese klare Stellungnahme der Spitze der katholischen Hierarchie liess das offizielle

---

26 WCC, Viertes Konferenzreferat, Bevölkerungswachstum und Familie im Entwicklungsprogramm, bes. Pkt. 21.
27 Populorum Progressio, Über den Fortschritt der Völker, Rundschreiben Papst Pauls VI. vom 26. März 1967, S. 19. Punkt 37: „... Dann ist die Versuchung gross, das Anwachsen der Bevölkerung durch radikale Massnahmen zu bremsen ... Ohne das unabdingbare Recht auf Ehe und Zeugung gibt es keine Würde des Menschen ... Sie (die Eltern) müssen die Verantwortung vor Gott übernehmen, vor sich selbst, vor den Kindern, die sie bereits haben, vor der Gemeinschaft, zu der sie gehören, nach ihrem Gewissen, das sie entsprechend dem authentisch interpretierten Gesetz Gottes gebildet haben und im Vertrauen auf ihn stärken." Punkt 36: „... Aber die normale Familie, die auf der Einehe beruht und fest gegründet ist, die Familie, wie sie nach Gottes Plan sein soll und die das Christentum geheiligt hat, muss der Ort bleiben in dem verschiedene Generationen zusammenleben und sich gegenseitig helfen..."
28 *K. Lefringhausen, F. Merz,* Das zweite Entwicklungsjahrzehnt, S. 44.

Gespräch über diese Zielsetzung in der praktischen Entwicklungsarbeit ziemlich verstummen. Dies bedeutet weder, dass die gesamte katholische Hierarchie mit dieser Auslegung einverstanden ist, noch dass in der praktischen Arbeit jegliche Familienplanung ausgeschlossen wird.

Die doktrinären Meinungsverschiedenheiten zwischen dem OeRK und der katholischen Kirche haben sich jedoch gegen Ende des ersten Entwicklungsjahrzehnts eher vertieft, denn die Spitze der katholischen Kirche scheint eine starke konservative Reaktion auf die fortschrittliche Öffnung von 1967 eingeleitet zu haben [29].

Gründe des politischen Machtmonopols der katholischen Kirche in einer von ihr beanspruchten Führungsrolle in der „Dritten Welt" und des, wie bei den Missionen, im historischen Erbe verwurzelten Prestigedenkens scheinen neben der ethischen Überzeugung diese Haltung mitzubestimmen.

Neben den institutionell sichtbaren Meinungsverschiedenheiten der einzelnen Tendenzen des OeRK und der doktrinären Unterschiede zwischen OeRK und der katholischen Kirche stösst das Ziel der Familienplanung auch in der „Dritten Welt" auf Opposition: Auch hier wird das politische Argument vorgebracht, dass die Industrieländer die Geburtenkontrolle einführen wollten, um ihre Macht durch Überzahl über die Entwicklungsländer beibehalten zu können. Es erübrigt sich, auf die Absurdität dieses Arguments hinzuweisen, das höchstens in einem vollkommen vorindustriellen Zeitalter berechtigt gewesen wäre. Vielmehr lässt der Bevölkerungsüberschuss mit seinen Folgen der intellektuellen Abwanderung *(brain-drain)*, die Verelendung, die Arbeitslosigkeit, die Ausdehnung der Elendsviertel, die sozialen Unruhen usw. sowie die Abhängigkeit von ausländischer Hilfe anwachsen.

Es gibt praktische, eher zu rechtfertigende Argumente gegen die Familienplanung: Die lokale Bevölkerung, besonders in ländlichen Gebieten, die sehr dünn besiedelt sind, sieht in der hohen Kinderzahl den einzigen potentiellen Reichtum an Arbeitskräften und die einzige Möglichkeit der Altersversorgung[30] in Ländern, in denen die nationale soziale Sicherheit entweder gar nicht oder nur rudimentär organisiert ist. Abgesehen von diesen praktischen Hindernissen der Familienplanung stösst man noch häufig auf die im Glauben und Aberglauben, im Fruchtbarkeitskult und in Männlichkeitsriten verankerten Überzeugungen, die noch viel schwieriger durch Aufklärung oder medizinische Präventivmassnahmen zu überwinden sind.

---

29 Tribune de Genève, 17 Nov. 1970, S. 32: „La contraception 'indigne de l'homme' déclare Paul VI. à la FAO – Discours 'dur' à l'occasion du 25e anniversaire de cette organisation".
30 Z. B. die Familien, die im brasilianischen Landwirtschaftsprojekt ihr Land selbst rodeten, könnten diese Arbeit ohne Einspannung der Kinder nicht bewältigen.

Gleich wie bei anderen bereits erwähnten medizinischen Sozialmassnahmen, Impfungen usw. ist auch die Familienplanung kein prestigeförderndes Unternehmen. Im Gegenteil, kinderreiche Familien geniessen oft höchstes gesellschaftliches Ansehen, und bis sich der erwünschte Mentalitätswandel in einer Gesamtbevölkerung vollzogen hat, können Jahre vergehen.

Als Zielsetzung für ökumenische Gesundheitsprojekte stösst also die Familienplanung auf ideologisch-theologische, politische, individuell-praktische, und auf in tiefer liegenden Motivationen begründete Schwierigkeiten, die hier sehr ausgeprägt auftreten, in der modernen Globalzielsetzung der CMC jedoch ebenfalls mehr oder weniger latent zu finden sind. Viele dieser hier ausgeführten und begründeten Schwierigkeiten hemmen die Zielsetzung der ökumenischen Projekte für Sozialwerke, die anschliessend behandelt wird.

322.3 Die Zielsetzungen für Sozialwerke

Sozialwerke bestehen aus einem bunten Mosaik verschiedenartigster Massnahmen, die nur durch eine allgemein gültige Globalzielsetzung auf einen gemeinsamen Nenner gebracht werden können. Diese Globalzielsetzung besteht darin, einen entwicklungsfördernden Gesinnungswandel der untersten Schichten einzuleiten und vollziehen zu helfen. Doch diese Mentalität des „Proletariats" ist, wie bereits aufgezeigt, besonders schwierig zu erfassen und zu verändern, selbst für Sozialhelfer, die sonst gut mit den lokalen Verhältnissen vertraut sind.

Zum besseren Verständnis müssen die Zielsetzungen des OeRK für Sozialwerke zuerst in ihrer historischen Perspektive beleuchtet werden.

322.31 Die historische Perspektive in der Zielsetzung für Sozialwerke

Die Kirche als Institution verstand sich in der Vergangenheit, auch wenn die politische Wirklichkeit dieser Doktrin widersprach, immer als Helferin der Unterdrückten und Armen. Sie nahm Partei für den Unterlegenen, die Rechtlosen, die rassisch Benachteiligten.

Dies konnte sie mit ihrem andrerseits ausgeprägten Elitedenken in Einklang bringen, indem sie davon ausging, dass gerade die Besten, Hochgestellten, ihre Kräfte am wirksamsten für den Gesamtfortschritt, für die soziale Gerechtigkeit, und damit auch für die Massen der Allerärmsten, einsetzen müssten.

Nicht nur die Sozialwerke, sondern auch das Rassismusprogramm und der Einsatz zum Schutz von Minderheiten (Palästina, Ibos in Biafra) zeugen von diesem Selbstverständnis der Kirchen, selbst in der ökumenischen Gemeinschaftsorganisation. Nicht umsonst waren früher Bettler und Verfolgte in der Kirche „unverletzlich".

Diese Auffassung lag im christlichen Begriff der Barmherzigkeit begründet, der meist bei den Sozialwerken mit Seelsorge verbunden war. Doch diese Zielsetzung wird heute vom OeRK vollkommen, beinahe allzu extrem, abgelehnt.

Während der Entkolonisierung gab es Beispiele, in welchen die Kirchen durch politische Beeinflussung und Bewusstseinsweckung der amorphen Masse, der untersten Schicht, zum Aufbau der Nation beizutragen versuchten. Doch gelangten sie nach diesen Versuchen zu dem Schluss, dass eine effektive Gesinnungsänderung nur durch ein Einwirken auf die Elite, auf die bereits politisch und wirtschaftlich Einflussreichen möglich sei.

Die moderne Zielsetzung des OeRK für Sozialwerke ist im Grunde illusionslos. Sie geht davon aus, dass weder Seelsorge, noch Beweise christlicher Barmherzigkeit, sondern nur eine Erhöhung des materiellen Wohlstandes, d. h. das Erreichen von einigermassen menschenwürdigen Lebensbedingungen, die Massen für ethische und moralische Werte empfänglich machen kann.

322.32 Die moderne Zielsetzung der Sozialwerke

Wie die Flüchtlings- und Katastrophenhilfe wird auch bei den Sozialwerken im OeRK die *Unparteilichkeit* der Entwicklungsarbeit betont.

Alle Schichten sollen das Recht auf Entwicklung, auf ein menschenwürdiges Leben haben. Im Unterschied zu den Sozialwerken geht es bei der Flüchtlings- und Nothilfe meist um *politische* Unparteilichkeit, d. h. dass *beiden* Seiten in einem Konflikt geholfen werden soll, während es bei den Sozialwerken um die Unparteilichkeit innerhalb einer Sozialpyramide geht, d. h. dass auch die grosse Masse Anspruch auf die Erreichung eines einfachen Lebensstandards hat.

Aus dieser, auf dem Versuch der Verwirklichung der „sozialen Gerechtigkeit" — wie immer auch dieser Begriff ausgelegt werden mag — begründeten Zielsetzung ergeben sich die praktischen, projektbezogenen Ziele der Einrichtung von Gemeindezentren, Ausbildungskursen, Hygienemassnahmen, Frauenbildung, Familienhilfe, Arbeitsvermittlung usw., die durch Hebung des körperlichen und materiellen Wohlbefindens eine Humanisierung der Verhältnisse, ein Erkennen des individuellen und gemeinschaftsgebundenen Wertes des menschlichen Lebens fördern soll.

Damit wird die Schaffung eines Gegengewichts gegen die Entwurzelung breiter sozialer Schichten angestrebt, die durch den Zerfall der traditionellen Struktur (z. B. Grossfamilie, Stammesverband), Landflucht, Unterbeschäftigung oder Arbeitslosigkeit, den äusseren sozialen und den inneren geistigen

Halt verloren haben. In der zweigeteilten Wirtschaft *(dual economy)* der Entwicklungsländer hat diese Schicht ihren Platz in der manchmal geldlosen, autarken Agrarwirtschaft der ländlichen Gebiete verloren und zugleich keinen Anschluss an das kapitalorientierte, industrielle Wirtschaftssystem der Städte gefunden.

Der Erfolg dieser praktischen Massnahmen bezweckt, die Bevölkerung der städtischen Elendsviertel aus ihrer Passivität zu wecken und ihre Initiative anzuregen, so dass sie Selbsthilfeprojekte durch eigene Anstrengung verwirklichen. Für diese, manchem Westeuropäer kaum verständliche Ursprünglichkeit der Denkart muss also zuerst ein konkretes Bild einer Verbesserung geschaffen werden, um ein regelloses Durcheinander von Menschen ohne Gemeinschaftssinn oder Verantwortungsbewusstsein überhaupt ansprechen zu können. Und selbst dann ist es noch ungeheuer mühsam, Menschen, die an Prostitution, Alkoholismus, Kriminalität, Heimat- und Bezugslosigkeit im tagtäglichen Leben gewöhnt sind, zur eigenen, regelmässigen Arbeit anzuspornen. Es kann auch bei erfolgreichen Projekten geschehen, dass die Bevölkerung die kirchliche Organisation und die Sozialhelfer bewundert und verehrt – und einfach weiter abwartet, bis „sie", die anderen, die „es können", etwas vollbringen.

Wegen dieses Hindernisses der „Slummentalität", sind viele der ökumenischen Sozialprojekte auf die Jugend ausgerichtet: Erstens, weil der OeRK davon ausgeht, dass ein von schlechten Erfahrungen noch relativ wenig berührter junger Mensch eher zur Selbsthilfe, zur Entwicklung eines Gemeinschaftssinns und eigener Initiative erzogen werden kann als diejenigen, welche bereits alle Hoffnung auf eine Wendung des Schicksals aufgegeben haben. Zweitens gehören nach Ansicht des OeRK z. B. verwahrloste Kinder zu einer ganz besonders schutzbedürftigen Kategorie, die sich nicht selber helfen kann.

In der zu den Sozialwerken gehörenden „städtischen und industriellen Mission" umfasst die Zielsetzung eher eine *Aktivierung der Sozialpolitik*: Entweder sollen Gewerkschaften organisiert werden oder, wenn sie bereits bestehen, durch gemeinsames Vorgehen mit den kirchlichen Sozialwerken die sozialen Forderungen, wie Festsetzung und tatsächliche Bezahlung von Mindestlöhnen, gerechte Arbeitsaufsicht, reibungsloses Funktionieren von Arbeitsgerichten mit grösstmöglicher Vermeidung von Verschleppungstaktik, unbestechliche Stellenvermittlungsämter, gerechte Einkaufsbedingungen für Plantagearbeiter, u. a. m. durchgesetzt werden.

Da die meisten Gewerkschaften in der „Dritten Welt" weniger Einfluss, politische Macht und finanzielle Mittel haben als die länger etablierten, kirchlichen Institutionen, ersuchen sie diese oft um Mithilfe oder Durchführung von Sozialprojekten. Doch auch hier gleichen die Bemühungen oft einer Sisyphusarbeit: Als Beispiel sei die Erfahrung eines kirchlichen Sozialhelfers in einem Kupferminengebiet angeführt, der nach langen Verhandlungen mit dem Arbeitgeber endlich durchsetzen konnte, dass nicht ausländische, unqualifizierte Arbeiter eingeführt, sondern die Arbeitslosen der Umgebung für einfache Arbeiten eingestellt werden.

Doch zeigte sich bald, dass es unmöglich war, die einheimische Belegschaft an eine regelmässige Arbeitszeit zu gewöhnen: Sie erschienen, trotz der zeitangebenden Sirene oder Schüsse, einfach nach Gutdünken, und der Arbeitgeber sah sich gezwungen, aus Rentabilitätsgründen wieder Arbeitskräfte einzuführen, obschon dies als Effizienzmassnahme paradox scheinen mag. Die gesamte Zielsetzung der Sozialprojekte des OeRK kann zusammengefasst werden unter dem der *concientización* verwandten Begriff der „Volksförderung" *(promoción popular)* [31].

Es geht darum, am Rande der Gesellschaft stehende Gruppen *(marginal groups)* zu integrieren, und zwar nicht durch politisch-revolutionäre Bewusstseinsbeeinflussung, sondern durch volle Nutzung der am Sockel der Sozialpyramide noch bestehenden Freiheitsräume.

Da ungerechte Strukturen auch wegen der traditionsgebundenen, ultrakonservativen Mentalität der Massen, die jede Neuerung fürchten, erhalten bleiben, geht es darum, die noch bestehenden Freiheitsräume zu nützen, um die untersten Schichten materiell und geistig zu stärken und so die Entwicklungsarbeit zu ermöglichen. Doch soll auch hier der *Mensch als Einzelwesen* mit allen guten und schlechten Seiten seiner Individualität immer im Mittelpunkt der Arbeit stehen, die ohne zerstörende, gewalttätige Revolution durchgeführt werden soll.

Diese Zielsetzung wird jedoch nicht von idealistischen, religiösen Schwärmern verfochten, sondern von durch und durch *illusionslosen,* von ihrer kirchlichen oder Laienarbeit her mit den örtlichen Verhältnissen vertrauten Sozialhelfern, die nur dank einer starken, inneren Motivation die Geduld und Ausdauer haben, Sozialwerke dort durchzuführen, wo meist weder die Staatsbeamten des Sozialministeriums, noch die Funktionäre internationaler Organisationen für Entwicklungshilfe je ihren Fuss hingesetzt haben.

322.33 Die Messbarkeit der erreichten Ziele bei Sozialwerken

Die Verwirklichung der Zielsetzungen bei Sozialwerken des OeRK ist statistisch nicht messbar. Selbst wenn es Zahlen über die Verminderung der Jugendkriminalität oder des Alkoholismus gäbe, wäre es immer noch schwie-

---

31 K. *Lefringhausen,* Aktion Entwicklungshilfe, S. 98–100. K. *Lefringhausen, F. Merz,* Das zweite Entwicklungsjahrzehnt, S. 64–66.

rig festzustellen, ob deren Ursache auf ein ökumenisches Sozialprojekt zurückzuführen ist.

Die Arbeit in Slums und Industriegebieten in Ländern ohne nationale Sozialfürsorge ist glanzlos, ohne Aussicht auf Ansehen oder Beweis der Dankbarkeit. Da diese Aufgaben weder eine intellektuelle noch eine politische oder eine wirtschaftliche Macht mit sich bringen, überlassen der junge Staat und seine Regierung die Sozialwerke gerne kirchlichen Organisationen: Denn das Fortbestehen derselben, meist prestigebewussten Regierung und ihr innen- und aussenpolitisches Ansehen hängt *nicht* von ihren Leistungen in der Sozialpolitik ab. Erfolg auf diesem Gebiet verschafft auch keine innere Genugtuung, da die Slums sich rascher ausdehnen als Sozialmassnahmen die Verhältnisse punktweise bessern können. Der angestrebte Gesinnungswechsel lässt noch auf sich warten.

Im Gegensatz dazu hat sich im OeRK ein beinahe paradoxer Gesinnungswechsel vollzogen: Barmherzigkeit wird, einem Schuldgefühl der Kirchen in ihrer Gesamtheit entsprechend, als „grausamste Form der Unterdrückung" [32] abgelehnt, ja verworfen: Daraus entsteht eine allzu moderne Zielsetzung.

So werden Landwirtschaftsprojekte als Teil eines nationalen Entwicklungsprogramms kritiklos angenommen und finanziert, selbst wenn die Planung verfehlt sein sollte. Ein „Heim für gefallene Mädchen" ist jedoch mit dem Odium der Barmherzigkeit behaftet und wird von der offiziellen Geberseite als unmodern abgelehnt, obschon diese Hilfeleistung oft dringlicher ist, als die geplante Agrarschule, aber niemals vom Staat durchgeführt werden wird [33].

Einer der Gründe für diese offizielle Haltung in der Zielsetzung der Sozialwerke ist sicherlich auf die Tatsache zurückzuführen, dass die Erfolge solcher Projekte nur höchst ungenau eingeschätzt werden können, während die Verwirklichung der praktischen Ziele bei Landwirtschaftsprojekten am Ertrag in kg oder am Verkaufserlös in Bargeld konkret gemessen werden kann.

Doch beweist gerade der einzelne unermüdliche kirchliche oder Laiensozialhelfer in einem ökumenischen Sozialwerk, dass der OeRK und seine Mitgliedskirchen nicht *über* oder *neben* der Gesellschaft stehen, sondern aktiv *in ihr* mitwirken, und sei es selbst auf deren allerunterster Stufe.

---

32 *Ch. Elliott*, The Development Debate, S. 115.
33 ibid., S. 108–110: Eine sehr sarkastische Darstellung dieser allzu modernen, und deshalb ethischen widersprüchlichen Haltung der OeRK-Geber durch einen langjährigen Mitarbeiter von **SODEPAX** (Volkswirt).

322.4 Die Zielsetzungen für Landwirtschaftsprojekte

Als Institution, die in einem vorindustriellen Zeitalter entstand und ihre grösste Machtentfaltung erreicht hatte, dürfen die Kirchen wahrscheinlich das Verdienst für sich beanspruchen, schon zur Zeit der Missionen in den Kolonien die prioritäre Bedeutung der Landwirtschaft für die Entwicklung erkannt zu haben. Sie huldigten deshalb nie dem Industrialisierungsmythos als Wundermittel einer raschen Entwicklung: Mit ihren Buschschulen und Missionskrankenhäusern waren meist „experimentelle" Gemüsegärten verbunden, die heute „landwirtschaftliche Kleinst-Projekte" genannt werden könnten. Auch hier ging es vorerst um Kosteneinsparung einerseits und soziale Hilfe (z. B. Schulmahlzeiten) zur Entwicklung ländlicher Gebiete andererseits, denen die koloniale Administration und später der unabhängig gewordene Staat noch keine Bedeutung beimass.

Im ersten Entwicklungsjahrzehnt können bei den ökumenischen Projekten zur Förderung der Landwirtschaft zwei Globalzielsetzungen unterschieden werden: erstens die rein praktische Verbesserung der Erträge und zweitens die sozialpolitische Zielsetzung der Landreform im weitesten Sinne.

322.41 Die praktischen, projektbezogenen Ziele

Die Förderung des in den Entwicklungsländern meist grössten Wirtschaftssektors der Landwirtschaft sollte vorerst einer solideren, von ausländischer Hilfe unabhängigen Verbesserung der Ernährungsgrundlage dienen.

Zu diesem Zweck wurde, je nachdem durch Rodung oder Urbarmachung der Wüste, zuerst als relativ kurzfristiges Ziel Land gewonnen.

Als nächster Schritt wurden durch Experimente die geeigneten Anbaumethoden und Saatgutarten ermittelt [34]. Dabei wurde nicht nur das Ziel einer weniger monotonen Ernährung durch Selbstversorgung verfolgt, sondern zugleich versucht, ein Produkt mit grosser Nachfrage anzubauen, dessen Verkaufserlös später zur finanziellen Unabhängigkeit des Projekts beitragen sollte. Ferner wurde darauf geachtet, dass die Vorteile lokalen, kostensparenden Brauchtums mit modernen Techniken verbunden werden konnten. Die alten Methoden waren oft verwendbar und fügten sich neben den eingeführten Neuerungen zu einem richtig funktionierenden Modell zusammen.

---

34 Die Forschungs- und Versuchsarbeiten für die Hochertragssorten wurden von den beiden Stiftungen Rockefeller und Ford massgeblich gefördert. Die US-AID und die FAO haben die Hochertragssorten weiter entwickelt und verbreitet.

Agrarfachschulen sollen in den ländlichen Gebieten nicht nur „Fische zum Essen" geben, sondern die Bevölkerung auch „fischen lehren". Durch technische Ausbildung versuchte man auch die Landflucht der jungen Generation aufzuhalten, indem für einen ausgebildeten Bauern die Möglichkeit geschaffen wurde, einen besseren Lebensstandard in einem landwirtschaftlichen Betrieb zu erreichen (ökumenische Krediterleichterungen, Hilfe beim Landerwerb usw.).

Durch die Verwirklichung dieser praktischen Ziele sollte ein vorbildliches Kollektiv, Genossenschafts- oder Gemeinwesen mit einem Anziehungs- oder Nachahmungseffekt auf die benachbarten Gebiete geschaffen werden. Doch dies leitet bereits zur sozialpolitischen Zielsetzung über.

322.42 *Die sozialpolitische Zielsetzung der Landwirtschaftsprojekte*

Die Landreform wurde vorerst in Lateinamerika und entsprechend von der katholischen Kirche unterstützt: Die Zielsetzung bestand in einer Neuordnung der Bodenbesitzverhältnisse, um jenen, die das Land bebauen, die Möglichkeit zu geben, es auch zu besitzen. Mit grosser politischer Propaganda wurden entsprechende Gesetze ausgearbeitet, die jedoch umgangen, verzerrt oder gar nicht durchgeführt wurden. In Asien herrschen oft ebenfalls komplizierte Pachtverhältnisse [35] und unwirtschaftliche Zerstückelungen der Grundstücke durch generationenlange Erbteilung. Ohne auf die allgemeine Problematik der Landesreform einzugehen, sei nur erwähnt, dass auch andere internationale Organisationen (IAO, FAO) sich, wie der OeRK, mit der Verwirklichung der Landreform befassen [36].

Mit der aktiven Förderung durch Kirchenführer, wie z. B. Dom Helder Camara, wurden landwirtschaftliche Gewerkschaftsorganisationen gebildet (wie z. B. die katholische Arbeiteraktion ACO in Brasilien). Die Kirche ging manchmal auch mit dem guten praktischen Beispiel voran: Ländereien in Kirchenbesitz wurden der örtlichen Bevölkerung zur Verfügung gestellt.

In Zusammenarbeit mit der katholischen Kirche schloss sich der OeRK mit seinen Projekten in Lateinamerika dieser Zielsetzung der echten Verwirklichung der Landreform bei gleichzeitigem Aufhalten der Landflucht an. In Asien wurden dieselben Ziele verfolgt.

---

35 Vgl. auch „Les Conditions de la Croissance Agricole dans le Tiers-Monde", von *G. Etienne,* IUHEL, S. 1—8.
36 IAA, Empfehlung (Nr. 132) betreffend die Verbesserung der Lebensbedingungen von Pächtern, Teilpächtern und anderen Gruppen landwirtschaftlicher Arbeitnehmer, 1968. IAA, Die Tätigkeit der IAO, Bericht des Generaldirektors (Teil 2) an die Internationale Arbeitskonferenz, 56. Tagung 1971, S. 68/69.

Der Neuordnung der Bodenbesitzverhältnisse sollte in der Zielsetzung für die Förderung der Landwirtschaft eine Neuverteilung der Macht folgen: Die Landarbeit und die Klasse der Bauern sollte durch die verbesserten, effizienteren Methoden aufgewertet und im Entwicklungsland als bedeutende Gesellschaftsschicht anerkannt werden. Im Wiederaufbauprogramm für Vietnam wurde dieses Ziel durchgesetzt und die Leistungen der ökumenischen Agrarkollektive vom Staat und von den buddhistischen Organisationen offiziell anerkannt. Dabei geht es ebenfalls um eine Mentalitätsänderung. Die städtische, gebildete, nationale Elite verachtet meist die „unterentwickelte" Klasse der Bauern und zeigt kein „soziales Gewissen", das sie dazu veranlassen würde, sich für die Förderung ländlicher Gebiete aus individuellem Verantwortungsgefühl einzusetzen. Deshalb sollen moderne Landwirtschaftsprojekte und gutorganisierte Zusammenschlüsse mit konkreten, „verkaufbaren" Erfolgen aufwarten können, die beweisen, dass ein modern gesinntes Bauerntum eine Grundbedingung für die nationale Entwicklung ist. Die ländliche Bevölkerung, die im Gegensatz zur Slumbevölkerung vielleicht in derselben materiellen Armut lebt, besitzt aber ein noch intaktes Sozialgefüge, in dem jeder seinen bestimmten Platz findet.

Deshalb ist sie oft weniger apathisch, Neuerungen nicht unzugänglich und bereit, sich aktiv für eine sichtbare, erreichbare Verbesserung einzusetzen.

Als materielle Grundlage dieses neuen Bodenbesitzes und der neuen Machtverteilung sollten Agrarkredite durch den ECLOF gewährt werden. In Afrika war die Schaffung von Kreditunionen [37] *(credit unions)* ein Gebiet gemeinsamer Aktion der protestantischen und katholischen Kirchen für ländliche Entwicklung, die aber diesmal von der protestantischen Seite ausging: Kredite werden mit der Globalzielsetzung verliehen, eine meist „auf ewig" verschuldete Landbevölkerung an den Umgang mit Genossenschaftskrediten zu gewöhnen [38]. Sie sollte durch Agrarkredite den Wert des Geldes erkennen und zum individuellen Sparen angehalten werden. Dies ist, wie der „Adel der Arbeit", wieder ein historisch im Kalvinismus begründetes Ideal, das karge Lebensführung, Verzicht auf Luxus und „Kapitalbildung durch Konsumverzicht" zur Tugend machte. Wie der „Adel der Arbeit" widerspricht auch das Sparen der Mentalität vieler Völker der „Dritten Welt". Der durch die Landreform erreichte Grundbesitz wird den Spekulanten verkauft,

---

37 WCC, SODEPAX, Picking up the pieces, A report of a SODEPAX conference on the Churches in Development, and Action, Limuru, Kenia, Jan. 1971, S. 25 und 67.
38 Ein erfolgreiches Beispiel für ein ökumenisches Kreditunionsprojekt ist Sambia. Die Schwierigkeiten solcher Genossenschaftsprojekte liegen oft im Fehlen eines Gemeinschaftsgeistes und tüchtiger Verwaltungs- und Führungskräfte. Vgl. Rural Cooperatives as Agents of Change in Developing Areas: General Statement, UNRISD-Paper, 8. 11. 1972, S. 1–22.

das Bargeld verjubelt, und die darauf folgende Armut wieder als unvermeidlich hingenommen. Politische Instabilität und Währungsunsicherheit tragen das ihre zur Verstärkung dieser ausgeprägten *„carpe diem*-Mentalität" bei. Lebensgenuss liegt nicht im Gedanken an Sicherheit oder Kapitalbildung zum Wohle der nationalen Gesamtentwicklung, sondern im sofort und viel Ausgeben und Geniessen können [39]. Selbst wo der Begriff Sparen verstanden wird, ist der Konsumverzicht dazu bestimmt, ein grossartiges Begräbnis oder ein dreitägiges Karnevalfest zu finanzieren, und nicht für Reinvestitionen zur Erreichung der finanziellen Unabhängigkeit der Agrargenossenschaften: Es geht hier *nicht* darum, irgendein „moralisches Urteil" zu fällen, sondern nur um eine Gegenüberstellung der ökumenischen Zielsetzung und einer andern Mentalität, die teilweise erklärt, weshalb in der „Dritten Welt" die Kapitalbildung so langsam fortschreitet und weshalb gewisse landwirtschaftliche Projekte nicht zum vollen Erfolg wurden.

Abschliessend muss festgehalten werden, dass die Zielsetzung für Projekte zur Förderung der Landwirtschaft immer ein edukatives Element enthält, da ja vom OeRK und den Kirchen der Erziehung und Ausbildung in der Entwicklungsarbeit Priorität eingeräumt wird. Mit ihren modernen, meist in einen nationalen Entwicklungsplan eingegliederten Zielsetzungen erfreuen sich die Landwirtschaftsprojekte auch bei den Geberorganisationen ziemlicher Beliebtheit: Geld für konkret sichtbare Ziele aufzubringen und einzusetzen ist bedeutend einfacher als z.B. für niemals endende, eher pessimistisch eingeschätzte Sozialwerke.

322.5   Die Zielsetzungen in der Katastrophenhilfe

Die Zielsetzungen in der Katastrophenhilfe werden hier nur kurz zusammengefasst, da sie mit jenen in der Flüchtlingshilfe, die eingehender behandelt werden, identisch sind, und Wiederholungen vermieden werden sollen.

---

[39] Daneben gibt es noch die „Geschenkmentalität": Unvergesslich jener Junge, dem offensichtlich nichts fehlte, und der sich an einem „strategisch" gut gewählten Platz für Touristen ausruhte, ein wunderschönes Lächeln aufsetzte, „maman, cadeau", sagte, und sich mit oder ohne Geschenk wieder zurücklehnte, ohne daran zu denken, eine Eigenleistung zu vollbringen, wie etwas zu verkaufen oder einen Dienst anzubieten. Die Entwicklungshilfe der Industrieländer hat auch zur Entstehung dieser Mentalität beigetragen. Leider ist es im Rahmen dieser Untersuchung nicht möglich, näher in die detaillierten Studien über die Verschiedenheiten der Mentalitäten einzugehen.

Wie die Flüchtlingshilfe bezweckt auch die Katastrophenhilfe in ihrer Globalzielsetzung eine regelmässige, dauerhafte Entwicklungshilfe nach Beendigung der Nothilfe einzuleiten und fortzuführen.

Da die Katastrophenhilfe ausserhalb des normalen Projektverfahrens organisiert werden muss, wird hier die institutionelle Zielsetzung im OeRK von der Zielsetzung im örtlichen Einsatz unterschieden.

322.51 Die institutionelle Zielsetzung

Das erste und wichtigste Ziel ist die Raschheit und Effizienz der Hilfe. Der OeRK hat aus der Erfahrung der erstmaligen, wirklich trennenden Spaltung innerhalb der eigenen Organisation für die Nigeria/Biafra-Hilfe, deren Hauptgrund die institutionelle Langsamkeit der Durchführung dieser Hilfe war, eine Lehre gezogen: Ein ständiges Sekretariat für Nothilfe wurde daraufhin eingerichtet, das die Hilfsappelle aus aller Welt (mit Fernschreiber usw.) empfängt, unverzüglich handelt und die Tätigkeit der Geberorganisationen koordiniert.

Obschon keine genaue Vorausplanung für Katastrophenhilfe, die auf jeden Notruf anwendbar ist, ausgearbeitet werden kann, müssen in deren Zielsetzung gewisse Konstanten genannt werden:

Vor Einleitung des Hilfsprogramms werden zuerst – wenn möglich von kirchlichen Organen an Ort und Stelle – die Bedürfnisse abgeschätzt, so dass kein unbrauchbares Hilfsmaterial geliefert wird. Hier setzt die Arbeit des Sekretariats für Materialhilfe ein. Es verhandelt auch über die billigsten und trotzdem schnellsten Transportmöglichkeiten für Hilfsgüter. Die Zielsetzung eines möglichst günstigen Transports ist oft sehr erfolgreich verwirklicht worden, da das Sekretariat über Kenntnisse der Fracht- und Zollbedingungen, Abfertigungszeiten usw. verfügt, und oft sogar mit dem Einsatz des „moralischen Ansehens" des OeRK kostenlose Hilfstransporte erreichen konnte.

Die Zielsetzung des OeRK umfasst also institutionell vier Punkte: die Schnelligkeit, die genaue Kenntnis der Bedürfnisse nach Dringlichkeitsgrad, das Aufbringen der materiellen Hilfe, und die Organisation des besten und billigsten Transportweges.

Diese institutionelle Zielsetzung schliesst spontane, direkte Leistungen einzelner Mitglieder oder Gruppen von Mitgliedern nicht aus, doch soll der OeRK die Geberaktionen zu koordinieren versuchen, um Doppelarbeit oder nutzlose Mühen auszuschliessen.

322.52 Die Zielsetzung im örtlichen Einsatz

Am Ort der Katastrophe ist die Koordinierung ebenfalls die wesentlichste, unmittelbarste Zielsetzung. Die Koordinierung ist auf verschiedenen Ebenen unerlässlich:
— Koordinierung des eigenen Programms zwischen der Zentrale und den lokalen Leitern,
Koordinierung der eigenen, am Hilfsprogramm beteiligten kirchlichen Organisationen mit möglichst genauer Kompetenzzuteilung,
— Koordinierung einer allfälligen Zusammenarbeit mit anderen Hilfsorganisationen (UNRWA, UNHCR, IKRK, katholische Hilfswerke usw.),
— Koordinierung mit der Regierung des Gastlandes (erfolgreich in Jugoslawien, schwierig in der Türkei).

Diese Koordinierung verfolgt das praktische Ziel des Aufbaus einer möglichst reibungslos funktionierenden Verteilungsorganisation. Da oft bei Hilfeleistungen schlechte Erfahrungen gemacht wurden (Verkauf geschenkter Güter, Korruption bei der Verteilung, illegale Lagerung zur Erhöhung der Schwarzmarktpreise für Lebensmittel, Benachteiligung bestimmter sozialer, ethnischer oder religiöser Gruppen u. a. m.), entsendet der OeRK oft einen Vertreter zur Überwachung der Verteilung oder zur Mithilfe bei der Organisation des Verteilungssystems durch die kirchlichen Stellen, der mit seiner „Katastrophenerfahrung" nützliche Massnahmen anregen kann. Aus denselben Gründen zieht der OeRK es vor, wenn möglich sein *eigenes* Verteilungssystem aufzubauen [40].

Durch diese Koordinierung soll ein zweites, praktisches Ziel erfolgreich verwirklicht werden: Der zweckmässige Einsatz von Freiwilligen. Alle diese praktischen Ziele sollen der Globalzielsetzung einer unparteiischen, apolitischen Hilfe – in Kriegen für beide Seiten – dienen, doch die Verwirklichung dieser Zielsetzungen schafft paradoxerweise die grössten politischen Schwierigkeiten, die von „nicht genehmen" Nationalitäten von Freiwilligen bis zu offenen Angriffen in der Öffentlichkeit der reichen Geberländer oder von einer kriegführenden Partei gegen den OeRK reichen.

Dieselbe Zielsetzung stösst in den Flüchtlingsprogrammen auf noch schärfere Widerstände.

---

[40] Eine solche schlechte Erfahrung war z. B. die „Übernahme" des Verteilungssystems des nigerianischen Christenrates durch die Militärregierung, die mit ziemlicher Sicherheit das Verhungernlassen der noch überlebenden Ibos im ehemaligen Biafra (East Central State) bedeutete.

322.6 Die Zielsetzungen in der Flüchtlingshilfe

Die Flüchtlingshilfe ist oft eine Fortsetzung der Katastrophenhilfe mit derselben Zielsetzung der anschliessenden Einleitung eines Wiederaufbauprogrammes. In ihr vereinigen sich die verschiedenen Zielsetzungen aller anderen Projekttypen: Die Bewusstseinsbildung soll durch die Schulung und Ausbildung der Flüchtlinge erreicht werden, mit dem der wertebewahrenden Rolle des OeRK entsprechenden ethischen Ziel der Vermittlung eines geistigen Halts und dem praktischen Ziel der tatsächlichen Sesshaftigkeit, also des konkreten Halts, der Flüchtlinge.

Ausbildung und Stellenvermittlung dienen, wie in der industriellen Revolution, ebenfalls einerseits dem ethischen Ziel der Ermöglichung der freien, geistigen Entfaltung des einzelnen, und zugleich dem praktischen sozialpolitischen Ziel der Vermeidung gewalttätiger Unruhen, der „Befriedung" der Bevölkerung. Die Erziehung und Ausbildung heimatloser Flüchtlinge soll auch ihre soziale Eingliederung in die ihnen noch fremde Gesellschaft und ihren sozialen Aufstieg (Elitebewusstsein) erleichtern.

Wie bei den Sozialwerken geht es auch bei der Flüchtlingshilfe darum, den Armen und Vertriebenen (Unterdrückten, Entfremdeten), den „Unterlegenen", zu helfen und ihre Diskriminierung zu überwinden [41].

Die Flüchtlingshilfe schliesst die Zielsetzung einfacher medizinischer Präventivmassnahmen zur Verhütung von Epidemien in Lagern und zur Verbesserung des Gesundheitszustandes, des körperlichen Wohlbefindens, als erste Bedingung für eine nachfolgende geistige Beanspruchung durch Arbeit ein. Die „Sozialmedizin" ist in Flüchtlingsprogrammen oft einfacher zu verwirklichen als in normalen Projekten, weil der lokale Widerstand der „Revolution der gesteigerten Erwartungen" in der Notsituation wegfällt, und die Freiwilligendienste die schwierige Frage des lokalen Personals teilweise lösen: Da die freiwillige Fachkraft nur temporär im Flüchtlingsprogramm arbeitet, stellen sich die ganzen Hindernisse des Prestiges in der lokalen Gesellschaft nicht. Flüchtlingsprogramme werden auch weniger durch absurde, nationale Gesetzesbestimmungen behindert.

Die ökumenischen Stellen streben auch bei den Flüchtlingsprogrammen danach, die Flüchtlinge zur aktiven Mit- und Selbsthilfe anzuregen, sie mit sichtbaren, nachahmenswerten Verbesserungen zu überzeugen, sie aus menschenunwürdigen Verhältnissen durch Ansporn der eigenen Leistung zu befreien.

---

41 Dies gilt besonders für die Unterstützung der Sozialwerke der Befreiungsorganisationen im PCR sowie der palästinensischen und sudanesischen Flüchtlinge.

Die Zielsetzung der Bildung eines „Kapitalbewusstseins" wird ebenfalls durch die Gewährung von Anleihen für handwerkliche Klein- und Kleinstbetriebe verwirklicht, die z.B. im Palästinaflüchtlingsprogramm gute Erfolge verzeichnen konnte.

Hier zeigt sich wieder ein seltsames Paradox: Es gibt im OeRK politische Tendenzen, die den Kapitalismus und das Profitdenken ideologisch verdammen. Praktisch verfolgt der OeRK jedoch in der Entwicklungsarbeit offen die Ziele eines „reinen" Kleinkapitalismus, der auf kalvinistische Überzeugungen zurückgeführt werden kann.

Und als zweites Paradox vermeidet der OeRK, „Institution der Armen und Unterdrückten", einen Fehler staatlicher und internationaler Entwicklungshilfe, die Fehlleistung des Kapitals, durch dessen Einsatz nach politischen oder „bürokratischen" Überlegungen[42]. Das Kapital wird im privaten Profit- und Rentabilitätsdenken eben besser eingesetzt als bei unkontrollierbaren Umlagen von Staat zu Staat oder von internationalen Organisationen an Regierungen.

Der OeRK vergibt im Gegensatz dazu seine Kredite erstens nur in kleinen Summen (gewöhnlich 5000 Dollar), zweitens relativ kurzfristig (auf sieben Jahre), und drittens meist *direkt* an Private, die kleine, übersichtliche, nach Leistung und Ertrag beurteilte Unternehmen aufbauen wollen. Das kann vielleicht als „kleinkarierte Gesinnung" kritisiert werden, lässt aber zugleich den Schluss zu, dass paradoxerweise der OeRK die oft kritisierte Fehlleistung von *Kapitalinvestitionen* in der Entwicklungshilfe ziemlich vermeiden kann. Damit ist nicht ausgeschlossen, dass Hilfsgelder (*nicht* rückzahlbare Kredite), nicht durch andere Ungereimtheiten vergeudet werden.

Die Globalzielsetzung besteht logischerweise in der entwicklungsfördernden Veränderung der Vertriebenenmentalität der Flüchtlinge, die nach christlicher Überzeugung den Menschen und seine Entfaltung in den Mittelpunkt jeder Entwicklungsarbeit stellt.

Da in der Flüchtlingshilfe die Zielsetzungen aller andern Projekttypen gelten, und diese Programme meist in Konfliktsituationen durchgeführt werden, ist es klar, dass sich hier die Hauptschwierigkeiten ebenfalls stellen, und zwar in der Komplexität politischer Verstrickungen: Gerade das Ziel des OeRK, apolitische und beiden Seiten gleich helfende Entwicklungsarbeit zu leisten, führt am ehesten zur Anklage der politischen Parteilichkeit. In einem einzigen Jahrzehnt hatte der OeRK wegen seiner Entwicklungsarbeit die gegensätzlichsten Vorwürfe einzustecken: Wegen des PCR wurde ihm vorgeworfen, er sei *antiportugiesisch*. Gleichzeitig beschuldigte ihn die nigerianische Bundesregierung des Zusammengehens mit den „portugiesischen Kolo-

---

[42] H. Schoeck, S. 120.

nialisten, Rassisten, Imperialisten" — also einer *pro-portugiesischen* Haltung, wegen des Nothilfestützpunktes im portugiesischen Sao Tomé.

Die westlichen Kirchen warfen ihm vor, er unterstütze *prokommunistische* afrikanische Terroristen. Einzelne Befreiungsbewegungen beklagten sich andrerseits über *mangelnde Unterstützung* des OeRK, weil er anderen, rivalisierenden Organisationen ebenfalls Hilfe zukommen lasse.

Das Palästinaflüchtlingsprogramm trug ihm den Vorwurf ein, *proarabisch* und deshalb *antisemitisch* (d.h. rassistisch) gesinnt zu sein. Gleichzeitig wurden die ersten Friedensbemühungen im Sudan als *antiarabisch*, weil *für* den christlichen, schwarzen, nicht arabischen Süden beurteilt. Als der OeRK nach dem Sechstagekrieg dem politischen Druck der arabischen Regierungen nicht stattgab, wurde er erneut als *Araberfeind* hingestellt, während seine Hilfe für die neuen palästinensischen Flüchtlinge im Westen als Unterstützung der arabischen Terroristen der PLO, also als *proarabische* Stellungnahme gewertet wurde.

Die Hilfe nach Nordvietnam und die Zusammenarbeit mit der sozialpolitisch radikalen Tendenz der katholischen Kirche für lateinamerikanische Projekte wurde als *prokommunistisch* bezeichnet. In Südvietnam musste sich der OeRK alle Mühe geben, damit sein Hilfsprogramm als „asiatisch", und nicht als *proamerikanisch* angesehen wurde.

Weisse, amerikanische Organisationen im Mississippi-Delta werfen dem OeRK seine Haltung *zugunsten der Schwarzen* vor. Schwarze afrikanische Regierungen bezichtigen ihn der Absicht, nur die Interessen der weissen Herren und Investitionen im apartheidbewussten Südafrika zu vertreten, also *proweiss* zu sein. Einzelne Kirchen in Südafrika klagen ihn einer allzu *schwarzfreundlichen* Einstellung an.

Diese sich widersprechenden, halb wahren, halb unwahren, aber meist übertriebenen Vorwürfe zeigen, wie verschiedene Tendenzen innerhalb der *einen* Organisation, des OeRK, vertreten werden. Das hat auch dazu geführt, dass die mit der praktischen Durchführung einer parteilosen Entwicklungsarbeit beauftragten Mitarbeiter im OeRK diese politischen Vorwürfe mit bewundernswerter Gelassenheit hinnehmen [43].

Letzten Endes fragt man sich, ob der Widerspruch in den einzelnen Anschuldigungen nicht ein Hinweis für eine im Ausgleich erreichte Neutralität in der Entwicklungsarbeit ist, die eben durch die vielfachen politischen Verstrickungen schliesslich apolitisch wird.

---

43 Sie gehen von der Tatsache aus, dass ihnen jede Aktion Vorwürfe einträgt, und zugleich noch oft behauptet wird, die Kirchen hätten nicht den Mut, irgend etwas zu unternehmen oder klare Stellung zu beziehen.

322.7 Schlussbetrachtungen

322.71 Allgemeine Hindernisse bei der Verwirklichung der Globalzielsetzungen
Diese allgemeinen Hindernisse lassen sich in fünf Punkte zusammenfassen:

322.711 Die institutionell bedingten Hindernisse sind unklare Kompetenztrennungen und fehlende Kommunikation zwischen Gebern und Empfängern, zwischen OeRK und andern Organisationen, die den Erfolg der Projektarbeit gefährden oder beeinträchtigen.

322.712 Die örtlich bedingten Hindernisse bestehen in einem manchmal ungünstigen Standort des Projekts, in der Unmöglichkeit, lokale qualifizierte Partner für die Übernahme des Projekts zu finden, in der nationalen Gesetzgebung, in einem zu grossen Aufgabenkreis, den die einzelnen Projektmitarbeiter nicht bewältigen können, und in einem mangelhaften Verteilungssystem (besonders für Nothilfe, aber z.B. auch für medizinische Produkte u.a.m.).

322.713 Die materiellen Hindernisse umfassen die Unsicherheit und die Auffächerung der Finanzierung, die allzu hohen, manchmal ungeeigneten Qualifikationen der ökumenisch vermittelten Entwicklungshelfer, die Schwierigkeiten des Auftreibens von geeignetem Hilfsmaterial, oder der Versand nicht geeigneter Güter, sowie die Forderungen nach klarer Buchführung.

322.714 Die menschlichen Hindernisse äussern sich in der Erschwerung der zwischenmenschlichen Beziehungen durch unvermeidliche Abhängigkeitsverhältnisse (Geber→Empfänger, Chef→Untergebene, bessere Fachkraft→weniger qualifizierter Mitarbeiter usw.), die *überall*, nicht nur in der „Dritten Welt" oder in der Entwicklungsarbeit, Spannungen entstehen lassen. Dazu kommen noch die Unterschiede in der Mentalität zwischen Rassen, Nationen, Religionen, sozialen Schichten und Individuen.

322.715 Die ideologisch-politischen Hindernisse liegen in der unterschiedlichen Auslegung einzelner Zielsetzungen (z.B. in der Frage der Familienplanung zwischen Katholiken und Protestanten im SODEPAX), in deren politischen Folgen (Anklagen der Parteilichkeit), und in der Unbestimmtheit gewisser Zielbegriffe, wie „soziale Gerechtigkeit", *conscientización, promoción popular*, unter denen jede Tendenz im OeRK etwas anderes verstehen kann.

Im Bericht der Konferenz von Neu–Delhi wird 1961 die Frage gestellt, weshalb trotz Projektarbeiten häufig keine Entwicklung stattfindet.

Nach zehn Jahren ökumenischer Entwicklungsarbeit sind einige Gründe hierfür wahrscheinlich durch diese knappe Schilderung der Hindernisse in der Verwirklichung der Zielsetzungen deutlich geworden.

322.72 Konkrete Anzeichen der Verwirklichung der gesetzten Ziele

Dem OeRK ist es gelungen, im ersten Entwicklungsjahrzehnt seine den *Staat ergänzende Rolle* in der „Dritten Welt" nicht nur beizubehalten, sondern auszubauen.

Dank seinem Einfluss in der Entwicklungsarbeit (Priorität aller Erziehungsprojekte) kann er durch seine örtlichen Mitgliedskirchen auch als politischer Interessenverband mehr positiv als negativ auf die Regierung einwirken. Er kann nicht nur im Schulwesen, sondern auch bei Gesundheitsmassnahmen, Kreditunionen, Landreform durch gewerkschaftliche Tätigkeit u.a.m. seinen Einfluss geltend machen.

Seine Rolle im Erziehungswesen hat dazu geführt, dass die heutige Elite junger Staaten oft der Kirche verbunden bleibt und deren Ansehen hebt.

Das eher altmodisch anmutende Konzept der „zwischenkirchlichen Hilfe" als Zielsetzung in der Entwicklungsarbeit hat doch auch dazu geführt, dass die Sünde des Paternalismus oft im positiven Sinne zu einer verantwortungsbewussten Vaterschaft des OeRK für junge, unerfahrene Kirchen wurde, die sich in verschiedener Weise in der modernen Entwicklungsarbeit äusserte [45].

Modern und Mode geworden ist auch die heute hoch bewertete Zielsetzung des „Bruttosozialglücks" *(bonheur national brut)* im Gegensatz zum Bruttosozial*produkt*) in der Entwicklungshilfe: Der OeRK und die Kirchen haben sich seit jeher mit ihren Prinzipien der individuellen Entfaltung, der Erhaltung geistiger Werte, der Beachtung des Menschlichen *vor* dem rein Ökonomischen (heute mit dem Modewort *quality of life* bezeichnet), sicher mit anderen Worten, aber auf derselben weltanschaulichen Grundlage für das „Bruttosozialglück" eingesetzt.

Aktuell in ihrer Dialektik scheint die im OeRK vertretene Meinung, dass nur eine schöpferische Spannung zwischen Materiellem und Geistigem, auch in der Entwicklungsarbeit, zum Erfolg führen kann, und deshalb Schwierigkeiten nie verschwinden, sondern immer überwunden werden müssen.

Im nächsten Kapitel geht es darum, zu beschreiben, wie d.h. mit welchen Mitteln die beschriebenen Zielsetzungen anhand der gegebenen Beispiele verwirklicht werden.

Das wäre der dritte Teil der Betrachtung über die praktische Entwicklungsarbeit des OeRK: Zuerst wurde erwähnt, *was praktisch* getan wird (Beispiele

---

[45] Z. B. in der ökumenischen Personalvermittlung, in Anleihen, usw.

einzelner Projekte), dann *weshalb* diese Projekte unternommen wurden (Zielsetzungen), und nun folgt die Antwort auf die Frage, *wie* diese Entwicklungsarbeit durchgeführt wird (Einsatz der Mittel). Gleichzeitig enthält der vorliegende Abschnitt, der in diesem Gefüge so fest verknüpft zu sein scheint, bereits Anklänge an die inneren Motivationen in der Entwicklungsarbeit, die *nach* dem Einsatz der Mittel behandelt werden. Dies ist thematisch bedingt, und folgt nicht einer Systematik der Darstellung:

Die Zielsetzungen in der Projekthilfe sind die äusserlich sichtbaren Erscheinungsformen der Symphonie innerer Motivationen, die bei ihrer Verwirklichung eine solch entscheidende Rolle spielen.

323 Die Aufbringung und der Einsatz der Mittel für die Durchführung der Projekte

323.1 Die finanziellen Mittel

Die Kapitalbeschaffung wird hier zuerst im institutionellen Rahmen des normalen Projektverfahrens im OeRK behandelt, anschliessend für die nationalen Geberorganisationen und endlich im Rahmen der Sonderspendeaufrufe, die sich institutionell vom normalen Projektverfahren unterscheiden. Abschliessend wird der Einsatz der finanziellen Mittel im Zeitabschnitt 1960–1971 zur Sprache kommen. Zugleich wird eine einschränkende Warnung ausgesprochen: Obschon die in diesem Kapitel über die finanziellen Mittel genannten Summen und Finanzziffern aus Quellenmaterial stammen, und nur effektive, finanzielle Leistungen und *nicht* „budgetiertes Wunschdenken" erwähnt wurden, müssen diese dennoch *cum grano salis* und eher als Grössenordnungen betrachtet werden. Die Gründe hierfür werden zu Ende von Absatz a) zusammengefasst werden.

323.11 Die Kapitalbeschaffung im normalen Projektverfahren des OeRK

Nach der Prüfung der für die Projektliste der DICARWS eingereichten Projekte wird ein jährliches Budget aufgestellt, indem für jeden Kontinent eine Höchstsumme *(ceiling)* festgelegt wird. Dadurch soll eine „gerechte" Verteilung der Gelder angestrebt werden. Innerhalb dieser Höchstsumme werden die Projekte eingeteilt, wobei nebst einer ganz knappen Zusammenfassung des Projektes vier Summen genannt werden: Die veranschlagte Gesamtsumme für ein Projekt (das manchmal länger als ein Jahr von DICARWS unterstützt werden soll), die durch DICARWS angeforderte Gesamtsumme für das Projekt, das lokale Einkommen des Projekts oder der

Beitrag der lokalen Hilfswerke oder Kirchen, (die „Eigenleistung" des Hilfeempfängers) und endlich der durch DICARWS angeforderte, jährliche Unterstützungsbeitrag. Z.B. für eine Radiostation in Uganda[1], die bereits fünf Jahre lief, beträgt das Gesamtbudget 14.832 Dollar. Das lokale Einkommen beläuft sich auf 1.932 Dollar im Jahr, und Beiträge für 12.900 Dollar werden durch Vermittlung der DICARWS angefordert, wobei der Jahresbeitrag für 1971 8.600 Dollar ausmacht und für 1972 die restlichen 4.300 Dollar vorgesehen werden[2].

Diese Budgeteinteilung gilt für reguläre, interkonfessionelle Projekte, deren grosse Mehrheit an der ersten, jährlichen Zusammenkunft der DICARWS-Mitglieder Ende Juni jedes Jahr angenommen werden. Falls die im Juni von den Gebern übernommenen Projekte die budgetierte Kapitalsumme *(ceiling)* der DICARWS noch nicht erreichten, weil z.B. gewisse Projekte zurückgezogen werden, *keine* finanzielle Unterstützung erhalten, oder nur eine nicht ausreichende Teilsumme (d.h. ein Geber verpflichtet sich für eine bestimmte Summe, und für den Rest lassen sich keine weiteren Geberorganisationen finden), können in der zweiten, jährlichen Zusammenkunft der DICARWS-Mitglieder im November des Jahres noch „Zusatzprojekte" *(additional projects)* angenommen werden, die oftmals kleinere, weniger vordringliche Vorhaben umfassen.

In der Projektliste werden ferner die sogenannten *above-ceiling-projects* aufgenommen, d.h. Projekte, deren Kapitalaufwand das für das bestimmte Land, (oder, wenn es sich um ein regionales Projekt handelt, für den bestimmten Kontinent), festgelegte Höchstbeitragskapital *(ceiling)* übersteigen. Diese Projekte werden *nur* unter der Bedingung in die Projektliste aufgenommen, dass eine oder zwei reiche Geberorganisationen sie unterstützen. Meist bedeutet diese Bindung praktisch, dass deren Unterstützung bereits zugesichert worden ist, bevor das Projekt für die Aufnahme in die Liste vorgelegt wird. Es können also Projekte ohne institutionell ökumenische Planung sein, die bilateral an einzelne Geberorganisationen eingereicht wurden, deren Kapitalbeschaffung jedoch ökumenisch über DICARWS organisiert wird. Oder ein Geber legt ein *above-ceiling-project* den Dienststellen der DICARWS zur Einschätzung und Bewertung vor, mit der Bitte, es in die Liste aufzunehmen, wobei er sich bereits zur Unterstützung verpflichtet hat.

Bis 1970 arbeitete der OeRK als reiner Katalysator, als Vermittler der kirchlichen Hilfsgelder für Entwicklungsarbeit, der kein eigenes, frei verfügbares Budget für Entwicklungsarbeit besass, sondern dem die Mitglieder ihre

---

1   DICARWS, Project List 1971, S. 257/258.
2   ibid., Zusammenfassung der Projekte für Afrika, S. 272.

Gelder zweckbestimmt für ein von ihnen ausgewähltes Vorhaben zur Verfügung stellten. Planung und Durchführung, sowie Überprüfung und Beratung der Projekte blieben wohl den ökumenischen Dienststellen vorbehalten, aber die finanzielle Entscheidung der Kapitalbeschaffung war ausschliesslich den nationalen Kirchen und Hilfswerken, die Mitglieder der DICARWS sind, vorbehalten. Seit der Konferenz von Montreux (26.–31. Januar 1970), an der die CCPD *(Commission of the Churches for Participation in Development=* Kommission für kirchlichen Entwicklungsdienst) gegründet wurde[3], besitzt der OeRK ein eigenes Budget von nicht zweckgebundenen Entwicklungsgeldern, die für eigene Projekte des OeRK eingesetzt werden können. Diesem Sonderentwicklungsfonds sollten bis 1971 etwa 10 Mio. Dollar zur Verfügung stehen.

Er war als ein „zentralisiertes Instrument im Dienste eines dezentralisierten Prozesses" geplant[4]. Die durch ihn finanzierten „Sonderentwicklungsprojekte" *(special development projects)* mussten langfristige Programme sein, die über die normale zwei- bis dreijährige, manchmal fünfjährige Laufzeit mit Unterstützung hinausgehen. Bei diesen bleiben die endgültigen Entscheidungen nicht den Geberorganisationen, sondern vielmehr der CCPD, und vor allem den regionalen oder lokalen Instanzen („dezentralisierter Prozess") in den Empfängergebieten überlassen.

Ausser diesen „Sonderentwicklungsprojekten" werden also alle anderen Entwicklungsprojekte nach Prüfung durch den OeRK auf die Projektliste der DICARWS gesetzt, (es sei denn, sie hätten in Ausnahmefällen dieser Prüfung nicht standgehalten). Diese Liste wird an die Geberorganisationen geschickt, die an den beiden jährlichen Zusammenkünften die von ihnen ausgewählten Projekte übernehmen, d.h. durch DICARWS einen Teil oder die Gesamtheit der dafür notwendigen, veranschlagten Kapitalsummen für das laufende Jahr diesem Projekt zur Verfügung stellen.

Bei der Finanzierung der Projekte hilft ferner der ökumenische Anleihefonds *(ECLOF)* mit, der bereits 1946 als gemeinnützige Institution nach schweizerischem Recht in Genf gegründet wurde[5].

Das für Anleihen an kirchliche Projekte verfügbare Kapital betrug 1968 3.494.694.– Frs. (ca. 812.000 Dollar)[6]. Das ECLOF-Kapital setzt sich aus Schweizer Obligationen, kurzfristigen Depositen (die als Anleihen an die

---

3   WCC, Ungerechte Fesseln öffnen, Offizieller Bericht der Konferenz über ökumenische Unterstützung für Entwicklungsprojekte, S. 145–150, und ibid., Bericht der Arbeitsgruppe V, „Kapitalbeschaffung", S. 135–139.
4   OePD, Nr. 23, 19. Nov. 1970, S. 4: Ausspruch des Direktors der CCPD.
5   WCC, Reports 1968 ECLOF/APIDEP, S. 6, und DICARWS, Project List 1971 S. 13.
6   WCC, Reports 1968 ECLOF, S. 13.

nationalen ECLOF-Ausschüsse überwiesen werden können), den aus den Anleihen rückfliessenden Zinsen und Rückzahlungen, Bankguthaben und Geschenken zusammen. Von 1946–1970 hatte der ECLOF insgesamt 1600 Anleihen in einundzwanzig Ländern, seit 1960 auch in der „Dritten Welt", gewährt, von denen 1200 zurückbehalten worden waren. 1971 sollten vom ECLOF für drei Projekte auf der Liste der DICARWS Anleihen im Werte von 148.142 Dollar gewährt werden[7]. Davon ging der Hauptteil der Kirche von Südindien in Bangalore für den Bau eines Geschäftshauses auf einem der Kirche gehörenden Grundstück zu. Die Einnahmen aus der Vermietung dieses Hauses sollten den sozialen, medizinischen und landwirtschaftlichen Entwicklungsinstitutionen dieser Kirche zufliessen. Die beiden anderen Anleihen gingen an Südafrika und die dominikanische Republik. Die Anleihe in Bangalore läuft z. B. für zehn Jahre. Doch traditionellerweise gewährt der ECLOF nur kleine Anleihen für 5.000 Dollar, die normalerweise nach sieben Jahren zurückbezahlt und zu 3 % verzinst werden müssen. 1 % der erhobenen Zinsen deckt die Verwaltungskosten des internationalen ECLOF-Rates. 1971 bestanden neunzehn nationale ECLOF-Ausschüsse, die dem internationalen ECLOF-Rat unterstehen und mehrheitlich aus christlich gesinnten Geschäftsleuten bestehen. Der Hauptzweck der Anleihe war zu Beginn der Tätigkeit von ECLOF die finanzielle Hilfe an die Kirchen selbst, hauptsächlich in Europa.

Nach 1960 begannen sich jedoch die Anleihen auch auf die „Dritte Welt" auszudehnen, und 1968 hatte z. B. Argentinien zehn neue Anleihen erhalten. Tansania und Kenia hatten z. B. bis 1968 auch je elf Anleihen erhalten. 1971 hatte sich der ECLOF ferner zum Ziel gesetzt, die Selbsthilfe in den Entwicklungsvorhaben zu fördern: Die nationalen ECLOF-Ausschüsse müssen, bevor sie eine Anleihe gewähren, die Genehmigung des internationalen ECLOF-Rates einholen, dessen Exekutivausschuss aus drei Schweizer Banquiers besteht.

Neben der Gewährung von Anleihen, die hauptsächlich für Entwicklungsprojekte verwendet werden sollen, erfüllt der ECLOF noch eine weitere, ziemlich wichtige Rolle als Anlageberater für kirchliche Investitionen und Verwaltung von kirchlichem Besitz zugunsten von Entwicklungsländern.

Soviel zum institutionellen Budget-Verfahren für reguläre Projekte *in der Zentrale* des OeRK. Nun sorgen aber nicht nur die nationalen Geberorganisationen der DICARWS, und in bescheidenerem Masse die CCPD als Organ des OeRK, sowie der ECLOF für die Kapitalbeschaffung, sondern auch die *regionalen*, ökumenischen Organisationen.

---

[7] DICARWS, Project List 1971, S. 14–15.

323.111 Die Kapitalbeschaffung durch regionale, ökumenische Organisationen

Für regionale, oder nationale Projekte auf ihrem Kontinent stellen oft die regionalen Organisationen aus eigenen Mitteln Gelder zur Verfügung. So z. B. die AACC *(All African Christian Conference)*, die im Anschluss an das PCR aus eigenen Haushaltsmitteln Untersuchungen über den schwarzen Rassismus einleitete und fortführte. Die AACC leistete ebenfalls einen finanziellen Beitrag zum *Ecumenical Programm for Emergency Action in Africa* (EPEAA)[8]. Dieses Programm umfasste von 1964—1969 hundertfünfundsechzig Projekte, von denen zweiundfünfzig sich auf Flüchtlingshilfe bezogen, darunter auch Finanzhilfe an einzelne Flüchtlinge.

1970 gehörte das EPEAA als regionale Organisation als letzte zu den zehn wichtigsten Geberorganisationen für reguläre Projekte auf der DICARWS-Liste, für die es 239.422 Dollar spendete. Das EPEAA war auch mit einem Stipendienprogramm der DICARWS für afrikanische Flüchtlinge verbunden. Von 1964—1969 verfügte das EPEAA über 10.224.712 Dollar. Davon entfielen über 2 Mio. Dollar auf neun Projekte in Rhodesien, und über eine Mio. Dollar auf dreiundzwanzig Projekte im damaligen Kongo-Kinshasa (heute Republik Zaïre).

In abnehmender Grössenordnung des finanziellen Aufwands folgen Projekte in Sierra Leone und Südafrika. Eine Finanzhilfe unter 0,5 Mio. Dollar erhielten Tansania, Malawi, Uganda und die Elfenbeinküste. Das EPEAA ist dementsprechend eigentlich eine regionale, ökumenische Organisation, deren Projekte von DICARWS unabhängig sein können, die jedoch neben ihren eigenen Projekten in bescheidenem Masse auch bei der Finanzierung von Projekten auf der DICARWS-Liste mithilft[9].

Im Gegensatz zu den Projekten auf der DICARWS-Liste, deren angeforderte, budgetierte Summen nicht immer voll gedeckt werden, kann das EPEAA das positive Ergebnis aufweisen, dass es etwa ein Viertel mehr Hilfsgelder erhielt, als es durch seine Projekte angefordert hatte.

So scheint es hier, dass die zentral vermittelte Hilfe doch weniger erfolgreich ist, als die regionale, innerhalb des Kontinents der betreffenden Projekte durchgeführte Unterstützung. Diese Grundsatzfrage wird später noch mehrmals auftauchen.

---

8   WCC, Statistical Analyses of DICARWS listed Projects, S. 87—96.
9   Z. B. spendete das EPEAA, für ein Projekt für industrielle Mission in Botswana 1000 Dollar (DICARWS Project List 1971, S. 181). Ferner half das EPEAA bei der Einrichtung technischer Fachausbildung von Jugendlichen in der Republik Zaïre. ibid., S. 195.

In gleicher Weise wie die AACC, beschaffte die entsprechende, asiatische Regionalorganisation, die EACC *(East Asian Christian Conference)*, Gelder zur Mitfinanzierung von Projekten in Asien, wie z. B. für das ökumenische Vietnamprogramm. Ferner stellt die EACC auch ihr eigenes Budget auf, mit der Betonung auf Projekten für Jugendsozialhilfe. Von diesem Budget finanziert sie 25 % aus eigenen Mitteln und fordert für die restlichen 75 % die Unterstützung vom OeRK an.

Diese Regionalorganisation war bereits 1960 sehr aktiv und arbeitete schon damals ihre eigenen Projekte aus.

In Lateinamerika koordiniert die regionale Organisation ISAL *(Iglesia y Sociedad en America Latina)* die ökumenischen Projekte, und zugleich den Einsatz der angeforderten Finanzmittel.

Die ökumenischen Projekte, die von der ISAL verwaltet werden, können vielleicht am ehesten als Untereinheiten eines regionalen ISAL-Gesamtprojektes angesehen werden.

Die ISAL ist wahrscheinlich von den drei ökumenischen Regionalorganisationen in der „Dritten Welt" die finanziell und institutionell unabhängigste, und zugleich diejenige, die am engsten mit der römisch-katholischen Kirche in der Entwicklung zusammenarbeitet.

Die Geberorganisationen der DICARWS bilden somit den institutionell *internationalen* Rahmen für die budgetierten, ökumenischen Projekte.

Der Hauptteil der Kapitalbeschaffung bleibt jedoch den einzelnen, *nationalen* Geberorganisationen der DICARWS vorbehalten. Diese beschaffen auf lokaler Ebene Geldmittel, die sie dann für die Übernahme bestimmter ökumenischer Projekte international und multilateral einsetzen können.

Noch sind diese nationalen Geberorganisationen weitaus die wichtigsten, obschon sich in der Zeitspanne von 1961–1971, wenigstens gegen das Ende des Jahrzehnts, eine deutliche Tendenz zur Aufwertung der Bedeutung – auch finanzieller Art – der regionalen Organisationen zeigt.

323.112 Die Kapitalbeschaffung der nationalen Geberorganisationen
Im normalen Projektverfahren setzen sich die Geber aus fünf Kategorien zusammen, von denen zwei bereits behandelt wurden, nämlich die zentralen Organe des OeRK, wie die CCPD und der ECLOF, sowie die regionalen ökumenischen Organisationen. Die dritte Kategorie – finanziell die weitaus wichtigste – setzt sich zusammen aus den Abteilungen für Entwicklungsdienst der nationalen Kirchenräte, wie z. B. *Christian Aid,* die Abteilung des britischen Kirchenrates, oder *Church World Service* des NCCCA in den Vereinigten Staaten, ferner aus privaten, christlich motivierten Hilfswerken, wie z. B. *Brot für die Welt* (Stuttgart) in Deutschland oder *Wild Geese* in Holland, und endlich der LWB, der eine Sonderstellung einnimmt, indem dessen Mitglieder ihm *und* der DICARWS angehören, und der selbst als

Organisation auch zu den Geberorganisationen der DICARWS gehört. Als vierte Kategorie werden die nationalen Christenräte in der „Dritten Welt", die „Empfänger" der Entwicklungsgelder, die ihrerseits einen finanziellen Beitrag für Projekte leisten, besprochen, und als letzte, finanziell nicht besonders bedeutende Kategorie, die der *nicht* mit der DICARWS verbundenen Organisationen.

Da die kirchlichen Strukturen in den einzelnen Ländern derart unterschiedlich sind, würde eine Beschreibung der Kapitalbeschaffung jeder einzelnen Geberorganisation der DICARWS viel zu weit führen. Daher werden wieder, wie bei den praktischen Beispielen der Entwicklungsarbeit, aus jeder der genannten Kategorien die finanziell bedeutendsten ausgewählt.

Während der fünf Jahre von 1966—1970 waren in der Reihenfolge der abnehmenden finanziellen Leistungen für *reguläre* Projekte auf der DICARWS-Liste folgende Geberorganisationen die zehn wichtigsten:

1. Die *Christian Aid* des britischen Kirchenrates,
2. Das Hilfswerk „Brot für die Welt" (verbunden mit dem Rat der evangelischen Kirchen Deutschlands),
3. die schwedische Kirche,
4. die holländischen Kirchen und Vereinigungen,
5. der LWB,
6. die Union der Presbyterianischen Kirchen in den USA (UPUS),
7. die „Notprogramme" in Deutschland (sie unterstehen dem Rat der EKD),
8. die „evangelische Zentralstelle für Entwicklungshilfe" in Bonn (vollständig getrennt von „Brot für die Welt", erhält Regierungsbeihilfen),
9. die australischen Kirchen,
10. der *Church World Service,* die Abteilung des amerikanischen Kirchenrates für Entwicklung und Weltdienst.

An elfter Stelle würden die kanadischen Kirchen folgen. Die Aufstellung beruht auf den finanziell geleisteten Durchschnittswerten während der genannten fünf Jahre. Sie bezieht sich ausschliesslich auf finanzielle Leistungen für reguläre Projekte, und nicht auf die *above-ceiling-projects* noch auf die Nothilfe, oder auf anderweitige, materielle Zuwendungen. Auf die einzelnen Jahre umgelegt, ergeben sich nur geringfügige Variationen: Die ersten zwei Plätze belegen immer die *Christian Aid* und „Brot für die Welt". Der LWB steht meist an vierter Stelle, mit Ausnahme von 1966. In diesem Jahre brachte er nur 10.000 Dollar für DICARWS-Projekte auf. Dänemark und Kanada gehören für die gesamte ökumenische Entwicklungshilfe (einschliesslich Nothilfe und *above-ceiling-projects)* ebenfalls zu den einflussreichsten Gebern. Auf Länder umgerechnet lässt sich erkennen, dass Deutschland, die Vereinigten Staaten und England die wichtigsten kirchlichen Hilfswerke besitzen. Im Durchschnitt der fünf erfassten Jahre belegt jedoch die *Christian Aid* mit Abstand den ersten Platz. Während sie noch 1966 etwa gleich viel aufwendete, wie „Brot für die Welt", stellte sie 1970 ungefähr dreimal mehr Hilfsgelder zur Verfügung als letzteres. „Brot für die Welt" nahm somit den zweiten Platz in der Reihenfolge ein.

Bezöge man die materielle Hilfe und die Notprogramme mit ein, würde sich vielleicht eine andere Reihenfolge ergeben. Da es jedoch keine Bilanzen oder Statistiken darüber gibt, ist es im Augenblick nutzlos, Vermutungen anzustellen [10].

An dieser Stelle könnte die berechtigte Frage nach der finanziellen Leistung der orthodoxen Mitglieder des OeRK auftauchen. Die Antwort ergibt, dass die Ostkirchen im OeRK wohl eine sehr wirkungsvolle, theologisch-geistige Rolle spielen und gleichzeitig eine politische Beeinflussung ausüben, aber der DICARWS nur hie und da symbolische Beiträge für Entwicklungsarbeit zur Verfügung stellen. Dies ergibt sich aus deren Sonderstellung im eigenen Staat, in der auch ihre relative Armut begründet liegt. Falls Hilfeleistungen vorgesehen werden, können die orthodoxen Mitglieder des OeRK, wenn überhaupt, so nur über ihr nationales Rotes Kreuz oder über staatliche Hilfswerke wirken. Dasselbe gilt für Osteuropa, wo die Kirche meist vom sozialistisch-atheistischen Staat nur geduldet wird, und ihr kein anderer Weg offensteht, als sich, je nach den Machtbeziehungen, mehr oder weniger der Politikführung der Regierung anzuschliessen. Im Nahen Osten befindet sich die Kirche in einer besseren Stellung, aber auch da reichen die finanziellen Mittel oft nur knapp für den Unterhalt der eigenen Institution aus. So spielen die orthodoxen Mitglieder des OeRK als „kapitalistische" Geberorganisationen im rein ethymologischen Sinne in der DICARWS keine Rolle, wohl aber als Träger von Hilfsprogrammen, wie z. B. im *Near East Christian Council* für die Hilfe an Palästinaflüchtlinge oder als Berater für die Planung von Programmen.

Mit welchen Methoden werden nun die finanziellen Mittel beschafft? Die nationalen Geberkirchen beziehen ihre Geldmittel aus verschiedenen Quellen: Aus Sammelaktionen („Weihnachtsteller" usw.), privaten Spenden, Einzahlungen auf zweckbestimmte Konten, und, vor allem in Westeuropa, aus der Kirchensteuer, und oftmals auch aus Zuschüssen der Regierung für kirchliche Entwicklungsprojekte (wie in Deutschland und Holland). Nach Schätzungen der Arbeitsgruppe V der Konferenz von Montreux erhalten die evangelischen Kirchen für Entwicklungsprojekte jährlich 10—15 Mio. Dollar aus Regierungszuschüssen. Bereits in Uppsala wurde gefordert, dass die Kirchen einen bestimmten Prozentsatz ihrer Gesamteinnahmen, z. B. 2 % ihres Ein-

---

10 Nach dem Gewicht und Einfluss der Vertreter der Geberorganisationen in den Sitzungen der DICARWS zu schliessen, könnte diese Reihenfolge, einschliesslich Dänemarks und Kanadas, selbst für den Entscheidungsprozess richtig sein.

kommens, oder einen Betrag, der so hoch sein sollte, dass er für die Kirchen ein „wirkliches Opfer" darstellt[11], für die Entwicklungsarbeit verfügbar machen sollten. Die westdeutschen Kirchen haben dieses Versprechen gehalten, indem sie 1969 und 1970 50 Mio. DM aus Kirchensteuermitteln für Entwicklungsaufgaben zur Verfügung gestellt haben[12]. Zu den Einnahmen der nationalen Kirchen gehören ferner die Gewinne aus Kapitalinvestitionen und Landbesitze[13]. Kapitalbeschaffung und Beeinflussung der öffentlichen Meinung gehören oft zur selben kirchlichen Aktion: Vor oder während der kirchlichen Feiertage werden oft nationale Radio- oder Fernsehkampagnen zur Information über kirchliche Entwicklungsarbeit und als Spendeaufrufe durchgeführt. Hierzu ist zu bemerken, dass z. B. die Abteilung für Nothilfe der dänischen Volkskirche, die *Folkekirkens Nødhjaelp* einen Jahresdurchschnitt der Spenden von 1 Dollar pro Kopf der Bevölkerung, ca. 5 Mio. Dollar erreicht.

Man ermisst die eigentliche Bedeutung dieses Beitrages nur, wenn man in Betracht zieht, dass bei der Berechnung dieses Jahresdurchschnittes die *Gesamtbevölkerung, nicht* die Kirchgänger oder die Anzahl der Spender zugrunde gelegt wurde. Dementsprechend muss man die privaten Spenden der Einzelnen weitaus höher veranschlagen. Des weiteren fliessen den Abteilungen für Entwicklungsarbeit der nationalen Kirchen, seit der Vollversammlung von Uppsala und dem Entstehen der christlichen Laiengruppen für religiöse Erneuerung, auch Einnahmen von diesen Gruppen zu, die eine „Aktion Selbstbesteuerung" durchführen, wie z. B. in den Niederlanden[14]. Die Mitglieder dieser Gruppen verpflichten sich, jährlich einen freiwillig bestimmten Prozentsatz (1–5 %) ihres Einkommens für die Entwicklungsarbeit zu opfern, mit dem über ihre Kirchen auch ökumenische Entwicklungsprojekte unterstützt werden können.

In Schweden wurde versucht, durch eine Gesetzesänderung die direkte Beteiligung der einzelnen Kirchgemeinden, nicht nur an der nationalen, kirchlichen Entwicklungsarbeit, sondern auch an internationalen Entwicklungsprojekten zu ermöglichen. Falls diese Initiative Erfolg hätte, würde die schwedische Landeskirche einen Sonderfonds für internationale Hilfsprogramme einrichten, aus dem Projekte der DICARWS, des LWB und anderer, internationaler Organisationen unterstützt werden könnten. Dies wäre eine

---

11 WCC, Ungerechte Fesseln öffnen, S. 139.
12 OePD, Nr. 9, 1. April 1971, S. 7.
13 Die evangelischen Kirchen Deutschlands sollen als „Korporation" der viertgrösste Steuerzahler in der BRD sein.
14 Um Irrtümer auszuschliessen sei betont, dass es sich in keiner Weise um die „Jesus Superstar Bewegung" handelt, der die etablierte Kirche und mit ihr der OeRK nur abwartend gegenübersteht.

direkte Beteiligung der einzelnen Kirchgemeinden an der internationalen Entwicklungsarbeit, die bislang dem nationalen Kirchenrat vorbehalten war [15]. Damit würde Schweden, welches man historisch als die „Wiege der ökumenischen Bewegung" bezeichnen könnte, institutionell neue Wege gehen.

In den Vereinigten Staaten sind die Kirchen ausschliesslich auf private Unterstützung angewiesen. Unter ihrer Vielzahl gibt es sowohl finanzkräftige Kirchen, die ihre Gelder unter rein geschäftsmässigen Bedingungen investieren, als auch unterstützungsbedürftige. Die amerikanische *Episcopal Church* besass z. B. ein Aktienpaket im Werte von 5 Mio. Dollar bei *General Motors*[16]. Ferner haben zehn protestantische Kirchen in den USA Rücklagen von über 200 Mio. Dollar bei neunundzwanzig grossen Firmen investiert, deren vier erste *Lockheed, General Electric, American Telephone and Telegram,* und *United Aircraft* sind [17]. Von den finanzkräftigen Kirchen erhält der nationale, amerikanische Kirchenrat natürlich auch die grössten Beiträge für ökumenische Projekte. Gesamthaft gesehen sind diese Kirchen entwicklungshilfefreudig orientiert.

Als Beispiel für die zweite Art von Geberorganisationen in der dritten Kategorie, die nicht eine Abteilung des nationalen Kirchenrates darstellt, sondern unabhängige, christliche Hilfswerke umfasst, sei die sehr erfolgreiche, deutsche Organisation „Brot für die Welt" als Beispiel herausgegriffen. Ihr Träger ist das „Diakonische Werk" in Stuttgart, welches seinerseits wieder mit dem Rat der EKD verbunden ist [18]. Die Besonderheit dieses kirchlichen Hilfswerkes besteht darin, dass ihm nicht nur evangelische Kirchen angehören, sondern ebenfalls die Adventisten, Freikirchen und die evangelischen Christen der DDR [19]. Die in der DDR angesiedelten evangelischen Kirchen trugen ebenfalls zu den Sammlungen von „Brot für die Welt" bei. Dies ist um so erstaunlicher, als sie nach 1960 ein Abkommen mit dem ostdeutschen Roten Kreuz abgeschlossen hatten, demzufolge letzteres für den Einsatz der finanziellen Mittel zuständig ist. Von der Gründung von „Brot für die Welt" im Jahre 1959 bis 1964 hatten seine Aktionen 115 Mio. DM eingebracht [20], von denen 13 % aus der DDR stammten. Eine weitere Besonderheit von „Brot für die Welt" besteht darin, dass es, im Gegensatz zur entsprechenden, katholischen Organisation „Misereor", jegliche Regierungsbeihilfe strikt ablehnt. Diese Entscheidung fiel nicht ohne lebhafte Diskussionen innerhalb der EKD,

---

15 OePD, Nr. 33, 19. Nov. 1970, S. 4.
16 OePD, Nr. 4, 11. Feb. 1971, S. 4.
17 OePD, Nr. 1, 13. Jan. 1972, S. 7.
18 K. Osner, Kirchen und Entwicklungshilfe, S. 29–48.
19 ibid., S. 29 und 34.
20 ibid., S. 34.

der deutschen Mitglieder des OeRK und der DICARWS [21]. Bei Annahme von Geldern seitens der Bundesregierung befürchtete „Brot für die Welt", möglicherweise wegen seiner ostdeutschen Mitgliedschaft, erstens eine Verfälschung seiner echt ökumenischen Rolle in der Entwicklungsarbeit, zweitens die Verdächtigung politischer Intentionen in seiner Arbeit und drittens die Möglichkeit, von den Empfängern als staatlich unterstützter „Fremdkörper" angesehen zu werden. Das katholische Werk „Misereror" nahm die staatlichen Beihilfen an.

Es war von Anbeginn der CDU politisch nahe gestanden, und hatte immer engere Kontakte mit den staatlichen Behörden gepflegt, als die evangelische Seite. Dies mag als Hinweis genügen, dass selbst bei der Kapitalbeschaffung der Geberorganisationen der DICARWS auf nationaler Ebene die politischen Verstrickungen und Zugehörigkeiten eine Rolle spielen.

„Brot für die Welt" steht in enger Verbindung mit DICARWS und dem LWB, und gehört für beide zu den zehn wichtigsten Gebern. 1969 z. B. hatte es dem LWB 8.725.263 Dollar für die Mitfinanzierung von hundertachtzehn Projekten beschafft [22]. Für die Verwendung der staatlichen Beihilfe des Bundesministeriums für wirtschaftliche Zusammenarbeit (gemäss Titel 610 des Budgets „Förderung entwicklungswichtiger Vorhaben der christlichen Kirchen") wurde 1962 [23] eine von „Brot für die Welt" vollkommen unabhängige Organisation, die „evangelische Zentralstelle für Entwicklungshilfe" in Bonn geschaffen [24].

Um einen Eindruck von der Grössenordnung der Kapitalbeschaffung durch „Brot für die Welt" zu vermitteln, seien folgende Zahlen erwähnt [25]: In den ersten zehn Jahren seines Bestehens (1959–1969) hatte „Brot für die Welt" insgesamt 1209 Projekte (Missionsprojekte sind statutengemäss ausgeschlossen) für 209.948.000 DM bewilligt. 41,9 % davon entfielen auf Projekte in Asien, 37,2 % auf Afrika. Vorgezogen wurden Projekte der Kategorie „Hilfe zur Selbsthilfe" (27,5 %). Die zwölfte Sammlung (1970–1971) von „Brot für die Welt" ergab 30,3 Mio.DM [26], wobei z.B. 1,2 Mio. DM auf das im Februar 1971 auslaufende ökumenische Projekt „Kinderdorf in Gabun" verwendet wurden. „Brot für die Welt" finanziert also eigene Projekte, setzt jedoch den Hauptteil der beschafften finanziellen Mittel, gemäss seinen beiden Grundprinzipien der echt ökumenischen Arbeit und der Aktion *ohne*

---

21 ibid., S. 59–60.
22 LWB, CDS, Report 1963–1969, S. 39.
23 ibid., S. 64.
24 *K. Osner*, op. cit. S. 59.
25 Sozialwissenschaftliches Institut der evangelischen Kirchen in Deutschland und „Brot für die Welt", Entwicklungspolitische Dokumente, S. 81.
26 OePD, Nr. 22, 2. Sept. 1971, S. 9.

politische Absichten, durch DICARWS oder den LWB für die multilaterale Entwicklungsarbeit ein.

Als Sonderfall einer Geberorganisation sei noch die mit DICARWS zusammenarbeitende, internationale, konfessionelle Organisation, der LWB erwähnt, der sowohl eigene, wie auch Projekte der DICARWS-Liste finanziert. Eines der wichtigsten Projekte des LWB, das jedoch auch eine Anleihe des WACC erhielt, also von anderen Mitgliedern der Ökumene ebenfalls finanziell unterstützt wurde, ist das bereits erwähnte Grossprojekt für Rundfunkprogramme RVOG [27]. Ein weiteres, teures Projekt des LWB ist das „Kilimanjaro Christian Medical Center" in Tansania, für das der LWB 1964 mehr als die Hälfte der für seine eigenen Projekte verfügbaren Summe von über 9 Mio. Dollar eingesetzt hatte [28]. Von 1963–1969 wurden vom LWB 275 Projekte mit einem Gesamtkapitalaufwand von 28.340.812 Dollar finanziert.

Im übrigen verfügt der LWB über eine selbständige, aber eng mit ACTS und DICARWS zusammenarbeitende Evaluierungs- und Beratungsstelle, den CDS *(Community Development Liaison and Validation Service* = Vermittlungs- und Bewertungsdienst für Projekte der Wirtschafts- und Sozialhilfe in Entwicklungsländern) [29]. Der CDS wirkt einerseits als Katalysator für die von den Mitgliedern des LWB aufgebrachten Gelder. Seine Funktion entspricht also derjenigen der DICARWS für den gesamten OeRK. Andererseits erfüllt der CDS dieselbe beratende Funktion für den LWB wie ACTS für den gesamten OeRK. Etwa 80 % aller für nicht missionsgebundene, lutherische Entwicklungsprojekte bestimmten Gelder werden über den CDS eingesetzt [30]. Der finanzielle Aufwand für die Projekte ist relativ bescheiden: Abgesehen vom *Kilimanjaro Christian Medical Center* und vom RVOG ergibt sich ein Durchschnittswert der restlichen 274 Projekte (1963–1969) von 78.000 Dollar pro Projekt. Im LWB, wie in der DICARWS, gehören die deutschen und skandinavischen Hilfswerke zu den wichtigsten Gebern. Im LWB spendete „Brot für die Welt" und die „evangelische Zentralstelle für Entwicklungshilfe" (die Regierungsbeihilfen erhält) zusammen den weitaus grössten Betrag von 16.544.643 Dollar für 138 Projekte [31].

Von 1966 – 1970 hatte der LWB für reguläre Projekte auf der DICARWS-Liste insgesamt 1.767.468 Dollar aufgewendet (1966 nur einen Betrag von 10.000 Dollar, 1970 jedoch 47.400 Dollar). Der LWB steht deshalb für diesen Zeitabschnitt unter den ersten zehn Gebern der DICARWS an fünfter Stelle.

Hierbei soll noch eine merkwürdig anmutende, institutionelle „Verschleierung" erwähnt werden: Grosse Projekte auf der DICARWS-Liste (in Tansania

---

27 LWB, Berichte 1963–1969, S. 104.
28 LWB, CDS, Report 1963–1969, S. 38.
29 ibid., S. 39.
30 ibid., S. 35.
31 ibid., S. 39–40.

und Sambia) werden finanziell sozusagen vollständig vom LWB getragen, aber nicht zu dessen *eigenen* Projekten gezählt. Praktisch jedoch sind es nach Leistung und Durchführung Projekte des LWB, ohne dass sie mit dessen CDS verbunden sind. Sie laufen institutionell über die DICARWS. Daraus könnten verschiedene Schlüsse gezogen werden: Soll der Vorwurf des Paternalismus einer grossen Geberorganisation vermieden werden, indem diese Projekte als multilaterale, ökumenische Arbeit „getarnt" werden? Oder will der LWB seine Kompetenzen im Gegenteil ohne jegliche Abgabe von Befugnissen wahren, und deshalb nur mit der DICARWS zusammenarbeiten, wenn sichergestellt ist, dass es sich finanziell um seine eigenen Projekte handelt? Wahrscheinlich haben von Fall zu Fall beide dieser sich widersprechenden Tendenzen eine Rolle gespielt.

Nach der Entwicklungsstrategie des LWB und des CDS werden nur die Kapitalkosten eines Projektes beschafft, während die Folgekosten (Betriebskosten) vom lokalen Träger übernommen werden sollten[32]. Nun kann jedoch sowohl bei den ökumenischen, wie bei den lutherischen Projekten der Fehler begangen werden, dass die schwer vorauszuschätzenden Folgekosten nach der Anlaufzeit für die meisten armen Kirchen der Entwicklungsländer viel zu hoch liegen[33]. Dies bedeutet, dass neue Geber auf ökumenischer Ebene gefunden werden müssen, oder das Projekt gezwungenermassen zurückgesteckt werden muss. Beide Verfahren sind mit Schwierigkeiten verbunden und für Geber und Empfänger unbefriedigend.

Auf jeden Fall wird bei ökumenischen Projekten darauf geachtet, dass der lokale Träger ebenfalls einen Beitrag leistet, und sei dieser auch nur symbolischer Natur, oder dass das Projekt einen Teil des eigenen Einkommens (falls dies vorhanden ist) reinvestiert. Z.B. spendeten die südafrikanischen Kirchen von 1966–1970 4.246 Dollar für reguläre Projekte der DICARWS-Liste, die indischen Kirchen brachten in den beiden Jahren 1966 und 1969 je 200 Dollar für diese Entwicklungsarbeit auf, und die restlichen asiatischen Kirchen beschafften 1967 2000 Dollar.

Dies wären Beispiele für die vierte Kategorie von Geberorganisationen der DICARWS.

Bei neuen Projekten wird in der Planung meist ein wachsendes, lokales Einkommen vorgesehen, damit später die finanzielle Selbständigkeit erreicht werden kann. Doch will der OeRK mit seinen Projekten eigentlich kein „Geschäft" machen, sondern nur allzu grosse Defizite und Misswirtschaft vermeiden.

---

32 LWB, CDS, Report 1963–1969, S. 35.
33 Vor allem für medizinische Projekte. Es gibt jedoch auch Projekttypen, wie Sozialwerke, die naturgemäss nicht „wirtschaftlich" sein können.

Aus diesen beiden Gründen (arme Kirchen in der „Dritten Welt" und „gemeinnützige" Entwicklungsarbeit) ist der geringe Anteil an lokalem Kapitaleinsatz, der bei der Mehrheit der Projekte auf der DICARWS-Liste vorgesehen ist, und dessen Beschaffung manchmal ein grösseres Opfer bedeutet, als der grosse Kapitaleinsatz der westlichen, kirchlichen Hilfswerke, *ethisch* und im Sinne der ökumenisch gemeinschaftlichen Zusammenarbeit, hoch einzuschätzen.

Gleichzeitig wird damit auch das psychologische Hindernis des „ewig zu Dank verpflichteten" Empfängers verringert, und dessen Selbstbewusstsein und Unternehmungsgeist für die Selbsthilfe angeregt[34].

Endlich gibt es noch eine fünfte, letzte Kategorie von Gebern: es handelt sich um Organisationen, die institutionell entweder gar nicht oder nur sehr lose mit der DICARWS verbunden sind. So beschaffte z.B. das Hochkommissariat für Flüchtlingsfragen der Vereinten Nationen (UNHCR) 1970 55.245 Dollar für reguläre Projekte auf der DICARWS-Liste, und die römisch-katholische Kirche spendete 1969 100.000 Dollar für dieselbe Kategorie von Projekten. Die Frage, weshalb die römisch-katholische Kirche nicht in dieselbe Kategorie eingeordnet wird, wie der konfessionelle Weltbund des LWB, kann dahin beantwortet werden, dass der Unterschied dieser beiden „kirchlichen Weltorganisationen" in ihren Beziehungen zum OeRK herausgehoben werden sollte: Während der LWB offiziell zu den Vollmitgliedern der DICARWS gehört, und in jeder Phase der Projektarbeit (Planung, Entscheidungsprozess, Durchführung und Evaluierung) trotz der beinahe „eifersüchtigen" Wahrung seiner Unabhängigkeit als Organisation, sehr eng mit dem OeRK und der DICARWS zusammenarbeitet (die Büros des CDS befinden sich im selben Haus wie der OeRK), ist die römisch-katholische Kirche nicht offizielles Mitglied des OeRK, sondern wirkt nur in einigen Organen mit, die nicht zu den eigentlichen Exekutivorganen für Entwicklungsarbeit gehören.

Ihre Beziehungen mit dem OeRK und der DICARWS sind also institutionell gesehen viel loser als diejenigen des LWB, weshalb die römisch-katholische Kirche auch eher in die Kategorie der nicht (wenigstens bis 1971 *noch* nicht) mit dem OeRK verbundenen Organisationen gehört.

Doch sollte dabei nicht übersehen werden, dass der Vatikan und die römisch-katholischen Hilfswerke sehr oft gemeinsam mit dem OeRK für eine bestimmte Koordinierung in der Entwicklungsarbeit eintraten und z.B. als

---

34 Z. B. soll der Bund evangelisch-lutherischer Kirchen in Indien 1000 Dollar für ein Programm in der äthiopischen Provinz Sojam aufbringen, und die evangelisch-lutherische Kirche in Brasilien einen Beitrag für die Hilfe an pakistanische Flüchtlinge leisten. Dies sind Beispiele, wo Kirchen der „Dritten Welt" nicht nur für ihre eigenen Projekte einen Beitrag leisten, sondern andere Projekte in der „Dritten Welt" unterstützen. Diese Methode steckt noch in ihren Anfängen, ist aber als ein erfreulicher Neubeginn zu werten. OePD, Monatsausgabe November 1971, S. 15.

Vollmitglieder der JCA einen wesentlichen Beitrag zum Hilfsprogramm für Nigeria/Biafra leisteten. (Dieses Programm fällt jedoch nicht in die Kategorie der regulären DICARWS-Projekte, für welche die römisch-katholische Kirche den obgenannten Betrag zur Verfügung gestellt hatte).

Damit wäre die Darstellung der Kapitalbeschaffung und ihres institutionellen Weges bis zum Einsatz im Rahmen des ordentlichen Projektverfahrens der DICARWS abgeschlossen. Es sei nur noch beigefügt, dass für die regulären Projekte auf der DICARWS-Liste insgesamt in den fünf Jahren 1966–1970 33.319.960 Dollar aufgewendet wurden, wobei die meist umfangreichen, teuren *above-ceiling-projects* und die Nothilfeprogramme *nicht* eingeschlossen sind.

Die insgesamt fünfundachtzig Geberorganisationen aller erwähnten Kategorien hatten die Aufbringung dieser finanziellen Mittel ermöglicht.

Es folgt nun ein Abschnitt über die Kapitalbeschaffung in einem ausserordentlichen Verfahren, nämlich durch die Sonderspendeaufrufe für die *nicht* auf der Projektliste aufgeführten Vorhaben.

323.12 Die Kapitalbeschaffung durch Sonderspendeaufrufe

Eine besondere Stellung in dieser Kategorie nimmt das PCR ein: Nach der Bereitstellung von 200.000 Dollar aus eigenen Reserven des OeRK wurde ein Appell an die Kirchen erlassen, in diesen Sonderfonds für das PCR etwa 300.000 Dollar zu spenden. Vom September 1970 bis Februar 1971 wurden 123.481 Dollar gespendet und 27.600 Dollar zusätzlich zugesagt [35]. Dies war bedeutend weniger, als im Spendeaufruf vorgesehen. Die Gründe hierfür wurden bereits aufgezeigt: Politische Implikationen und ein Sturm der öffentlichen Meinung. Immerhin wurden nach der Entscheidung des Exekutivausschusses im Oktober 1971 weitere 200.000 Dollar an Organisationen zur Bekämpfung des Rassismus verteilt [36]. Durch den OeRK wurden also insgesamt 400.000 Dollar für das PCR verteilt. Darin *nicht* eingeschlossen sind z.B. Summen, die bilateral von einzelnen Kirchen an Befreiungsorganisationen oder deren Projekte übergingen [37]. Nothilfeprojekte bei Naturkatastrophen werden auch durch Sonderspendeaufrufe finanziert. Falls das Programm später weitergeführt wird, wie z.B. in Nigeria (Wiederaufbauprogramm für 10 Mio. Dollar) oder Vietnam (jährlich etwa 1 Mio. Dollar) werden die zum Programm gehörenden Projekte meist auf die DICARWS-Liste gesetzt.

Neben ihren Konten für Entwicklungsarbeit und ökumenische Aufgaben

---

35 OePD, Nr. 3, 4. Feb. 1971, S. 2.
36 OePD, Monatsausgabe Oktober 1971, „Monatsrückblick", S. 14.
37 Z. B. 900 000 DM von den evangelischen Kirchen der DDR.

haben die meisten Geberorganisationen einen besonderen Fonds für kurzfristige Soforthilfe, aus dem sie solchen Spendeaufrufen nachkommen. Meist wird das Geld direkt auf das OeRK-Konto für den entsprechenden Spendeaufruf überwiesen, oder ein Scheck an den Sekretär für Nothilfe, den Direktor der DICARWS oder den Generalsekretär geschickt. Die seit 1970 neu geschaffene Stelle für Soforthilfe (eben dieser Sekretär für *emergencies*) ist für den Einsatz dieser Gelder nach einer rasch ausgearbeiteten, weniger ausführlichen Planung als bei der normalen Projekthilfe zuständig. Nach dem Konflikt zwischen Indien und Pakistan wurde z.b. durch Sonderspendeaufrufe Flüchtlingshilfe geleistet, die im März 1972 in ein sechzehnmonatiges Wiederaufbauprogramm in Bangladesh für eine gebilligte, veranschlagte Summe von 13 Mio. Dollar ausmündete, wovon jedoch dem lokalen, ökumenischen Hilfskomitee bereits 6.300.000 Dollar zur Verfügung standen [38]. Vorher hatte die DICARWS nach Sonderspendeaufrufen 3 Mio. Dollar für die Hilfe an pakistanische Flüchtlinge in Indien erhalten. Zur Beschaffung zusätzlicher Mittel schloss sich der OeRK dem Vorschlag der päpstlichen Kommission für Migration an, die den Sonntag, 10. Oktober 1971, als „Tag des Gebets und Opfers" für Flüchtlinge aus Pakistan erklärte [39].

Auch bei Erdbebenkatastrophen wie z.B. in Skopje und Peru wurden Sonderspendeaufrufe erlassen.

Zusammenfassend sei festgehalten, dass es eigentlich zwei Systeme der Kapitalbeschaffung in der Ökumene gibt: Das normale Projektverfahren, wobei die eigentliche Beschaffung der finanziellen Mittel, neben dem eigenen, relativ kleinen Budget des OeRK (für Sonderentwicklungsprojekte der CCPD), dem ECLOF, und den Beiträgen der regionalen ökumenischen Organisationen hauptsächlich auf die Mitgliedskirchen und Geberorganisationen der DICARWS abgewälzt wird, die ihrerseits mit ganz verschiedenen Methoden Mittel beschaffen. Auf internationaler, zentraler Ebene werden also kaum Beiträge aufgebracht, d.h. die OeRK-Zentrale unternimmt selbst keine Aktionen oder Sammlungen für bestimmte Entwicklungsprojekte. Die Beschaffung der Mittel erfolgt demnach auf nationaler Ebene und der OeRK wirkt hauptsächlich als Katalysator.

Die einzigen, von ihm selbst, also zentral ausgehenden Aktionen sind die Sonderspendeaufrufe für Soforthilfe, die meist in ihrer Anfangsphase *nicht* als Entwicklungsprojekt auf der Liste stehen, aber später meist als solches weitergeführt werden.

Institutionell zeigt sich, dass dem OeRK Gelder aus den verschiedensten Instanzen der Organisationsstruktur zufliessen, so dass auch bei der Beschaffung der Mittel die Kompliziertheit des ökumenischen Aufbaus deutlich wird.

---

38 OePD, Nr. 7, 9. März 1972, S. 8.
39 OePD, Nr. 27, 14. Okt. 1971.

323.13 Der Einsatz der im OeRK für die Entwicklungsarbeit verfügbaren, finanziellen Mittel

Nach der Projektliste der DICARWS von 1960 (die Abteilung nannte sich damals *Division of Interchurch-Aid and Service to Refugees*, wurde erst nach der Vollversammlung in Neu Delhi, 1961, zur *DICARWS*, und nennt sich seit Juni 1971 CICARWS, *Commission of Interchurch-Aid, Refugee and World Service*), (vgl. Anhang, Abb. 5), betrug deren Budget 900.000 Dollar[40]. Davon wurde der Hauptteil (540.000 Dollar oder 60 %) für die Flüchtlingshilfe eingesetzt. Arbeit und finanzieller Einsatz konzentrierten sich noch auf Europa, während z.B. nur 1,1 % des Budgets (10.000 Dollar) für palästinensische Flüchtlinge vorbehalten war. Je 45.000 Dollar wurden für den ökumenischen Jugenddienst und für Stipendien eingesetzt. Die Liste umfasste nur drei Kategorien von Projekten: Flüchtlingshilfe, ökumenischer Jugenddienst und *Services*, welche die *fraternal workers* (Aushilfepersonal für Gemeindehilfe auf freiwilliger Basis), Stipendien und Materialhilfe umfasste.

1962, nach der dritten Vollversammlung, sah die Projektliste schon anders aus: Über DICARWS flossen 7.804.509 Dollar[41], wovon jetzt weniger als 40 % (3 Mio. Dollar) für Europa vorgesehen war. Es erhielt aber immer noch die grösste Summe, gefolgt vom Nahen Osten (1.047.331 Dollar) Afrika (988.000 Dollar) und Lateinamerika (117.000 Dollar).

Diese Summen wurden für Projekte eingesetzt, die vom OeRK aus geplant wurden.

Für die Unterstützung von nationalen oder regionalen Initiativen wurden insgesamt 84.000 Dollar eingesetzt, wovon die Hälfte (42.000 Dollar), also ein verhältnismässig grosser Teil, auf Asien entfiel. Dies bedeutete, dass die ökumenischen, nationalen und regionalen Organisationen in Asien meist ihre eigenen Projekte ausgearbeitet hatten. Die neugegründete SASP erhielt 25.000 Dollar. Der Unterschied im Einsatz der finanziellen Mittel zwischen den Listen von 1960 und 1962 lässt den Einfluss der dritten Vollversammlung erkennen, die zum erstenmal in der „Dritten Welt" abgehalten wurde: Die Bedeutung der Entwicklungsarbeit in der „Dritten Welt" wurde betont, die Arbeit des OeRK verlagerte sich entsprechend von Europa auf die „Dritte Welt", und Entwicklungsprojekte im modernen Sinne des Wortes wurden neben der traditionellen Flüchtlingshilfe begonnen, (z.B. eine landwirtschaftliche Schule in Madagaskar).

Von 1966–1969 wurde die Entwicklungsarbeit erheblich erweitert: Durch die DICARWS flossen 29.267.276 Dollar an 2284 Projekte. In Europa wurden nur noch 173 Projekte mit 753.595 Dollar unterstützt. Das bedeutet,

---

40 DICARWS, Project List 1960, S. 7.
41 DICARWS, Project List 1962, S. 9.

dass in diesem Zeitraum 2111 Projekte aus der „Dritten Welt" auf der Projektliste standen, für die über 28,5 Mio. Dollar eingesetzt wurden. Es zeigt sich bereits die klare Priorität jener Projekte, die ein *edukatives* Element enthielten (berufliche Ausbildung, Erziehung, Kommunikation), ein Trend, der sich 1970/1971 noch verstärkte. Afrika wurde zum bevorzugten Kontinent (insgesamt 9.523.889 Dollar, mehr als 50 % der Gesamtsumme für 443 Projekte).

Ein knappes Viertel der Projekte (103) kostete zwischen 10.000–50.000 Dollar. 33 kosteten zwischen 100.000–900.000 Dollar. Als nächstbevorzugter Kontinent folgte der Nahe Osten mit einer etwas höheren Anzahl von Projekten (496).Der Finanzeinsatz belief sich jedoch nur auf 7.537.743 Dollar. (Dies bedeutet entweder durchschnittlich billigere Projekte – 114 Projekte kosteten zwischen 5.000–55.000 Dollar, – oder nicht in der Statistik enthaltene, grössere lokale Zuschüsse oder bilaterale Direkthilfe). Nur 15 Projekte waren für Summen zwischen 100.000–900.000 Dollar verbucht.

Als nächstes „Einsatzgebiet" für Entwicklungsgelder folgte Asien mit 399 Projekten und einem Kapitaleinsatz von 5.819.630 Dollar (immer in derselben Periode von 1966–1969).

Für Lateinamerika betrugen die entsprechenden Ziffern 216 Projekte für 3.779.847 Dollar. Bedeutet das eine „Diskriminierung" Lateinamerikas? Eigentlich nicht, denn in den gemachten Angaben sind keine der oben erwähnten, recht umfangreichen *above-ceiling-projects* enthalten, die in Lateinamerika finanziert und unterhalten werden. Ferner verschlingt ein einziges Projekt in Brasilien (Gurupi) 35 % aller, für Brasilien aufgewendeten Gelder, und Brasilien selbst erhält wiederum 38,2 % aller für Lateinamerika eingesetzten Finanzmittel. Das heisst, dass Brasilien ein hauptsächlich von zwei Gebern (Deutschland und England) bevorzugtes Gebiet für den Einsatz von Entwicklungsgeldern ist.

In Lateinamerika insgesamt wird im übrigen der höchste Betrag für Forschung und Evaluierung in der Entwicklungsarbeit eingesetzt, weil die Bedeutung solcher methodischer Untersuchungen dort eher erkannt worden ist, als in der restlichen „Dritten Welt".

1970 liefen 63.125.089 DM[42] (d.h. rund 14,2 Mio. Dollar) für Entwicklungsarbeit durch DICARWS. Damit zeigt sich eine erhebliche Steigerung gegenüber der Zeitspanne von 1966–1969, in der durchschnittlich im Jahr etwa 7,3 Mio. Dollar eingesetzt werden konnten. Dieses Ansteigen der finanziellen Leistung auf das Doppelte ist wahrscheinlich auf die Nachwirkungen der Vollversammlung von Uppsala, die dem Problem der „Weltentwicklung" Priorität einräumte, zurückzuführen. Mehr als 50 % dieser Summe

---

42 OePD, Nr. 8, 18. März 1971, S. 6. OePD, Monatsausgabe, April 1971, S. 12.

von rund 14,2 Mio Dollar wurde für Projekthilfe, der Rest (27.598.122 DM) für Nothilfeprogramme (Äthiopien, Peru, Türkei) verwendet.

1971 bewilligte DICARWS Projekte für über 20 Mio. Dollar[43], also eine erneute Erhöhung des finanziellen Einsatzes. Nach der Projektliste von 1971 steht immer noch Afrika mit einem Einsatz von 6.092.073 Dollar für 111 Projekte an erster Stelle, — nicht nach Anzahl der Projekte, sondern nach dem Einsatz der finanziellen Mittel, — gefolgt vom Nahen Osten (obwohl geographisch nicht dazu gehörig, werden Projekte der orthodoxen Kirchen in Griechenland, Jugoslawien und Äthiopien auch in diesem Teil der Projektliste aufgeführt) mit 118 Projekten für 2.432.526 Dollar.

Danach folgt Asien, mit den Pazifikinseln, mit 116 Projekten für 2.106.697 Dollar und endlich Lateinamerika mit 77 Projekten für 1.831.616 Dollar. Auch hier sind die *above-ceiling-projects* nicht mitgezählt.

Für die „Dritte Welt" ergibt dies eine Summe von über 12,3 Mio. Dollar für die Projektliste (abzüglich der 1,3 Mio. Dollar für Europa). Die restlichen 6,4 Mio. Dollar (Gesamtbudget 20 Mio. Dollar) entfallen auf Nothilfeprogramme, *above-ceiling-projects* und Zusatzprojekte. Nicht in diesen Zahlen enthalten ist ferner der finanzielle Einsatz aus dem eigenen Budget der DICARWS für die Sonderentwicklungsprojekte der CCPD von etwa 1,5 Mio. Dollar.

Nach dieser chronologischen Aufstellung des finanziellen Einsatzes für die Entwicklungsarbeit des OeRK, der in zehn Jahren ein Ansteigen von nicht ganz einer Mio. Dollar (900.000 Dollar) im Jahre 1960 auf über 20 Mio. Dollar für 1971 aufweist, — ein sehr positives Ergebnis —, müssen jedoch noch zwei negativere Seiten aufgegriffen werden: Vom OeRK wird geschätzt, dass seinen Mitgliedskirchen jährlich rund 300 Mio. Dollar für Entwicklungszwecke zur Verfügung stehen. Davon entfallen demnach nur 6,6 % auf die Projekte der DICARWS-Liste (rund 20 Mio. Dollar). So scheint die echt ökumenische, multilaterale Hilfe immer noch einen relativ geringen Teil der gesamten, kirchlichen Entwicklungsarbeit auszumachen, wenigstens was den finanziellen Aufwand anbelangt. Doch darf wiederum etwas anderes nicht ausser acht gelassen werden: Es gab und gibt grosse, ökumenische, multilaterale Programme wie z.B. die JCA für Nigeria/Biafra, das PCR oder eigene Projekte der konfessionellen Bünde, Missionsgesellschaften, ökumenische Regionalorganisationen oder anderer Organisationen, wie z.B. der WACC und der einzelnen Geber, die *nicht* auf der Projektliste erscheinen, und dennoch zur ökumenischen, internationalen Entwicklungsarbeit gehören. Selbst wenn die DICARWS deren finanzielle Mittel nicht verteilt, ist der OeRK oft als Ratgeber und Planer an solchen Unternehmen beteiligt. Ferner hilft er oft mit Personaleinsatz oder materieller Hilfe. Obwohl die Projektliste gemeinsam mit der DWME aufgestellt wird, der die Missionsgesellschaften angehören, gibt es

---

43 OePD, Nr. 17, 1. Juli 1971, S. 6.

doch viele ihrer Projekte, die nicht in dieser Liste aufgeführt sind. Zieht man all dies in Betracht, so erscheint der relativ niedrige, für ökumenische Projekte verfügbar gemachte Prozentsatz von 6,6 % der gesamten finanziellen Mittel der Kirchen für Entwicklungsarbeit in einem etwas günstigeren Licht. Immerhin stellen die Kirchen nach Schätzungen des OeRK mehr als 2 % ihrer verfügbaren Gelder ihrer internationalen Dachorganisation, dem OeRK, zur Verfügung [44].

Die zweite, negativere Tatsache, die erwähnt werden muss, liegt im Unterschied zwischen der durch DICARWS angeforderten, veranschlagten Unterstützungssumme für ein Projekt und der effektiv von den Geberorganisationen eingesetzten Hilfsgelder. Im Vorangehenden wurden strikte nur die effektiv erhaltenen Summen angegeben, nicht die anfänglich angeforderten. Erhält nun ein Projekt eine Zusage von verschiedenen Geberorganisationen, die dessen angeforderten Betrag *nicht* zu 100 % decken, bleibt das Projekt ein weiteres Jahr auf der Liste, um den fehlenden Betrag im nächsten Jahr zu erhalten, oder es wird gemäss den verfügbaren Mitteln umgeplant und angepasst, oder es wird versucht, eine andere Geberquelle zu finden. Der Prozentsatz der effektiven Deckung der angeforderten Summe spiegelt demnach die Meinung der Geberorganisationen wider, deren Prioritäten anders liegen können, als die der projekteinreichenden Kirchen oder der zentralen Prüfungsgremien des OeRK. Dies kann aber mit anderen Worten auch bedeuten, dass ein auf der Liste aufgeführtes Projekt überhaupt nicht unterstützt wird. Dabei zeigt sich z.B., dass Afrika hinsichtlich des effektiven Kapitalaufwandes für Projekte an erster Stelle erscheint. Doch liegt der Deckungsprozentsatz asiatischer Projekte bedeutend höher: Von 1966 — 1969 wurde für die Entwicklungsarbeit in Afrika nur 56,6 % der angeforderten Summen effektiv gedeckt (9.523.889 Dollar von den veranschlagten 16.840.781 Dollar). D.h., dass die Geber Projekte in Asien oder Lateinamerika bevorzugen, während der OeRK Afrika die höchste für einen einzelnen Kontinent bewilligte Summe *(ceiling)* zuteilte.

Für Asien beträgt der entsprechende Deckungsprozentsatz 69 %, für Lateinamerika 59,2 %. Für die Kategorie *Orthodox Churches and Countries/ Old Catholic Churches/Middle East* beträgt der angegebene Deckungsprozentsatz 76,8 %. Er würde also damit höher liegen, als für Asien.

Diese Zahl täuscht, da auch Projekte europäischer Länder, die *nicht* als Entwicklungsarbeit bezeichnet werden können, miteinbezogen wurden, und die Zeitperiode zudem mit dem grossangelegten NEPRP zusammenfällt, das als Nothilfe grosszügig unterstützt wurde.

---

[44] Viele Staaten machen nicht einmal 0,7 % des Bruttosozialproduktes als Entwicklungsgelder verfügbar.

Diese Deckungsprozentsätze, die nicht 100 % erreichen, zeigen eigentlich eine *negative* Seite des echten Multilateralismus in der Entwicklungshilfe, der so oft als die richtige Methode gepriesen wird: Da Projekte oft mehrere Geber brauchen, und letztere frei entscheiden können, wie sie ihre finanziellen Mittel einsetzen, kommt es nicht selten vor, dass nur ein Teil eines Projekts finanziert wird.

Zusammenfassend kann die zu Beginn dieses Abschnittes erwähnte Warnung vor der Relativität der angegebenen Finanzleistungen und -ziffern auf folgende Gründe zurückgeführt werden:

1. Die Projekte der DICARWS-Liste umfassen nicht alle Entwicklungsvorhaben des OeRK.
2. Die Statistik von 1966 — 1970, teilweise auch die von 1964 — 1969 erfassen nur die *regulären* Projekte der DICARWS-Liste, ohne die *above-ceiling-projects,* die Nothilfe oder andere, materielle Zuwendungen.
3. Die Budgets der Projektlisten von 1960 und 1962 sind vollkommen anders aufgebaut als diejenigen nach 1965.
4. Für mehrjährige, grosse, ökumenische, multilaterale Unternehmen (Nigeria/Biafra oder Palästina) gibt es keine globalen Bilanzen, da eine Vielzahl von Organisationen daran teilgenommen hat, und die Laufzeit nicht den Buchhaltungsperioden entspricht.
5. Schon auf der lokalen Ebene der Projekte trifft man des öfteren fehlerhafte Buchhaltungen an.
6. Die finanziellen Anforderungen für Projekte beruhen ebenfalls auf Schätzungen.
7. Da die DICARWS ferner ihre Hauptaufgabe darin sieht, als Katalysator für die Gelder zu wirken, gibt es keine globalen, institutionell unerlässlichen Bilanzen über die Entwicklungsarbeit.
8. Gewissen Leistungen von Organisationen, die auch zur Familie des OeRK gehören, wie die *„All African Christian Conference"* und der LWB werden von der DICARWS nicht erfasst.
9. Im OeRK selbst stösst man auf ein gewisses Widerstreben, für die „Entwicklungsfinanzen" Zahlen zu nennen, sei es aus Unsicherheit über die nicht überblickbaren Verästelungen der Arbeit oder weil befürchtet wird, die Geberorganisationen z.B. durch diese Einreihung nach finanzieller Bedeutung (die wichtigsten Geber zuerst) zu verletzen.

Es entspricht der erforschbaren Wahrheit, ist aber dennoch *„cum grano salis"* aufzufassen, dass 1960 dem OeRK etwa 1 Mio. Dollar für Entwicklungsarbeit zur Verfügung standen, und 1971, nach Ablauf des ersten Entwicklungsjahrzehnts, rund 20 Mio. Dollar. Dies lässt selbst in den Finanzen eine neue, politische und soziale Ausrichtung erkennen: Während 1960 in Europa die grösste Hilfe geleistet wurde, flossen 1971 etwa 18,7 Mio. Dollar als Entwicklungsbeitrag in die „Dritte Welt".

Die Analyse der Projektlisten lässt überdies erkennen, dass in der „Dritten Welt" meist zwei bis drei Länder den Hauptteil der Unterstützungsgelder erhalten, und die Mehrzahl der Projekte nur von zwei bis drei Geberorganisationen finanziert werden. Um nun eine „gerechtere" Verteilung der Auffächerung der Geberstruktur zu erreichen, versucht der OeRK, jedoch erst seit 1971, die regionalen Dachorganisationen der projekteinreichenden Christenräte ins Projektauswahlsystem einzubeziehen und die Prioritäten festlegen zu lassen. Es besteht also die Tendenz zu einer „Demokratisierung" der Auswahl, d.h. einen Teil der Entscheidungsgewalt der Geberorganisationen auf die zwischen ihnen und den Empfängern stehenden, *regionalen* Gremien zu übertragen. Damit wird gleichzeitig auch die Entscheidungsgewalt der Projektunterausschüsse und der „Area Secretaries" im OeRK verringert. Noch sind die Ergebnisse dieser Tendenz kaum erkennbar. Es bleibt abzuwarten, ob und wie diese prinzipiell positiv einzuschätzende Entwicklung sich verstärkt und auswirkt.

Zu Ende dieser Ausführungen über die Aufbringung und den Einsatz der finanziellen Mittel in der Entwicklungsarbeit des OeRK taucht die auf den ersten Blick vielleicht manchem absurd scheinende Frage auf, inwieweit Geld überhaupt in der Entwicklungsarbeit wichtig ist. Bei noch so hohem Kapitalaufwand bleibt doch das technische *know-how* oder der Bildungsstand der lokalen Bevölkerung im Entwicklungsprozess ausschlaggebender als der finanzielle Einsatz. Oft ist es z.B. auch einfacher, Geld für eine künstliche Lunge in einer Klinik zu beschaffen, als einen Lehrer oder Arzt für die Entwicklungshilfe zu gewinnen. Oder gewisse Ausrüstungsgegenstände sind einfach unerhältlich, selbst wenn genug Geld verfügbar ist. Zudem gibt es Länder in der „Dritten Welt", in denen die Bevölkerung oft keine Beziehung zum Geld hat, oder sich dessen Wert nicht immer vorstellen kann. So wollen z.B. Arbeitnehmer in einer landwirtschaftlichen Genossenschaft ihren Lohn nicht in Geld, sondern viel lieber in einem Taschenradio erhalten.

Deshalb sind auch die materielle Hilfe und die technische und soziale Zusammenarbeit unerlässliche Bestandteile einer vernünftigen Entwicklungsstrategie. Die Leistungen des OeRK auf diesen beiden Gebieten sollen im folgenden erwähnt werden.

323.2 Die materielle Hilfe

Der DICARWS ist seit April 1969 ein besonderes Referat für materielle Hilfe angegliedert, das mit der Beschaffung von Hilfsgütern beauftragt ist. Es handelt sich hierbei nicht nur um traditionelle Hilfsgüter, wie Zelte, Decken, Medikamente und Nahrungsmittel, sondern auch um vorfabrizierte Häuser,

Traktoren für landwirtschaftliche Projekte, Druckerpressen, Lastwagen und Lehrmaterial.

Dies bedeutet nun *nicht* — und hier zeigt sich wieder die institutionelle Flexibilität, oder, negativ ausgedrückt, der Mangel an institutioneller Kompetenzpräzision, welcher die klare Darstellung der ökumenischen Entwicklungstätigkeit in jedem Stadium dieser Arbeit erschwert — dass alle, für Entwicklungsprojekte angeforderten Hilfsgüter vom Referat für materielle Hilfe organisiert werden. Die Lieferung von Medikamenten kann z.B. auch über die CMC laufen, und die Schulbücher für Nordvietnam wurden von den Verantwortlichen des ökumenischen Vietnamprogramms vermittelt.

Historisch gesehen hatte eigentlich die „Entwicklungsarbeit" der Kirchen mit der materiellen Hilfe angefangen, die selbst 1970 wertmässig mehr als das Doppelte der Kapitalinvestitionen ausmacht[45]. In der Projektliste von 1960 war die materielle Hilfe *(material relief)* im Gesamtbudget der DICARWS von 900.000 Dollar mit 3.000 Dollar angegeben.

Doch diente diese Summe nur der Deckung von Fracht-, Administrations- und Verteilungskosten von 150 t meist traditioneller, in Europa verwendeter Güter[46] im Werte von 10.839.500 englischen Pfund[47].

Vom Budget der DICARWS von über 7,8 Mio. Dollar für 1962 machte der Wert der Europa zugute kommenden, meist traditionellen Hilfsgüter 19.199.000 englische Pfund aus[48].

Das Referat für materielle Hilfe wurde nach einer Entscheidung vom April 1967 gegründet. Im selben Jahr wurden z.B. Sachspenden im Werte von 555.000 Dollar an die palästinensische Flüchtlingshilfe weitergeleitet. 1968 wurde ein Unimog für ein landwirtschaftliches Projekt im Chaco, Paraguay, verschifft, und zwar mit 25 % Ermässigung der Frachtkosten. 1969 waren insgesamt Hilfsgüter im Werte von ca. 53 Mio. Dollar durch das Referat für materielle Hilfe an ihren Bestimmungsort gebracht worden.

1969 hatte das Referat u.a. folgende Aufgaben erledigt[49]: Versand von medizinischer Ausrüstung für das Balikli Krankenhaus in der Türkei. Da die ursprünglich angeforderten Materialien nicht mehr erhältlich waren, musste das Referat versuchen, einen entsprechenden Ersatz zu finden, der in diesem Krankenhaus als Ausrüstung benötigt und benützt werden konnte.

---

45 OePD, Nr. 9, 1. April 1971, S. 7.
46 DICARWS, Project List 1960, S. 16.
47 ibid., Part VI, S. 2.
48 DICARWS, Project List 1962, Part VI, S. 2.
49 DICARWS, Divisional Committee Minutes, Appendix VI, 22.–26. Juni 1970, S. 62/63.

Weiterhin wurden mit Caterpillar in Genf Verhandlungen geführt für den Versand eines Traktors mit Rodungsgeräten nach Brasilien (c.i.f. — Preis, Belém), der vom CWS finanziert wurde. Drei weitere Traktoren mit Ersatzteilen wurden im Rahmen des Projekts „Landwirtschaftliche Maschinen für Dorfgenossenschaften" nach Ägypten versandt, und dort zollfrei zugelassen.

1970 hatte das Referat für Materialhilfe der DICARWS Sachspenden im Werte von 42 Mio. Dollar verteilt [50], und zwar wie folgt: Arzneimittel für 17.148.491 Dollar (der grösste Anteil), Lebensmittel und Saatgut für 13.981.176 Dollar (der zweithöchste Anteil) und traditionelle Güter wie Decken, Kleidung und Schuhwerk für 6.702.082 Dollar. Davon entfiel der Hauptteil (20.803.585 Dollar) auf Entwicklungsprojekte und Nothilfe in Asien. Für das Wiederaufbauprogramm in Nigeria wurden z.B. medizinische Geräte und Arzneimittel im Werte von 3.838.754 Dollar aufgebracht, und für die Erdbebenhilfe in Peru wurden für 1.216.637 Dollar Waren verschickt. (Wert der materiellen Hilfe für Lateinamerika: 6.779.773 Dollar).

Das Referat für materielle Hilfe arbeitet für die Beschaffung von Material mit den Hilfswerken und Geberorganisationen der DICARWS zusammen. Es werden aber handelsgebräuchliche Firmenkataloge benützt, Offerten für bestimmte Güter angefordert, und, je nach Qualität, Preis und Transportmöglichkeiten, das Günstigste ausgewählt.

Doch kann der Vorgang auch umgekehrt laufen, d.h. das Referat erhält Schreiben, oft auch Warenmuster von bestimmten Gütern, die der DICARWS als Geschenke von Kirchen oder Hilfswerken zur Verfügung gestellt werden können [51].

Alle diese Werte tauchen als solche nicht getrennt in der Projektliste auf, sondern bilden meist einen Bestandteil des Projekts, für die jedoch entweder ausschliesslich die angeforderten Geldsummen, oder gar kein Posten, genannt werden. Eine Projektleitung kann auch eine besondere, von der finanziellen Planung getrennte Anfrage für materielle Hilfe direkt an das Referat richten. Für die administrative Arbeit des Referats wendete der OeRK 1971 25.000 Dollar auf [52]. Seit 1968 erhält das Referat jährlich diesen Betrag für administrative Ausgaben, der auch zur Bezahlung von Gebühren, Frachtkosten, Zöllen und Steuern, die nicht von den Gebern übernommen werden, dient.

---

50 OePD, Nr. 9, 1. April 1971, S. 7.
51 Z. B. erhielt das Referat im Februar 1972 zwei Büchsen mit Fisch in Tomatensauce mit einem Angebot einer bestimmten, lieferbaren Menge und der Bitte, zu antworten, ob dieses Geschenk für ein bestimmtes Projekt zweckmässig eingesetzt werden könnte.
52 DICARWS, Project List 1971, S. 7.

Doch die Aufgaben des Referenten für materielle Hilfe beschränken sich nicht nur auf die Beschaffung, Ankauf und Verteilung von Material. Er erhielt z.B. das Mandat, bei der Organisation des Verteilungssystems der Wiederaufbauhilfe für Bangladesh mitzuhelfen, und mit den lokalen kirchlichen Organisationen während dreier Monate zusammenzuarbeiten. Für diesen Teil der Aufgaben hat das Referat für Materialhilfe ähnliche Funktionen wie der neu eingesetzte Sekretär für Nothilfe. Die Funktionen und Tätigkeit [53] des Referenten für materielle Hilfe umfassen auch Erkundigungen über Zollformalitäten, Einfuhrbedingungen, Steuern, Transporterleichterungen, Lagermöglichkeiten, usw., und allfällige Ermässigungen der Kosten für Hilfsgütertransport. Hiermit kann das Referat manchmal erheblich zur Kostensenkung eines Projekts beitragen.

Daneben darf nicht übersehen werden, dass in der Entwicklungsarbeit des OeRK Materialhilfe auch bilateral, mit der Vermittlung von DICARWS gewährt werden kann.

Benötigt z.B. ein Projekt einen Lastwagen, wird ein Gesuch an DICARWS gestellt, die es an die Geberorganisationen weiterleitet. Eine davon übernimmt das Geschenk, und der Transport des Lastwagens kann entweder direkt (bilateral), oder mit einem Gesamttransportprogramm der DICARWS für ein bestimmtes Projekt an den Bestimmungsort gelangen.

Abschliessend ist zu sagen, dass die materielle Hilfe, selbst wenn sie institutionell und administrativ im OeRK ein bescheidenes Referat umfasst, keineswegs unterschätzt werden darf. Es wäre auch ein Irrtum, zu glauben, dass sie nur in der Nothilfe gebraucht wird, denn die Werte für 1971 zeigen ziemlich deutlich, dass sie, auch in modernster Form, einen wirksamen, sehr konkreten, messbaren Bestandteil der Entwicklungsarbeit des OeRK ausmacht.

Doch ist in manchen Fällen weder der Kapitalaufwand, noch die Materialhilfe für den Erfolg eines Projektes entscheidend, sondern in vielen Evaluierungsberichten wird darauf hingewiesen, dass im Grunde genommen die technische und soziale Hilfe, d.h. der Einsatz von *Personal*, das ausschlaggebende ist. Von dieser Feststellung soll das Folgende ausgehen.

---

53 DICARWS, Divisional Committee Minutes, Appendix VI, 22.–26. Juni 1970, S. 61/62.

323.3   Die technische und soziale Zusammenarbeit

Der OeRK geht auf diesem Gebiet von dem Grundsatz aus, dass nicht nur materielle und finanzielle Mittel „ökumenisch geteilt" und somit als Entwicklungsbeitrag eingesetzt werden sollen, sondern parallellaufend auch den Kirchen zur Verfügung stehendes qualifiziertes Personal „geteilt", d.h. zum Wohle der Bedürftigen, vermittelt werden sollte.

Die ökumenischen Richtlinien in der technischen und sozialen Zusammenarbeit unterscheiden sich radikal von den traditionellen Methoden der Entsendung von Personal durch die Missionsgesellschaften: Im ökumenischen System untersteht der ausländische Entwicklungshelfer während eines befristeten Zeitraums der lokalen Organisation, die ihn angefordert hat und juristisch wie auch praktisch sein Arbeitgeber ist.

Im Gegensatz dazu war der Missionar im herkömmlichen Sinne, oder die Fachkraft in Missionsdiensten, meist lebenslang verpflichtet und unterstand der ausländischen Missionszentrale, von der sie auch bezahlt wurde. Mit der nationalen Kirche am Arbeitsplatz bestanden meist nur lose Verbindungen.

Wie die ökumenische Projekthilfe, sollte dagegen auch der Personaldienst international aufgefächert und deshalb völlig ökumenisch-apolitisch sein. Die Mission hatte im Gegensatz dazu meist ihren „Muttersitz" im Lande der alten Kolonialmacht oder in einem Staat, der einen politischen Einfluss auf die Gastländer ausüben wollte (z.B. die USA in Lateinamerika).

Der Personaldienst sollte also nach den gleichen Massstäben organisiert werden, wie das Projektverfahren. Dabei sollte sich herausstellen, dass der Einsatz von Individuen noch viel schwieriger durchzuführen ist, als die finanzielle und materielle Projekthilfe.

Die Gründe hierfür werden am Schluss dieses Kapitels ersichtlich werden. Das Kapitel zerfällt in zwei Teile, erstens die institutionelle Struktur der ökumenischen Personalvermittlung und zweitens der praktische Personaleinsatz. Als Einleitung dient eine Art historischer Rückblick über die Veränderungen der institutionellen Struktur in der technischen und sozialen Zusammenarbeit im Jahrzehnt 1961–1971.

323.31   Die institutionellen Strukturänderungen in der ökumenischen Personalvermittlung für die technische und soziale Zusammenarbeit (1961–1971)

Neben der 1961 neu gegründeten Abteilung DICARWS, die für das gesamte Gebiet der Entwicklungshilfe zuständig sein sollte, wurde für eine Probezeit von drei Jahren an der dritten Vollversammlung in Neu Delhi das SOLA

(Secretariat for the Service of Laymen Abroad) geschaffen [54]. Zu dieser Zeit verfügten einige nationale Christenräte bereits über eigene Entwicklungspersonalabteilungen, die dem OeRK als Berater dienen konnten, und es bestanden private Organisationen wie z.B. die amerikanische *„Laymen's Overseas Services"*, die schon erfahrene, meist pensionierte Fachkräfte in Entwicklungsländer vermittelte. Diese Fachkräfte bezahlten Reise und Aufenthalt *selbst*, arbeiteten etwa zwei bis drei Monate unentgeltlich und freiwillig, und kehrten dann wieder zurück.

Doch so weit wie diese private Organisation, die von 1961–1964 fünfunddreissig Personen einen solchen Arbeitsplatz verschaffte, wollte das SOLA nicht gehen. Eine derartige Konzeption des Entwicklungsdienstes erschien wenig realistisch, bedeutete er doch ein finanzielles Opfer, das nur ältere Idealisten nach Abschluss einer erfolgreichen Karriere sich leisten konnten.

SOLA transponierte daher auf die ökumenische Ebene, was es auf nationaler Ebene in den Mitgliedskirchen bereits gab.

Doch das dem SOLA erteilte Mandat war allzu vage: Es sollte alles tun, ohne die notwendigen Vollmachten zu besitzen, und mit drei riesigen Aufgabenkreisen fertig werden:
1. Die Koordination der ökumenischen Jugendarbeit
2. Die Erfassung und Abschätzung des Personalbedarfs in den Entwicklungsländern
   und zwar die Personalanforderungen nicht nur der Kirchen, sondern auch diejenigen von Regierungsstellen und privaten Organisationen und
3. die Koordination des Dienstes von Laienfachkräften auf ökumenischer Ebene.

Diese Aufgaben überschnitten sich jedoch mit denen bereits bestehender Organe des OeRK, und so beschränkte sich das Sekretariat darauf, sich durch Reisen in den Entwicklungsländern über deren Personalbedarf zu informieren, ein Handbuch der ausländischen Kirchgemeinden in der „Dritten Welt" zusammenzustellen, und eine Untersuchung über die Auswahlsysteme der kirchlichen Stellen für Fachkräfte durchzuführen.

1965 wurde beschlossen, das SOLA nicht mehr weiterzuführen [55]. Seine Aufgaben wurden anderen Organen übertragen: Die Arbeit der Vermittlung jugendlicher Freiwilliger *(Youth Camps)* usw.) wurde der Jugendabteilung zugeteilt, alle Personalanforderungen für Projekte gingen auf das SPTF

---

54 WCC, The New Delhi Report, S. 162, und WCC, Minutes of the 15th Central Committee, S. 12.
55 WCC, Minutes and Reports of the 18th meeting of the Central Committee, Enugu, 11.–21. Jan. 1965, Appendix XIV, S. 147–152.

(Secretariat for Personnel, Teams and Fraternal Workers) über, sowohl für kirchliche Helfer als auch für Laienfachkräfte.

Die dritte Aufgabe der Vermittlung von Personal für Regierungsstellen und private Organisationen wurde fallengelassen, da man im OeRK einsah, dass sich diese meist *nicht* an die Kirchen wenden [56], diese Aufgabe somit *nicht* einem echten Bedürfnis entsprach. Die Übernahme der Hauptaufgaben durch das SPTF und die Auflösung von SOLA zeigt einen gewissen Realismus im OeRK: Ein unnötiges Organ wurde, *nach* der damals neuen Erfahrung seiner Überflüssigkeit, aufgelöst und *nicht* aus institutioneller Trägheit oder zur Vermeidung persönlicher Spannungen einfachheitshalber weitergeführt.

Das SPTF hatte seit seiner Gründung 1963 ein genauer umschriebenes Mandat als SOLA erhalten, welches sich bis 1965 (Auflösung von SOLA) noch weiter durch praktische Arbeit und Erfahrung präzisierte [57]: Das SPTF sollte ausschliesslich eine beratende und vermittelnde Funktion ausüben, mit anderen Worten, es sollte ein *clearing-house* [58] für alle Personalanforderungen sein, mit dem Ziel *„to separate money from people"*.

Im Bemühen um einen wirksamen Einsatz von Fachkräften sollte also nicht unbedingt die Geberorganisation, die ein Projekt finanziell unterstützt, zugleich auch die notwendigen Fachkräfte „liefern" [59].

Nach dem Grundsatz der optimalen Qualifikation, d.h. wenn die Geberorganisation wirklich als einzige über die besten, geeignetsten Fachkräfte verfügt, sollte ihr auch diese Aufgabe überlassen bleiben. (Man erinnere sich daran, dass Projekte meist von verschiedenen Gebern unterstützt werden). Das Sekretariat sollte also, genau genommen, eine ökumenische Personalvermittlungs*hilfe* sein, aber als Organ *keine bindenden Entscheidungen* über Auswahl und Einstellung der Einzelnen treffen. Diese Funktion wurde als „ökumenischer Mittelweg" zwischen den zwei alten Systemen in der Projekthilfe betrachtet [60]: Traditionsgemäss wurde von der Geberorganisation die Fachkraft für ein von ihr unterstütztes Projekt ausgelesen und „entsandt", wobei die Geberorganisation der eigentliche Arbeitgeber und Mittelpunkt der „Loyalität" des Entwicklungshelfers blieb, der auch von *ihr* bezahlt wurde.

---

56 Ausser im erfolgreichen Ausnahmefall der Maghreb-Länder Algerien und Marokko.
57 WCC, Minutes of the Central Committee, Enugu, Appendix XIV, S. 150–152.
58 WCC, Digest of the 1966 Consultation on Interchurch Aid at Swanick, Great Britain, 4.–11. Juli 1966, S. 31: Das SPTF sollte eine Vermittlungsstelle oder ein „marriage-bureau" sein.
59 ibid., S. 116, Punkt 3c.
60 DICARWS, Secretariat for personnel, Teams and Fraternal Workers, The Employment, Support and Remuneration of Overseas Church Workers and Missionaries, S. 4–7.

Der von jeher übliche, zweite Weg war die Anstellung durch die anfordernde Kirche im Entwicklungsland, die jedoch nur über eine sehr beschränkte Auswahl an Kandidaten, und meist *nicht* über die finanziellen Mittel der angemessenen Entlohnung einer Fachkraft, deren verantwortungsbewusster Arbeitgeber sie sein sollte, verfügte. Der „Mittelweg" sollte nun darin bestehen, dass auf ökumenischer Ebene das SPTF den Geberorganisationen bei der Auswahl helfen konnte, d.h. durch die Internationalisierung der Stellenangebote ein viel grösseres Publikum erreichen konnte, als die lokale Kirche im Entwicklungsland oder eine Missionsgesellschaft mit bilateralem Vermittlungsverfahren. Das Auswahlverfahren an sich und die vorgängige technische Information der Entwicklungshelfer (Sprachkurse, Landeskunde) konnten der „Sendeorganisation" vorbehalten bleiben, die zugleich die Wiedereingliederungshilfen bei der Rückkehr, allfällige Zusatzlasten bei der Entsendung, Versicherungen, Vertrags- und Gepäckgebühren usw. übernehmen sollte.

Im Rahmen ihrer finanziellen Möglichkeiten sollte also die Geberorganisation einen materiellen Beitrag für den Unterhalt der Fachkräfte leisten. Doch blieb es der anfordernden Institution vorbehalten, rechtlich den Status des Arbeitgebers der Fachkraft zu übernehmen, diese zu entlohnen und in ihre Arbeit einzuführen. Als Berufungs- und Beratungsinstanz fungieren entweder das SPTF oder die nationalen Entsendungsorganisationen. Hiermit sollte also die Loyalität der Fachkraft dem Arbeitgeber, d.h. der anfordernden Kirche oder Organisation gehören, die auch die letzte, endgültige Entscheidung über deren Einstellung fällen soll[61]. Gleichzeitig soll jedoch die Fachkraft die Kontakte mit der entsendenden Stelle nicht abbrechen, aber keine Anweisungen von dort entgegennehmen. So blieben also die Aufgaben der anfordernden und der entsendenden Stelle klar getrennt, und das SPTF steht als Vermittler zwischen beiden. Dies enthielt das ursprüngliche Mandat.

1971 wurden noch zwei neue Forderungen zur Verbesserung der institutionellen Struktur gestellt: Erstens sollte die Gründung eines Sonderfonds für Personalanforderungen auf die Projektliste für 1972 gesetzt werden[62], und

---

61 Man könnte sich nun vorstellen, dass diese Entscheidung dem Agrément der Regierung eines Landes für eine von einer internationalen regierungsvertretenden Organisation vermittelte Fachkraft gleichkäme. Dies trifft nicht unbedingt zu, da die Entscheidung der anfordernden Kirche autonomer ist, als das eher protokollarische Agrément.
62 CICARWS, SPTF, meeting of the Committee on the Ecumenical Sharing of Personnel. 25.–29. Okt. 1971. S. 1, Punkt 4. „Handling Requests for People in the WCC"

zweitens sollte eine neue Kategorie von Projekten, die sogenannten *personnel projects*[63], in die Liste aufgenommen werden, die eine doppelte Aufgabe zu erfüllen hätten: Einerseits sollte der anfordernden Kirche geholfen werden, die richtige Person zu finden, und zweitens sollten die *Kosten* für deren Einstellung ebenfalls von einer Geberorganisation übernommen werden: Es würde also sowohl die materielle, wie auch die Personalhilfe auf ökumenisch multilateraler Ebene im Projektverfahren verfügbar gemacht.

Hierbei wird ein Grund deutlich, weshalb die Vermittlung von Personal schwieriger ist, als der Einsatz von rein finanziellen Mitteln: Nämlich nach den oben erwähnten Grundsätzen wird die Personalvermittlung nun zu einem „doppelt multilateralen" Projekt: Einerseits muss die richtige Person (ein erstes, multilaterales Verfahren) und andererseits die dafür notwendigen Finanzen (zweites, multilaterales Verfahren) gefunden werden. Das Abstimmen der Forderungen auf die Gegebenheiten wird damit noch vielschichtiger als bei der Finanzhilfe. Die eingesetzte Person hätte in einem zeitlich begrenzten Mandat eine ganz bestimmte Aufgabe zu erledigen. Diese beiden institutionellen Verbesserungsvorschläge würden den letzten Schritt zur Verwirklichung des Grundsatzes von der Trennung von „Geld und Personal" erlauben. Beide Vorschläge wurden 1971 gutgeheissen und werden von 1972 an durchgesetzt.

Doch selbst diese institutionell festgefügte Struktur sollte nicht über gewisse Schwierigkeiten hinwegtäuschen: In der DWME wurde Personal grösstenteils noch immer in traditioneller Weise eingesetzt, d.h. die Missionsgesellschaften entsandten „ihre" Leute, die ihnen in allem unterstellt blieben. Im Bemühen, die Koordinierung zu erleichtern, wurde zwischen den beiden Abteilungen 1970 vereinbart, einen repräsentativen Ausschuss für *the ecumenical sharing of personnel* einzusetzen. Das lässt darauf schliessen, dass das SPTF von 1963–1970 doch „marginal" blieb[64], weil die Mehrzahl der Personalanforderungen noch bilateral geregelt wurden. Ein weiteres Hindernis, das zwischen den Zeilen der Berichte zu erkennen ist, bleibt die Tatsache, dass Geberorganisationen wohl qualifiziertes Personal finden können, aber *nicht* auf ökumenischer Ebene zur Verfügung stellen wollen, weil sie diese für ihre *eigenen* Vorhaben brauchen[65]. So wurde der „Ausschuss *for the ecumenical sharing of personnel* " also auch aus entwicklungsstrategischen und ideologischen Gründen eingerichtet, die mit den Motivationen in der ökume-

---

63 ibid., S. 4 und CICARWS, Commission Meeting, Montreux, November 1972, Document 12 B (ii), S. 1.
64 CICARWS, SPTF, meeting 25.–29. Okt. 1971, Handling Requests for people in the WCC, S. 8.
65 ibid., S. 6.

nischen Entwicklungshilfe in Zusammenhang gebracht werden können: Das echte Teilen im christlichen Sinne einer ausgleichenden Gerechtigkeit scheint bei der finanziellen Unterstützung viel einfacher zu verwirklichen, als beim Einsatz von Fachkräften.

Ein weiteres Problem, das in der institutionellen Struktur der ökumenischen Personalvermittlung begründet liegt, ist die schon oft gezeigte Zersplitterung der Kompetenzen, oder die Auflösung und Verästelung der Kompetenzlinien, die man auch im positiven Sinne institutionelle Flexibilität nennen kann. Nach der obigen Darstellung sieht es nun so aus, als ob das SPTF für die gesamte soziale und technische Zusammenarbeit durch Personalvermittlungshilfe zuständig wäre. Dies würde jedoch eine allzu grobe Vereinfachung der institutionellen Struktur bedeuten. Folgende Organe des OeRK befassen sich ebenfalls mit Personalvermittlung: Die CMC, die nicht der DICARWS, sondern der DWME unterstand, das Jugendreferat, das vor Juni 1971 der Abteilung für ökumenische Aktivität zugehörte (vgl. Anhang, Abb. 4 und 5), und in der neuen Struktur ebenfalls *nicht* zur CICARWS gehört, ferner das Sekretariat für Sozialarbeit [66] und das Sekretariat für Erziehung. Das Jugendreferat ist für zwei Kategorien von Projekten, die auf die DICARWS-Liste gesetzt werden, verantwortlich: Für die Jugendarbeitslager und die Sozialwerke für Jugendliche [67]. Für diesen „ökumenischen Jugenddienst" läuft auch die Personalvermittlung über das Jugendreferat. In Zusammenarbeit mit dem Weltrat für christliche Erziehung, der ebenfalls Mitglied des OeRK ist, wird vom Jugendreferat noch eine dritte Kategorie von Vorhaben, die „Weltjugendprojekte" durchgeführt [68], die z.B. für Lateinamerika regionale Informations- und Dokumentationsdienste, und Koordinierung für die Mithilfe bei der Durchführung von sozialen und landwirtschaftlichen Reformen einschliessen, ferner z.B. in Asien Studentenheime, Sozialarbeit für Jugendliche, und regionale oder nationale, ökumenische Jugendprogramme.

Doch sowohl praktisch wie auch institutionell findet die Personalvermittlung für soziale und technische Dienste dieser anderen Organe des OeRK, die neben dem SPTF arbeiten, in weniger grossem Rahmen statt. Nach der institutionell festgelegten Struktur sollten genau genommen alle Personalanforderungen für Entwicklungsprojekte vom SPTF zentralisiert und vermittelt werden [69].

---

66 CICARWS, Secretariat for Personnel Recruitement, The Ecumenical sharing of Personnel, Nov. 1971, S. 2.
67 DICARWS, Project List 1971, S. 10.
68 ibid., S. 142, 204, 277, 281, 385, 3,385,4.
69 CICARWS(CWME, Joint Committee on ESP, 25.–29. Okt. 1971, Document 11, S. 4.

Doch muss der Einfluss der erwähnten, anderen Organe des OeRK in der ökumenischen oder nationalen Personalvermittlung miteinbezogen werden, obschon einige ihrer traditionellen Unternehmen in der Entwicklungsarbeit gegen Ende des Jahrzehnts 1961—1971 eher an Bedeutung verloren. Abschliessend ist aus der institutionellen Struktur und ihren Veränderungen für die soziale und technische Zusammenarbeit auf ökumenischer Ebene ersichtlich, dass die institutionelle Flexibilität auch hier aufrechterhalten bleibt, dass verschiedene Organe des OeRK diese Zusammenarbeit praktisch zu fördern versuchen, und dass der Einfluss des SPTF trotz der Tatsache, dass der OeRK als solcher *nicht* als Arbeitgeber fungiert, seit 1963 immer mehr an Bedeutung gewonnen hat. Diese Schlussfolgerung soll noch im nächsten Absatz, in dem die praktische Erfüllung dieser Vermittlerrolle gemäss dem beschriebenen Mandat behandelt wird, untermauert werden.

323.32 Die Methoden der Personalvermittlungshilfe durch das SPTF [70]

323.321 Das dreiteilige Verfahren
Das Verfahren für die Vermittlung und Einstellung von Fachkräften ist in ökumenisch-internationale, nationale und individuelle Stufen unterteilt. Falls eine Kirche oder nationale, ökumenische Organisation für ein Projekt eine Fachkraft anfordert, erhält sie von SPTF ein siebenseitiges Formular *Request for Personnel*. Neben einer möglichst genauen Beschreibung der Stelle *(job description)*, müssen die Namen der für die Anfrage Verantwortlichen, und deren Organisationen, sowie die finanzielle Grundlage genannt werden; ferner, ob die Anfrage im Rahmen eines ökumenischen Projekts eingereicht wird, (was meistens, aber nicht immer der Fall ist), die erwünschten technischen Qualifikationen (einschliesslich Sprachkenntnissen und Berufserfahrung), und Nationalität. Überdies muss angegeben werden, ob der Kandidat einer bestimmten Konfession angehören muss oder sollte [71] (Bedingung und Wünschbarkeit) mit Einzelheiten über Arbeitsbedingungen (Grundlohn, Vergünstigungen für Einrichtung, Pension, Krankenversicherung, Urlaub usw.) und Lebensverhältnisse (Klima, Verkehrslage, nächste Einkaufsmöglichkeiten, Schulen, Preis des Treibstoffes, Erholungseinrichtungen, Häufigkeit besonderer Krankheiten, Mietpreise und Einzelheiten über die dort ansässige Ausländerkolonie). In Teil E des Formulars müssen Angaben über Einführung und Vorbereitung des Kandidaten gemacht werden. Dieser sehr ausführliche Fragebogen umfasst 53 Punkte und wird also *nicht* vom Bewerber, sondern vom

---
70 Vgl. Anhang, Abb. 3.
71 WCC, Secretariat for Personnel Recruitment, Request for Personnel, Punkt 18.

allfälligen künftigen Arbeitgeber ausgefüllt. Damit wird das Ziel verfolgt, eine Fachkraft zu vermitteln, die möglichst genau den Wünschen und Vorstellungen der anfordernden Stelle entspricht, und zugleich für die Auswahl möglichst genaue Kriterien anwenden zu können.

So soll auch dem Vorwurf, die westlichen Kirchen würden nur überschüssige, „unterentwickelte" Arbeitskräfte für die Entwicklung zur Verfügung stellen, der Boden entzogen werden. Auf ökumenischer Ebene wird aber gleichzeitig darauf geachtet, dass *zuerst* die finanziellen Grundlagen für die Einstellung sichergestellt werden, damit die Anfrage nicht einfach zur Bitte für eine billige, oder sogar kostenlose, ausländische Arbeitskraft wird. Ein weiterer Schritt auf internationaler ökumenischer Ebene besteht darin, dass alle zwei bis drei Monate eine Liste der angeforderten, freien Stellen *(List of openings)* vom SPTF an die insgesamt 16 *nationalen Korrespondenten* gesandt wird [72].

Diese sind mit kirchlichen Stellen verbundene Personalvermittlungsstellen wie *„Dienste in Übersee"* (DUe) der evangelischen Kirchen in Deutschland, oder der holländische *„Dienst over Grenzen"* (DOG). Diese Stellen können die Liste an andere Hilfsorganisationen weiterleiten, besitzen aber meist selbst ein gutes Auswahlsystem.

Die nationalen Korrespondenten, und *nicht* das ökumenische Sekretariat, prüfen die Bewerber und leiten deren Kandidatur mit entsprechender Empfehlung an das SPTF. Das Sekretariat kann seinerseits frei entscheiden, wem es *zuerst* die Liste der offenen Stellen zukommen lässt, d.h. von welcher Stelle es am schnellsten den passenden Kandidaten zu finden hofft. Somit wird die Entscheidung im nationalen Auswahlverfahren letztlich auch bis zu einem gewissen Grade von der ökumenischen Ebene aus beeinflusst.

Die beiden obengenannten Organisationen *„Dienste in Übersee"* und *„Dienst over Grenzen"* sollen als Beispiel für die nationalen Verfahren für soziale und technische Zusammenarbeit herausgegriffen werden.

DUe *(Dienste in Übersee)* ist eine Arbeitsgemeinschaft der evangelischen Kirchen in Deutschland mit Sitz in Stuttgart. Sie vermittelt nach einem sehr gründlich durchorganisierten, abgesicherten System Fachkräfte für ein befristetes Mandat (meist 3 Jahre) nach Übersee, d.h. in die Entwicklungsländer. Dabei geht sie von folgenden Grundsätzen aus [73]:
— optimale Qualifikation
— kollegiale Zusammenarbeit und Unterstellung der deutschen Fachkräfte unter eine allfällig lokale Projektleitung

---

72 CICARWS/CWME, Joint Committee on ESP, doc. cit. 11, S. 2.
73 Dienste in Übersee, Dokument I/64/1-Co/Ba 02, Grundsätze und Richtlinien, S. 1–2.

- rechtliche und finanzielle Unterstützung der Fachkraft durch DUe (Bürge und Berufungsinstanz bleibt, auch im ökumenischen Verfahren, die Arbeitsgemeinschaft)
- die Teilnahme der Fachkraft an den mehrmonatigen Vorbereitungskursen in *Deutschland* ist obligatorisch. (Hierin unterscheiden sich die Prinzipien von denen des OeRK, der z.B. für „ökumenische Teams" Ausbildungs- und Sprachkurse *am Arbeitsplatz im Entwicklungsprojekt und im Heimatland* vorsieht).
- DUe versucht den Missionsgesellschaften gegenüber eine gewisse Eigenständigkeit zu wahren, indem von diesen vorgeschlagene Kandidaten *ohne* Bevorzugung genau demselben Selektionsverfahren unterzogen werden, wie andere Bewerber.
- Die finanziellen Grundlagen des Projektes müssen gesichert sein.
- Christliche Motivation und Fähigkeiten im Umgang mit anderen sollen ebenfalls als „charakterliche Qualifikationen" miteinbezogen werden.
- Der Kandidat soll so genau wie möglich den Anforderungen des Projektträgers entsprechen.

Erhalten die DUe die Liste der offenen Stellen vom ökumenischen Sekretariat, so vergleichen sie diese mit ihrer entsprechenden Bewerberliste und können nötigenfalls Ausschreibungen in kirchlichen Zeitschriften aufgeben, oder andere kirchliche Stellen über die gesuchten Kandidaten informieren.

Vor der Entsendung der Fachkräfte wird das anfordernde Projekt genau geprüft und besonders dessen Eigenleistung, Breitenwirkung und Multiplikationseffekt in Betracht gezogen. Die Fachkraft soll kein „billiger Arbeiter" sein, sondern ebensoviel verdienen, wie in der letzten Stellung in Deutschland, mit 5 % Lohnerhöhung pro Dienstjahr im Entwicklungsland und zahlreichen, von DUe getragenen Zulagen für Landesabwesenheit, Auslandsrisikoversicherung, Ausbildungszulagen usw. [74].

1965 arbeiteten 192 von DUe vermittelte Fachkräfte in Entwicklungsländern, wobei der grösste Teil (100 Personen) in Afrika eingesetzt war. Hierzu ist zu bemerken, dass die DUe die Personalvermittlung für das *Kilimanjaro Christian Medical Center* als Zentralstelle übernommen hat. Trotzdem sind die meisten vermittelten Fachkräfte *nicht* medizinisch ausgebildet, sondern Techniker und Handwerker, gefolgt von Landwirten (an zweiter Stelle nach Anzahl der entsandten Personen), und erst an dritter Stelle medizinisches Personal und als kleinste Gruppe die Sozialhelfer. Von 1961–1969 entsandte DUe 421 Fachkräfte, von denen 2/3 zur Altersklasse zwischen 26–40 Jahren gehören. Doch gibt es noch eine zweite Kategorie von Helferdiensten, die DUe vermittelt: Die jugendlichen Freiwilligen, die für ein bis zwei Jahre in Übersee

---

74 K. Osner, Kirchen und Entwicklungshilfe, S. 55–59. Die Besoldungsregelung soll vorteilhafter sein, als bei entsprechenden, katholischen Vermittlungsorganisationen.

arbeiten (bezahlter Unterhalt und Taschengeld) und nach ihrer Rückkehr von DUe eine Wiedereingliederungsbeihilfe erhalten. Für diese Kategorie gelten als Bedingungen nur, dass die Kandidaten 21 Jahre alt und ledig sind, und die Schule abgeschlossen haben. Später können sie sich auch für einen Volleinsatz als Fachkraft bewerben. Die Verfahren auf nationaler Ebene funktionieren in der entsprechenden holländischen Organisation ganz ähnlich [75]. Diese Organisation war z.B. als Personalkoordinator für die Biafrahilfe der JCA eingeschaltet worden. Wie DUe setzt auch der *„Dienst over Grenzen"* (DOG) die Mehrzahl seiner Fachkräfte in Afrika ein: von 1962—1969 arbeiteten von einer Gesamtzahl von 285 eingesetzten Fachkräften [76], 198 in Afrika. (Im Vergleich dazu entsandte DUe in der Periode 1960—1969 insgesamt 421 Fachkräfte). Wie DUe kennt auch DOG den Freiwilligendienst, aber bei beiden Organisationen machen die Freiwilligen weniger als 20 % des Gesamteinsatzes aus, und die Zahlen zeigen im untersuchten Jahrzehnt 1961—1971 eine rückläufige Tendenz.

Im Gegensatz zu DUe, wo Techniker und Handwerker die wichtigste Gruppe ausmachen, liegt die Priorität der von DOG entsandten Berufsgruppen beim *Unterrichtspersonal* (Instruktoren, Lehrer usw.).

Die Auswahl der Fachkräfte erfolgt bei DOG nach denselben strengen Grundsätzen wie bei DUe, da jedoch DOG eine weniger umfassende Organisation ist, sind die Vorbereitungslehrgänge kürzer, und es wird darauf geachtet, dass im Einsatzland ein *follow-up* stattfindet, d.h. die Fachkraft wird nicht vollständig im Heimatland auf den Einsatz vorbereitet. So ist bereits beim Vergleich von nur zwei der 16 nationalen Korrespondenten zu erkennen, dass es auf nationaler Ebene Unterschiede in dem vielfältigen System der Selektion und Einstellung nach verschiedenen Kriterien gibt.

Der Vollständigkeit halber sei noch ein Beispiel eines nationalen Korrespondenten erwähnt, der nicht wie DUe und DOG eine besondere Arbeitsgemeinschaft mit einer gewissen Verwaltungsautonomie, sondern direkt eine Abteilung des nationalen Christenrates ist, nämlich die amerikanische *Division of Overseas Ministry* (DOM). Deren Personalbüro vermittelt seit 1965 Fachkräfte für Projekte. Die DOM unterstützt die Vermittlung auf ökumenischer Ebene, da vielfach aus politischen Gründen, z.B. für Lateinamerika, in kirchlichen Projekten nicht ausschliesslich nordamerikanisches Personal eingesetzt werden soll. Deshalb ist DOM oft für die Vermittlung von europäischem Personal durch das SPTF dankbar.

Zusammenfassend sei festgehalten, dass die Bewerber für den *ökumenisch-internationalen Projektbedarf*, der vom SPTF zentralisiert und koordiniert wird, im *nationalen Verfahren* ausgesucht und vorbereitet werden.

---

[75] Nederlandse Zendinsgrad en Stichting oecumenische hulp aan Kerken en Veuchtelingen, Dienst over Grenzen, Utrecht 1970, S. 1—10.

Die Bewerber werden auch im Einsatzland gemäss dem *nationalen Verfahren* gebilligt, d.h. die nationalen Stellen im Projektland fällen die endgültige Entscheidung über deren Einstellung.

Da nun viele Kirchen der „Dritten Welt" keine Erfahrung in der Beschäftigung von ausländischen Fachkräften besitzen, spielt das SPTF eine ausserordentlich wichtige Rolle, in der es trotz seiner Beratungsfunktion direkt den Entscheidungsprozess beeinflusst, nämlich bei der Aufsetzung der vertraglichen Bedingungen, der Einigung über die Verteilung der finanziellen Lasten zwischen Auswahl- und Einstellungsorgan, und in einigen Fällen sogar bei der Schlichtung von Meinungsverschiedenheiten, selbst wenn das Sekretariat als solches *nie* zur Vertragspartei wird.

Wie gestaltet sich nun die technische und soziale Zusammenarbeit auf der dritten und letzten Ebene, der des individuellen Bewerbers? Meist verfügen die *nationalen Korrespondenten* bereits über ein in die einzelnen Kirchgemeinden hineinreichendes System der Auswahl, und über Listen von dienstwilligen Fachkräften, die mit der ökumenischen Liste der offenen Stellen verglichen werden, und die passenden Kandidaturen werden an den OeRK zurückgeleitet. Der Kandidat kann auch an Ausschreibungen teilnehmen, oder von seiner Kirche dem nationalen Korrespondenten vorgeschlagen und empfohlen werden. Bei DUe wird nach Einholung des definitiven Einverständnisses mit der Anstellung einer vermittelten Fachkraft ein vierteiliger Vertrag abgeschlossen:

— Ein Dienstverschaffungsvertrag zwischen Projektträger und DUe.
— Ein Dienstvertrag zwischen Projektträger und Fachkraft, (wobei der Projektträger stets rechtlich der Arbeitgeber ist, aber das ökumenische Sekretariat oder DUe sich als Berater einschalten kann).
— Ein Finanzierungsvertrag zwischen DUe und der Fachkraft (für Zulagen, Versicherungen usw.).
— Ein Garantievertrag für geistliche, rechtliche und finanzielle Hilfe zwischen DUe, dem Projektträger und der Fachkraft.

Diese vorbildliche Absicherung durch Verträge wird vom ökumenischen Sekretariat nach diesem Modell für alle Vermittlungen zu erreichen versucht. Ferner soll die Fachkraft nach ökumenischen Kriterien ein etwa 20—30 % höheres Gehalt bekommen als die nationalen Arbeitnehmer [77]. Diese Forderung ist jedoch nicht unumstösslich, da gleichzeitig angeregt wird, dass die Gehälter von Einheimischen und Ausländern aufeinander abgestimmt werden sollten. Immerhin, falls vom nationalen Korrespondenten nichts festgelegt ist, (wie z.B. für DUe, wo die Fachkraft mindestens gleich hoch bezahlt werden

---

76 ibid., S. 21 und 27.
77 DICARWS, SPTF, Doc. ICA/PERS./66/29 (rev.), S. 8.

soll, wie bei der letzten Anstellung in Deutschland), verdient der Vermittelte meist ungefähr 1/3 bis 1/4 *mehr* als die lokalen Fachkräfte [78].

Die Vermittelten sind zum grossen Teil Laien, die durch nationale kirchliche Stellen empfohlen werden. Ein Kandidat kann sich also *nie* direkt beim ökumenischen Sekretariat bewerben, da der OeRK solche Angebote an den entsprechenden nationalen Christenrat oder Korrespondenten zurückleitet [79].

Wie bereits erwähnt, ist der Dienst, im Gegensatz zur Missionstätigkeit, keine lebenslängliche Verpflichtung, sondern ein Mandat von zwei bis drei, höchstens fünf Jahren. Meist dauert es im Verfahren der ökumenischen Vermittlung sechs bis acht Monate, bis die Fachkraft ihre Arbeit am Einsatzort aufnimmt. Eine grosse Schwierigkeit der Personalvermittlung besteht darin, dass sich innerhalb dieses Zeitraums die im Anforderungsformular genau beschriebene Tätigkeit der Fachkraft vollständig verändern kann, und deshalb noch grössere Forderungen an die individuelle Anpassungsfähigkeit gestellt werden. Zudem werden oft berufliche Qualifikationen angefordert, die für die zu leistende Arbeit viel zu hoch sind [80].

Dies führt zu beidseitigen Enttäuschungen: Die Fachkraft sagt sich, dass es in der Heimat für ihre berufliche Stellung — insbesondere in der gegenwärtigen Über- oder Vollbeschäftigung für alle qualifizierten Arbeitnehmer der *intermediate technology* in den Industrieländern — ihren Qualifikationen besser entsprechende und interessantere Aufgaben gäbe. Dementsprechend erledigt er die Arbeit oft weniger gut, als ein minderqualifizierter Helfer, der eher an die angebotene Arbeit gewöhnt ist.

Selbst bei der genauesten *job description*, wie sie im Anforderungsformular verlangt wird, lässt sich nicht vermeiden, dass die Organe des Einsatzlandes aus Mangel an Vergleichsmöglichkeiten oder aus Gründen des nationalen Prestigedenkens die Stellung zu hoch einschätzen. Der christlich motivierte Entwicklungshelfer wird zugleich dazu erzogen, in Demut seinen Dienst zu leisten, die Kritik möglichst den Einheimischen zu überlassen, sich diesen unterzuordnen, und ihnen die Furcht vor der Anzweiflung ihrer eigenen Kompe-

---

78 Hierbei ist zu berücksichtigen, dass ausländische Experten anderer internationaler Organisationen oft fünf bis zehn Mal mehr verdienen als lokale Fachkräfte. Doch darf man gleichzeitig nicht vergessen, dass die lokalen Fachkräfte, falls es überhaupt solche gibt, die gewillt sind, im bestimmten Projekt zu arbeiten, meist nicht über dieselben beruflichen Qualifikationen verfügen. Andererseits ist der Experte vielfach wirklich allzu hoch qualifiziert für die von ihm erwarteten Dienste. Von diesem Problem wird später noch die Rede sein.
79 CICARWS, Secretariat for Personnel Recruitment, Nov. 1971, The Ecumenical Sharing of Personnel, S. 5.
80 DICARWS, Consultation of the ecumenical service agencies in the Maghreb, held in Algiers, 29. Jan. 1968, Status and attitudes of team workers in national structures, S. 3.

tenz durch die ausländischen, meist besser ausgebildeten Fachkräfte zu nehmen. Es stellt sich hier die Frage, wie weit eine solche Unterordnung gehen soll. Wohl darf die Fachkraft als Ausländer im Gastland nicht als „Imperator" auftreten. Andererseits werden in vielen Ländern der „Dritten Welt" Bescheidenheit, Demut und Unterordnung nicht als gute Charakterzüge, sondern allenfalls als geistige Schwäche oder berufliche Inkompetenz ausgelegt. Ein seelischer Zwiespalt auf beiden Seiten — lokale und ausländische Fachkraft — ist meist nicht zu vermeiden:

Die lokale Fachkraft spürt, selbst bei institutioneller Unterordnung und demütiger Haltung der ausländischen Helfer, dass letztere beruflich oft doch besser ausgebildet sind. Der Ausländer mag seinerseits innerlich darüber enttäuscht sein, dass die Arbeit seinen hohen Qualifikationen nicht entspricht.

Es geht nun darum, in der täglichen Arbeit eine offene Konfrontation, die das Projekt möglicherweise zum Scheitern bringen, oder die menschlichen Beziehungen gefährlich verschlechtern kann, zu vermeiden.

Nach solchen Erfahrungen stehen die nationalen Korrespondenten vor einem weiteren Dilemma: Wie strikte soll der Grundsatz der optimalen Qualifikation individuell angewendet werden? Ist es wichtiger, dass der Techniker eine Meisterprüfung abgelegt hat, oder dass er Erfahrung mit Untergebenen oder Gleichgestellten besitzt und die Landessprache bereits beherrscht? Kann das Prinzip der vorherigen Erlernung der lokalen Sprache praktisch durchgeführt werden, wenn die Fachkraft dafür solange braucht, dass der Arbeitsbereich unterdessen völlig verändert wurde? Oder kann man von der Fachkraft im Einsatz verlangen, dass sie meist schwierige Arbeit mit längerer Einsatzzeit leistet als zuhause, und zugleich in der Freizeit (oft in einem Klima, das Weisse zusätzlich ermüdet) noch eine — womöglich äusserst komplizierte und nur mangelhaft schriftlich festgelegte — Sprache erlernt [81]?

Es wird also klar, dass die herausgestellten, wichtigen Prinzipien im ökumenisch internationalen und nationalen Verfahren für Personalvermittlung kaum je in letzter Konsequenz angewandt werden können.

Es muss durch Kompromiss nach der bestmöglichen Lösung gesucht werden. Wieviel leichter ist es im Gegensatz zu den hier nur angedeuteten Problemen für eine Geberorganisation, finanzielle Mittel verfügbar zu machen. Nicht nur dass Geld *„non olet"*, woher es auch kommt, sondern es kann auch ohne *eigenen* Willen eingesetzt werden!

Nun kann man die Auffassung vertreten, dass diese Schwierigkeiten zur Gesamtproblematik jeder Entwicklungsarbeit, nicht nur des OeRK gehören. Doch ist vielleicht der Zwiespalt bei einer christlich motivierten Fachkraft

---

[81] Ganz abgesehen davon, dass Techniker, Agronomen und Ingenieure oft nicht sprachbegabt sind.

tiefer, als bei Personal mit andersgeschichteten Wertskalen, da einerseits Demut, Geduld und Dienen verlangt und anerzogen werden, aber andererseits der Dienst Freiheit und Risiko bedeuten soll [82], und auch manchmal ein unbewusstes Elitezusammengehörigkeitsgefühl die Christen aufrecht erhält. Darin scheint ein christlich verankerter Widerspruch zu liegen, den man wohl auch negativ als geistige und seelische Heuchelei bezeichnen kann.

Nach der Behandlung der verfahrenstechnischen und menschlichen Probleme der Personalvermittlung auf individueller Ebene soll noch ein Absatz über die beruflichen Qualifikationen der Einzelnen *(états de service)* angefügt werden.

323.322 Die Qualifikationen der ökumenisch vermittelten Entwicklungshelfer
Aus den Statistiken des SPTF geht hervor, dass der Grundsatz der Vermittlung einer *intermediate technology*, der im OeRK (z.B. beim ACTS) gross geschrieben wird, tatsächlich verwirklicht wurde. Fachkräfte mit akademischen Graden wurden nur sehr selten eingesetzt. Es geht eben darum, etwas mehr als nur elementare Kenntnisse zu vermitteln, ohne deshalb in das andere Extrem der Züchtung eines institutionell internationalisierten, akademischen Mandarinentums von Experten zu verfallen. Mit anderen Worten soll eine, den Gegebenheiten des Landes angepasste, technische Zwischenstufe gewählt werden: Es sollen weder Personen mit allzu hohen Qualifikationen oder akademische Theoretiker, noch nur für eine ganz bestimmte, sehr beschränkte Aufgabe angelernte Arbeitskräfte vermittelt werden. Eine grundlegende Schwierigkeit bei der Verwirklichung dieses Prinzips liegt darin, dass solche Fachkräfte auch in den Industrieländern bereits knapp werden, und deshalb sehr gesucht sind.

Von 1963 bis 1970 (während der Gesamtzeit des Bestehens des SPTF) waren von den insgesamt 404 vermittelten Fachkräften 18 % landwirtschaftlich, und 14 % technisch-mechanisch ausgebildet [83], (mit einer national anerkannten Abschlussprüfung). Das Verwaltungspersonal machte ebenfalls 18 % aus, wobei die *fraternal workers* in diese Kategorie gehören, die auch kirchliches Personal umfasst. Die Sozialhelfer, (nicht ausschliesslich Laien, wie die beiden Technikerkategorien), machen 13 % aus, das Lehrpersonal 7 %. Das medizinische Hilfspersonal erreicht nach der Statistik den höchsten Prozentsatz, nämlich 23 %.

Diese Zahl ist jedoch irreführend für das Gesamtbild, da 1968 von einer Jahresgesamtzahl von vermittelten Personen von 83 beinahe 50 %, nämlich 39, aus paramedizinischem Personal für die Nothilfe für Nigeria/Biafra be-

---

82 DICARWS, 1968, Status and attitudes of team workers in national structures, S. 4/5.
83 D. h. insgesamt 32 % Arbeitskräfte für *intermediate technology*.

stand. Dies fälscht die Gesamtstatistik durch einen allzu hohen Prozentsatz für diese Kategorie *medical personnel*, die nicht nur Ärzte und Krankenschwestern verschiedener Ausbildungsgrade, sondern auch nicht qualifizierte Krankenhelfer, Physiotherapeuten usw. umfasst.

Das Lehrpersonal macht ferner einen relativ geringen Prozentsatz aus, auf einem Gebiet, wo der Einfluss der Kirchen in der Entwicklungsarbeit noch deutlich spürbar ist. Die Erklärung liegt darin, dass nur individuelle Anforderungen in die Statistik aufgenommen wurden, während allgemeine Listen für Anforderung von Lehrern über kirchliche und nationale Stellen nicht miteinbezogen wurden. (Sie gehören auch eher zum Aufgabenbereich der Abteilung für Erziehung des OeRK, und werden nicht vom SPTF bearbeitet).

Die Vermittlung läuft nicht linear: Von 1963–1967 zeigt sich eine stetig zunehmende Tendenz (1963: Gesamtzahl 15 Personen, 1965:25, 1967:55), dann ein rasches Ansteigen (1968) von 55 auf 83 (Nothilfe Nigeria/Biafra), ein Wiederabfallen auf 58 (1969) und eine ungefähre Verdoppelung der Anzahl für 1970 (Ansteigen von 58 auf 102). Besonders viel landwirtschaftliches und technisches Personal wurde in den Jahre 1967, 1968 und 1970 vermittelt, und eine zunehmende Tendenz für diese Berufsqualifikationen dürfte zu erwarten sein.

Die Fachkräfte verfügen meist schon über berufliche Erfahrung, auch wenn sie zum erstenmal in Übersee eingesetzt werden. Die Sprach- und Vorbereitungskurse, denen sie folgen müssen, wurden bereits erwähnt [84].

Da die Kirche, wie keine andere Institution der Gesellschaft, *alle* Schichten der Bevölkerung berührt, ist der Auswahlkreis der nationalen Korrespondenten im ökumenischen Verfahren viel weitreichender als z.B. der einer nur regierungsvertretenden Organisation, die ihr Personal aus der eigenen Organisation oder den staatlichen Ministerien auswählt. Durch die Selektion und Prüfung der Kandidaten im nationalen System ist schon ein Teil der verschlungenen, möglicherweise korrupten Verfahren internationaler Organisationen oder des politischen Zweckdenkens ausgeschlossen.

Zurückkehrende können einen neuen Dienstvertrag in Übersee erhalten, aber weil der OeRK selbst *nicht* darüber entscheidet, ist auch die Gefahr einer institutionellen Beförderungsautomatik bis zum höchsten *„level of incompetence"*, im Sinne des Peter'schen Gesetzes, nicht wahrscheinlich. Dies bedeutet nun keineswegs, dass die ökumenische Personalvermittlung das beste System in der besten aller möglichen Welten darstellen soll, sondern dass im beschriebenen, dreiteiligen Verfahren und in der Auswahl der beruflichen Qualifikationen alles versucht wird, um den richtigen Mann an den richtigen

---

[84] Für die Organisation dieser Kurse sind die verschiedenen Sendeorganisationen, und nicht der OeRK verantwortlich.

Platz zu stellen, ohne dass es ein „christliches Rezept" für garantierten Erfolg gibt.

Bevor nun der Einsatz für praktische Arbeit mit Beispielen illustriert wird, seien noch kurz die verschiedenen Diensttypen der ökumenischen Personalvermittlung beschrieben.

323.323 Die drei Hauptdiensttypen
In der Personalvermittlungshilfe werden drei Kategorien von Diensttypen unterschieden: *Personnel,* ökumenische Teams, und *fraternal workers.*

Die erste Kategorie zerfällt wiederum in drei Arten von Dienst: Reguläre Freiwillige, Nothilfedienste (auch Freiwillige), und normal angefordertes Personal als Einzeleinsatz für Projekthilfe. Die Freiwilligen machten von 1963 — 1970 38 % der Gesamtzahl des vermittelten Personals aus, wobei in den Jahren 1967 und 1968 insgesamt 63 Personen im freiwilligen Nothilfedienst *(emergencies)* eingesetzt waren. Dies lässt den Prozentsatz ziemlich hoch erscheinen. Die „regulären Freiwilligen", (ohne Nothilfedienst), sind weit weniger bedeutend: Z.B. für 1970 waren von 102 Eingesetzten nur 23 Freiwillige. Etwa seit 1965 scheint sich jedoch in der typisch selbstkritischen Art dieser Organisation auch im OeRK die Auffassung durchzusetzen, dass Jugendliche ohne Erfahrung zu Beginn ihrer Karriere in ihrer Bereitschaft für „Opferdienst" oft keinen bleibenden Beitrag zur Entwicklungsarbeit leisten können [85]. Auch die Jugendarbeitslager sind eine Methode, die eher den einzelnen Teilnehmer um eine persönliche Erfahrung bereichert, als tatsächlich ein Projekt weiterentwickelt.

Für die Nothilfedienste sei nur auf die Beispiele in der Türkei und in Biafra verwiesen. Dieser Dienst soll noch ausgebaut werden, da ein rascher Einsatz notwendig ist. Einige Mitglieder des OeRK verfügen über ständige „Nothilfelisten", deren Personen einsatzbereit sind, denn dieser Dienst kann nicht die üblichen Phasen des Verfahrens durchlaufen. Nothilfepersonal wurde in der Zeit 1963—1970 *nur* 1967 und 1968 durch das SPTF vermittelt.

Hundertneunundzwanzig normale Personalanforderungen konnten durch Vermittlung Einzelner erledigt werden, deren Berufsstruktur im vorangegangenen Abschnitt erläutert wurde.

Die zweite Dienstkategorie stellen die „ökumenischen Teams" dar. Der Name ist irreführend, da es sich nicht um Arbeit in Gruppen handelt, sondern um den Einsatz von einzelnen Fachkräften in verschiedenen Projekten innerhalb *eines* Landes [86], die mit einem *Team Director* in Verbindung stehen, der

---

85 DICARWS, Committee on Personnel, Teams and Fraternal Workers, vom 2.—3. April 1968, Document ICA/T/68/8, Appendix A, S. 2. RISK, Vol. 6, Nr. 2, 1970, S. 19 ff und S. 57 ff.
86 DICARWS, Document ICA/T/68/8/, Appendix A, S. 4.

seinerseits den OeRK gegenüber dem Projektträger (z.B. Regierungsbehörde oder lokale ökumenische Organisation) [87] vertritt.

Diese ökumenischen Teams waren seit 1964 der *direkten* Verantwortung des SPTF unterstellt. Dies bedeutet, dass das ökumenische Organ also nicht nur Vermittlungs*hilfe* für Einzelpersonalanforderungen leistete, sondern als *eigene* Methode diese ökumenischen Entwicklungsteams [88] organisiert hatte. 1969 waren von den über dreihundert an das Sekretariat eingereichten Anforderungsformularen 28 %, also mehr als 1/4, Gesuche für die Entsendung von Teammitarbeitern [89]. Da dies den höchsten Prozentsatz der Anforderungen ausmacht, darf ohne weiteres angenommen werden, dass die *Teams* eigentlich das greifbarste Ergebnis der ökumenischen Personalvermittlungshilfe bedeuten. Doch selbst in diesem System bleibt ein Teammitglied, wie im normalen Projektvermittlungsverfahren, rechtlich der lokalen Projektleitung zugeordnet, und trifft sich nur von Zeit zu Zeit mit den anderen Mitgliedern des Teams.

Die *fraternal workers* als dritte Kategorie sind das typische Merkmal der im Titel der DICARWS verankerten Verpflichtung der „zwischenkirchlichen Hilfe" [90]. Es handelt sich um die Freisetzung, manchmal auch um den Austausch von in der kirchlichen Verwaltung tätigen Personen (Pfarrer, Sozialhelfer, Buchhalter usw.), die kurzfristig in einer anderen Kirchenverwaltung, meist in der „Dritten Welt", arbeiten. Dies ist eine Art Entwicklungsdienst, den der OeRK für seine eigenen Mitglieder aufgebaut hat [91]. Dementsprechend ist er nicht für die „weltliche" Entwicklungshilfe gedacht, bei der, wie aufgezeigt, mehrheitlich Laien eingesetzt werden, sondern er soll der Erneuerung und geistigen Bereicherung der anfordernden Kirche dienen.

Gleichzeitig kann auch praktisch geholfen werden. Dabei geht der OeRK von theologischen Motivationen aus, welche die Universalität der ökumenischen Bewegung durch Gedankenaustausch mit ausländischen, kirchlichen Helfern verwirklichen helfen. So zeigt er sich mit dieser Einrichtung wieder eher in seiner kontemplativen, Werte erhaltenden Rolle. Diese „unmodernste" Kategorie in der ökumenischen Entwicklungshilfe ist vielleicht am ehesten der Missionstätigkeit vergleichbar.

Naturgemäss ergeben sich bei diesem Diensttyp selten die für die Laienfachkräfte auftauchenden Schwierigkeiten der beruflichen Qualifikationen,

---

87 Ähnlich wie die lokalen oder regionalen Vertreter des UNDP.
88 OePD, Monatsausgabe, Mai 1971, S. 3 „Entwicklungshelfer im Maghreb".
89 CWME/CICARWS, Joint Committee on ESP, vom 25.–29. Okt. 1970, Document 11, S. 2 (immer unter Abzug der Ziffern für Europa).
90 *A. Brash* (DICARWS-Direktor): „Zielsetzung der zwischenkirchlichen Hilfe unverändert", OePD, Nr. 32, 12. Nov. 1970. In diesem Artikel wird die genannte Hilfspflicht betont.
91 CICARWS, SPTF, Handling Requests for People in the WCC, S. 4.

der menschlichen Anpassung usw., weil der *fraternal worker* eigentlich *innerhalb* des weiten „ökumenischen Systems" bleibt, während die ausländischen Laienfachkräfte in einen vollständig anders gearteten „Lebensraum" hineingestellt werden. Diese Kategorie organisationsinterner Entwicklungsarbeit ist für diese Studie, deren Hauptgewicht auf die „weltliche", nach aussen gerichtete Entwicklungsarbeit des OeRK fällt, eher nebensächlich. Auch ist der Gesamteinsatz der *fraternal workers* im Vergleich zu den Laienfachkräften nicht allzu bedeutend, aber immerhin wichtig genug, um nicht ohne weiteres übergangen zu werden. Wesentlich ist hier weniger die praktische Leistung dieser Kategorie, obwohl auch die *fraternal workers* als Sozialhelfer oft Grosses leisten, als das theologisch begründete, weltanschauliche Element der Entwicklungsstrategie, die Ausrichtung des politischen und sozialen Denkens im OeRK, die sich in dieser Einrichtung „geistlicher Selbsthilfe" praktisch niederschlägt.

Als Abschluss dieser Darstellung der Methoden der ökumenischen Personalvermittlungshilfe seien noch einige Zeilen über deren „Erfolgsstatistik" gegeben: Von 1963–1970 wurden 16 % der angeforderten Personen *vor* Beendigung des Vermittlungsverfahrens *direkt*, (d.h. bilateral oder durch andere Organe), oder an Ort und Stelle gefunden. 20 % der Gesuche wurden zurückgezogen, sei es weil kein geeigneter Kandidat verfügbar war, die finanziellen Mittel nicht ausreichten, der Vertrag des Vorgängers erneuert wurde, oder die Informationen für die Einstellung nicht ausreichen. Somit wurden 64 % der Personalanforderungen im ökumenischen Verfahren erfolgreich vermittelt.

Als Überleitung zu den Beispielen des praktischen Einsatzes seien nochmals kurz die institutionellen und praktischen Schwierigkeiten des Personaleinsatzes zusammengefasst: Es geht nicht darum, „billige oder kostenlose Arbeitskräfte" zu vermitteln, denn manchmal scheint es, als ob die „koloniale Ausbeutung" sich nun durch eine umgekehrte Ausbeutung von qualifiziertem Personal aus den Industrieländern durch die Entwicklungsländer verwandelt hat. Noch geht es darum, dem beherrschenden Einfluss westlicher Geberorganisationen auf Projekte in der „Dritten Welt" durch dem Geld auf dem Fusse folgende „Fachkräfte" (oder „Aufsichtsbeamte") Vorschub zu leisten.

Die Qualifikationen müssen den Anforderungen möglichst entsprechen. Das bedeutet, dass „Wohltätigkeitsdienste" nicht mehr gefragt sind. Die Fachkraft ihrerseits ist auch in diesem System noch nicht ganz von einer „doppelten Loyalität" (gegenüber dem rechtlichen Arbeitgeber und gegenüber dem Selektionsorgan) befreit. Ferner könnte der höhere Lohn der Ausländer den Neid der lokalen Arbeitnehmer erregen, und so deren Stellung und Autorität untergraben. Dieses Problem scheint vorläufig unvermeidlich. Die Personalvermittlung ist jedoch trotz des ökumenischen SPTF institutionell *nicht* vollständig zentralisiert, da andere Organe des OeRK, wenn auch in geringerem Masse, ebenfalls Personalanforderungen bearbeiten. Dadurch wird die Koordinierung erschwert, gleichzeitig jedoch eine grosse institutionelle Flexibilität und ein weiter Selektionskreis erreicht. Dem entgegen steht wiederum der Nachteil der institutionellen Überlagerung, die schliesslich zum Ausschuss für *the ecumenical sharing of personnel* führte, also impliziert, dass die Kirchen ihre „Fachkräfte" eben *noch nicht* bedingungslos ökumenisch einsetzen. Zu den Vorteilen des Systems gehört, dass eine echt internationale Personalvermittlung wirklich auch echt apolitisch sein kann, dass die einzelnen kirchlichen Stellen für die Personalanforderungen *nieht* eine umfangreiche Korrespondenz mit zahlreichen anderen Stellen führen müssen, dass die ökumenische Personalvermittlungshilfe vielleicht doch zu einer Vereinheitlichung gemeinsamer Normen (z.B. für die Arbeitsvertragsbedingungen) beitragen kann, und die Missionsgesellschaften letzten Endes (und dafür gibt es bereits Beispiele) Ökumene-bewusster werden.

Ferner ist die Personalvermittlung, im Gegensatz zum Einsatz rein finanzieller Mittel, ein Doppelvorgang: Getrennt soll ökumenisch vorerst die finanzielle Grundlage für die Arbeit einer Fachkraft geschaffen und zugleich der beste Kandidat für die Arbeit gefunden werden.

Daraus entsteht eine *institutionelle Dreieckbeziehung* des OeRK mit dem finanziellen Geber einerseits und dem Vermittler der Fachkraft andererseits, denn es soll ja möglichst vermieden werden, dass die Organisation, welche die Finanzhilfe leistet, zugleich auch die Personalhilfe übernimmt, weil die Projekteffizienz dadurch gefährdet werden kann [92].

Da die soziale und wirtschaftliche Zusammenarbeit mit Individuen nicht wie der Einsatz finanzieller Mittel programmiert und zweckgebunden verwendet werden kann, gibt es zusätzliche, unberechenbare Bedingungen des Einsatzes menschlicher Leistung zu berücksichtigen, die in einer erfolgreichen Entwicklungsarbeit nicht vernachlässigt werden dürfen.

323.33 Der praktische Einsatz von ökumenisch vermitteltem Personal in der wirtschaftlichen und sozialen Zusammenarbeit

1963–1970 wurden 33 % des durch das ökumenische Sekretariat vermittelten Personals in Nordafrika eingesetzt und der Hauptteil davon in ökumenischen Teams. Als erstes Maghrebland erhielt Tunesien nach der Unabhängigkeit ökumenische Flüchtlingshilfe. Die DICARWS ergriff durch ihren lokalen Vertreter in Tunis das erste und einzige Mal *die Initiative* in der Personalhilfe (sonst ist sie ja nur *clearing-house*), und versprach, Fachkräfte für den Dienst

---

[92] Die Abb. 3 im Anhang zeigt ein einfaches Schema der ökumenischen Personalvermittlungshilfe.

in Ministerien der Regierung zu finden. Die sechs ersten, ökumenischen Sozialhelfer unterstanden dem tunesischen Sozialministerium, doch später wurden auch für das Landwirtschaftsministerium Fachkräfte gefunden. Vorerst wurden diese Fachkräfte in ökumenischen Teams im normalen Verfahren entlohnt, später, nach den guten Erfolgen dieser Zusammenarbeit, übernahm die Regierung auch deren Grundlohn, nebst den von Anfang an gewährten Wohnungs- und Reisezulagen, Steuererleichterungen usw.

In einem Abkommen mit der tunesischen Regierung wurde der Status des Mitarbeiters im ökumenischen Team genau definiert [93].

Er wird persönlich von der Regierung, die seine Kandidatur prüft, anerkannt. Die Tätigkeit der ökumenischen Teams in Tunesien ist ein Teil des staatlichen Entwicklungsprogramms. Das erstaunlichste dabei ist, dass die Regierung die Fachkräfte wohl bezahlt, aber dem OeRK bei seinem Vermittlungsverfahren freie Hand lässt, also ein Beispiel einer echt multilateralen Vermittlung, in der Geld und Person getrennt bleiben.

Auch in Algerien arbeitete ein christliches Team in Sozialwerken nach der Unabhängigkeit. 1967 beschloss das *Comité chrétien de service en Algérie* ein ökumenisches Team für die Mitarbeit in der Regierung anzufordern. Dessen praktischer Einsatz wurde bereits früher erwähnt.

In Marokko begann der Einsatz mit Sozialhilfe in den Elendsvierteln von Agadir. Eine kirchliche Organisation, EIRENE, nahm Kontakt mit der Regierung auf, und ein ökumenisches Team wurde für ein Ausbildungsprogramm für delinquente Jugendliche eingesetzt.

In jedem dieser drei Länder gibt es einen Team-Direktor als Vertreter des OeRK, der den Mitarbeitern in beratender Funktion zur Verfügung steht.

Der Einsatz der ökumenischen Teams durch das SPTF in den Maghrebländern ist ein Beispiel für eine erfolgreiche, soziale und wirtschaftliche Zusammenarbeit zwischen dem OeRK und *(nicht christlichen)* Regierungsstellen, und für die Tatsache, dass oft die Vermittlung von *Personen*, und nicht nur der Einsatz von materiellen Mitteln, gewünscht und geschätzt wird.

Weitere 18 % des Gesamtpersonaleinsatzes (1963 — 1967) arbeiten im übrigen Afrika. Dieser Kontinent beansprucht also auch in der ökumenischen Personalvermittlung, nicht nur beim Einsatz der finanziellen Mittel, mit insgesamt 51 % den ersten Platz, gefolgt von Europa (19 %), Asien (8 %), dem Nahen Osten (4 %) und Lateinamerika (1 %).

Der Nothilfedienst macht immerhin 16 % des Gesamteinsatzes aus [94]. Fällt Europa, das hier nicht in Betracht gezogen wird, weg, zeigt sich die Prioritätsstellung Afrikas noch deutlicher im Unterschied zwischen dessen 51 % des Gesamteinsatzes und Asiens 8 %.

---

93 DICARWS, Document ICA/T/68/2, Februar 1968, S. 1—2.
94 Es entfällt noch 1 % auf die USA, um die 100 % zu erreichen.

Die Vermittlung eines Arztes für Koje Do durch die CMC liefert eines der selteneren Beispiele für den Einsatz eines *Akademikers*, der mit Hilfe eines *anderen* ökumenischen Organs, *nicht* des SPTF, vermittelt wurde.

Für die Nothilfe wurden die Wiederaufbauhilfe in der Türkei und das Programm für Nigeria/Biafra bereits eingehender untersucht. Wichtig ist hierbei, darauf hinzuweisen, dass diese Teams wirklich international und echt multilateral zusammengesetzt, um nicht zu sagen „zusammengewürfelt" wurden. Es können Zweifel darüber entstehen, ob in einem solchen Falle nicht ein einheitlich *nationales* Team, das z.B. keine Sprachenschwierigkeiten *unter sich* überwinden muss, eher angebracht wäre, aber mit dieser Frage tauchen bereits wieder Probleme der Furcht vor ökumenisch getarnten, politischen Hegemonieansprüchen oder vor dem Kampf um „Einflussphären" innerhalb des OeRK auf.

Zu den beruflichen Qualifikationen *(états de service)* der Nigeria/Biafrahilfe sei noch erwähnt, dass die NCA nur Berufsmilitärs als Verantwortliche für die Flugoperationen eingesetzt hatte, und die Personalvermittlung anderer Helfer bilateral über den holländischen *Dienst over Grenzen* lief. Vom OeRK wurde vornehmlich medizinisches Personal als Freiwilligendienst entsandt.

Es würde wohl zu weit führen, hier nun individuelle Einsätze gemäss einzelner Personalanforderungen für die Projekthilfe aufzuzählen. Die in diesem Kapitel für die nationalen Korrespondenten und das SPTF genannten Zahlen über die Berufsstruktur der Vermittelten mögen genügen. Fest steht, dass durch den OeRK *nicht* die *Projektleiter*, d.h. die höheren Kader vermittelt werden, sondern gemäss dem Prinzip der Notwendigkeit der *intermediate technology* meist Fachkräfte die einer lokalen Führung unterstehen, aber nach so hohen Normen qualifiziert sind, dass sie sich praktisch doch oft, gemessen an ihrem tatsächlichen Einfluss, in leitender Stellung befinden.

Hierbei entsteht in jeder Berufskategorie das Dilemma des einerseits „Nicht-Befehlen-Wollens", und andererseits der sich aus der Berufsqualifikation und der durch die christliche Motivation bedingten Arbeitsmoral sozusagen natürlich ergebenden „Vormachtstellung". Es gilt, dieses Dilemma zu überwinden. Bis dahin wurden nur äusserlich sichtbare Faktoren der Projekthilfe des OeRK behandelt, und doch scheinen die inneren, schwerer erfassbaren Motivationen im Entscheidungsprozess, bei der Durchführung und für den Enderfolg der Projekthilfe von nicht unerheblicher Bedeutung zu sein. Denn die Erfolge des persönlichen Einsatzes von durch den OeRK vermittelten Fachkräften sind ja niemals anhand solch genannter Zahlen über Berufsstruktur, Entsendung pro Jahr und Arbeitseinsatz erkennbar.

Der Erfolg der Entwicklungsarbeit hängt letzten Endes nicht nur von der beruflichen Qualifikation der Eingesetzten ab, sondern auch von einer jeglicher menschlichen Leistung zugrundliegenden Haltung und Disposition, die sich wieder auf tiefer geschichtete Motivationen stützt.

Bei einem Entwicklungsprojekt zählt überdies nicht nur die Motivation des Direktors, sondern es muss eine Harmonie der Motivationen auf jeder Ebene erreicht werden: Ein Klangkörper kann nur in einer Harmonie des Ganzen entstehen. Stradivarii Geigen, ein ausgezeichneter Dirigent, die Akustik des Konzertsaales, die innere Freude der Musiker an der Arbeit und *ebenso* deren berufliches Können und Arbeitsdisziplin, — bis zum letzten Detail der Beleuchtung der Notenpulte, — müssen ein „Aufeinander-Abgestimmt-Sein" ergeben, um eine Symphonie zu einem vollen Erfolg werden zu lassen.

Auf den OeRK übertragen würde dies bedeuten, dass die Harmonie einer dreischichtigen Motivationsstruktur erreicht werden muss, zusätzlich zur richtigen Planung, dem optimalen Einsatz von finanziellen und personellen Mitteln und der Überwindung der hier als „klassisch" bezeichneten Hindernisse.

324   Die in der Entwicklungsarbeit des OeRK erkennbaren Motivationen

Es wäre fraglos eine Anmassung, die Motivationen einer Weltorganisation wie die eines Individuums einheitlich darstellen zu wollen. Andererseits ist es jedoch ausgeschlossen, die Partitur einer Symphonie von Motivationen in eine systematisch vereinfachende Analyse einzufügen. Deshalb wird die dreischichtige Motivationsstruktur in der ökumenischen Entwicklungsarbeit sozusagen als kariertes Schottenmuster behandelt: Vertikal wird diese Motivationsstruktur eingeteilt in ethische, wirtschaftliche und politische Motivationen und horizontal nach dem OeRK als Gesamtorganisation, den einflussreichen, einzelnen Einheiten (administrative Abteilung, Geberorganisationen, Empfängerstellen) und Individuen (im OeRK-Stab, als Leiter von Geberorganisationen, an Ort und Stelle in der Projektarbeit).

Eine Skizze (Seite 255) soll dieses Schottenmuster veranschaulichen.

Um darauf hinzuweisen, wie vereinfachend ein solches Schema ist, sei daran erinnert, dass eine von der Spitze des OeRK angegebene Globalmotivation für die Entwicklungsarbeit nicht unbedingt dieselbe sein muss, wie die der ökumenischen Abteilungen, denen bestimmte Projekte unterstehen. Die Motivationen der Abteilungen können sich ihrerseits wieder unterscheiden von den persönlichen der Planer an Ort und Stelle, der Verantwortlichen mit Entscheidungsgewalt, oder der Ausführenden.

Ferner sind im Motivationsgefüge jene Stellen besonders krisengefährdet, an denen die Motivationsbalken sich schneiden. Vielleicht ergeben solche Schnittpunkte Missfarben im Schottenmuster.

Die dreiteilige Motivationsstruktur im „Schottenmuster"

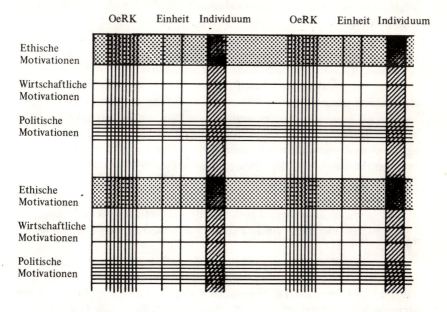

324.1 Die ethischen Motivationen

324.11 Die ethischen Motivationen des OeRK als Institution

Es liegt auf der Hand, dass eine Gemeinschaft christlicher Kirchen wie der OeRK ihre Globalmotivationen in der Entwicklungsarbeit auf die biblischen Begriffe der *caritas*, veranschaulicht im Gleichnis des barmherzigen Samariters, und der Nächstenliebe gründet. Doch eben diese Begriffe werden im OeRK tunlichst vermieden, weil ihnen immer noch der bittere Beigeschmack der geistigen Kolonisierung durch Bekehrung in der Missionstätigkeit anhaftet.

Heute heisst es moderner, dass Entwicklung eine Herausforderung für die Kirchen, und ein Teil ihrer Mitverantwortung für die Gesellschaft ist. Entwicklungsarbeit ist entsprechend Liebesdienst *(diakonia)*, der die Verwirklichung eines Entwicklungsrechtes für alle durch soziale Gerechtigkeit anstrebt[1], ungeachtet der Tatsache, dass jede soziale und politische Tendenz im

---

1 OePD, Monatsausgabe Mai 1972, S. 9/10: „Entwicklung – der Weg zur sozialen Gerechtigkeit".

OeRK etwas anderes darunter versteht[2]. So tönt dieses Ideal oft etwas hohl, selbst wenn es mit der Menschenrechtserklärung der Vereinten Nationen verbrämt wird.

Eine zweite, ethische Globalmotivation für die Entwicklungshilfe ist die „panchristliche Solidarität im Kampf für den Frieden"[3], die eine „Weltgemeinschaft" schaffen soll. Diese Vorstellung enthält bereits zwei Widersprüche: Erstens führt der Kampf für den Frieden direkt zum Problem der Gewaltanwendung in der christlichen Ethik[4]. Die Gewaltanwendung kann theologisch *ebenso* begründet werden, wie Pazifismus oder Kriegsdienstverweigerung. Die ökumenischen, theologischen Diskussionen über dieses Thema sind end- und ergebnislos: Sie zeigen nur den Unterschied zwischen radikalen und gemässigten Tendenzen. Dieser Kampf für den Frieden wurde stets auch von der „christlichen Friedenskonferenz", die eher marxistisch ausgerichtet ist, unterstützt[5].

Obschon die „christliche Friedenskonferenz" offiziell *nicht* Mitglied des OeRK ist, ist einer ihrer Vorsitzenden ein sehr einflussreicher Amtsträger im OeRK.

Zweitens soll die „panchristliche Solidarität" keineswegs Ausschliesslichkeit bedeuten, sondern im Gegenteil durch Entwicklungsarbeit die Universalität des OeRK betonen: Die Mitverantwortung gilt auch für Nichtchristen und Religionslose[6]. In der ethischen Motivation der *Achtung des Anderen*[7] zeigt sich der Stolz des OeRK auf seine *nicht* weissen, kulturell *nicht* abendländisch geprägten Mitglieder. Daraus lässt sich das Konzept der Gleichheit der Rassen ableiten, das der OeRK in der Entwicklungsarbeit mit dem PCR zu verwirklichen suchte.

2   Es ist ausgeschlossen, diesen dehnbaren Begriff der „sozialen Gerechtigkeit" in irgendeiner menschlichen Gesellschaft je zu verwirklichen. Es wird wahrscheinlich nie einen Lastenausgleich geben können, nie eine „gerechte Einkommensverteilung", usw., weil keine völlige Gleichschaltung erreicht werden kann. Die Unterschiede sind zudem in den Entwicklungsländern besonders gross und werden in naher Zukunft nicht ausgeglichen werden können. Dieselbe Ansicht vertritt *Schoeck, Helmut,* op. cit., S. 29–31, 99, 129.
3   OePD, Nr. 13, 11. Mai 1972, S. 6.
4   NZZ, Nr. 49, 31. Jan. 1971, S. 37: „Der Weltrat der Kirchen im Kreuzfeuer der Kritik". NZZ, Nr. 314, 9. Juli 1971, S. 25: „Rassismus und das Recht auf Widerstand". NZZ, Nr. 36, 22. 1. 1972: „Gewalt und Gewaltlosigkeit – Diskussionstagung über das Antirassismusprogramm des ökumenischen Rates".
5   WCC, KEK, Nyborg VI . . . was geschah, Bericht der sechsten Vollversammlung der Konferenz europäischer Kirchen, 26. April, 3. Mai 1971, S. 70: Brief der christlichen Friedenskonferenz an die KEK.
6   WCC, Uppsala spricht, S. 52/53.
7   Das Christentum verlangt von seinen Gläubigen keinen „Kampf mit Feuer und Schwert gegen Ungläubige", wie z. B. der Koran, als sichere Garantie für den Eintritt ins Paradies.

Die dritte, ethische Globalmotivation besteht darin, politisch entgegengesetzte Ideologien und einander bekämpfende theologische Tendenzen in der Praxis der Entwicklungsarbeit zu vereinen, d.h. eine Verknüpfung von Ideologie, Theologie, und Praxis zu erreichen. Und tatsächlich ist die Entwicklungsarbeit ein gemeinsames Werk *ohne* gemeinsame, genau festgelegte, theologische Grundlagen, die sogar noch die Zusammenarbeit mit den Katholiken ermöglichte, trotz der doktrinär-theologischen Meinungsverschiedenheiten (z.B. hinsichtlich der Familienplanung)[8].

Für Aussenstehende ist es beinahe unfassbar, dass neben den Streitgesprächen der Theologen verschiedener Tendenzen eine schlichte, praktische, konkrete Entwicklungsarbeit, in der die Vertreter dieser sehr unterschiedlichen Glaubensauffassungen gemeinsam vorgehen, besteht, und sogar erfolgreich sein kann. So hofft der OeRK als Institution, wahrscheinlich durch die Entwicklungsarbeit, die Einheit des Christentums wiederherzustellen.

Gleichzeitig sind es die ethischen Motivationen in der Entwicklungsarbeit, die den OeRK gleich scharf von der katholischen Kirche wie vom „Kommunismus" trennen. Diese beiden, schon angedeuteten Unterschiede zwischen OeRK und römisch-katholischer Kirche, und zwischen OeRK und „Kommunismus", sollen hier klar herausgestellt werden.

Die römisch-katholische Kirche verfügt über eine längere und universalere Erfahrung in der „Dritten Welt" als der OeRK. Ihre ethischen Motivationen sind deshalb anpassungsfähiger, sozusagen „weicher" und diplomatischer geworden[9]. Der Glaube an die göttliche Gnade verleiht selbst der radikalsten, katholischen Tendenz eine Ethik, die mystisch-emotionelle Elemente einschliesst[10].

Das römisch-katholische Sozialdenken befasst sich eher mit Bevölkerungs*schichten*, nicht mit Einzelnen. Durch ihre Auffassung von der diesseitigen, kirchlichen Autorität, dem Gehorsam, und durch den institutionell monolithischen Aufbau entging die römisch-katholische Kirche als Institution und ihre Glieder, auch in der Entwicklungsarbeit, der Verunsicherung und dem Parti-

---

8 Weitere, theologisch wichtige Unterschiede werden aufgezählt in: *Kardinal J. Willebrands,* „Gesandt in die Welt", Vortrag, OePD-Dokumentation – Evian '70 – Offizieller Bericht der fünften Vollversammlung des LWB, S. 87–100, bes. 94–97.

9 Die „Diplomaten" der römisch-katholischen Kirche sind den protestantischen in Taktik, Geschmeidigkeit und Geschick überlegen. Der Grund hierfür liegt vielleicht nicht nur in der grösseren Erfahrung und zweckgebundenen Ausbildung, rhetorischen Schulung usw., sondern auch in den Unterschieden der ethischen Motivationen. Denn die römisch-katholische Kirche hat eigentlich ihren Anspruch auf kirchliche Weltpolitik nie aufgegeben.

10 Im Extremfall kann das Vertrauen auf die göttliche Gnade zu einem von der radikalen, katholischen Tendenz angeprangerten „angelismo", einem jenseitsgerichteten, weltfremden Idealismus führen, der eine erfolgreiche Entwicklungsarbeit behindern könnte.

kularismus, die den OeRK oft negativ beeinflussten [11]. In der Ethik des OeRK spielt die vergebende Gnade keine grosse Rolle. Der vernunftbetonte, intellektuell-kalte, durch eigene Anstrengung ausgelegte Glaube ist und bleibt elitär, und das protestantische Sozialdenken auf den Einzelnen als Teil der Elite, nicht auf Sozial*schichten*, ausgerichtet. Überspitzt könnte man vielleicht sagen, dass jeder überzeugte Protestant seinen eigenen, antiautoritären Gott hat.

In der ethischen Vorstellung des OeRK war es die autonome Gemeinde, die die institutionelle Struktur *von unten her* aufbaute, und im OeRK gibt es einen gewissen Stolz auf den Nonkonformismus, welcher der katholischen Auffassung von Hierarchie und Gehorsam diametral entgegensteht [12]. Die „kommunistisch-marxistischen Anschauungen" unterscheiden sich sowohl vom OeRK als auch von der römisch-katholischen Kirche, und zwar hauptsächlich durch ihren Atheismus.

Im „kommunistischen" oder „marxistischen" Sozialdenken ist die Lehre von der Klassendialektik verankert. Deshalb sind vielleicht die äusserlich sichtbaren Zielsetzungen in den Sozialwerken ähnlich wie die der radikalsten Tendenzen der römisch-katholischen Kirche. In beiden Fällen geht es um die soziale Besserstellung der untersten Schichten. Doch die dahinterstehende Ethik ist grundverschieden: In der „kommunistischen Ideologie" wird *„Das Volk"* und insbesondere das Proletariat, sozusagen zum Kollektivgott erhoben. Dadurch unterscheidet sie sich klar, sowohl vom Glauben an den individualistischen Gott der Protestanten, als auch vom katholischen Vertrauen auf die göttliche Gnade [13].

11 Nebenbei bemerkt ist es eben dieser monolithische Aufbau in Institution und Doktrin, der die gegenwärtige Krise durch Abspaltung des unteren, radikaleren Klerus von der oberen Hierarchie, oder die Trennung eines katholischen Kontinents vom klerikalen Mittelpunkt so schwerwiegend erscheinen lässt. Die Protestanten waren im Gegensatz dazu unter sich stets uneinig, und trugen ihre Streitgespräche in aller Öffentlichkeit aus, so dass Spaltungen und Absplitterungen zur Gewohnheit wurden, und den OeRK als Institution weniger zu erschüttern vermögen.

12 Da die Orthodoxie abgesehen von der Friedensdoktrin relativ wenig Einfluss auf die ethischen Motivationen für die Entwicklungsarbeit hat, wird sie hier einfachheitshalber nicht erwähnt. Die Orthodoxie nimmt eine seltsame Zwischenstellung ein: Ihre verinnerlichte, theologische Doktrin und ihr institutionell autoritärer Aufbau sind der katholischen Kirche vergleichbar, ihre „politische Entwicklungsideologie" jedoch meist gezwungenermassen „kommunistisch" – und trotzdem sind die orthodoxen Kirchen geachtete Mitglieder des OeRK.

13 Dieser kurze, vereinfachende Vergleich der Globalethik zwischen OeRK, römisch-katholischer Kirche und „Kommunismus" soll keine theologische Abhandlung einleiten, sondern beruht auf rein persönlichen Betrachtungen und Gesprächen. Er erhebt deshalb mitnichten Anspruch auf Allgemeingültigkeit, sondern wurde nur angestellt, um die innere Wesensart des OeRK anzudeuten, und weil diese Unterschiede der ethischen Motivationen in der beschriebenen Entwicklungsarbeit sichtbar geworden sind.

Diese Unterschiede in der Motivation vergegenwärtigen, wie unlogisch es ist, dem OeRK eine kommunistische Ideologie vorzuwerfen, oder einen raschen, vollständigen Zusammenschluss zwischen Vatikan und OeRK, nur wegen der guten Zusammenarbeit in der Entwicklungshilfe, zu erwarten.

Als letzte ethische Globalmotivation sei noch das Schuldgefühl erwähnt: Der OeRK fühlt sich schuldig für vergangene Sünden seiner Mitgliedskirchen und Missionen [14]. Doch nicht nur das: Entwicklung wird vom OeRK als „Gewissensfrage der *Menschheit*" aufgefasst, zu der die Kirchen auch gehören. Oft haben sie jedoch durch Stützung der Machtelite zur Entstehung der gegenwärtigen Kluft zwischen arm und reich beigetragen. So trägt der OeRK ein Schuldgefühl aus der historischen und aus der jüngsten Vergangenheit, das ihn Entwicklungsarbeit zur Hilfs*pflicht* erklären lässt.

Abschliessend sei festgestellt, dass alle diese pathetischen Worte über Frieden, Befreiung, Bewusstseinsbildung, soziale Gerechtigkeit, Weltgemeinschaft und Mitverantwortung oft leer und bedeutungslos tönen – und dies *nicht nur* auf Konferenzen des OeRK! Denn sie werden ja eigentlich nur in den „Miniprojekten", wenn es um weniger gewählte Worte wie Flugzeugeinsätze, Tomatenanbau oder Impfkampagnen geht, verwirklicht. Und nicht die vagen Erklärungen verleihen ihnen Gewicht und Substanz, sondern der Erfolg in der Klein- und Kleinstarbeit einzelner Projekte.

324.12 Die ethischen Motivationen der administrativen Einheiten des OeRK

Die DICARWS hat in ihrer ethischen Ausrichtung eine Wandlung durchgemacht: 1961 war die zwischenkirchliche Hilfe und der Flüchtlingsdienst die wichtigste Zielsetzung. Heute übernimmt die DICARWS, gemäss der Globalmotivation der Mitverantwortung in der Welt, die Aufgaben des „Weltdienstes" allgemein, wie im Titel angedeutet, die verantwortliche Haushälterschaft für Entwicklungsarbeit. Die verantwortliche Haushälterschaft ist die ethische Motivation der aktiven Seite der kirchlichen Doppelrolle, und bedeutet konkret den Einsatz von anvertrauten materiellen Mitteln und persönlichen Qualifikationen nach bestem Wissen und Gewissen. In der theologischen Diskussion kann die „verantwortliche Haushälterschaft" die beste Nutzung der von Gott gegebenen Reichtümer dieser Erde bedeuten (biblisches Gleichnis vom Weinberg) und zugleich an das radikal progressive Prinzip von der gerechten Güterverteilung im Sozialdenken anschliessen.

---

14 Dieses Schuldgefühl war eine der Begründungen für die Schaffung des PCR. Gegen Ende des untersuchten Jahrzehnts liess der Einfluss dieses Schuldgefühls in den Industrieländern und auch in der DICARWS nach. Vgl. dazu: NZZ, Mittagsausgabe, Nr. 396, 25. 8. 1972 „Hoffnungslose Entwicklungshilfe", von Hans Schindler, Präsident der Stiftung „SWISSCONTACT".

Durch die Wahrnehmung der verantwortlichen Haushälterschaft sieht sich die DICARWS als Helfer und Vermittler zwischen Geber und Empfänger, und versucht, für einen Ausgleich der Hilfeleistungen zu sorgen (Berücksichtigung der geographischen Verteilung, Einstufung der Prioritäten, usw.).

SODEPAX fasst Entwicklungsarbeit als konkreten Beweis der Zusammenarbeit und der künftigen theologischen Einigung zwischen römisch-katholischer Kirche und OeRK auf. Doch diese Kommission, die eigentlich als aktives Werkzeug für Zusammenarbeit in der Entwicklung geschaffen worden war, veränderte sich langsam zum „akademisch theologischen Diskussionsklub", und wurde so zu einem Teil der kontemplativen Rolle des OeRK.

Die DWME strebt eine Daseinsberechtigung der Missionen in der Welt durch den Beweis der Notwendigkeit ihrer Arbeit an. Zugleich versucht sie, das Missionsdenken und die Missionsstruktur durch langfristige Entwicklungsprogramme zu modernisieren.

Die verschiedenen Einheiten des OeRK sind zusätzlich von einer oft als christliches Merkmal angesehenen Motivation beeinflusst: Von einem gewissen, gegen alle Rückschläge gefeiten, von der Gruppe getragenen Optimismus — einem Glauben an die Möglichkeit von Verbesserungen, der in deutlichem Kontrast steht zur häufig erkennbaren Resignation anderer Organisationen, welche Entwicklungsarbeit oft nur als ihr eigenes Prestige förderndes Politikum auffassen, ohne dies jedoch öffentlich zuzugeben.

324.13 *Die ethischen Motivationen der Geberorganisationen*

Die Geberorganisationen fassen aktives Christentum als Bereitschaft zum Opfer, zum Teilhabenlassen der anderen am Leistungs- und Kapitalreichtum auf: Christliches Teilen mit weniger Bevorzugten sei eine Pflicht. Die erwähnte Schuldmotivation spielt hier oft mit. Ferner stehen die Geberorganisationen der DICARWS in einer Art edlem ökumenischen Wettbewerb, wer den Glauben an die ökumenische Idee am besten mit Erfolgen in der Entwicklungsarbeit beweisen kann. Deshalb ziehen die Geberorganisationen auch den Einsatz der Mittel nach dem Leistungsprinzip vor[15].

So steht dieser ethische Wettbewerb mit dem Prinzip der Hilfe an die Allerärmsten, welche der Hilfe am dringendsten bedürfen, im Widerspruch.

Aus dem ökumenischen Wettbewerb könnte man vielleicht auf eine Rivalität schliessen, die es jedoch im OeRK, im Vergleich zu regierungsvertretenden

---

15 Z. B. in Asien erhalten Indien, Hong-Kong und Korea, also die Länder, in denen die Entwicklung bereits angelaufen ist, am meisten Hilfsgelder. In Afrika steht Algerien, das ebenfalls schon eine höhere Entwicklungsstufe erreicht hat, an erster Stelle. Für Lateinamerika zeigt sich eine Konzentration auf Projekte in schon entwickelten Gebieten und auf grosse, bereits angelaufene Vorhaben.

Organisationen, in denen die Staaten *politisch* rivalisieren, kaum gibt. Seltsamerweise ist es oft dieser „ökumenische Eifer" der Geberorganisationen, der trotz der Verschiedenheit der Interessen, wegen der ethisch christlichen Grundhaltung, die Solidarität verstärkt.

Überdies bestehen die Geberorganisationen auf einer echten Partnerschaft mit den Empfängern und lokalen Projektträgern, auf dem *Teilen der Verantwortung*, das *ein Teilen der finanziellen Mittel* mit sich bringt. Wie schwierig dieses ethische Prinzip der echten Partnerschaft zu verwirklichen ist, wurde in dieser Arbeit bereits anhand der praktischen Beispiele erläutert, und im Abschnitt über die Zielsetzungen begründet. Aufgrund dieses Prinzips lehnen die Geberorganisationen auch Missionsprojekte oder Projekte für Kirchenbauten kategorisch ab. „Teilen und „echte Partnerschaft" sollen auch den dominierenden Einfluss der starken Geber (LWB, NCCCA, „Brot für die Welt") verringern, oder wenigstens verbergen helfen. Denn im OeRK tritt ein ähnliches Paradox wie in anderen, nicht privaten Organisationen auf: Trotz grosser Hilfeleistungen werden die Geber durch Vorwürfe des Neokolonialismus und des kapitalistischen Profitdenkens von seiten der Kirchen der „Dritten Welt" gedemütigt und dadurch bescheidener [16]. Anderseits besitzen die nationalen Christenräte der „Dritten Welt", deren Projekte unterstützt werden, sehr *oft* ein stark ausgeprägtes Elitebewusstsein. Die nicht weissen Vertreter dieser Christenräte sind meist stolz auf ihr Christentum, das sie somit direkt oder indirekt als Herrenreligion anerkennen [17]. Dies ist eine eigenartige Erscheinung, wenn man bedenkt, dass dieselben Vertreter den Vorwurf der „Herrenreligion" gegen die Ex-Kolonialmächte erheben. Doch damit werden bereits die ethischen Motivationen der Empfängerorganisationen berührt.

324.14 Die ethischen Motivationen der Empfängerorganisationen

Durch den Stolz der Nichtweissen auf ihr Christentum, dieses neue Elitebewusstsein einer Minderheit, kann die Entwicklungsarbeit oft positiv beeinflusst werden. Die Minoritätsstellung führt oft zu einem ethischen Ansporn, mit dem guten Beispiel voranzugehen, um andere von der eigenen Leistung zu überzeugen und anzuregen. Gleichzeitig entsteht damit der Glaube an die

---

16 Es ist beinahe überflüssig, darauf hinzuweisen, dass trotz der edelsten Motivationen immer und überall, selbst wenn es offiziell und öffentlich nicht zugegeben wird, und nicht nur in der Entwicklungsarbeit, der Geldgeber einen entscheidenden Einfluss ausübt. Der OeRK bildet hier, auch wegen seiner institutionellen Struktur keine Ausnahme, obschon die Empfänger in manchem ein recht weitgefasstes Mitspracherecht besitzen.
17 Der Einfluss dieses Elitebewusstseins kann je nach der Stärke der christlichen Gemeinden variieren.

eigene, innere Überlegenheit, der das Zusammengehörigkeitsgefühl und die Zusammenarbeit bei Entwicklungsprojekten fördert. Durch die ökumenische Entwicklungsarbeit erreichen die jungen Kirchen in der „Dritten Welt" und ihre Gläubigen, in der Universalität des OeRK, auch den Anschluss auf internationaler Ebene. Dies erlaubt ihnen, aus ihrer isolierten Minderheitsstellung herauszukommen und durch ihre Vertreter an internationalen Konferenzen eine Rolle zu spielen, die ihnen machtpolitisch und wirtschaftlich im eigenen Land nie zugestanden würde, wenn sie sich nicht durch ihren Anschluss an die ethischen Globalmotivationen des OeRK rechtfertigen liesse.

Durch ihre Vertretung an internationalen Konferenzen des OeRK spielen sie manchmal auch eine bedeutendere Rolle, als ihrem eigenen *Staat* wirtschaftlich und machtpolitisch auf Weltebene zukommen würde.

So gelingt es ihnen durch diesen internationalen Anschluss im eigenen Lande höher geschätzt zu werden.

Dies wiederum verstärkt das Elitebewusstsein der Gruppe, aber auch des Einzelnen, dessen Motivationen nachstehend behandelt werden.

324.15 Die ethischen Motivationen der Einzelnen

324.151 Die ethischen Motivationen der einzelnen Mitarbeiter im OeRK
Aussenstehende stellen sich vielleicht vor, dass der Stab des OeRK nur aus Pfarrherren bestehe: Natürlich gibt es Abteilungen, wie z.B. „Glauben und Kirchenverfassung", in denen die verantwortlichen Stellungen beinahe ausschliesslich von Theologen besetzt sind, die oft auch akademische Lehrfunktionen haben.

Für die Entwicklungsarbeit ist dies jedoch nicht der Fall: Die Laienarbeit wird in der DICARWS und erstaunlicherweise auch in der DWME sehr hoch bewertet. Sicherlich gibt es Pfarrer in leitenden Positionen, sie besitzen aber meist Erfahrung in der Verwaltung und stammen oft auch aus Staaten der „Dritten Welt". Viele haben zusätzlich Studien in Volkswirtschaft, Psychologie oder Soziologie abgeschlossen. Die Laien machen jedoch die Mehrheit des Stabes aus [18]: 1969 trugen fünf von fünfundzwanzig einen kirchlichen Titel. 1970 ging die Leitung der DICARWS von einem Laien an einen australischen Pfarrer über. Fünf Personen (wovon drei in sehr hoher Position) gehörten einer Nation der „Dritten Welt" an. Berufe wie Lehrer, Soziologe, Finanzexperte, Politologe, Psychologe, Diplomat, Berufsmilitär, Sozialhelfer,

---

18 WCC, DICARWS, Hand in Hand, Report of what the Churches accomplished in 1968 through DICARWS, S. 47.

Administrator und Informationsfachmann sind im DICARWS-Stab vertreten [19].

Da sich eine Typologie der, sich im OeRK mit Entwicklungsarbeit befassenden Persönlichkeiten im Sinne einer idealtypischen Charakterisierung nach *Max Weber* weniger auf eine wissenschaftliche Analyse als auf persönliche Beobachtungen stützen würde, wird hier darauf verzichtet.

Eine solche Typologie würde jedoch die protestantische Betonung der Individualität verdeutlichen. In keiner anderen, der Autorin bekannten internationalen Organisation gibt es eine solche Vielfalt von menschlichen Typen wie im OeRK. In grossen, internationalen Organisationen bildet sich meist nur *eine* trotz Unterschieden der Nationalitäten im Arbeitsstil *einheitliche* Klasse kosmopolitisch-heimatloser Funktionäre oder Technokraten [20].

Den „klassischen Typ" des internationalen Funktionärs, der hauptsächlich aus wirtschaftlichen Motivationen und für sein eigenes und seines Staates Prestige die Entwicklungsarbeit befürwortet, gibt es im OeRK *nicht*. Und diesen Unterschied schafft grösstenteils die starke, christliche Motivation, die dort, wo andere längst aufgegeben haben, zur Weiterarbeit anhält [21].

Zudem kennen die im OeRK für die Entwicklungsarbeit Verantwortlichen meist die Arbeit in der „Dritten Welt" aus eigener Anschauung, so dass oft trotz christlichen Glaubens realistisch-illusionslos, und *nicht* nach hohen Idealen entschieden wird.

Diese Typologie der Verschiedenheit der Persönlichkeiten prägt logischerweise auch das Arbeitsklima: Es herrscht eine Goethe'sche Heiterkeit, eine für Aussenstehende oft unbegreifliche, aber sehr beeindruckende Freudigkeit. Bei der Arbeit wird man selbst vom obersten Chef als Individuum, als Mensch, nicht nur als einprogrammierte Arbeits- und Leistungseinheit behandelt [22].

---

19 Im Gegensatz dazu bestehen die „Entwicklungsabteilungen" anderer Organisationen oft aus einer einheitlichen Berufsklasse von nationalen Beamten (vielleicht aus verschiedenen Ministerien).
20 *D. Bujard*, „Le processus décisionnel au sein du CICR", Seminararbeit für Prof. J. Siotis, Mai 1970, (polykopiert). In dieser Arbeit wird z. B. kritisiert, dass mehr als 50 % des leitenden Personals im IKRK aus Juristen besteht. *H. Schoeck,* op. cit. S. 45/46, 131. Der Autor spricht von einer privilegierten, internationalen Bürokratenklasse. *T. Mende*, De l'aide à la recolonisation – les leçons d'un échec. Der Autor, ehemaliger Mitarbeiter der UNCTAD, kritisiert ebenfalls den Typ des internationalen Funktionärs.
21 Z. B. im „Mississippi Delta Ministry", in Biafra oder in den Sozialwerken für Elendsviertel in lateinamerikanischen oder afrikanischen Grossstädten.
22 Es gibt eine andere, mächtige, internationale Organisation, in der oft der Eindruck entsteht, dass der Einzelne vollkommen von einer anonymen Bürokratie überfahren wird.

Dies bedeutet oft eine Ermutigung im Vergleich zum beängstigenden, jede eigene Initiative lähmenden Apparatsanonymat anderer Organisationen und wirkt sich auf die Entwicklungsarbeit oft positiv aus.

324.152 Die ethischen Motivationen der einzelnen Spender
Weshalb gibt der einzelne Christ in den Industrieländern sein Geld für Entwicklungshilfe? Darüber veröffentlichte „Brot für die Welt" eine Untersuchung [23], die von einem deutschen Institut für Marketing-, Motiv- und Werbeforschung durchgeführt wurde. Sie ergab, dass im Vergleich zum katholischen Werk „Misereor", das protestantische Hilfswerk „Brot für die Welt" mehr Geld von der Kirche *Fernstehenden* erhielt.

Zu den christlichen Motivationen gehört die Auffassung, dass Entwicklungshilfe auch für den Einzelnen eine moralische Pflicht sei. Ferner stellte sich heraus, dass Mitleid als Motivation von eher abnehmender Bedeutung war, während die Dankbarkeit für das eigene Wohlergehen beim Spenden eine grosse Rolle spielt. Daneben gibt es eine Art Motivation der Feigheit, wo gespendet wird, weil „man schlecht nein sagen kann". Nicht in dieser Untersuchung enthalten, aber trotzdem erwähnenswert, sind die Aktionen für Selbstbesteuerung, bei denen die einzelnen Spender aus einer ethisch begründeten, aber in ihrer praktischen Auswirkung *politischen* Motivation geben: Sie „opfern", um die Kirche stärker zu engagieren. Es gibt also eine *Stufung* der individuellen Spendemotivationen von der traditionellen christlichen Barmherzigkeit bis zum Willen, die Kirche politisch und sozial stärker zu engagieren.

Im OeRK wurden ebenfalls Tabellen für die Erfassung der Motivationen der einzelnen Geber zusammengestellt [24]: Dort erscheint auch, wie in der deutschen Untersuchung, die moralische Pflicht an erster Stelle, dann die Einsicht der Notwendigkeit der Hilfe, und erst an fünfter Stelle die „christliche Überzeugung". Vergangene Erlebnisse der Not, die man am eigenen Leibe erfahren hat, spielen ebenfalls eine Rolle. Ebenso der Glaube, dass die Entwicklungshilfe für die eigene Zukunft wichtig sei, verbunden mit einem Unsicherheits- oder Angstgefühl gegenüber der „Dritten Welt". Erst an letzter Stelle der vierzehn Motivationen steht der Wille, des guten Gewissens halber zu geben.

Es wäre vielleicht auch aufschlussreich, ganz kurz zu skizzieren, aus welchen Gründen der Einzelne sein Geld *nicht* gibt. Nach der deutschen Studie herrscht immer noch die irrige Meinung vor, dass die Kirchen nur

---

23 „Brot für die Welt", Bericht P 0309, Zusammenfassung der Quantifizierungsstufe, ausgearbeitet von BASISRESEARCH, Institut für Marketing-, Motiv- und Werbeforschung, Frankfurt, 31. Aug. 1970.
24 WCC, Documentation Service on Development, Information Sheet 9/70 Appendix.

Missionsprojekte finanzieren würden, deren *Image* in der Öffentlichkeit bereits so gelitten hat, dass der Einzelne nicht mehr bereit ist, deren Tätigkeiten zu finanzieren. In der Untersuchung des OeRK steht erstaunlicherweise das fadenscheinige Argument, „niemand hat mir etwas davon gesagt" an erster Stelle. Dann folgt das gut verständliche, national-egozentrische Argument, dass es genug Arme im eigenen Lande gäbe, weiter der irgendwie überforderte, verletzte Stolz, „wir können nicht für alles geben", und das logische Misstrauen des „wir wissen nicht, *wie* das Geld verwendet wird".

An letzter Stelle der fünfzehn Motivationen steht das fehlende Interesse für die Probleme der „Dritten Welt", eine Rangfolge, die doch auf eine ziemlich „aufgeklärte" Geberschaft schliessen lässt. Dennoch bleibt das fehlende Interesse für die „Dritte Welt" eine Motivation des *Nicht-Gebens*. Dazwischen liegen Gründe wie beispielsweise derjenige, dass die Kirchen *nicht zusätzlich* Sammlungen veranstalten, sondern ihre Steuergelder für Entwicklungsprojekte benützen sollten; ferner die Überzeugung, dass das Geld falsch eingesetzt oder in der Administration vergeudet wird; oder gegen ihren Willen ausschliesslich den Christen zugute kommt; auf jeden Fall nicht ausreicht, oder nur für Nothilfe, nicht für die „bessere" Strukturhilfe eingesetzt wird.

Aufschlussreich sind diese Motivationen deshalb, weil sie meist von Einzelnen vorgebracht werden, die nicht unbedingt vollständig gegen *Spenden* eingestellt, sondern misstrauisch geworden sind durch Informationen über schlechte Erfahrungen und Fehleinsätze, oder national, nicht universal denken, wobei auch noch die Überzeugung mitspielt, dass jedes Land seine eigenen Probleme selbst lösen müsse. Diese Motivationen des *Nicht-Gebens* lassen weniger eine „Massenethik", sondern eher einen gesunden, misstrauischen Menschenverstand erkennen, der meist weniger anti-klerikal, als gegen die Entwicklungshilfe an sich gerichtet ist.

324.153 Die ethischen Motivationen der einzelnen Projektmitarbeiter in der „Dritten Welt"

Beim Einzelnen, der seine beruflichen Fähigkeiten für ein Projekt einsetzt, steht ein ausgeprägtes, soziales Gewissen und der Wille, *aktiv* und nicht nur mit Geldspenden, helfen zu wollen, im Vordergrund.

Meist wünscht er sich *mehr* eigene Verantwortung, als bei seiner letzten Stelle, und gerät dann oft in eine Lage, wo ihm allzu viel Verantwortung aufgebürdet wird.

Er fasst die Entwicklungshilfe als persönliche Herausforderung auf, der er durch seine religiöse Überzeugung mit Selbstvertrauen begegnet: Er ist überzeugt, dass er eine gute, ja sogar eine, im Vergleich zu anderen, bessere Arbeit zu leisten vermag, und setzt sich für ein.

Nach dem protestantischen Prinzip, dass Arbeit adelt, trägt er einen weltanschaulich begründeten „kategorischen Imperativ" nach Kant'scher Philosophie in sich. Damit stösst er in der „Dritten Welt" meist auf eine diametral entgegengesetzte Mentalität, aber es gelingt ihm doch manchmal, sich durchzusetzen.

Im „kategorischen Imperativ" ist vielleicht auch eine Art Egozentrismus verhaftet: Durch die Pflicht, den inneren Zwang zur Arbeit, will er mehr sein, mehr gelten vor sich und den anderen, vor dem Gott, an den er glaubt, *und* vor der diesseitigen Gesellschaft.

Oft spielt auch die persönliche Kritik an der Gesellschaft der Industrieländer eine Rolle. Diese Gesellschaftskritik hat zur Gründung der Laienbewegungen und der christlichen, von der Kirche abgetrennten Gemeinschaften geführt. Sie kann ebensogut zu einem persönlichen Engagement in der Entwicklungshilfe führen. Dabei kommt auch der gute Wille, die Fähigkeit des Mitleids und die Erwartung der eigenen, geistigen Bereicherung durch die Konfrontation mit dem Noch-Nicht-Erlebten zum Ausdruck.

Gleichzeitig bildet die rein menschliche Regung der Faszination des Neuen, Unbekannten, das Interesse für andere Kulturen und die Reiselust einen Teil der Gesamtmotivationen des Einzelnen.

Abschliessend sei für die Gesamtheit der ethischen Motivationen festgehalten, dass in dieser Arbeit die Auffassung vertreten wird, dass der Erfolg in der Entwicklungsarbeit grösstenteils von den inneren Motivationen auf jeder Ebene, aber ganz besonders auf der Ebene des Einzelnen, des menschlichen Individuums abhängt. Und dass es gerade die ethischen Motivationen sind, – man mag sie gutheissen oder nicht, – oder sie sogar wissenschaftlich widerlegen, – durch welche sich die Entwicklungsarbeit des OeRK grundsätzlich von der anderer Organisationen unterscheidet. Sie sind demzufolge eines der besonderen Merkmale, die den OeRK und seine Mitglieder auf jeder Ebene auszeichnen.

Deshalb wurden auch die ethischen Motivationen im „Schottenmuster" als dickster Horizontalbalken dargestellt.

324.2 *Die wirtschaftlichen Motivationen*

324.21 *Die wirtschaftlichen Globalmotivationen des OeRK*

Als Organisation geht es dem OeRK nicht darum, aus der Entwicklungsarbeit neue Absatzmärkte oder Handelsbeziehungen zu gewinnen, noch Nahrungsmittelüberschüsse zu verwerten.

Er strebt viel eher danach, aus der Entwicklungsarbeit ein Unterfangen mit möglichst geringem Defizit zu machen und die verfügbaren Mittel möglichst wirtschaftlich einzusetzen. Die rein wirtschaftliche Effizienz steht da nicht selten im Widerstreit mit ethischen Motivationen. Es geht um die Frage, ob die *Leistung* vom OeRK finanziert werden soll, d.h. bereits angelaufene, gut funktionierende Projekte, oder soll die Hilfe *à fonds perdu* für die ziemlich hoffnungslos Elenden, die keine andere Unterstützung erhalten, verwendet werden [25]?

Der OeRK will aus der Entwicklungsarbeit kein Entwicklungsgeschäft machen, noch die Kirchen in der „Dritten Welt" als Institutionen finanziell unterstützen, denn diese sollen als Mitglieder des OeRK in ihrer eigenen Verwaltung materiell unabhängig sein.

So unterstützt der OeRK eine grosse Anzahl von Selbsthilfeprojekten und besteht darauf, keine „ewigen" finanziellen Verpflichtungen zu übernehmen: Nach spätestens fünf Jahren ökumenischer Unterstützung soll das Projekt finanziell selbständig sein.

Die wirtschaftliche Motivation des Einsparens von dem OeRK zur Verfügung gestellten Geldern lässt ihn auch immer wieder die Zusammenarbeit mit dem Staat, insbesondere für Erziehung und Ausbildung, sowie im Gesundheitswesen, betonen.

Mit Ausnahme der kleinen ECLOF-Anleihen, deren geringe Verzinsung die administrativen Kosten des Fonds deckt, und die bei Rückzahlung wieder angelegt werden, fliessen aus der Entwicklungsarbeit keine Gelder an den OeRK zurück. Hiermit fällt die Motivation wirtschaftlicher Vorteile für den OeRK als Institution weg. Im Gegensatz dazu arbeiten private Handelsfirmen nur in der „Dritten Welt", wenn als Ausgleich für die höheren Risiken der Investitionen auch entsprechend hohe Gewinnmargen erzielt werden, denn sonst lohnt sich der Einsatz nicht.

Im OeRK trifft genau das Gegenteil zu: Je risikoreicher die Arbeit (Projekte mit ungünstigen Standorten, Erstprojekte, politische Gefahren), um so sicherer die Aussicht, die Hilfsgelder *à fonds perdu* und selbst ohne Gewinn für das Projekt, wie z.B. bei der Not- und Flüchtlingshilfe, investiert zu haben.

Die Knappheit der verfügbaren Mittel zwingt zur Suche nach billigen Methoden, die sehr häufig der ethischen Motivation von der verantwortlichen Haushälterschaft Ehre machen, zugleich die an Ort und Stelle gebräuchlichen Werkzeuge und Mittel verbessert übernehmen, und somit ein Projekt und die lokale Bevölkerung äusserst positiv beeinflussen. Durch diese Verknüpfung von lokalen mit technisch verbesserten Methoden gelingt es, den geistigen Widerstand, den Minderwertigkeitskomplex, den „Kulturschock" durch die Konfrontation mit dem Neuen, das die Entwicklungshelfer einführen, abzu-

---

[25] Dabei entscheiden sich die einzelnen Geberorganisationen meist für die Finanzierung der Leistung.

schwächen, und somit manchmal die lokalen Mitarbeiter zum vollen Einsatz in der Zusammenarbeit zu bewegen.

Gleichzeitig erlaubt das prinzipielle Sparen oft keine Aufwände für Erfolgs- und Planungsstudien, was die Entwicklungsarbeit negativ beeinflussen kann, weil die gemachten Erfahrungen nicht ausgewertet werden. Es ist jedoch schwierig, Geberorganisationen für eine „Studienarbeit" zu finden, die keine konkreten Ergebnisse in der lokalen Projektarbeit aufweisen kann. Die Knappheit der Mittel kann auch dazu führen, dass gewisse Projekte begonnen werden, aber in der zweiten oder dritten Phase nur mühsam weiterfinanziert werden können. Dies kann negative Auswirkungen haben, weil es im Projektstab Unsicherheit hinsichtlich der Weiterführung und -planung entstehen lässt.

Da der OeRK erst seit 1971, seit der Konferenz von Montreux, über einen *eigenen* Entwicklungsfonds verfügt, sonst jedoch nur Gelder weiterleitete, ist und bleibt die wirtschaftliche Motivation des OeRK als Institution nebensächlich.

324.22 Die wirtschaftlichen Motivationen der Einheiten des OeRK

Den administrativen Einheiten liegt daran, abzuschätzen, ob ein Projekt innerhalb bestimmter, für das Budget tragbarer, finanzieller Grenzen gehalten werden kann. Sie sollen ferner der Gefahr einer unwirtschaftlichen Aufsplitterung der Fonds entgegenwirken. Dies geschieht bei der Prüfung der von den Kirchen eingereichten Projektplanungen, bevor ein Projekt auf die DICARWS-Liste gesetzt wird.

Die DICARWS ist in Haushaltfragen sehr vorsichtig: Bei Projekten, die über das für jeden Kontinent festgelegte Budget hinausgehen, *(above-ceiling-projects)* müssen die Geber gefunden werden und somit die Finanzen sichergestellt sein, *bevor* das Projekt auf die Liste gesetzt wird.

Bei Projekten zur Förderung der Landwirtschaft wird am ehesten auf den Ertrag geachtet. Da tritt die wirtschaftliche Motivation in den Vordergrund, weil das Vorhaben für alle am Projekt Arbeitenden eine wirtschaftliche Besserstellung erreichen soll. Der Ertrag soll nicht nur für Selbstversorgung, sondern durch Verkauf von Produkten für Neuausgaben, Erweiterung oder Reinvestition in den Genossenschaftsfonds ausreichen. Eben diese wirtschaftlichen Überlegungen, die Ertrag und Rentabilität landwirtschaftlicher Betriebe in den Vordergrund stellen, haben dazu geführt, dass nach der prioritären Ausrichtung auf edukative Projekte, die landwirtschaftlichen Vorhaben in der Entwicklungsarbeit des OeRK den zweiten Rang belegen. Für die Geberorganisationen ist es auch einfacher, Entwicklungsgelder für in Erntequantitäten und Verkaufserlösen messbare Ergebnisse zur Verfügung zu stellen.

In der beruflichen Ausbildung sollen ebenfalls nur wirtschaftliche Motivationen gelten: Die Werkstätte soll durch Eigenfabrikation und Verkauf, oder durch Einnahmen aus Reparaturdiensten usw. selbsttragend werden.

Für Sozialwerke und Erziehungsprojekte ist die wirtschaftliche Motivation unbedeutender, und fällt bei Katastrophen- und Flüchtlingshilfe ganz weg. Immerhin wird auch bei Notspeisungsprogrammen das Prinzip von „Nahrung durch Arbeit" hochgehalten, d.h. jeder soll die Unterstützung durch eine, wenn auch nur symbolische, finanzielle oder körperliche Leistung verdienen. Es entspricht den ethischen Motivationen des Verantwortungsbewusstseins und der Mentalitätsbeeinflussung, dass möglichst nichts einfach verschenkt werden soll. Denn erstens schätzen oft Einheimische Geschenke als wertlos ein, weil sie kostenlos gegeben werden, und zweitens soll keine „Geschenkmentalität" gezüchtet werden.

Es liegen also ethische Motivationen, nicht wirtschaftliches Profitdenken, diesem Prinzip zugrunde.

In der Nothilfe werden die Gelder ohne Erwartungen auf irgendwelche Rückinvestitionen eingesetzt — es herrschen ebenfalls ethische und politische Motivationen vor: Aus der Nothilfe soll ein geordnetes, langfristiges Entwicklungsprogramm entstehen, das Selbsthilfe und spätere finanzielle Unabhängigkeit ermöglichen soll. Aber die reine Nothilfe ist auf jeden Fall ein „Verlustgeschäft". Diese Ausführungen sollen für die wirtschaftlichen Motivationen der DICARWS genügen.

Die CMC richtete ihr Programm nach einer ganz richtig begründeten wirtschaftlichen Motivation aus: Die Gesundheitsdienste kosten zuviel Geld, werden niemals selbsttragend und sind den wirtschaftlichen Bedingungen der Bevölkerung (arme, zahlungsunfähige Patienten) nicht angepasst.

Qualitativ soll der neue Präventivdienst hochstehend, finanziell jedoch für den OeRK tragbar sein. So soll durch einfachere Arbeitsmethoden, *nicht* jedoch durch Einsparungen an den Gehältern des medizinischen Personals, ein verbilligter, medizinischer Sozialdienst entstehen. Das Sparen schliesst ebenfalls die Anschaffung von Prestigeausrüstungen und teuren, aber sozial gesehen, unnötigen Anlagen aus. Bestenfalls soll der Staat in absehbarer Frist das modern aufgebaute System der Sozialmedizin übernehmen, oder einen finanziellen Beitrag zu dessen Unterhalt leisten.

Die CMC, aber auch die DICARWS, müssen darauf achten, dass die Folgekosten eines Projekts *nach* dessen Übernahme durch einen lokalen Projektträger nicht zu hoch sind für deren meist begrenzte, finanzielle Möglichkeiten. ACTS befürwortet im nachträglichen Überprüfungsverfahren, für das er die Verantwortung trägt, die Finanzierung der Leistung. Es wird die Auffassung vertreten, dass wenn zuunterst in der Sozialpyramide oder in ganz und gar unerschlossenen Gebieten Projekte angesetzt werden, die Aussichten auf Erfolg ziemlich gering sind. Wirtschaftliche Motivationen werden im

ACTS sehr realistisch beurteilt. Erinnert man sich an den verhältnismässig grossen Einfluss, den ACTS auf die Auswahl der Projekte und auf die finanziellen Entscheidungen der Geberorganisationen ausübt, so ist es vielleicht nicht erstaunlich, insgesamt eine Tendenz zur Konzentration auf bereits erfolgreiche Projekte oder auf bereits entwickelte Gegenden in der Entwicklungsarbeit des OeRK feststellen zu können. Gleichzeitig will ACTS nicht einer akademischen Modellkrankheit, einer intellektualisierenden Überbetonung der Planung anheimfallen, sondern eher pragmatisch, von Fall zu Fall, entscheiden.

So wird der „Modellismus" nicht nur aus Geldmangel, sondern auch wegen der gemachten Erfahrungen, und man könnte sogar sagen, aus einer ethischen Motivation der Vorurteilslosigkeit abgelehnt.

Bestimmt ist ACTS ein wirtschaftlich neutrales Organ des OeRK, das keinen Eigengewinn zu verwirklichen sucht. Er kommt aber auch nach ethischen Motivationen (Vermeidung der Verschwendung von Geldern in „aussichtslosen" Projekten, bester Einsatz von Material und Personal) zu Überlegungen der Wirtschaftlichkeit in der Projektarbeit.

324.23 Die wirtschaftlichen Motivationen der Geber- und Empfängerorganisationen

Für einzelne Mitgliedskirchen in den Industrieländern gibt es die Möglichkeit, von staatlichen Ministerien bei Entwicklungsvorhaben unterstützt zu werden. In der BRD entscheidet z.B. das Ministerium für wirtschaftliche Zusammenarbeit, ob ein kirchliches Projekt „entwicklungswichtig" ist, und holt eine Begutachtung des Auswärtigen Amtes ein, bevor es seine Unterstützung an die evangelische (oder katholische) Zentralstelle für Entwicklungshilfe zusagt [26]. So ist es ohne weiteres denkbar, dass eine Geberorganisation ein Projekt aus wirtschaftlichen Motivationen, d.h. weil dafür staatliche Finanzhilfe zugesagt wurde, unterstützt. Weil durch solche wirtschaftliche Beeinflussung auch die politische Unabhängigkeit der Kirchen beeinträchtigt werden kann, hat z.B. das protestantische Hilfswerk „Brot für die Welt" jegliche staatliche Unterstützung für Entwicklungsarbeit kategorisch abgelehnt. Und diese Frage der wirtschaftlichen, „staatsgelenkten" Motivation hat auch im OeRK heftige Diskussionen ausgelöst. Staatskirchen erhalten und akzeptieren von der Regierung finanzielle Zuschüsse, auch für Entwicklungsvorhaben auf ökumenischer Ebene. Für die Hilfswerke von Minderheitskirchen gibt es solche Staatssubventionen nicht, und die Kirchensteuergelder sind ebenfalls weniger

---

26 *K. Osner,* Kirchen und Entwicklungshilfe, S. 59.

beträchtlich. Wirtschaftliche Motivationen sind also bei den Gebern nicht selten mit innenpolitischen Überlegungen verknüpft.

Für die Empfänger oder Kirchen der „Dritten Welt" ist die Hauptmotivation für die Einreichung eines Projektes eine wirtschaftliche: Es kann ohne materielle Hilfe der ökumenischen Gemeinschaft nicht durchgeführt werden, weil Finanzen und Personal fehlen. Die Geber und der OeRK bestehen ihrerseits meist auf der Finanzierung eines angemessenen Teils des Projektes durch den örtlichen Träger. Deshalb erwähnt die Empfängerorganisation bei der Einreichung der geplanten Projekte bereits, wieviel Geld sie selbst aufbringen kann – und dies wird von der DICARWS geprüft.

Die Empfängerorganisationen verfügen meist auch nicht über eine Alternative in der Finanzierung, d.h. sie wenden sich an den OeRK, weil ihnen keine anderen Hilfsquellen zur Verfügung stehen, selbst wenn der Staat möglicherweise ebenfalls einen finanziellen Beitrag leistet.

Der wirtschaftliche Ertrag der Projekte ist für die Empfänger meist ebenso wichtig wie die Erschliessung der Finanzquellen, und sogar ausschlaggebend: Ein reiches, kirchliches Hilfswerk einer Industrienation kann beispielsweise ein unerwartetes Defizit oder die unvorhergesehene Weiterfinanzierung eines Projektes durch seine geringere, finanzielle Beanspruchung in einem sehr erfolgreichen Projekt ausgleichen. Für die Kirchen der „Dritten Welt" gibt es diese Möglichkeit nicht: Das Projekt ist oft das finanzielle Hauptunternehmen neben der kirchlichen Verwaltung, und allzu hohe Folgekosten würden ohne Weiterhilfe den Ruin der lokalen Kirche bedeuten. Also muss schon die Planung nach wirtschaftlichen Motivationen ausgerichtet sein (nicht zu umfangreiche Aufgaben, beschränkte Zielsetzung, Selbsthilfe, usw.).

324.24 Die wirtschaftlichen Motivationen der Einzelnen

Für den einzelnen Mitarbeiter im Stab des OeRK ist das Gehalt geringer, als in einer entsprechenden Kategorie in einer anderen internationalen Organisation. Deshalb ist die wirtschaftliche Motivation bestimmt *nicht* der Hauptgrund für sein Engagement in der Entwicklungsarbeit, sondern die christliche Überzeugung, berufliches Interesse an der Arbeit, oder Erlebnisse aus der Vergangenheit. Für den einzelnen Projektmitarbeiter, der höchstens einen Drittel mehr verdient, als bei seiner letzten Stelle [27], dürfte die wirtschaftliche Motivation ebenfalls nicht ausschlaggebend sein. Es zählt eher eine indirekte, wirtschaftliche Motivation: Die Fachkraft hofft auf eine wirtschaftliche

---

27 Dies betrifft das Nettogehalt. Selbstverständlich erhält er soziale Vorteile (Deckung der Versicherungskosten, medizinischen Untersuchungen) und andere Vergünstigungen (Bezahlung der Reise für Heimaturlaub usw.).

Besserstellung nach der Rückkehr, einen durch den Wert der Erfahrung in der „Dritten Welt" begünstigten, sozialen und wirtschaftlichen Aufstieg in der Heimat. Er hofft durch den Arbeitswechsel eine verantwortungsvollere Aufgabe zu erhalten, selbst ohne mehr Geld zu verdienen. Hier tritt ein anderer psychologischer Aspekt zutage, nämlich das individuelle Machtstreben, das ebenfalls eine treibende Kraft, eine starke innere Motivation für den Entwicklungsdienst sein kann.

Oft ist er auch in der „Dritten Welt" in der Tat selbständiger, eher sein eigener Herr, eher direkt oder indirekt führend, weil er der einzige seiner Berufskategorie sein mag, und seine Qualifikationen unter der lokalen Bevölkerung sehr selten sind. Dies gibt ihm oft mehr Entscheidungsfreiheit in seinem Arbeitsbereich als zuhause, aber gleichzeitig ist oft keine Aufteilung der Verantwortung möglich, d.h. er kann niemanden um Rat oder Hilfe bitten. Zugleich stellt sich das schon erwähnte Problem der „Unterordnung" unter eine lokale, oft äusserst empfindliche, und nicht unbedingt kompetente oder einsatzfreudige Führung[28].

Der Projektmitarbeiter versucht also eher sein aktives Christentum sich selbst und den anderen durch seinen persönlichen Einsatz, seine Freude an selbständiger Arbeit ohne Aussichten auf hohen, materiellen Gewinn zu beweisen.

So fallen also insgesamt gesehen die wirtschaftlichen Motivationen in der „vertikalen Motivationsstruktur" kaum ins Gewicht. Es müssen daher die politischen Motivationen, die neben den ethischen in der Entwicklungsarbeit entscheidend sind, ins Blickfeld der Untersuchung gerückt werden.

324.3 Die politischen Motivationen

324.31 Die politischen Motivationen im OeRK

Obschon der OeRK die apolitische Ausrichtung seiner praktischen Entwicklungsarbeit betont, darf Politik in der Motivationsstruktur nicht übergangen werden.

Projekte dienen manchmal dem politischen Schutz einer Minderheit von Christen[29]. Oder sie unterstützen und verstärken die politische Stellung einer christlichen Kirche[30].

---

28 Über die Verschiedenheiten des wirtschaftlichen Verhaltens vgl. auch: Industrial Organisation and Economic Development, hrsg. von *J. W. Markham* und *G. F. Papanek*, S. 306.
29 Zum Beispiel gegen den Einfluss der Volksrepublik China in Tansania, für die

Eine politische Motivation für Flüchtlingshilfe ist auch der im Kapitel 243 beschriebene Kampf gegen den Rassismus. Die politische Stellungnahmen des OeRK gegen die Apartheid in Südafrika hatten zum Austritt der südafrikanischen Burenkirchen, und das Antirassismusprogramm zu weiteren Spannungen mit Südafrika geführt.

Die politischen Entscheidungen, die Sozialwerke der Befreiungsbewegungen in Angola und Mozambique, oder die Ibos in Biafra zu unterstützen, können nicht von der Entwicklungsarbeit abgetrennt werden.

In Ländern mit politischen Rivalitäten zwischen Kirche und Staat dienen die Erziehungsprogramme und andere Entwicklungsvorhaben oft dazu, die Bevölkerung von der Nützlichkeit und den Erfolgen der kirchlichen Institutionen zu überzeugen, und sich somit als wertvoller Helfer am Aufbau des Staates zu rechtfertigen.

Obschon der christliche Sozialismus (Gründung von Gewerkschaften für Landarbeiter, Durchführung der Landreform usw.) auf einem ethisch-ideologischen Fundament ruht, werden dessen Werte in der Entwicklungsarbeit bereits als politisches Engagement bewertet.

Vielleicht scheint im Hintergrund auch ein bewusster oder unbewusster, edler Wettbewerb mit anderen internationalen Hilfswerken auf, der den OeRK anspornt; oder ein Wettstreit im Guten mit anderen Religionen (z.B. mit dem muselmanischen Sozialismus in den Maghreb-Ländern, oder mit buddhistischen Verbänden in Vietnam), der sich positiv auf die Entwicklungsarbeit auswirkt.

Die Entwicklungsarbeit des OeRK wirkt – bewusst oder unbewusst – auch als Initialzünder für weltweit gespannte Initiativen, deren Motivationen politischen Ursprungs sind, wie die globale Friedenssicherung.

In der KEK z.B., dem gemeinsamen, regional ökumenischen Forum der Kirchen aus den westeuropäischen Industrieländern und den sozialistischen Staaten Osteuropas, beruht das Engagement für Entwicklungshilfe auf einer politischen Motivation: Die „kirchliche Einheit" Europas zu verwirklichen und anschaulich werden zu lassen, und zugleich zu zeigen, dass man sich nicht nur für die europäische Sicherheitskonferenz oder Nordirland interessiert, sondern auch für die „Dritte Welt"[31]. Die Anteilnahme an der Entwicklungs-

---

politische Gleichberechtigung des Südsudans, gegen den offiziellen Staatsatheismus in Jugoslawien.
30 Beispielsweise im Libanon, oder die „christlich-demokratische" Partei in Indonesien, oder im neugegründeten Staat Papua-Neuguinea.
31 KEK, Vollversammlung Nyborg VI, 26. April–3. Mai 1971, Dokument Nr. 9 efg. S. 13–15. KEK, Bericht der sechsten Vollversammlung, S. 59–63. KEK, Vollversammlung Nyborg VI, Dokument Nr. 7 efg., S. 13.

arbeit soll also die Kirchen unter sich einigen und ihnen einen über Europa hinausreichenden, weltpolitischen Auftrag für den Dienst am Menschen geben.

Es ist dennoch, trotz der christlichen Grundhaltung in den ethischen Motivationen, das politische Prestige- und Machtdenken im gesamten, dreischichtigen Motivationsaufbau nicht ganz auszuschliessen. Es scheint jedoch im OeRK insgesamt weniger dominierend als bei bilateraler oder multilateraler staatlicher Hilfe.

Dennoch geht es dem OeRK manchmal auch um die Wahrung oder Stärkung der eigenen Machtstellung mittels seines Entwicklungsbeitrages. Es ist dies nicht nur eine konkrete Rechtfertigung seiner Daseinsberechtigung als internationale Organisation, sondern durch sein ethisches und politisches Ansehen in der „Dritten Welt" kann er die geschwächte Position der Kirche als Institution in den industrialisierten, hochentwickelten, säkularisierten Verbrauchergesellschaften wettzumachen versuchen.

324.32 Die politischen Motivationen der administrativen Einheiten des OeRK

Die KKIA, die von der DICARWS getrennt ist und sich nicht mit der praktischen Projektarbeit befasst, ist die „politische" oder „diplomatische" Vertretung des OeRK, sowohl gegen aussen, wie auch für die Kontakte mit ökumenischen Regionalorganisationen oder einzelnen Mitgliedern. So befasst sich die KKIA mit von ihren Mitarbeitern durchgeführten Untersuchungen über die politische und wirtschaftliche Lage in einzelnen Ländern, wie z.B. über den Sozialismus in Algerien oder in Lateinamerika, oder mit „politischen Modethemen" wie Umweltschutz oder Menschenrechte. Zugleich hört sie aber auch Berichte von DICARWS-Leitern über die politischen Verhältnisse in Vietnam oder Pakistan an, um vornehmlich der DICARWS durch „politische Massnahmen" die Arbeit in der Flüchtlings- und Nothilfe in Kriegen zu erleichtern. Diese „politischen Massnahmen" umfassen Protestnoten an Regierungen, wie z.B. nach der Invasion von Laos durch nord- und südvietnamesische Truppen Ende Januar 1971. Einige Antworten von Regierungen werfen der KKIA, und mit ihr dem OeRK, Parteilichkeit vor. Mit anderen Organisationen *(Pax Romana*, die internationale Juristenkommission, und der kommunistisch ausgerichtete Weltgewerkschaftsbund) gelangte die KKIA z.B. an die Menschenrechtskommission der UNO wegen der Behandlung politischer Häftlinge in Brasilien. Mit 16 anderen privaten „Friedensorganisationen" richtete sie einen Aufruf an die brasilianische Regierung, weil Besuche der Häftlinge seitens der Vertreter des IKRK oder der interamerikanischen Menschenrechtskommission (regionale Vertretung der Menschenrechtskommission der Vereinten Nationen) nicht zugelassen worden waren. Solche Vorstösse sind Versuche der politischen oder humanistischen Meinungsbeeinflussung der Öffentlichkeit oder der Regierungen.

Für diese Tätigkeit der KKIA wurden im Dienstprogramm der Projektliste der DICARWS für 1971 20.000 Dollar veranschlagt.

Im Sudan war die KKIA erfolgreich: Sie bereitete durch geheime Verhandlungen über ein Friedensabkommen im Bürgerkrieg die Einleitung eines Flüchtlingsprogrammes der DICARWS vor.

Doch in der DICARWS gab es andererseits Tendenzen, die sich während der Diskussion um die neue, institutionelle Struktur des OeRK (vgl. Anhang, Abb. 5) entschieden *gegen* den Einschluss der KKIA in die neue Einheit II, der auch die DICARWS zugeteilt war, wandten. Diese Opposition entstand aus der Befürchtung, dass die Arbeit der DICARWS, von aussen gesehen und im inneren institutionellen Aufbau, *nicht mehr apolitisch* bleiben könne.

Zweitens wurde eine Bedrohung der Entwicklungsarbeit in den internationalen Noten und Aufrufen der KKIA gesehen, die oft gemeinsam mit linksgerichteten oder offen kommunistischen Organisationen unterzeichnet wurden, weil einige der starken, eher konservativ ausgerichteten Geberorganisationen der DICARWS dadurch eventuell verärgert werden könnten, und so die für die Projektliste verfügbaren Fonds einschränken würden. Diese apolitisch motivierte Tendenz innerhalb der DICARWS war mit anderen Tendenzen einig, die das Ansehen des OeRK nicht durch ein politisch allzu entschiedenes Engagement schädigen lassen wollten. Denn dadurch würde die Glaubwürdigkeit der selbstlosen Entwicklungsarbeit vermindert.

Die eher politisch motivierte Tendenz in der DICARWS vertrat die gegenteilige Auffassung, wonach das Ansehen des OeRK durch Vorwürfe der Parteilichkeit *weniger* geschädigt würde, als durch nichtssagende, allgemein in Textkompromissen verwässerte Erklärungen. Ferner hielt sie eine Entwicklungsarbeit *ohne* politische Motivation für ausgeschlossen.

Eine zwischen diesen beiden Extremen stehende Tendenz hatte wohl eingesehen, dass politische Verstrickungen – nicht unbedingt politische Motivationen – zu den unumgänglichen Gefahren aller internationalen Hilfswerke gehören. Es sollte aber ihrer Meinung nach möglich sein, durch verlässliche Informationen und Hilfe auf beiden Seiten politisch extreme Stellungnahmen zu vermeiden.

Neben diesen organisationsinternen Meinungsverschiedenheiten über die politischen Motivationen in der Entwicklungsarbeit gab es noch andere Beweggründe für die Projektarbeit des OeRK: Durch ihre Arbeit in der Planung und Durchführung der Projekte und deren sichtbare Erfolge erhofften sich die Einheiten des OeRK (DICARWS, CMC, ACTS) eine Verstärkung ihrer Einflüsse auf die Geberorganisationen, die dann immer grössere Teile ihrer Gelder für multilaterale, ökumenische Projekte verfügbar machen würden, bis vielleicht in ferner Zukunft bilaterale, kirchliche Projekte durch multilaterale, ökumenische ersetzt würden.

Durch ihre Hilfe, Beratung und günstige Beeinflussung der Geber zugunsten eines Projektes erwarteten die Einheiten des OeRK auch eine Verstärkung ihres Einflusses auf die projekttragenden Christenräte in der „Dritten Welt". Durch die Projektleistungen sollte danach wiederum der politische Einfluss des projekttragenden Christenrates auf *seine* Regierung verstärkt werden können.

Damit erscheint bereits wieder ein neues Element im Schottenmuster der Motivationsstruktur, nämlich die politische Motivation der Empfänger- und Geberorganisationen.

324.33 Die politischen Motivationen der Empfänger- und Geberorganisationen

Die Bewilligung und Durchführung eines ökumenischen Projekts ist für den nationalen Christenrat im Empfängerland eine Art innenpolitischer Trumpf: Er beweist nicht nur die Daseinsberechtigung der Kirche als Institution, sondern ihre aktive, mit dem jungen Staat auf manchen Gebieten wetteifernde Rolle. Überdies kann ein erfolgreiches Projekt auch als politisches Druckmittel für staatliche Zugeständnisse benützt werden. Der Empfänger zählt gleichzeitig auf eine politische-ideologische Erfassung der lokalen Bevölkerung im Projekt und in dessen Umgebung.

Neben der innenpolitischen Motivation der Empfängerorganisationen ist auch eine aussenpolitische zu erkennen: Die Übernahme oder Mitverantwortung an einem ökumenischen Projekt gestattet es einem finanziell oder machtmässig weniger bedeutenden Mitglied des OeRK die politischen Fragen seines Landes und seiner Kirche auf Weltebene, in einem grossen Forum mit internationalem Echo darzulegen und diskutieren zu können.

Dies kann negative und positive politische Auswirkungen haben: Die Anhörung der Delegation aus Biafra an der Vollversammlung von Uppsala gab einen Impuls für das grossangelegte Hilfsprogramm der JCA.

Berichte über die politisch die Entwicklungsarbeit beeinflussende Lage in Vietnam führten zur effizienten, neuen Ausrichtung des ökumenischen Vietnamprogramms. Anderseits führten die politisch feindlichen Stellungnahmen der Mitgliedskirchen des OeRK im Nahen Osten eher zu einer Verlangsamung des Hilfsprogramms und die Diskussion um das Antirassismusprogramm in der Öffentlichkeit hat dem politischen Ansehen des OeRK, und mancherorts auch den empfangenden Befreiungsorganisationen, eher geschadet. Die durch Projekthilfe mögliche Internationalisierung nationaler oder kirchenpolitischer Probleme im Forum des OeRK und deren Echo in der

Öffentlichkeit kann also auch schädliche Auswirkungen haben, während die „ökumenische Geheimdiplomatie" entweder erfolgreiche oder gar keine Auswirkungen sichtbar werden lässt.

Die Geberorganisationen haben ebenfalls innen- und aussenpolitische Motivationen für die finanzielle Unterstützung von Projekten: In der BRD bewies, wie bereits erwähnt, „Brot für die Welt" beispielsweise durch seine institutionelle und finanzielle Eigenständigkeit seine politische Unabhängigkeit von Ministerien und Parteien.

Der amerikanische NCCCA bekundete durch seine Teilnahme an Projekten in Vietnam seine politische Opposition gegen die Politik- und Kriegsführung seiner eigenen Regierung. Die innenpolitische Opposition der Kirchen gegen die amerikanische Regierung und deren langsame Durchführung der Bürgerrechtsreformen zeigte sich auch im ökumenischen Mississippi-Delta-Projekt: Der nationale amerikanische Christenrat wollte dieses Projekt auf eine internationale Ebene stellen, um den einzelstaatlichen Behörden und der Bundesregierung zu zeigen, dass sich nicht nur amerikanische Kirchen, sondern die gesamte ökumenische Gemeinschaft für die politische Gleichberechtigung der Schwarzen einsetzen würde.

Die evangelischen Kirchen der DDR werden in ihrer Teilnahme an den Entwicklungsprojekten auch von aussen- und innenpolitischen Motivationen gelenkt: Innenpolitisch können sie ihre Stellung mit ökumenischem Rückhalt stärken, und aussenpolitisch erlaubt ihnen die Projektarbeit eine relativ selbständige internationale Tätigkeit auszuüben, ohne auf die Vermittlung des nationalen Roten Kreuzes oder der staatlichen Ministerien angewiesen zu sein [32].

Gleichzeitig arbeiten sie in der ökumenischen Gemeinschaft mit bundesdeutschen Hilfswerken zusammen. Es ist dies eine Möglichkeit, innerkirchliche und innerdeutsche Kontakte trotz der fortschreitenden institutionellen Trennung zu pflegen.

Inwieweit die von finnischen Kirchenführern beeinflusste politische Entscheidung des LWB, aus Protest gegen die Misshandlung von Gefangenen und die diktatorischen Massnahmen der brasilianischen Regierung, seine fünfte Vollversammlung 1970 von Porto Alegre (Brasilien) nach Evian zu verlegen, der ökumenischen Projektarbeit in Brasilien geschadet hat, ist noch nicht zu ermitteln.

Immerhin steht fest, dass diese aussenpolitische Entscheidung des LWB, und deren heftige Diskussion in der Öffentlichkeit, die politische Stellung der evangelischen Minderheitskirchen gegenüber ihrer Regierung in Brasilien geschwächt hat.

---

32 Doch Devisenschwierigkeiten und der von der Regierung auf die Kirchen ausgeübte, innenpolitische Druck beschränken diese Arbeit.

Daraus kann abschliessend gefolgert werden, dass politische Motivationen einzelner Einheiten des OeRK sich auf die Entwicklungsarbeit verschiedenartig auswirken, selbst wenn die ethischen Motivationen eine bedeutendere Rolle spielen.

324.34 Die politischen Motivationen der Einzelnen als OeRK- oder Projektmitarbeiter

Der einzelne Mitarbeiter der DICARWS verhält sich in seiner Arbeit politisch und religiös neutral. Dies bedeutet nicht, dass Patriotismus nicht eine seiner inneren Motivationen sein kann. Von den beiden Programmdirektoren für Vietnam ist beispielsweise einer Südvietnamese. Er ist politisch objektiv (leitet z. B. auch Hilfe an Nordvietnam), doch setzt er sich nach besten Kräften für die Befriedung seiner Heimat ein. Der Leiter für Entwicklungsprojekte in orthodoxen Ländern und im Nahen Osten ist ein griechisch-orthodoxer Priester. Er verteidigte z. B. eine gerechte Wahrung der Interessen *aller* christlichen Kirchen in Jerusalem und Umgebung. In seinem Wirken bei diesem Programm zeigt sich deutlich eine kirchenpolitische, doch echt ökumenische Motivation.

Der Direktor von ACTS ist Brasilianer. Ob man diese Tatsache in Zusammenhang bringen kann mit der Aufteilung der Projekthilfe in Lateinamerika –, die grösste Summe fliesst nach Brasilien, das jedoch auch das grösste Land dieses Kontinents ist – oder ob es an der Pflege anderer, persönlicher Kontakte der brasilianischen Kirchen mit DICARWS-Mitgliedern liegt, muss dahingestellt bleiben.

Jedenfalls bemüht sich der Einzelne im OeRK um politische Neutralität, und es scheint, als ob die ethisch-christliche Motivation die persönliche Eitelkeit, den Nationalismus, den kulturellen Ethnozentrismus (das Gefühl, einer kulturell und geistig überlegenen Nation anzugehören) oder den religiösen Partikularismus (die Überzeugung, dass nur die eigene Glaubensrichtung alleinseligmachend und „rechtgläubig" ist) dämpft. Dies hat eine positive Auswirkung auf die Entwicklungsarbeit, z. B. bei den verantwortlichen Leitern des OeRK für die Projektarbeit in Algerien.

Für den Einzelnen in einem ökumenischen Projekt scheint ebenfalls eine politisch neutrale Haltung das Ausschlaggebende zu sein. Nun ist es aber für den einzelnen, an der Projektarbeit Beteiligten oft schwierig, als politisch neutral anerkannt zu werden, wenn die Organisation, die ihn entsandt hat, z. B. der OeRK, offizielle, eindeutige, politische Stellungnahmen abgibt.

Der OeRK wurde z. B. von der ägyptischen Regierung nach dem Sechstagekrieg einer anti-arabischen Haltung beschuldigt, weil er keine Erklärung über die „Aggression Israels" abgab, sondern den Anspruch beider Parteien auf eine *beide* zufriedenstellende Friedensregelung anerkannte. Könnte die algerische Regierung da nicht die neutrale Haltung der ökumenisch vermittelten, einzelnen Fachkräfte bezweifeln?

Im Vietnamprogramm mussten andererseits ökumenische Freiwillige nicht wegen einer „politischen Stellungnahme" des OeRK, sondern ihrer eigenen Regierung, als Helfer abgelehnt werden. Es wurde angenommen, dass sie wegen ihrer Nationalität nicht als politisch neutral anerkannt werden würden, und deshalb trotz asiatischer Zugehörigkeit nicht objektiv im Programm mithelfen würden. Da z. B. die australische Regierung gegen Nordvietnam Stellung genommen hatte, wurde die politische Neutralität australischer Mitarbeiter im ökumenischen Vietnamprogramm in Frage gestellt.

Solche politische Schwierigkeiten in der Projektarbeit entstehen oft aus einem doppelten Missverständnis: Dem Einzelnen wird von einer Partei in einem Konflikt eine politische Motivation für seinen Einsatz in der Entwicklungsarbeit unterstellt.

Der Konflikt kann am Schnittpunkt der politischen Motivationen anderer mit den durchaus ethischen oder wirtschaftlichen Motivationen des Einzelnen im „Schottenmuster" entstehen. Und dies reicht bereits aus, um ihn und das Projekt zu diskreditieren. Oder es werden politische Stellungnahmen des OeRK falsch ausgelegt oder böswillig übertrieben, und auf Einzelne übertragen, deren Motivationen oft ganz anders gelagert sind.

Selbstverständlich beruhen Haltung und Aktion der Einzelnen trotz einer vorwiegend neutralen Ausrichtung in der Entwicklungsarbeit auch auf anderen Motivationsgrundlagen.

Sie zeigen sich am deutlichsten bei den an lateinamerikanischen Sozialwerken beteiligten Personen: Letztere engagieren sich für einen durchaus *nationalen* Sozialismus – nicht auf einen international auf Weltrevolution ausgerichteten Kommunismus – der von der nationalen Situation, den besonderen Verhältnissen dieser Sozialarbeit und von der ethisch-christlichen Motivation her durchaus verständlich sein kann.

Dies soll genügen, um die Verflechtung möglicher ethischer, wirtschaftlicher und politischer Motivationen im Schottenmuster der dreischichtigen Motivationsstruktur zu zeigen. Es gibt also primäre Motivationen, die sozusagen den inneren Anstoss für Entwicklungsprojekte bilden. Andererseits entstehen oft durch die Durchführung der praktischen Entwicklungsarbeit sekundäre Motivationen, die ihrerseits wieder andere, praktische und theoretische Arbeiten und Motivationen im OeRK beeinflussen.

Die Darstellung der praktischen Beispiele und des Einsatzes der finanziellen und materiellen Mittel wies bereits auf das bunte Kaleidoskop rein äusserlicher Bestandteile der ökumenischen Entwicklungsarbeit hin. Dahinter steht das noch kompliziertere, weit schwieriger erfassbare Gewebe der Motivationen, das hier im Schottenmuster simplifiziert wurde. Und doch gibt es Erfolge, die auf eine Harmonie dieser Gesamtheit, dieses vielstimmigen Klangkörpers, hinweisen, und andeuten, dass die inneren Motivationen der Ökumene sie von anderen, in der Entwicklungshilfe engagierten Organisationen unterscheidet.

In den Teilen 31 und 32 wurden die institutionellen und praktischen Seiten der vorwiegend für die *„Dritte Welt"* bestimmten Entwicklungsarbeit des OeRK behandelt. Um das Bild abzurunden, muss noch ein ganz besonders wichtiger Teil der Entwicklungsarbeit beigefügt werden, den der OeRK im Vergleich zu anderen, internationalen Organisationen schon sehr früh begonnen hatte, nämlich die Förderung der Erziehung zur Entwicklungshilfe *(Development Education)* in den *Industrieländern*, in denen sich die Mitgliedsorganisationen der DICARWS befinden.

33 Die Tätigkeit des OeRK auf dem Gebiete der Erziehung zur Entwicklung in den Industrieländern

331 Die edukative Beeinflussung des OeRK auf internationaler und nationaler Ebene

Unter Erziehung zur Entwicklung versteht der OeRK eine bestimmte Art von Öffentlichkeitsarbeit, die als *conscientización* der Bevölkerung in den Industrieländern bezeichnet werden kann. Wir werden zuerst auf die Versuche der edukativen Beeinflussung auf *internationaler* und danach auf nationaler Ebene eingehen.

Als Gesamtorganisation versuchte der OeRK sich auf Weltkonferenzen Gehör zu verschaffen. Z. B. legte eine Delegation des OeRK und seiner Mitgliedskirchen auf der UNCTAD-Konferenz in Santiago (1972) ein Zehn--Punkte-Programm vor, das die Forderungen der Entwicklungsländer unterstützte und nicht nur während der Konferenz selbst, sondern auch in der Presse ein Echo fand. [1]

Des weitern arbeitete eine OeRK-Delegation an der Umweltschutzkonferenz in Stockholm (1972) mit. Dort sollte die Aufmerksamkeit der Öffentlichkeit der Industrieländer ebenfalls auf die Probleme der Entwicklungsländer gelenkt werden. [2] Diese beiden Hinweise mögen für die Beeinflussung durch kirchliche Delegationen auf internationalen Konferenzen genügen, obschon sich die Aufzählung noch beliebig verlängern liesse. Auf *nationaler*

---

1   OePD, Nr. 10, 13. April 1972, S. 11
    OePD, Nr. 13, 11. Mai 1972.
    OePD, Nr. 17, 20. Juni 1972.
2   OePD, Nr. 18, 18. Juli 1972, S. 15.

Ebene versucht der OeRK, die Lehrer aller Erziehungsgrade zu erfassen und ihnen nicht nur pädagogische Mittel vorzuschlagen, sondern in den theologischen Fakultäten anzuregen, dass angehende Pfarrer später die Gemeinde über Entwicklungsbedürfnisse und Gemeinschaftsarbeit aufklären, und damit auch das Schulsystem erfassen können. Diese Einflussnahme geschieht entweder durch persönliche Kontakte, durch die verschiedenen, nachstehend behandelten Organe des OeRK, oder durch die am ökumenischen Institut durchgeführten Lehrgänge für junge Erzieher, Theologen, Sozialarbeiter usw., die vom OeRK eingeladen werden. Mit Schulbücherverlagen und den Verantwortlichen der Lehrpläne in den Erziehungsministerien und Schulleitungen werden ebenfalls Gespräche geführt. Selbstverständlich bemüht sich der OeRK auch, im Religionsunterricht sowie in Geschichts- und Geographielektionen die Erziehung zur Entwicklung zu fördern. Vom OeRK ermutigt werden auch Publikationen wie RISK, eine engagierte Zeitschrift, die von der ökumenischen Jugendabteilung herausgegeben wird, sowie die Bulletins der Christlichen Vereine Junger Männer und Frauen, und unzählige andere, nationale Veröffentlichungen.

Ohne auf das Problem der Verbindung des OeRK über nationale Kirchenräte zur „Basis" einzugehen, sei nur erwähnt, dass der Einfluss des OeRK für die Erziehung zur Entwicklung auf internationaler und nationaler Ebene indirekt ist und bleibt. Diese Kommunikation besteht aus einer meist treppenartig aufgebauten Relation, die von einer Stelle im OeRK über nationale Stellen bis zum einzelnen Gemeindemitglied führt. Diese Stufenrelation, die jedoch nur bedingt mit dem Entwicklungsbeitrag des OeRK zusammenhängt, wird nur erwähnt, damit man sich die Abschwächung der edukativen Beeinflussung des OeRK auf die öffentliche Meinung der Industrieländer in den richtigen Proportionen vor Augen hält.

Der Einfluss des OeRK in den Industrieländern zugunsten einer vermehrten Entwicklungshilfe ist deshalb weit weniger bedeutend als sein direkter Einfluss durch die praktischen Projekte in der „Dritten Welt", selbst wenn er als Gesamtorganisation mit offiziellen Delegationen, aber auch mit dem Einsatz persönlicher Beziehungen und Kontakte arbeitet.

Neben dieser internationalen und nationalen, edukativen Beeinflussung durch den OeRK als Gesamtorganisation, gibt es vom OeRK eigens geschaffene Organe, die mit den praktischen Aufgaben der Erziehung zur Entwicklung in den Industrieländern betraut sind.

332 Die Tätigkeit der Organe des OeRK

332.1 Das Sekretariat für Erziehung zur Entwicklung

332.11 Entstehung und Ziele

Dieses Sekretariat wurde 1968 von der DICARWS eingesetzt und sollte eng mit der SODEPAX-Kommission zusammenarbeiten.[3] Nach der Konferenz von Montreux (Januar 1970) wurde das Sekretariat der neugegründeten CCPD angegliedert. Es benützt gemeinsam mit ACTS und anderen Stellen auch den Dokumentationsdienst (mit Datenverarbeitung) der CCPD. Das Sekretariat wird jedoch aus dem Budget der DICARWS finanziert. 1971 wurden 26 000 Dollar für dessen Tätigkeit veranschlagt.

Seine Entstehung geht auf den, in anderen internationalen Organisationen verhältnismässig spät aufgetauchten Gedanken zurück, dass praktische Entwicklungsarbeit in der Dritten Welt *nur* mit öffentlicher Unterstützung und Verständnis in der „Ersten Welt" durchgeführt werden kann. Da im ersten Entwicklungsjahrzehnt der offizielle Entwicklungsgelderfluss eher zurückging, sollte durch Öffentlichkeitsarbeit versucht werden, mit Informationen und „Aufklärung" über Entwicklungsprojekte mehr Interesse zu wecken. Anfangs lag die Priorität bei der Öffentlichkeitsarbeit in den Industrieländern. SODEPAX sprach sich jedoch *nach* 1970 wieder für eine *Dezentralisierung* der Aufgaben aus. Dies bedeutete, dass auch Aktionsgruppen in der Dritten Welt die Erziehung zur Entwicklung fördern halfen.

Zwei praktische Ziele wurden dem Sekretariat für Erziehung zur Entwicklung gesteckt: Erstens die Einleitung einer entwicklungsfördernden Veränderung der Mentalitäten durch Öffentlichkeitsarbeit und die Heranbildung einer verantwortungsbewussten Schicht christlicher „Leaders", die sich in der Wirtschaft und Politik der Industrieländer zugunsten einer grosszügigen, nationalen Entwicklungspolitik einzusetzen hätten. Das Sekretariat sollte demnach mehr leisten, als nur Informationen vermitteln.[4] Es geht um eine bestimmte Art politischer Bildung, zu der nationale, kirchliche Aktionsgruppen und einzelne Persönlichkeiten angehalten werden. Vermehrte Kontakte mit Vertretern der „Dritten Welt" sollen geschaffen werden (Wanderarbeiter, Flüchtlinge usw.).

Zweitens sollte das Sekretariat gleichzeitig den Einsatz rein emotioneller Aspekte als Mittel zur Veränderung der geistigen Haltung der Öffentlichkeit

---

3 WCC, CCPD, Secretariat on Development Education, Paper Nr. 3, Konferenz Bad Boll, 14.–19. 7. 1971, S. 2.
4 OePD, Okt. 1970, S. 6–10, bes. S. 7.

ablehnen.[5] Hungernde Kinder oder sterbende Greise auf Plakaten wären deshalb eine verfehlte Methode. Es sollte vielmehr durch die Betonung von Anzeichen möglicher Fortschritte in den Entwicklungsländern ein positives Entwicklungsbild ins Bewusstsein der „öffentlichen Meinung" dringen.

Ein Beispiel für eine solche Bewusstseinsbildung ist ein Plakat, das einen gesunden Säugling an einer prallen Mutterbrust zeigt und darauf hinweist, dass das Kind bestimmt kein Milchpulver, sondern eine mögliche Aussicht auf Schulung und berufliche Ausbildung mit späteren Arbeitsmöglichkeiten braucht.

332.12 Die Arbeitsmethoden des Sekretariates für Erziehung zur Entwicklung

Es gibt zwei Hauptmethoden der Öffentlichkeitsarbeit, die vom Sekretariat verwendet werden: die Abhaltung internationaler Konferenzen und die Durchführung von Untersuchungen über die „öffentliche Meinung" in bezug auf Entwicklungsfragen in einzelnen Ländern.

1971 wurden zwei wichtige, „pädagogische" Tagungen abgehalten, um die Gedanken des Sekretariats zu verbreiten.[6] Dazu werden meist Massenkommunikationsspezialisten beigezogen.

Das Sekretariat arbeitet eng mit der UNESCO, FAO und katholischen Hilfswerken und Instituten zusammen, um ein „Erziehungsmodell" zu verwirklichen. Ansätze hierzu bestehen bereits. Es gibt Simulationsspiele wie z. B. das Gruppenspiel ECOPLANY, bei dem theoretische Elemente einer Wirtschaftsplanung dem Erzieher zur Verfügung stehen. Oder das in Grossbritannien von der lokalen Aktionsgruppe *the Haslemere Group* geförderte „Entwicklungspuzzle", in dem acht Elemente nach Bedeutung und Auswirkung besprochen und zusammengesetzt werden: Die Landwirtschaft (Ernährungslage), Gesundheitswesen, Bevölkerungswachstum, Industrialisierungsstufe, Handel, zugestandene materielle und finanzielle Hilfe, Erziehungssystem, und „geistige Einstellung und Werte". Es mag vielleicht unsinnig erscheinen, solch komplexe Wirtschaftsfaktoren, die selbst von genialsten Spezialisten nicht vollständig und wissenschaftlich erfasst werden können, als simple Zusammensetzspiele für Jugendliche „auf den Verbrauchermarkt" der Industrienationen zu bringen. Dazu erhält der Erzieher jedoch eine einschlägige Dokumentation. Es steht ihm frei, die Relativität solcher Spiele zu erklären. Immerhin ist es für die Bewusstseinsbildung oft

---

5 ibid., S. 9.
6 Erste Tagung in Genf, 27.–31. 5. 1969, Zweite Tagung in Bad Boll, 14.–19. 7. 1971.

anschaulicher, als Berichte mit endlosen, oft ebenfalls sehr unzuverlässigen Statistiken über Bruttosozialprodukt, Einkommens*durchschnitte ohne* Einkommensverteilungsprozentsätze usw. Das Sekretariat fördert überdies das Experiment der „Boutique Tiers-Monde", die das Kennenlernen eingeführter Produkte aus den Entwicklungsländern ermöglichen soll. Soviel zur praktischen Seite des „Erziehungsmodells".

Zur Forschungsarbeit sei erwähnt, dass SODEPAX ein Programm für Untersuchungen der „öffentlichen Meinung" über Entwicklungshilfe in Europa und Nordamerika beschloss [7]. In Schweden hatten die Mitgliedskirchen früher Meinungsumfragen durchgeführt, die teilweise als Vorbilder für die ökumenischen Untersuchungen im Zusammenhang mit der Erziehung zur Entwicklung dienen sollten. [8]

332.2 Das Sekretariat des Antirassismusprogramms (PCR)

Über die Zielsetzung dieses ökumenischen Unternehmens wurde im Kapitel 24 ausführlich berichtet. Aufgrund der Kritik auf welche das Programm in Europa gestossen war, begann eine vertiefte Studien- und Öffentlichkeitsarbeit mittels Publikationen für eine *background information*.

Neben Pressekonferenzen und persönlichen Interviews mit dem Stab des PCR, wurden die ökumenischen Thesen vor allem in problem- und projektbezogenen Broschüren verteidigt. Publikationen über Namibia (Südwestafrika) [9], die verschiedenen, afrikanischen Befreiungsorganisationen, [10] die Staudämme Cabora Bassa und Cunene, [11] sowie die Eingeborenenfrage in Australien [12] wurden herausgegeben. Diese Veröffentlichungen könnten unter die Rubrik „doktrinäre Streitschriften" eingereiht werden. Obschon Sachlichkeit angestrebt wird, geben sie –, vielleicht berechtigt –, ein *einseitiges* Bild.

---

7   OePD, Nr. 7, 11. März 1971, S. 5.
8   OePD, Nr. 6, 4. März 1971. *S. Lindholm,* The image of the developing countries, Mai 1970, englische Zusammenfassung, S. 1–11 (Dissertation, Universität Stockholm) (polykopiert).
9   WCC, PCR, Namibia – the Struggle for Liberation, Sept. 1971, S. 25.
10 WCC, PCR, A Profile of FRELIMO, November 1970, S. 1–16. A Profile of the African National Congress, Jan. 1971, S. 24. A Profile of the PAIGC (Partido Africano de Independencia de Guinea e Cabo Verde), Dez. 1970, S. 22.
11 WCC, PCR, Cabora Bassa and the Struggle for the Liberation of Southern Africa, Jan. 1971, S. 32. WCC, PCR, Cunene Dam Scheme and the Struggle for the Liberation of Southern Africa, S. 45.
12 WCC, PCR, Aboriginal Issues – Racism in Australia, Jan. 1971, S. 29. More Facts and Figures –, Aboriginal Issues, Dez. 1971, S. 37.

Bei den Staudämmen von Cabora Bassa und dem Cunene-Projekt geht das PCR von der Annahme aus, dass es sich um ein politisches und wirtschaftliches Gemeinschaftsunternehmen von Mozambique und Südafrika handelt, um diese „unbefriedete Zone" mit weissen Siedlern zu bevölkern — zum Nachteil der Eingeborenen. Vergleicht man die beiden Publikationen mit Artikelserien über dasselbe Problem, [13] so fällt auf, dass gewisse Thesen, wie die finanzielle Unterstützung der Staudämme durch Südafrika bestätigt werden, aber der Ton weniger engagiert ist. Schon ihres Umfangs wegen liefern die Publikationen des OeRK mehr Informationen, als die Zeitungsartikel.

Ein Vergleich der Broschüre „Namibia" mit der aus der Dissertation desselben Autors zusammengefassten Darstellung des Problems „Südwestafrika" bestätigt diese Feststellung. [14].

Die Veröffentlichung über die Eingeborenenfrage in Australien wird im Absatz über die Mitgliedskirchen als politische Interessenverbände wieder aufgegriffen. Auch in dieser engagierten Stellungnahme zugunsten eines Eingeborenenstammes und gegen eine in dieser Gegend arbeitende Gesellschaft ist es schwierig zu ermitteln, ob die australische Regierung Missstände vertuschen will, und ob die Argumente der „anderen Seite" objektiv gesehen eine Rechtfertigung für deren Vorgehen bilden könnten.

Der OeRK gab jedoch seinerseits diese Publikationen als Rechtfertigung seiner Unterstützung an die Befreiungsbewegungen und seiner Anti-Rassismuspolitik heraus. Seine Schriften sollten indirekt der Erziehung zur Entwicklung, d. h. „Aufklärung" in den Industrienationen dienen. Es ging dem OeRK dementsprechend weniger um die rein sachliche Information, als vor allem um eine Sensibilisierung der Öffentlichkeit für die Probleme der „Dritten Welt".

Hier wird nicht so sehr die Information an sich einer kritischen Prüfung unterzogen, sondern die Frage aufgeworfen, ob diese Publikationen zur Sensibilisierung der Öffentlichkeit in den Industrieländern beigetragen haben. Und diese Frage kann bejaht werden. Ob nun eine solche Erziehung zur Entwicklung die jeweiligen nationalen Haltungen gegenüber anderen Entwicklungsprojekten positiv oder negativ beeinflusst hat, muss je nach Land verschieden beantwortet werden.

Eine weitere, wichtige, mit dem OeRK eng verbundene, aber autonome Organisation hat sich die Erziehung zur Entwicklung ebenfalls als eines ihrer

---

13 Journal de Genève, „Mozambique-,Portugal d'outre mer'", I, II, III, 29./30./31. 5, 1971. „L'Afrique du Sud bouge...", I, II, III, 20./21./22. 8. 1971.
14 NZZ, Nr. 385, 20. Aug. 1971, S. 3/4, „Der Streit um Südwestafrika — rechtliche und politische Aspekte", Dr. iur. Rolf Bodenmüller.

Ziele gestellt. Es handelt sich um den Weltverband für Christliche Kommunikation (World Association for Christian Communication).[15]

332.3 Der Weltverband für christliche Kommunikation (WACC)

332.31 Entstehung und Entwicklung

Diese Organisation geht auf die private Initiative einer Gruppe christlich motivierter Personen zurück, die 1953 das „Weltkomitee für christliche Rundfunkarbeit" bildeten. Aus der losen Vereinigung beschloss man 1961 (unmittelbar vor der Dritten Vollversammlung des OeRK in Neu Delhi) eine festgefügte Organisation zu schaffen, die 1963 gegründet wurde.[16] Sie sollte die „Öffentlichkeitsverantwortung der Christen" übernehmen, und zugleich sozusagen eine „mobile Einheit, ein rasch beweglicher Arm der Kirche" sein. Vorsitzender war der Primat von Norwegen, Erzbischof Dr. F. Birkeli, der zugleich im OeRK ein hoher Amtsträger war. Die Statuten lassen drei Arten von Mitgliedschaft zu: Korporative (kirchliche Rundfunkstellen), persönliche (einzelne Laien mit Rundfunkaufgaben oder Gönner) und assoziierte (öffentlich-rechtliche Rundfunkanstalten). Die praktische Zielsetzung des Weltverbands für christliche Rundfunkarbeit *(WACB-World Association of Christian Broadcasting)* umfasste vier Aufgaben:
1. Verbreitung der christlichen Botschaft in moderner, zweckbestimmter Form, d. h. durch Massenmedien (Übermittlung von Werten, entsprechend der geistigen Rolle),
2. Austausch von Informationen, Drehbüchern und anderem Material zwischen einzelnen Mitgliedern (Handbücher über Dreharbeiten, Anweisungen für Scriptabfassung, usw.),
3. Ausbildung von Personal und Einrichtung von Rundfunkstellen in der „Dritten Welt" (beratende Funktion bei solchen OeRK-Projekten). Diese Aufgabe entspricht der sozial aktiven Rolle der Kirche. Z. B. wurden RVOG und dessen Ausbildungsstätten sowie andere Rundfunkinstitute mit Beratung und technischer Hilfe des WACB verwirklicht.

---

15 Der OeRK verfügt seinerseits über eine eigene Filmabteilung. Diese war verantwortlich für den mehrfach prämierten Film über die Vierte Vollversammlung in Uppsala, der in modern-abstrakter Weise die Bedeutung der Ökumene zeigt. Diese Abteilung ist auch mit Fotoberichten, Dreharbeiten über bestimmte Entwicklungsgebiete (Mozambique) beauftragt. Sie arbeitet jedoch eher an der Darstellung des Images des OeRK als Organisation, und nicht unbedingt für dessen Erziehung zur Entwicklung. So sei sie nur am Rande erwähnt.
16 The Christian Broadcaster, Vol. X, Nr. 3, Oktober 1963, S. 31–36. „Constitution and by-Laws of the WACB".

1968 wurde die WACB auf der Konferenz von Oslo (22.–27. 6. 1968) erneut erweitert. Die Organisation wurde umgetauft in Weltverband für christliche *Kommunikation* (WACC). Damit entstand eine weitere Mitgliedschaft durch Zusammenfassung des WACB (mit Sitz in London) und des Internationalen Koordinationskomitees für christliche Rundfunkarbeit (mit Sitz in New York). Auch nationale und private, *säkulare* Rundfunk- und Fernsehanstalten sowie christliche Verlage, Erziehungsorganisationen, Schriftsteller und Journalisten konnten (einzeln oder korporativ) die *Vollmitgliedschaft* im WACC erwerben. An der Konferenz in Oslo nahmen 225 Mitglieder aus 39 Ländern teil. Mit der Statutenänderung wollte man eine (auch in beruflicher Hinsicht noch „universalere" Mitgliedschaft erreichen. Dieser kurze Abriss über Entstehung und Geschichte des WACC lässt deutlich drei Tendenzen erkennen: Erstens eine verstärkte Laizisierung der christlichen Rundfunkarbeit (vermehrte Heranziehung von Fachleuten, keine Programme über Gottesdienste usw.), zweitens eine grössere Auffächerung der Berufsstruktur für Kommunikation (Einbeziehung von Journalisten, Verlegern, Schriftstellern, christlichen Literaturfonds usw.) und drittens eine Dezentralisierung der praktischen Tätigkeit (Gründung lokaler und regionaler Organisationen, auch in der „Dritten Welt").

Neuerdings beginnt sich eine weitere, vierte Tendenz abzuzeichnen, nämlich die einer ständig wachsenden Zusammenarbeit zwischen Katholiken und dem OeRK in der praktischen Arbeit auf dem Gebiet der christlichen Kommunikation. Den offiziellen Auftakt hierzu bildete die erste, christliche Fernsehwoche (Monte Carlo, 24. 2.–1. 3. 1969). Die *UNDA*, das katholische Gegenstück zum WACC, hatte schon über zehn solcher Filmwochen mit Preisverleihung (die „UNDA-Taube") als Ansporn für Qualitätsleistungen in christlicher Rundfunkarbeit durchgeführt. 1969 wurde diese Veranstaltung erstmals mit Beteiligung des WACC und des OeRK durchgeführt. Dieser Wettbewerb fand ein internationales Echo in der Presse, und Teile der Konferenz wurden auf Eurovision übertragen. Nationale Kommunikationsfachleute erstellten anschliessend Listen über prämierte Filme als Empfehlungen für Sendungen an ihre eigenen Programmdirektoren. Die 45 gezeigten Filme mussten in je eine der fünf Kategorien eingeteilt werden:
1. Programme mit Spielhandlung
2. Dokumentarfilme
3. Leichte Unterhaltung
4. Musik
5. Kinder- und Jugendprogramme

Es gab auch Filme, die „ausser Konkurrenz" gezeigt wurden. Die Jury bestand aus unabhängigen Laien unter dem Vorsitz von *Marcel Pagnol,* Mitglied der *Académie Française.* Die Filme wurden nach drei Kategorien mit Punkten bewertet: 1. Inhalt, Aussage. 2. Künstlerische und technische

Qualität, 3. *Imaginative approach* (etwa: Originalität der Darstellung). Neben den Preisen (es wurden insgesamt sechs verliehen, ohne Auszeichnung für die dritte Kategorie der „leichten Unterhaltung"), gab es auch Anerkennungsurkunden.

Auch während dieser Filmwoche mit einer überwiegenden Mehrheit von Laienteilnehmern, d. h. Kommunikationsfachleuten, war die Trennung zwischen „radikalen" und „gemässigten" Tendenzen zu spüren. So gehörten die niederländischen und skandinavischen Delegierten sowie die BBC eher zu den „radikalen", oder ethisch „progressiven", während die französischen (Protestanten und Katholiken) und deutschen Produzenten eher konservative Techniken und Themen vorführten.

Nach diesen Bemerkungen über Entstehung und Entwicklung des WACC bis zum Ende des ersten Entwicklungsjahrzehnts soll ein Bild über dessen Beitrag für die Erziehung zur Entwicklung entworfen werden.

332.32 Der Beitrag des WACC für die Erziehung zur Entwicklung

Die Zielsetzung des Informationsaustausches ermöglichte die Erziehung zur Entwicklung durch folgende Arbeitsmethoden: Es wurden z. B. je ein Film eines deutschen und eines norwegischen Mitglieds mit entsprechender Übersetzung in das Programm des staatlichen, französischen Fernsehens (ORTF) aufgenommen. Ferner wurde ein ökumenisches Fernsehprogramm über Wanderarbeiter in beinahe ganz Europa gezeigt.

Die Zielsetzung der Schulung und Ausbildung von Kommunikationsfachleuten wurde u. a. durch die Stiftung eines niederländischen Mitglieds gefördert. In einer öffentlichen, nationalen Kampagne wurden 17 000 Dollar für den Aufbau einer christlichen Rundfunkstation in Surinam aufgebracht.[17]

Die prioritäre Zielsetzung der WACC, die Verbreitung der christlichen Botschaft in moderner, zweckgebundener Form verwandelte sich durch die Arbeitsmethoden des WACC jedoch am ehesten zur entwicklungsfördernden Erziehung in den Industrieländern. Dies wurde an der christlichen Fernsehwoche in Monte Carlo dadurch deutlich, dass die Mehrheit der Filme in die Kategorie „Dokumentarfilme" fielen, und die meisten Dokumentarfilme neben historischen Themen Fragen behandelten, die mit der Entwicklungsarbeit in der „Dritten Welt" verbunden waren.[18] Die Tatsache, dass alle diese

17 1967 betrug das eigene Budget der WACC 66 173 Dollar.
18 Historische Themen: „Priester am Schafott", eine deutsche Produktion über die „Christenverfolgungen" unter Hitler, oder eine Darstellung über die Entstehung der Sixtinischen Kapelle. Über Entwicklungsprobleme: „Nachtflug nach Uli", „Willkommen in Madagaskar", „Viva el Papa" (eine Satire über den Besuch des Papstes in Lateinamerika, katholische Produktion), „Mgr. Helder Camara à Paris".

Filme für das Publikum in den Industrieländern bestimmt waren, zeigt die „entwicklungsorientierte" Informationsarbeit des WACC. Eine schweizerische Produktion, „Hunger in Biafra" wurde beispielsweise von der Jury ausgezeichnet. In dem Urteil über den Film heisst es, dass er auf unsentimentale, sachliche Weise Mitgefühl erwecke.

Und dennoch wurden die zwei Preise in der Dokumentarfilmkategorie für Filme mit vollständig *europäischen* Problemstellungen verliehen, nämlich für einen kritischen Film über einen süditalienischen Mönch mit Stigmata, und für einen ORTF-Bericht über ein Zentrum einer ökumenischen Gemeinschaft in Grenoble. Der erste Film (Produktion der BBC) wurde wegen der britischhöflichen, objektiven und dennoch lebendigen Schilderung der Problematik übernatürlicher Erscheinungen im zwanzigsten Jahrhundert, und vielleicht auch als „politischer" Beweis für die Weltoffenheit der Katholiken gegenüber solchen Darstellungen von extremen Manifestationen ihres Glaubens ausgezeichnet. Ob bei der zweiten Wahl der „politische" Grund einer Belohnung für die französischen Gastgeber der Fernsehwoche mitspielte, ist nicht zu ermitteln. Aus der Kritik der Konferenzteilnehmer an der Preisverleihung schien sich jedoch ablesen zu lassen, dass eine *minderheitliche*, eher *konservative* Richtung in der Jury die Oberhand gewonnen hatte.

Aus diesem Ergebnis der Preisverleihung darf man also nicht schliessen, dass die Erziehung zur Entwicklung im WACC *nicht* wahrgenommen würde. Die äusserst zahlreichen Bestellungen von WACC-Mitgliedern und andern Rundfunkanstalten, welche die *unprämierten* Dokumentarfilme über Entwicklungsfragen aus der „Dritten Welt" anforderten, zeigen dieses Interesse für Erziehung zur Entwicklung. Um das edukative Element, das sich in der Erziehung zur Entwicklung niederschlägt, noch zu betonen, wurde der WACC bezeichnenderweise bei der Strukturerneuerung des OeRK 1971 *nicht* mit der DICARWS, sondern mit Einheit III, „Erziehung und Kommunikation" verbunden (vgl. Anhang, Abb. 5). Darin kommt zum Ausdruck, dass im WACC die Zielsetzung der Durchführung von praktischen Ausbildungsprojekten für Kommunikationsfachleute in der „Dritten Welt" wahrscheinlich *hinter* die Zielsetzung der Erziehung zur Entwicklung in der „Ersten Welt" gesetzt wird.

Im ersten Entwicklungsjahrzehnt sind zwei — inzwischen vielfach angefochtene — Schlagworte von MacLuhan über Massenmedien Mode geworden: „Das Medium ist die Aussage" *(the medium is the message)* und die Konzeption der Welt als „universales Dorf" *(global village)*. Die beschriebene Arbeit des WACC und deren Auswirkungen auf die Erziehung zur Entwicklung in den Industrieländern lassen erkennen, dass die erste Devise vom WACC abgelehnt und die zweite bekräftigt wird. Ohne dass in den Konferenzdokumenten und Publikationen des WACC der Begriff „Erziehung zur Entwicklung" allzu häufig auftaucht, ist doch implizite die Vermittlung eines Weltbildes erkennbar, das *nicht* religiös-konfessionell gebunden, sondern allgemein ethisch orientiert ist. Darin ist die auf der Grundlage des echten Ökumenismus beruhende, kosmopolitische, geistige Toleranz zu finden, die eine entwicklungsfördernde Mentalität heranbilden könnte. Also ist für den WACC *nicht* das Medium selbst die Aussage, sondern vermittelte, oder aus anderen Kulturen aufgenommene ethische Werte.

Der zweite Gedanke des „weltweiten Dorfes", das durch die Massenmedien geschaffen wird, ist für die Ökumene nichts Neues. Im Gegenteil, die Erziehung zur Entwicklung in den Industrieländern ist Mittel zum Zweck der von der Ökumene angestrebten, vom Christentum getragenen Weltgemeinschaft, die man auch als „universales Dorf" bezeichnen kann.

In diesem Abschnitt wurden die von den Organen des OeRK ausgehenden Aktionen für Erziehung zur Entwicklung auf internationaler Ebene behandelt. Doch unsere Untersuchung ergab, dass, wie bei der Projektauswahl oder den Entscheidungen im PCR, die *einzelnen Mitglieder* eigentlich durch ihre Aktionen innerhalb der *eigenen* Nationen einen oft stärkeren Einfluss auf die Meinungsbildung haben können, als der OeRK als „Dachorganisation". Deshalb werden im folgenden die *nationalen* Aktionen näher beleuchtet.

333   Die nationalen Aktionen der Mitgliedskirchen durch Massenkommunikationsmittel

Je nach dem Zweck, für den die Massenkommunikationsmittel in nationalen Aktionen eingesetzt werden, kann wieder die Unterscheidung nach der Tätigkeit der Kirchen in der geistig-theoretischen oder in der aktiven Rolle getroffen werden. Ist der Zweck einer Werbung vorerst die Aufbringung der Mittel für bestimmte Entwicklungsprojekte, so arbeitet die Kirche als sozial aktive Kraft. Geht es um die Beeinflussung oder Formung der öffentlichen Meinung schlechthin, so spielt die Kirche ihre edukative, wertebewahrende, kontemplativ-weltanschauliche Rolle. Für beide Aktionen sollen Beispiele der Verwendung von Massenkommunikationsmittel angeführt werden.

333.1   Die Erziehung zur Entwicklung durch nationale Spendeaufrufe

Vor christlichen Feiertagen führen die meisten europäischen und amerikanischen Kirchen Spendeaufrufe in Presse, Rundfunk und Fernsehen durch.

1971 führten z. B. die beiden christlichen Hilfswerke der BRD „Misereor" (katholisch) und „Brot für die Welt" (protestantisch) *erstmals gemeinsam* ihre Spendenaufrufe für Entwicklungshilfe durch.[19] Die Ergebnisse waren so gut,

---

19 OePD, Nr. 18, 18. März 1971, S. 7.

dass die westdeutschen Kirchen in Rundfunkinterviews erklären konnten, dass sie das Versprechen, 2 % ihres Einkommens für Entwicklungshilfe zu verwenden, gehalten hätten.[20] Dieses Versprechen gaben die Mitgliedskirchen an der Vollversammlung in Uppsala. Wie bereits erwähnt, wird in Dänemark vor Pfingsten eine Fernseh-Kampagne durchgeführt, die *durchschnittlich* 1 Dollar pro Kopf der Bevölkerung *(nicht* der Kirchgänger) einbringt.

Doch gibt es auch Programme für Spenden *ohne* Bezug auf kirchliche Feiertage. In Norwegen wurde am 28. 8. 1967 ein originelles Experiment durchgeführt.[21] Es wurde am Sonntag, 27. 8. 1967, von 20.15 bis 21.15 Uhr ein Dokumentarbericht über die Entwicklungsarbeit der Kirchen und Interviews mit Entwicklungs- und Missionshelfern gezeigt. Am Montag, 28. 8., wurde das Programm ganz kurz fortgesetzt mit der Aufforderung eines Reporters, den Leistungen der Kirchen mit einer Spende zu gedenken, die durch „Klopfen an der Tür" von Freiwilligen eingesammelt werden würde. Um Mitternacht hatte die Sammlung 1 300 000 Dollar ergeben. Der Erfolg dieses Programms ist wahrscheinlich auf die Qualität der Dokumentation, die effiziente Sammelorganisation und die mit einfachen Mitteln erreichte Weckung des Interesses und einer gewissen Spannung durch das originelle „Klopfen an die Tür" zurückzuführen.

Der Amerikanische Kirchenrat (NCCCA) verfügt über eine Abteilung für Massenkommunikation *(RAVEMCCO* Radio, Visual Education and Mass Communication Committee). Die kommerziellen Rundfunkzentren in den USA kaufen die produzierten Filme (etwa 18 Programme im Jahr) und die Sendezeit für „religiöse Sendungen" wird von einer paritätischen Kommission, in der Protestanten, Katholiken und Juden vertreten sind, aufgeteilt. Für Spendeaufrufe verfügt jedoch die „Entwicklungsabteilung" des NCCCA (der *Church World Service*) über eine eigene „Werbeabteilung".

Daneben gibt es die konventionelleren Spendeaufrufe bei Nothilfeprogrammen durch die Presse mit Angabe einer Kontonummer oder Haussammlungen. Für Pakistan (Bangladesh) erliessen z. B. die Schweizer Kirchen einen solchen gemeinsamen Aufruf, der auch mit Fernsehprogrammen über Pakistan und Interviews unterstützt wurde.[22]

---

20 OePD, Nr. 9, 1. 4. 1971, S. 7.
21 The Christian Broadcaster, Vol. XIV, Nr. 3, Dez. 1967. S. 26–29, „How to make 1 300 000 Dollar in Two Hours Thirty Minutes".
22 OePD, Nr. 27, 14. 10. 1971.

333.2 Die nationalen Aktionen zur öffentlichen Meinungsbildung

Bei diesen Aktionen wird, wie gesagt, nur die geistige Beeinflussung durch edukative Elemente ohne finanzielle Opfer angestrebt. Als erstes sei festgehalten, dass die meisten nationalen Rundfunk- und Fernsehstationen eine eigene Abteilung für „religiöse Sendungen" besitzen. Der Begriff „religiöse Programme oder Sendungen" ist eigentlich irreführend, weil man sich möglicherweise die Übertragung von Gottesdiensten, Kirchenmusikkonzerten usw. darunter vorstellen könnte. Doch diese machen nur einen winzigen Teil dieser Sendungen aus. Z. B. verfügen die zehn grossen Radiostationen Deutschlands alle über eine Abteilung für „christliche Kommunikation". Jeder einzelnen wurden 200–300 Sendeminuten pro Woche zugeteilt. Dies machte ungefähr 7–8 % aller gesprochenen Programme aus.[23] In verschiedenen europäischen Ländern durchgeführte Meinungsumfragen ergaben, dass die Mehrheit der Bevölkerung christlichen Werten, Symbolen, Auslegungen und Tätigkeitsberichten eine hohe, edukative Bedeutung beimisst. Dies ist für den, der traditionellen Institution der Kirche Fernstehenden, ein sehr erstaunliches Ergebnis.

Die „religiöse" Abteilung der BBC, die an der Filmwoche in Monte Carlo den ersten Preis erhielt, wird von einem Fachmann geleitet, der sehr moderne Mittel wählt, und dessen Programme sich in Grossbritannien grosser Beliebtheit erfreuen. Er geniesst auch innerhalb des Programmdirektoriums grosses Ansehen.

Doch benützen die Kirchen für ihre nationalen Aktionen nicht nur das Fernsehen. Sie veranstalten auch Plakatausstellungen in Kirchen, Gemeinde- und Schulhäusern, oder arbeiten mit Strassenplakaten. Ein gutes, wenig emotionelles Beispiel dafür ist das Plakat von OXFAM *The two sides of the coin* (übertragen etwa: „Licht und Schatten", wörtlich: „Die beiden Seiten der Medaille"). Die eine Hälfte des Plakats zeigt die linke Gesichtshälfte eines hübschen weissen, die andere die rechte Gesichtshälfte eines hübschen, schwarzen Mädchens. Auf der „weissen" Seite heisst es: „Für 15 ‚bob' (Schilling in der Umgangssprache) kannst Du (oder ‚Sie' – im Englischen ohne grammatikalischen Unterschied) ein Paar falsche Augenwimpern kaufen, mit 8 ‚bob' ein Paar modische Ohrringe, mit 6 ‚bob' Zigaretten für einen ganzen Tag". Auf der „schwarzen" Seite heisst es' „Für 17 ‚bob' könnte sie in Korea eine Woche in einem Pflegeheim leben, für 10 ‚bob' blieben sie und 359 Kinder in Tansania vor Tuberkulose bewahrt und für 6 ‚bob' könnte sie in Malawi während 7 1/2 Wochen eine Mittagsmahlzeit erhalten."

---

23 The Christian Broadcaster, Vol. XI, No. 1, Februar 1964, S. 7.

Nun gäbe es natürlich viel an diesem Plakat auszusetzen: Es sei Propaganda für die Leistungen von OXFAM, der Kontrast schwarz-weiss sollte nicht so krass dargestellt werden, es hiesse „Korea" und das Mädchen auf der rechten Seite wäre negroid, nicht asiatisch, der Text erwähne nur Ernährungs- und medizinische Hilfe und sei zu *colloquial*. Dennoch schien das Plakat die gewollte Aussage vom Überfluss der Konsumgesellschaft und der einfachen Möglichkeiten der Hilfe, die zur Hoffnung auf Fortschritt Anlass geben, richtig vermittelt zu haben. OXFAM erreichte ein erzieherisches Ziel, das der Beeinflussung der Öffentlichkeit und zugleich der Erhöhung des bereits beträchtlichen Ansehens der Organisation diente.

Als weiteres Beispiel sei eine Entscheidung angolesischer Christen in den USA genannt, welche die Öffentlichkeit mit dem Problem der Befreiungsbewegungen konfrontieren wollten.[24] Sie veröffentlichten populäre Informationsschriften und veranstalteten ein Treffen mit Vertretern der amerikanischen und kanadischen Mitgliedskirchen des OeRK und Vertretern von Befreiungsbewegungen.

Als Massenmedium wird auch die Presse von den Kirchen für ihre nationalen Aktionen eingesetzt. Dies lässt sich am Beispiel der Interkonfessionellen Konferenz „Schweiz–Dritte Welt"[25] veranschaulichen. Diese Konferenz fiel mitten in die internationale, öffentliche Diskussion um das ökumenische PCR und die nationale, öffentliche Diskussion über einen Rahmenkredit für Entwicklungshilfe von 400 Mio. Frs., der den beiden Kammern vom Bundesrat zur Beratung vorgelegt worden war. So könnte diese Konferenz auch ohne weiteres als Aktion der Kirchen in der Rolle politischer Interessenverbände dargestellt werden. Weil jedoch ein Entwicklungskonzept, nach Ansicht der Kirchen, für die Schweiz nur durch vermehrte „Bewusstseinsbildung"[26] erreicht werden könne, und wegen der Klarheit der Darstellung, wird diese Konferenz, ohne die politischen Elemente zu übersehen, in diesem Teil analysiert.

Das Bild ihrer Entwicklungsvorstellungen, das die Kirchen durch diese Konferenz bei den eingeladenen Vertretern des Eidgenössischen Politischen Departements, der Privatwirtschaft, Banken und Intellektuellen, und in der Presse schufen, war zumindest widersprüchlich. Vorerst wurde die interkonfessionelle Initiative allerseits als Fortschritt begrüsst.[27] Erst im Verlauf der beiden Sitzungsperioden wurden die Gegensätze zwischen „gemässigten"

---

24 OePD, Nr. 18, 8. Juli 1971, S. 2.
25 Bern, Bundeshaus, erste Tagung 30. 10.–2. 11. 1970, zweite Tagung, 21.–23. 11. 1970.
26 OePD, Nr. 34, 3. 12. 1970, S. 4/5.
27 Journal de Genève, 3. 11. 1970, „Conférence interconfessionnelle" (I).

und „radikalen" Tendenzen und deren Abstechen von den eingeladenen Teilnehmern anderer Kreise deutlich:

Die Kirchen verlangten vermehrte Information der Öffentlichkeit über Probleme der Entwicklung. Gleichzeitig legten ihre eigenen oft sehr linksgerichteten Vertreter eine beängstigende, ideologisch verbrämte Ignoranz an den Tag. Ferner wurden von einem Teil der Delegierten die Privatinvestitionen in den Entwicklungsländern pauschal als Ausbeutung und Profitgier verurteilt. Von den in der internationalen Wirtschafts- und Systemtheorie geläufigen Begriffen des *spill-over-effects*, der Ankurbelung beginnender Industrialisierung, der Arbeitsbeschaffung durch ausländische Unternehmen usw., sprachen diese Teilnehmer nicht. Paradoxerweise waren es jedoch gerade die von den Kirchen eingeladenen Vertreter aus der *„Dritten Welt" selbst,* die diese Privatinvestitionen keineswegs ablehnten! Die „Radikalen" erwähnten wiederum auch mögliche, *positive* Aspekte von Projekten wie Cabora Bassa mit keinem Wort. Sie waren einfach dagegen und klagten Schweizer Unternehmen, die daran beteiligt waren, an. Doch über die Grösse der angegriffenen Privatinvestitionen gab es wiederum *keine* genauen Angaben! Überdies wurde in den Berichten eine *sachliche* Öffentlichkeitsarbeit verlangt. Im Gegensatz dazu verliefen jedoch die Diskussionen keineswegs immer sachlich. So wurde die Konferenz nach ihrem Abschluss in der Presse ziemlich kritisch beurteilt.[28] Die Fortsetzungsarbeit der Konferenz durch die „Arbeitsgruppen Dritte Welt" (in Bern, Freiburg, Luzern und Zürich) schien ebenso einseitig engagiert wie gewisse „radikale" Jugendliche.[29] Diese Arbeitsgruppen gehören mehrheitlich zu der kirchlich radikalen Tendenz, und hatten bereits in der *„Erklärung von Bern"* 1968 vermehrte, nationale Entwicklungshilfe gefordert.

Die Beweggründe der radikalen Minderheit mögen sehr edel gewesen sein. Sie wurden oftmals von den gemässigten Tendenzen und den Vertretern aus nicht kirchlichen Kreisen geteilt. Doch die Art und Weise der Diskussionsführung im Plenum und viele Äusserungen kirchlicher Vertreter in den Arbeitsgruppen der Konferenz liessen allzu sehr den Eindruck „ideologisch" gefärbter Leidenschaft entstehen. Dies rief in der Presse sachte Kritik hervor, wodurch wiederum das Ansehen der Schweizer Kirchen litt. Dieses Experi-

---

28 Journal de Genève, 4. 11. 1970, „Le risque de se compromettre..." 5. 11. 1970, „Elaborer des propositions constructives". 24. 11. 1970, „La conférence interconfessionnelle veut engager les églises sur le terrain politique". 25. 11. 1970, „Parlons capitaux..." 26. 11. 1970, „L'église et la politique" NZZ, 20. 12. 1970, Nr. 592, S. 17; „Realismus und Illusionen in der Entwicklungspolitik — Bemerkungen zu den Thesen der Interkonfessionellen Konferenz".

29 NZZ, Nr. 24, 15. Jan. 1972, S. 33, „Information — Kirchliche Schwierigkeiten mit dem achten Gebot". Journal de Genève, 28. 1. 1971, „Prise de conscience-oui, mais..."

ment der Interkonfessionellen Konferenz hat schätzungsweise weniger dazu beigetragen, das Interesse der Öffentlichkeit für Entwicklungsfragen im positiven Sinne zu wecken, als zur Kritik an den Kirchen und ihrer – oft falsch dargestellten – Entwicklungskonzeption beizutragen.[30] Zudem wurde wieder offensichtlich, dass emotionale, christliche Gruppen, wie die „Arbeitsgruppen Dritte Welt", päpstlicher als der Papst, d. h. radikaler, als die offizielle Haltung des OeRK selbst waren.

Als Gegenbeispiel einer nationalen Aktion, die das Entwicklungskonzept der Kirchen in der Öffentlichkeit in einem sehr positiven Licht erscheinen liess, sei die Zuckerrohrkampagne in den Niederlanden angeführt. Dabei ging es neben der „Aufklärung" der Öffentlichkeit, wie bei der Interkonfessionellen Konferenz, gleichzeitig um die Ausübung eines politischen Drucks auf Parlament und Regierung zugunsten einer Unterzeichnung des erneuerten, internationalen Zuckerabkommens durch die Niederlande.[31] Studentenbewegungen, Pazifisten und kirchliche Gruppen schlossen sich zur Durchführung einer grossangelegten Kampagne zusammen: Durch Massenkommunikationsmittel, mittels Plakaten und Verteilung von Broschüren erklärten sie, dass importierter Rohrzucker eigentlich ohne Zoll viel billiger wäre, als der in der EWG angebaute, durch Subventionen geschützte Rübenzucker. In Supermärkten wurden besondere Packungen mit Rohrzucker aufgestellt und verkauft. Die Hausfrauen wurden aufgefordert, Rohrzucker zu kaufen, und öffentliche Diskussionen wurden organisiert. Jedes Parlamentsmitglied erhielt ein Paket Rohrzucker und dem Wirtschaftsminister wurde ein Herz aus Zuckerrohr geschenkt. Der Werbefeldzug für dieses Rohstoffabkommen war

---

30 NZZ, Nr. 298, 30. 6. 1971, „Die Entwicklungshilfe in der öffentlichen Meinung – Eine Untersuchung in der Deutschschweiz und im Welschland", NZZ, Nr. 352, 1. 8. 1971, „Einstellungen zur Entwicklungshilfe – Einblicke in eine Repräsentativuntersuchung". Die beiden Artikel geben die Resultate einer Untersuchung von Prof. Dr. *G. Schmidtchen*, Ordinarius für Sozialpsychologie und Soziologie an der Universität Zürich wieder. Die Studie wurde im Auftrag des Delegierten für technische Zusammenarbeit des eidgenössischen, politischen Departements durchgeführt. Sie zeigt erstens die trotz allem immer noch vorherrschende karitative Motivation der Befragten für die Entwicklungshilfe und zugleich eine sachliche Zurückhaltung oder Kritik gegenüber einem „progressiven Übereifer ... unter politischen oder kirchlichen Vorzeichen". Auf die Frage, wer die Entwicklungshilfe in der Schweiz leistet, kommen nach dem Staat und dem Roten Kreuz bereits an dritter Stelle die kirchlichen Hilfswerke (41 % Staat, d. h. der Steuerzahler, 28 % Rotes Kreuz und 26 % kirchliche Hilfswerke – zu beachten ist, dass prozentmässig die Bedeutung des Roten Kreuzes nicht viel über den kirchlichen Hilfswerken eingeschätzt wird). Es folgen andere, private Hilfswerke (13 %, d. h. die Hälfte des Prozentsatzes, den die kirchlichen Institutionen auf sich vereinigen), und die private Industrie. Dies beweist, dass den kirchlichen Institutionen trotz der Kritik doch noch eine relativ hohe Bedeutung als „Entwicklungshilfeträger" eingeräumt wird.
31 WCC, Development Education, S. 27.

erfolgreich: Die Niederlande unterzeichneten das Zuckerabkommen trotz des politischen Hindernisses der gemeinsamen EWG-Agrarpolitik, die Rübenzuckerüberschüsse zu hohen Gestehungs- und Lagerungskosten zu verwalten hat.

Dadurch gewannen die niederländischen Kirchen an Ansehen im ganzen Land. Es wurde ja bekanntermassen später auch das ökumenische PCR von Gläubigen und selbst vom Königshaus unterstützt. Die Niederlande sind somit ein Beispiel eines westeuropäischen Landes, in dem die Kirchen durch ihre Aktionen ihr öffentliches Image verbessert und gleichzeitig einen Beitrag für die Erziehung zur Entwicklung geleistet hatten.

Die beiden letzten Beispiele zeigen, wie die nationalen Aktionen zur Meinungsbeeinflussung durch die Mitgliedskirchen mit ihrer Rolle als politische Interessenverbände in Verbindung gebracht werden können. Diese Einsicht leitet zum nächsten Abschnitt über.

334   Die Aktionen der Mitgliedskirchen als politische Interessenverbände

Die Rolle der Kirche als politischer Interessenverband reicht weit in die europäische Vergangenheit zurück −, ist also keineswegs eine „Erfindung" moderner Soziologen. Die Kreuzzüge, die Machtkämpfe zwischen Kaiser und Papst, die Reformation, die Folgen des *„cuius regio, eius religio"* im 16. Jahrhundert, und letztlich die Laizisierung der Erziehungssysteme zu Ende des 19. Jahrhunderts beweisen alle, dass die Kirchen nicht nur geistigen, sondern auch politischen Druck ausüben konnten.

Ihr Engagement für die Entwicklungsarbeit liess sie im untersuchten Jahrzehnt mit *herkömmlichen*, aber auch mit für die Kirche *neuartigen* Mitteln als politischen Interessenverband auftreten.

Zu den herkömmlichen Mitteln der politischen Einflussnahme gehören persönliche Beziehungen, die vielleicht politisch als *gentle persuasion* betrachtet werden können. Durch die Entwicklungsprojekte haben die nationalen Kirchenräte zudem meist offizielle Beziehungen zu den nationalen Aussen- und Wirtschaftsministerien. Oft gibt es in den nationalen, kirchlichen „Entwicklungsabteilungen" eine bestimmte Person, die besonders mit der Pflege dieser Beziehungen betraut wird. Daneben gibt es die Parteifreundschaften und die christlich motivierten Unternehmerverbände. Gewisse Parteien stehen den Kirchen nahe, und werden ihrerseits wieder von diesen „moralisch" unterstützt. Die christlich motivierten Unternehmer können die Kirchen bei Entwicklungsprojekten sowohl durch ihre praktische Erfahrung in der Betriebsleitung, als auch durch ihre geschäftlichen Verbindungen im Ausland und durch direkte, finanzielle Spenden unterstützen.

Auch die lokalen Parlamentsabgeordneten werden von den kirchlichen Vertretern persönlich mit der Verteidigung politischer Anliegen der Kirchen betraut. Je nach Land kann diese Beeinflussung verschiedene Formen annehmen, vom persönlichen Besuch oder Brief, über die kollektive Petition bis zur eigentlichen, kirchlichen „Lobby". Die niederländische Zuckerrohrkampagne und die Vorstösse der amerikanischen Vietnamkriegsgegner im Kapitol sind Beispiele politischer Aktionen, in denen sich verschiedene Kirchen zu einer *Lobby* zusammenschlossen. Wie bereits erwähnt, spielen die Massenkommunikationsmittel dabei eine wesentliche Rolle. Massenkundgebungen, bei denen kirchliche Gruppen mitorganisieren (Protestmärsche, *sit-in,* usw.), können als Ausübung eines politischen Drucks, als „Druck der Strasse", gewertet werden.

Zu den traditionellen Mitteln der Kirchen als politische Interessenverbände gehören auch gemeinsame, diplomatische Demarchen oder innenpolitische Aktionen.

Als Beispiel einer diplomatischen Demarche sei das Protestschreiben von 54 Genfer Priestern und Pastoren gegen die Verhaftungen in Brasilien angeführt.[32] Diese „Note" wurde dem Botschafter Brasiliens in Bern mit der Bitte um Weiterleitung an seine Regierung zugeschickt. Andere kirchliche Gruppen hatten schriftliche Proteste gegen Terrorakte jeglicher Art (Flugzeug- und Diplomatenentführungen, Folterungen politischer Häftlinge usw.) bei den entsprechenden Regierungen eingereicht.

Als innenpolitische Aktion könnte man die Beteiligung kirchlicher Gruppen an der Abstimmungs- und Wahlpropaganda nennen. Ein umstrittenes Beispiel ist die Mitarbeit des schweizerischen Hilfswerkes „Brot für Brüder" an der Kampagne vor der Abstimmung über das Waffenausfuhrverbot.[33] Das Argument des Hilfswerks war identisch mit dem der linksgerichteten Parteien, nämlich dass Waffenverkäufe die positiven Leistungen der Entwicklungsarbeit wieder aufheben würden, und die ausgegebenen Summen nicht für Rüstungszwecke, sondern für Projekthilfe verwendet werden könnten. Die Ungereimtheit bestand für den Aussenstehenden darin, dass Spenden für Entwicklungsarbeit in der „Dritten Welt" zu Propagandazwecken ausgegeben, d. h. zweckentfremdet wurden (im Verhältnis von Fr. 1.— auf Fr. 100.— Spendegelder[34]).

Dies bedeutete einen Vertrauensschwund gegenüber humanitären Werken. Dazu wäre zu bemerken, dass die Interkonfessionelle Konferenz durch eine ihrer Arbeitsgruppen eine Aufforderung erlassen hatte, sich auf eine Stellungnahme zur Initiative für die Rüstungskontrolle vorzubereiten. „Brot für Brüder" ist dieser Aufforderung durch die Vorbereitung von Propaganda-

---

32 Journal de Genève, 27. 10. 1971, „Protestation de 54 prêtres et pasteurs genevois".
33 Der Bund, 14. 9. 1972 und 24. 9. 1972.
34 Der Bund, 8. 9. 1972, 10. 9. 1972 und 14. 9. 1972.

material nachgekommen. Die Frage stellt sich, ob für überzeugte, motivierte Christen nicht die ganze Entwicklungsarbeit fragwürdig oder sogar Heuchelei wird, wenn sie nicht zugleich innenpolitisch für die Erziehung zur Entwicklung eintreten. Wird die Auffassung verfochten, dass der politische Druck in den Industrienationen als integraler Bestandteil der Aufklärungsarbeit in der Projekthilfe zählt, so ist das *Vorgehen* von „Brot für Brüder" zu kritisieren, nicht aber deren *Motivation*. Ferner ist dies ein Beispiel für die Durchsetzung edler, ökumenischer Forderungen, die auf höchster Ebene abstrakt in ethische Erklärungen gefasst werden. Es ist dann oft viel schwieriger, diese im engen, innenpolitischen Rahmen, in dem die „Dritte Welt" für die meisten immer noch unendlich weit entfernt ist, zu verwirklichen.

Der Schweizerische Evangelische Kirchenbund hatte sich nicht offiziell für das Waffenausfuhrverbot eingesetzt und verlangte von „Brot für Brüder" die Suspendierung des Budget-Beschlusses für Propagandamaterial, (dies geschah jedoch *nachdem* die Veröffentlichung bereits ausgearbeitet worden war). Dies zeigt erneut, dass die offiziellen Kirchenleitungen meist konservativer oder weniger „ökumenisch engagiert" sind, als die für die praktische Entwicklungshilfe eintretenden Hilfswerke. Sie vertreten eher die kontemplative, wertebewahrende Seite der Kirchen, während die Aktionsgruppen als politische Interessenverbände eher die aktive, gegenwartsbezogene Rolle übernehmen.

Die Kirchen können sich jedoch ebenfalls als politische Interessenverbände für nationale, *aussenpolitische* Ziele einsetzen, die indirekt mit der „Dritten Welt" in Zusammenhang gebracht werden können. Der Rat der Evangelischen Kirchen Deutschlands gab z. B. am 29. 3. 1972 eine Erklärung zur Befürwortung der Ratifizierung der Ostverträge ab.[35] Die Erklärung war von 25 Laien und Theologen (auch Landesbischöfen), unterzeichnet, u. a. vom westdeutschen Mitglied der ökumenischen KKIA. Dies beweist die personellen Verbindungen zwischen der „diplomatischen Vertretung", dem politischen Organ des OeRK, und den nationalen Gremien, die als politische Interessenverbände wirken. Die Stellungnahme für die Ostverträge sollte vorerst die bereits bestehenden, kirchlichen Verbindungen zwischen BRD und DDR auf regionaler und ökumenisch internationaler Ebene festigen und dadurch gemeinsame Aktionen in der „Dritten Welt" ermöglichen.

An der Vollversammlung Nyborg VI der Konferenz der europäischen Kirchen (KEK) traten die Delegierten der nationalen Kirchen auch uneingeschränkt für eine europäische Sicherheitskonferenz ein.[36]

Hält man die vieldiskutierte europäische Sicherheitskonferenz für ein taktisches Manöver der UdSSR zur Schwächung oder politischen Beeinflus-

---

35 OePD, Nr. 10, 13. 4. 1972, S. 8.
36 WCC, KEK, Vollversammlung Nyborg VI, Erster Bericht der Sektion 4, Dokument Nr. 36, „Frieden und Versöhnung in Europa", S. 2/3.

sung des Westens, könnte man annehmen, dass in der KEK-Vollversammlung die östlichen Vertreter die Überhand über die westlichen gewonnen hätten. Dagegen spricht der Umstand, dass die Einflüsse beider politischen Richtungen in der Sektionsarbeit klar zu erkennen waren: Die osteuropäischen Vertreter forderten eine gleichberechtigte Teilnahme von BRD und DDR an der Konferenz. Die westlichen eine Teilnahme der USA und Kanadas, da diese einen Teil der Verantwortung für die Sicherheit in Europa tragen. Das neutrale Finnland als Konferenzort sollte befürwortet werden. Die kirchlichen Vertreter wurden aufgefordert, ihre Regierungen dahingehend zu beeinflussen, dass die europäische Sicherheitskonferenz möglichst bald organisiert werden könne. Durch die europäische Friedenssicherung würden wieder Mittel für Entwicklungsaufgaben frei.[37] Hier tritt, wie bei der Aktion des Schweizer Hilfswerkes „Brot für Brüder", dieselbe ethische Motivation auf, die sich in einem politisch linksgerichteten Argument niederschlägt.

Zusammenfassend sei erwähnt, dass die nationalen Aktionen der Kirchen als politische Interessenverbände mit herkömmlichen Mitteln ethisch als Erziehung zur Entwicklung aufgefasst werden, und politisch mit sozialistischen Argumenten übereinstimmen. Die „radikalen" Gruppen sind auch hier in der Minderheit, und die oberste Kirchenleitung verfolgt meist eine gemässigte Linie. Die Aktion der Kirchen als politische Interessenverbände kann sowohl von oben nach unten (OeRK→einzelne Aktionsgruppen, im Beispiel Schweiz) als auch von unten nach oben (Hilfswerke→OeRK, im Beispiel Deutschland) verlaufen. Die Kirchen können jedoch auch mit für sie neuartigen Mitteln als politische Interessenverbände auftreten. Dies sei anhand von Beispielen wirtschaftlicher Massnahmen zur politischen Beeinflussung erläutert. Die amerikanische *Episcopal Church* drohte ihren Aktienanteil von etwa 5 Mio. Dollar bei General Motors als Protest gegen die Investitionspolitik dieser Firma in Ländern mit Rassismusproblemen zurückzuziehen.[38] Die Drohung wurde in einem Schreiben an den Direktor des Verwaltungsrates begründet. Der amerikanische Kirchenrat führte anschliessend eine Untersuchung über kirchliche Investitionen durch. Mehr als 200 Mio. Dollar waren bei 29 Heereslieferanten investiert.[39] Dieses wirtschaftliche Druckmittel wurde für das von den Kirchen verfochtene politische Ziel einer Beendigung des Krieges in Vietnam eingesetzt.

---

37 ibid., S. 2/3.
38 OePD, Nr. 4, 11. Febr. 1972.
39 OePD, Nr. 1, 13. Jan. 1972.

Der australische Kirchenrat wandte sich gegen den NABALCO-Trust, der zu 70 % von Alusuisse finanziert wird.[40] Er vertrat die Meinung, dass die Landrechte der Eingeborenen im Vertrag zwischen der australischen Regierung und dem Trust nicht ausreichend entschädigt worden waren, und dass das Unternehmen keine befriedigenden sozialen Massnahmen oder Beschäftigungsmöglichkeiten für die Ureinwohner vorgesehen hatte. Der australische Kirchenrat gelangte an das Unternehmen sowie an die australische und an die schweizerische Regierung. Auf sein Betreiben hin richtete schliesslich der OeRK eine Bittschrift zugunsten der Ureinwohner an den australischen Premierminister.[41] Die Auswirkungen dieser Schritte sind zur Zeit noch nicht abzusehen.

Anlass zur Ausübung eines wirtschaftlichen Drucks durch die Kirchen als politische Interessenverbände gab wahrscheinlich das PCR. Es ging soweit, eine Empfehlung für den Rückzug aller Investitionen der Mitgliedskirchen des OeRK aus Südafrika auszuarbeiten.[42] Am 22. 8. 1972 fasste der Zentralausschuss des OeRK in Utrecht den Beschluss, einen Aufruf zur Rückziehung aller kirchlichen Investitionen bei Firmen mit Geschäftsbeziehungen zu Südafrika zu erlassen. Eine erste Reaktion darauf war der Verkauf eines Aktienpakets von 1,255 Mio. Dollar, das die Kirche von England bei der „Rio Tinto Zinc Co." investiert hatte, die angeblich in Namibia Uran fördert, und 40 % ihrer Gewinne durch Arbeit in Südafrika einnehmen soll[43]. Doch auch hier, wie beim Beschluss zur Schaffung des PCR, sind die Reaktionen *nicht* einheitlich[44]. Es gibt Kirchen, die meinen, dass sie ihre Rolle als politischer Interessenverband nur durch Beibehaltung dieser Investitionen wahrnehmen könnten, damit sie weiterhin das Recht hätten, an den Generalversammlungen „unangenehme" Fragen über Investitionspolitik und Besserstellung der Arbeitnehmer zu stellen. Andere befürworten ein verstärktes Eintreten für gewerkschaftliche Forderungen. Die Folgen dieses Beschlusses sind jedoch ebenfalls noch nicht klar abzusehen. Der Beschluss kann als *Schlusspunkt* einer Beeinflussung von unten nach oben, d. h. von den nationalen Kirchen, die mit wirtschaftlichen Mitteln als politische Interessenverbände auftraten, aufgefasst werden. Zugleich wurde er sozusagen „lateral", d. h. durch das

---

40 Journal de Genève, 4. 2. 1972, „Patrimoine aborigène menacé – Appel au gouvernement suisse". Tribune de Genève, 8. Nov. 1972, S. 24, „Jeune Noire australienne – Bobbi Sykes, à Genève, défend (contre Alusuisse) la liberté de la tribu des Yirrarkalas – La société NABALCO s'est implantée sur leur territoire pour exploiter la bauxite, au mépris de leurs traditions". WCC, PCR, Aboriginal Issues – Racism in Australia, S. 12. More Facts and Figures – Aboriginal Issues, S. 31.
41 OePD, Nr. 25, 14. Sept. 1972, S. 3.
42 OePD, Nr. 13, 11. Mai 1972, S. 2.
43 OePD, Monatsausgabe, Oktober 1972, S. 10/11.
44 OePD, Nr. 25, 14. Sept. 1972. S. 6.

organisationsinterne, autonome PCR beeinflusst. Damit ist er zugleich ein *Ausgangspunkt* für eine Beeinflussung von oben nach unten, und für die Ausübung eines wirtschaftlichen Drucks nationaler Kirchen mit politischer Zielsetzung auf Firmen, die in der „Dritten Welt" arbeiten. Ob der Erfolg solcher Aktionen der Gesamtwirtschaftsentwicklung eines Landes der „Dritten Welt" abträglich ist oder nicht, kann schwer beurteilt werden.

Allgemein scheint jedoch der Erfolg kirchlicher Aktionen zur Bewusstseinsbildung für Entwicklungsaufgaben in der „Ersten Welt" von der Stellung der Kirche als Institution innerhalb des eigenen Landes abzuhängen. Kurz gesagt gibt es vier Positionen, in denen die Kirchen unterschiedlich als politische Interessenverbände auftreten.

1. Wenn die Mehrheit der Bevölkerung einer offiziell anerkannten Konfession angehört, wie z. B. in Skandinavien. Ihre Präsenz ist ethisch unumstritten, und ihre Aktionen beeinflussen ein schon positiv eingestelltes Publikum, wie z. B. bei der Aktion des „Klopfens an die Tür" in Norwegen, oder der Rohrzuckerkampagne in den Niederlanden.

2. Wenn die Kirche mit einer politischen Partei in Verbindung gebracht werden kann, wie in der BRD (die CDU/CSU für die katholische Kirche) oder in der Schweiz (Katholisch-Konservative oder gemässigte Sozialisten) ist es schwieriger, mit ihren Aktionen breite Schichten zu gewinnen. Z. B. „Brot für die Welt" (protestantisch, Stuttgart), lehnte jede Zusammenarbeit mit den bundesdeutschen Behörden ab, um das *„Image"* seiner Entwicklungsarbeit so neutral wie möglich, und nur durch christliche Ethik motiviert, erscheinen zu lassen.

3. Wenn die Kirche vollständig von der Privatinitiative abhängt, wie in den USA, wird sie mit grosser, geistiger Toleranz als gesellschaftlich notwendig und zum kulturellen Erbe gehörig anerkannt.

Ihre Aktionen sind daher am ehesten mit dem *Image-Building* eines Geschäftsunternehmens vergleichbar und werden dementsprechend von der Öffentlichkeit aufgenommen und unterstützt.

4. Wenn eine, vom Staat garantierte, Minoritätsstellung der Kirche gewisse politische Vorrechte einräumt, wie z. B. die Selbstverwaltung und Lehrfreiheit der protestantischen Kirchen in Frankreich. In diesem Falle ist die Öffentlichkeitsarbeit oft sehr kritisch, die Aktionen bleiben jedoch eher *national*, im Verein mit der offiziellen, katholischen Mehrheitskirche, als international ökumenisch. Die kritischen Publikationen finden auch einen weniger grossen Verbreitungskreis als bei den drei obgenannten Positionen.

Die Beeinflussung der Öffentlichkeit durch Massenkommunikationsmittel und die Ausübung eines politischen Drucks durch die Kirchen als Erziehung zur Entwicklung in den entwickelten und überentwickelten Ländern ist jedoch äusserlich viel deutlicher zu erkennen, als die eher nach innen gerichtete, aber nicht minder anhaltende, anfangs erwähnte Prägung der Jugend im Bildungssystem, die mehr der geistig-erzieherischen Rolle der Kirche entspricht.

335   Schlussbemerkungen

Welches sind nun die Auswirkungen dieser Erziehung zur Entwicklung, welche die Kirchen seit Beginn ihrer Missionstätigkeit, also *vor* anderen internationalen Organisationen oder Regierungen, in der „Ersten Welt" gefördert haben? Oft scheint es, als ob die Öffentlichkeitsarbeit zugunsten einer Förderung der Entwicklung die gegenteilige Wirkung erreicht hätte: Die Kreise, die über die zuverlässigsten und umfassendsten Informationen in der Entwicklungsarbeit verfügen, oder diese oft aus eigener, praktischer Anschauung oder von diplomatischen Verhandlungen her kennen, legen oft die grösste Skepsis an den Tag. Vielleicht wird durch allzuviele, tägliche, politische Information (über Stammesfehden, Bürgerkriege, Ausweisungen, Handelspraktiken, Korruption der führenden Schichten usw.) die Hilfsbereitschaft und das intellektuelle Verständnis für die Entwicklungsprobleme in der „Dritten Welt" eher vermindert als erhöht.

Daraus wird vereinzelt abgeleitet, dass die von der Ökumene befürwortete Erziehung zur Entwicklung eine Art Rückzugsgefecht, ein *Desengagement* der Kirchen auf grund des Misserfolgs ihrer Arbeit in der „Dritten Welt" darstelle, und ihnen billiger zu stehen käme, als die Projekthilfe. Eine solche Interpretation scheint übertrieben, denn der direkte, aktive und der indirekte, elitär ausgerichtete Einfluss der Kirchen ist in der „Dritten Welt" weit stärker, als im Westen. Überdies sind die Projektlisten von 1961—1971 ein schlagender Beweis für die steigenden, praktischen Leistungen des OeRK in der Entwicklungshilfe. Die irrtümliche Ansicht, es handle sich um ein Rückzugsgefecht, scheint auf zwei Tatsachen zurückzuführen zu sein: Erstens den Prestigeverlust, den die Missionen im Westen erlitten hatten, und zweitens auf das Faktum, dass die Öffentlichkeitsarbeit des OeRK häufig zu wenig „Reklame" für erfolgreiche Projekte gemacht hat.

Selbstkritisch und bescheiden wurden nur die in Schwierigkeiten geratenen Projekte öffentlich diskutiert, und das „Einheimsen" des Erfolgs vollständig dem lokalen Partner überlassen. Ethisch mag dies unanfechtbar sein, es verfälscht aber das *Image* des OeRK und der kirchlichen Entwicklungsleistungen im negativen Sinne.

Manche ökumenischen Publikationen verfallen hingegen in das andere Extrem, d. h. sie geben nur Erfolge an, die eine stark und einseitig engagierte Haltung untermauern. Dadurch können die Entwicklungsleistungen des OeRK an Glaubwürdigkeit einbüssen, wie es das Beispiel der Interkonfessionellen

Konferenz in der Schweiz gezeigt hat. Als Gegenbeispiel wurden die Niederlande genannt, wo das politisch extreme Engagement *für* das PCR den Kirchen einen Gewinn an Achtung eintrug. (Die Spende der Königin für das PCR ist eine Art repräsentatives Symbol für diesen Respekt des kirchlichen Mutes). Viele ökumenische Publikationen gelangen zudem meist entweder in die Hände derer, die bereits im selben Sinne engagiert sind, und sich deshalb für ein bestimmtes Thema interessieren (z. B. Rassenfragen in Australien), und somit von vorneherein mit den Darstellungen einverstanden sind, oder aber in die Hände sensationssuchender Journalisten, deren Produkte mehr Zerrbildern als der Wirklichkeit gleichen.

Mit Ausnahme der Niederlande scheint es, als ob eine gemässigte Haltung der Kirchen innenpolitisch den bestmöglichen Erfolg verspricht. Das allzu starke Engagement kann sogar der multilateralen Verstärkung der nationalen Entwicklungsbemühungen abträglich sein, weil ein schiefes Licht auf alles „Internationale" geworfen werden kann.

Die Reaktion auf die Aktionen der Mitgliedskirchen als politische Interessenverbände ist auch ausserhalb des Westens nicht ausgeblieben: Das Parlament von Südafrika hat den OeRK wegen des PCR öffentlich verurteilt.[45] In einem Teil des Landes verboten die Behörden sogar den Kirchen, Land zu erwerben, wenn sie nicht *zuvor* in einer Erklärung das ökumenische PCR abgelehnt hatten. Dies ist offensichtlich eine extreme Reaktion gegen den OeRK. Im Westen können jedoch solche Reaktionen die Meinungsbildung über den ökumenischen Entwicklungsbeitrag ungünstig beeinflussen. Es ist also nicht ausgeschlossen, dass die Aktionen der Kirchen durch Massenkommunikationsmittel und als politische Interessenverbände einen Gegendruck der Öffentlichkeit auslösen, dem sich die Kirchen dann in ihrer Entwicklungsarbeit wieder entgegenstemmen müssen.

In den vorliegenden Kapiteln wurde der Beitrag des OeRK zur Entwicklungsarbeit in der „Dritten Welt" unter verschiedenen Aspekten behandelt und durch ein Bild entwicklungsbezogener Aktionen in der „Ersten Welt" ergänzt. Dieser Beitrag soll nun abschliessend einer vorläufigen, durch den untersuchten Zeitraum begrenzten Wertung unterzogen werden.

---

45 OePD, Nr. 5, 18. 2. 1971.

4 Schlussfolgerungen

Seit jenem „Yalta des Geistes", als der Völkerbund Mandate als „heilige Kulturmission" und Kardinal *Mercier* Entwicklung als „Mission der Barmherzigkeit" bezeichnet haben, sind die Ansichten über die Entwicklungsarbeit nicht nur allgemein, sondern auch in kirchlichen Kreisen sachlicher und illusionsloser geworden. Insbesondere für die Leiter der Projekthilfe im OeRK wird heute alles Karitative klein geschrieben. Dies mag paradox erscheinen, lässt sich aber als extreme Reaktion auf den früher verbreiteten und zunehmend in Misskredit geratenen Missionsgeist erklären. Ein weiteres Paradox besteht darin, dass der Kirche fernstehende Bevölkerungskreise eher karitativ gesinnt sind als der OeRK, eine Tatsache, die von der breiten Masse weiterhin ignoriert wird. Der Entwicklungsbeitrag des OeRK bleibt für viele eine Unbekannte und wird dementsprechend verkannt, weil alles „Kirchliche" in stereotype, aus der Vergangenheit übernommene und durch einseitige Öffentlichkeitsarbeit unglücklicherweise oft noch verfälschte Vorstellungen gehüllt bleibt. Es wird ausser acht gelassen, welcher bedeutsame Gesinnungs- und Strukturwandel sich im ersten Entwicklungsjahrzehnt innerhalb des OeRK vollzogen hat: Die Kirchen sind von einer geistigen Stütze des Kolonialismus zu einer ökumenischen Weltorganisation geworden, die sich nicht zu schämen braucht, ihre Entwicklungsbemühungen mit denen anderer Organisationen zu vergleichen.

Bei der Herausarbeitung der positiven und negativen Aspekte des ökumenischen Entwicklungsbeitrages wird klar, wodurch sich dieser von anderen Programmen internationaler Organisationen unterscheidet. Um zu vermeiden, dass die in jeder Entwicklungsarbeit auftauchenden Schwierigkeiten als spezifische Probleme des OeRK angesehen werden, erweist es sich daher als zweckmässig, vorerst die „klassischen Konstanten" in der Problematik der Entwicklungsarbeit herauszustellen. Erst danach kann erörtert werden, welche Elemente den positiven und welche den negativen Seiten der ökumenischen Entwicklungsarbeit zugerechnet werden können.

41 Allgemeine Schwierigkeiten der Entwicklungsarbeit

In jeder Projektarbeit müssen Problemen auf drei verschiedenen Ebenen gelöst werden: projektbezogen, institutionell und politisch. Sie sollen im folgenden kurz skizziert werden.

411   Projektbezogene Schwierigkeiten

Diese Kategorie kann in vereinfachender Weise in fünf Punkte zusammengefasst werden.

411.1   Der Standort

Bei allen Projekttypen ist die Wahl des Standorts von besonderer Bedeutung. Er muss verkehrstechnisch günstig, d. h. nicht allzu abgelegen sein; auch sollten bereits gewisse Merkmale einer bestehenden Infrastruktur vorhanden sein. Besonders für Erstprojekte darf also keine allzu „unterentwickelte" Gegend ausgewählt werden. Für Landwirtschaftsprojekte müssen ferner dem Klima und der Bodenbeschaffenheit besondere Beachtung geschenkt werden. Diese geographisch-technologischen Gesichtspunkte können sich jedoch nicht gegen den Willen der Regierung des Gastlandes oder denjenigen der Geldgeber durchsetzen. Der institutionelle Aufbau der Hilfsorganisation spielt bei der Wahl des Standorts ebenfalls eine Rolle.

411.2   Die Beschränkung der Planung

Es gibt Organisationen, die „Globalstrategien" und weltweite Programme verkünden[1]. Der OeRK verzichtet auf derartige „für die Galerie" bestimmte „Universalkonzeptionen", da diese oft entweder im Untersuchungsstadium stehen bleiben oder zurückgesteckt werden müssen. Selbst einzelne Projekte sind, wie wir gesehen haben, oft allzu gross angelegt, besonders wenn sie „von oben" geplant werden. Die Arbeitskapazitäten der Projektmitglieder und des Projektstabs werden häufig überschätzt. Es zeichnet sich heute eine Tendenz ab, die erneut die Bedeutung der Kleinarbeit (die im OeRK immer erkannt wurde), und einer realistischen, nicht zu weit gefassten Planung befürworten[2].

---

1   IAA, Internationale Arbeitskonferenz, 56. Tagung, 1971, Bericht IV „Das Weltbeschäftigungsprogramm".
2   Der Bund, Nr. 224, 24. Sept. 1972 „Die Krise der Entwicklungshilfe". Der Artikel erwähnt entsprechende Überlegungen von Prof. *H. Bachmann* in Aussenwirtschaft, Heft Juni 1972. NZZ, Nr. 544, 22. Nov. 1971, S. 17/18. Der Artikel betont die „intermediate technology".

411.3   Die Projektleitung

Die Kompetenz der Projektleitung ist oft schwierig zu beurteilen. Ist ein Einzelner Projektleiter, muss er viele Aufgaben lösen, die weit über seine spezifischen beruflichen Qualifikationen hinaus gehen. Doch selbst wenn seine beruflichen Qualifikationen genau der anfallenden Arbeit entsprächen, kann er in seinem Bemühen scheitern, falls ihm die Fähigkeit des Umgangs mit Menschen abgeht. Bei einer kollektiven Projektleitung besteht die Gefahr der Unübersichtlichkeit des Gesamtprojekts für die jeweils Verantwortlichen; auch können verschiedenartige Interessen und Motivationen sich gegenseitig behindern. Die von vielen Seiten befürwortete, lokale Übernahme von Projekten ist häufig schwierig, sei es, weil keine entsprechend qualifizierten Personen gefunden werden können, oder weil die lokalen Fachkräfte zur Übernahme nicht gewillt sind.

411.4   Der Projektstab und die Projektmitglieder

Der Projektstab hat meist mit den Schwierigkeiten der beruflichen Anpassung an veränderte Arbeitsbedingungen, mit der Erlernung einer fremden Sprache und mit der Anerkennung seiner „neutralen" Hilfsbereitschaft durch die lokale Bevölkerung zu kämpfen. Höhere Löhne für ausländische Fachkräfte können zusätzliche Spannungen schaffen.

Ferner muss der Kompetenzaufbau und die Buchführung innerhalb der Projekte klar sein. Es muss ein Gleichgewicht erreicht werden zwischen dem Einsatz ganz moderner, von den Einheimischen bewunderter, aber oft kostspieliger Methoden oder Einrichtungen, die jedoch oft nicht voll genutzt werden können, und einfachen, prestigelosen Verfahren, die manchmal keine Anziehungskraft auf die lokale Bevölkerung ausüben. Dabei sind dann Originalität, schöpferische Erfindungsgabe und Vorstellungskraft einzelner Mitglieder des Projektstabs für den Erfolg ausschlaggebend.

Die Projektmitglieder (Bauern, Patienten, Lernende) sollten vor einem „Kulturschock" bewahrt werden können. Es geht auch hier um ein Gleichgewicht zwischen der Anregung der lokalen Eigeninitiative, des Willens zur Selbsthilfe und der Überwindung einer oft vorhandenen Verachtung traditioneller Methoden, die verbessert und adaptiert werden müssen.

Die von modern denkenden „Entwicklungskennern" befürwortete Förderung einheimischer Kulturen stellt eine Reaktion dar auf die oft berechtigten Vorwürfe einer kulturellen Bevormundung durch „die Weissen". Sie kann aber praktisch auch zum Fiasko werden, weil die lokale Bevölkerung *selbst* die Förderung der eigenen Kultur für eine ihr aufgezwungene Benachteiligung und Verhinderung des Fortschritts hält. Ein Arbeitsklima der gegenseitigen Achtung, das aus dem oben erwähnten Gleichgewicht entstehen soll, ist schwer zu erreichen.

411.5 Messbarkeit der Erfolge

Je nach Projekttyp sind die Indikatoren und das System der Erfolgsermittlung anders zu wählen. Bei den Sozialwerken ist der Erfolg kaum abschätzbar. Zudem bleibt jede Evaluierung mehr oder weniger subjektiv, selbst wenn sie von Mitgliedern einer anderen, unabhängigen Organisation durchgeführt wird.

Man denke nur an die Relativität von Statistiken, beabsichtigte oder unbeabsichtigte Vertuschungsmethoden, politischen Opportunismus, nicht erfasste Verteilungseffekte bei Wohlstandshebungsziffern u. a. m., um einzusehen, dass kaum je endgültig ermittelt werden kann, ob und in welchem Masse ein Projekt tatsächlich zur „Entwicklung" beigetragen hat.

412 Institutionelle Schwierigkeiten

Institutionelle Probleme können bei internationalen, meist kompliziert aufgebauten Organisationen kaum vermieden werden. Es geht daher in der Entwicklungsarbeit um die Abschätzung des Ausmasses ihrer Arbeitsbehinderung. Allgemein können vier Punkte unterschieden werden.

412.1 Probleme der horizontalen und vertikalen Kommunikation

Die horizontale Kommunikation umfasst die Koordinierung der Tätigkeiten verschiedener Abteilungen innerhalb einer Organisation sowie die Möglichkeiten der Zusammenarbeit an Ort und Stelle. Wie schwierig die interne, horizontale Kommunikation innerhalb der UNO und ihres Entwicklungsprogramms ist, wurde im *Jackson*-Bericht ausgeführt, der die Gründung einer allen Abteilungen gemeinsamen Informationsstelle forderte[3].

Die Probleme der externen horizontalen Kommunikation, d. h. verschiedener, an demselben Projekt beteiligter Organisationen werden bei Nothilfe- und Flüchtlingsprogrammen besonders deutlich, bei denen ein rasches, effizientes Verteilungssystem der Hilfsgüter ausschlaggebend ist.

---

3 *Ch. Elliott*, An appreciation of the Jackson-Report – Report to the Baden Consultation, April 1970.

Die vertikale Kommunikation umfasst die Verbindungen: Mitglieder der Organisation→Zentrale→Lokaler Träger→Projekt und umgekehrt. Sie sollte so straff und einfach wie möglich sein. Auch hier handelt es sich um das Gleichgewicht zwischen allzu harter, Misstrauen erweckender Kontrolle mit übertriebenem Papierkrieg einerseits, und improvisiertem „laissez-faire" andererseits. Im *Jackson*-Bericht wird der Einfluss der Sonderorganisationen der UNO, die sich zwischen die Verwaltung des UNDP und dessen lokale Vertretungen einschalten, indirekt kritisiert. Je gewundener die Kommunikationslinien sind, um so undeutlicher wird die Zielsetzung eines Projekts, und um so verwischter erscheint der Entscheidungsprozess.

412.2 Der Entscheidungsprozess

Dem *Jackson*-Bericht kann folgendes entnommen werden: Besitzt die Organisation kein „zentrales Gehirn", so erhöht sich die Gefahr, dass einzelne ihrer Abteilungen oder mit ihr verbundene Organisationen einfach von sich aus ihre eigenen Projekte „verkaufen" *(agency-salesmanship)*, ohne auf die Bedürfnisse der lokalen Bevölkerung Rücksicht zu nehmen. Der Entscheidungsprozess für ein realistisches Projekt sollte deshalb von jener lokalen Stelle in der „Dritten Welt" ausgehen, die unmittelbar betroffen ist.

Der Konsensus müsste sich demokratisch bilden können, und die finanzielle Entscheidung der Geldgeber sollte entweder im kollektiven Beratungsverfahren oder durch die echte Multilateralität der Hilfsleistung abgeschwächt werden können. So würde vermieden, dass die Geldgeber der „Dritten Welt" Projekte aufzwingen.

412.3 Kontrolle des finanziellen Einsatzes und der Durchführung des Projekts

In der bilateralen staatlichen Hilfe ist die genaue Kontrolle der Finanzen für Entwicklungsprojekte oft kaum durchführbar, weil sie erstens von politisch äusserst empfindlichen Regierungen als Einmischung eines fremden Ministeriums in ihre nationalen Angelegenheiten betrachtet werden kann. Eine solche Kontrolle wird demnach als „Neokolonialismus" oder Beschneidung der nationalen Souveränität ausgelegt. Zweitens können Gelder, die von zwischenstaatlichen Organisationen verfügbar gemacht werden, oft in unkontrollierbaren administrativen Tätigkeiten untergehen[4]. Auch bei privaten Organisationen ist eine Zweckentfremdung der Gelder nicht ausgeschlossen.

Fussnote 4 auf Seite 308.

Zudem bestehen private Spender eher auf ihrem Kontrollrecht als internationale Organisationen oder durch die Aussenpolitik in ihrer Kontrollfunktion behinderte Ministerien. Die individuellen Beziehungen und das Verantwortungsbewusstsein des Einzelnen gehen in privaten Organisationen weniger in einer anonymen Maschinerie unter, obschon die verfügbaren Beträge meist geringer sind als bei staatlicher, bilateraler oder multilateraler Hilfe.

Das Kontrollrecht wird bei ersteren meist schärfer angewandt. Daraus könnte man eventuell schliessen, dass staatliche multilaterale Projekte weniger *donor-biased* (den Wünschen der Geber entsprechend) wären. Dies ist jedoch nicht unbedingt der Fall, da ex-koloniale und politische Rücksichten auch multilaterale staatliche Programme zur gezielten – und oftmals noch gebundenen – bilateralen Hilfe werden lassen[5].

412.4 Institutionelle Trägheit

Die institutionelle Trägheit ist in jeder weltweiten Organisation in unterschiedlichem Masse feststellbar. Ein wichtiger Indikator für deren Ausmass ist die Beschäftigtenzahl innerhalb einzelner Organisationen: So arbeiten etwa 4000 Beamte in der FAO in Rom und etwa 2000 „in the field"[6], etwa 3000 in der IAO und über 2000 für das UNDP.

Die Zentrale des OeRK beschäftigt nur rund 350 Angestellte[7]. Die neue, interne Struktur des OeRK, die 1971 beschlossen wurde, soll die Probleme der internen, vertikalen und horizontalen Kommunikation verringern sowie der institutionellen Trägheit vorbeugen.

Die Durchführungszeiten für Projekte sind in diesem Zusammenhang ebenfalls aufschlussreich, da sie auf die institutionelle Trägheit hinweisen können. Der *Jackson*-Bericht gibt an, dass von der Einreichung eines Projektes bis zu dessen Billigung durch den „allgemeinen Rat" *(General Council)* des

---

4   In einer Sonderorganisation der UNO wird offiziell angegeben, dass ein Drittel (immerhin eine erhebliche Summe) des Gesamtbudgets auf die Verwaltungskosten entfällt, wobei das Budget mit ziemlich willkürlich gewählten Posten vorgelegt werden kann, und die effektiven Verwaltungskosten weit höher zu liegen kommen.
5   Ein Beispiel dafür ist das multilaterale Abkommen über Nahrungsmittelhilfe von 1967. Vgl. hierzu *B. Hürni*, „The Food Aid Convention", Seminararbeit bei *Prof. O. Long*, Oktober 1970 (polykopiert), S. 27. Auch der europäische Entwicklungsfonds (FED) der EWG dient oft Projekten, die bilaterale, ex-koloniale Beziehungen politisch aufrecht erhalten sollen.
6   NZZ, 24. Juli 1971, „Unbehagen über die FAO – Schwerfälligkeiten einer Weltorganisation".
7   1969 arbeiteten 25 Führungskräfte in der DICARWS.

UNDP vier Jahre vergehen können[8]. Die EWG brauchte für die Erstellung eines gemeinschaftlichen Nahrungsmittelhilfsprogramms *über* zwei Jahre, weil u. a. die Kompetenzen auf verschiedene Generaldirektionen innerhalb der Kommission verteilt waren und andere, komplizierte, administrative Prozeduren durchlaufen werden mussten[9].

Im OeRK dauert es von der Einreichung bis zu Durchführungsentscheidung für ein Projekt durchschnittlich sechs bis zehn Monate, im LWB nur sechs bis acht Monate. Dabei darf natürlich nicht übersehen werden, dass die ökumenischen Projekte mehrheitlich weniger grossangelegt und infolgedessen billiger sind als die der oben erwähnten Organisationen.

413 Politische Schwierigkeiten

Die politischen Schwierigkeiten in der Entwicklungsarbeit lassen sich in drei Aspekte aufteilen. Sie sollen hier als innenpolitische, internationale und organisationsinterne Probleme bezeichnet werden.

413.1 Innenpolitische Probleme

Damit sind die Beziehungen zwischen der Organisation und der Regierung, den lokalen Behörden des Gastlandes gemeint. Hier können Korruption, absichtlicher oder unabsichtlicher Betrug und die Unerfahrenheit von Beamten, die meist kaum in die entlegenen Gebiete ihres eigenen Landes kommen, eine weitere Behinderung bedeuten. Überdies stossen die Organisationen oft auf Hindernisse der nationalen Gesetzgebung, die z. B. unrealistisch *hohe* Normen aufstellen. Selbst wenn diese Normen praktisch *nicht* durchführbar sind, können sie Aufbau und Arbeit eines Projektes behindern, weil sein Tätigkeitsbereich die theoretischen, nationalen Gesetzesbestimmungen überschreitet.

Zu den „innenpolitischen" Schwierigkeiten dürfen auch Beziehungen zwischen Projekt und der nicht zum Projekt gehörenden Bevölkerung gerechnet werden. Diese Beziehungen sind besonders schwierig gegenüber dem lethargischen, oft gegen alles Neue eingestellten Grossstadtproletariat. Taktisch und politisch geht es darum, dieser Gesellschaftsschicht greifbare, materielle Erfolge vor Augen zu führen, bevor sie zur Mitarbeit gewonnen werden kann.

---

8   A Study of the Capacity of the U. N. Development System („Jackson Report"), passim. *Ch. Elliott*, An appreciation of the Jackson Report, S. 1–8.
9   *B. Hürni* „The Food Aid Convention", S. 7.

Da es oft keine nationale Sozialpolitik gibt, fühlt diese Schicht sich dem Staat oder der Gesellschaft gegenüber zu nichts verpflichtet. Weil sie innenpolitisch keine Rolle spielt, tragen die Erfolge auf diesem Gebiet den staatlichen Stellen weder Macht- noch Prestigevorteile ein. Ihr Vertrauen kann oft eher durch private als durch offizielle Stellen gewonnen werden. Dies kann jedoch auch zu „Rivalitäten" zwischen Hilfswerk und Behörde führen oder zu Beschuldigungen wegen politischer Aufwiegelung.

413.2 Internationale Probleme

Diese stellen sich am deutlichsten bei Flüchtlings- und Hilfsprogrammen in oder nach Kriegen. Die angestrebte politische Neutralität der Hilfe wird kaum je gewürdigt. Fast jedes Projekt trägt der Organisation politische Vorwürfe verschiedener Staaten ein. Falls ein Programm sich auf mehrere Staaten ausdehnt, sind die politischen Verstrickungen noch komplexer. Doch auch bei einer multilateralen Entwicklungshilfe in normalen Zeiten können die Diskussionen in vermehrtem Masse international „politisiert" werden [10].

413.3 Organisationsinterne Spannungen

Durch die Entwicklungsarbeit können oft rückwirkend politische Spannungen innerhalb der Organisation auftauchen. In regierungsvertretenden Organisationen können die Gründe dafür Präferenzabkommen mit bestimmten Ländern in der „Dritten Welt" (Ex-Kolonien), Gruppierungen in „Blocks" zwischen Entwicklungs- und Industrieländern oder verschiedenartige sozialpolitische Zielsetzungen sein.

In jeder internationalen Organisation, die sich mit Entwicklungsarbeit befasst, gibt es zeitweise verschiedene, politische Tendenzen, die Spannungsfelder entstehen lassen. Nur *reagieren* die einzelnen Organisationen je nach Struktur und geistiger Beweglichkeit verschiedenartig auf solche interne Bedrohungen.

Diese Skizze der in der Entwicklungsarbeit entstehenden Schwierigkeiten, die internationale Organisationen überwinden müssen, soll die schematische Beleuchtung der positiven und negativen Aspekte des Entwicklungsbeitrages des OeRK erleichtern.

[10] NZZ, Nr. 315, 10. Juli 1971 „Vor einer mühsamen Refinanzierung der IDA". NZZ, Nr. 363, 7. Aug. 1971 „Entwicklungshilfe und Sonderziehungsrechte". Journal de Genève, 29. März 1972, „Cacao: Mascarade ou sincère volonté d'aboutir?". Der Artikel behandelt die Politisierung der Verhandlungen über die Erneuerung des Internationalen Kakaoabkommens.

42 Positive Aspekte des Entwicklungsbeitrages des OeRK

421 Projektbezogene Aspekte

Da im Normalfall ein Projekt von der lokalen, kirchlichen Stelle im Entwicklungsland eingereicht wird, ist ein Mitglied des OeRK als *Institution* im Projektland bereits vorhanden. Sie ist meist *organisch* gewachsen, und selbst ein ausgezeichnetes System lokaler Vertreter kann diesen historischen Vorteil, *organisch* ein Teil der Nation zu sein, nicht aufheben. Damit besitzt der OeRK schon vor Beginn der Arbeit ein weitreichendes, alle Schichten der Bevölkerung umfassendes *Informationsnetz,* das viel diversifizierter ist, als das einer internationalen, zwischenstaatlichen Organisation, die auf Auskünfte der betreffenden Regierung, oder ausländischer und inländischer Experten angewiesen ist.

Dieses Informationsnetz kann die Wahl des Standorts sowie die mögliche *lokale Trägerschaft* und spätere Übernahme des Projektes erleichtern. Die Standorte der Projekte des OeRK sind meist nicht allzu breit aufgefächert, konzentrieren sich auf Gebiete mit einigermassen brauchbarer Infrastruktur, und breiten sich im Erfolgsfall in entlegenere Gebiete aus. Damit hat der OeRK die *Theorie der Verbundstrategie* in der Praxis verwirklicht.

Die ökumenischen Projekte stehen nur in Ausnahmefällen unter *nicht* einheimischer Leitung, oder haben nicht einheimische kirchliche Stellen als lokale Träger. Deshalb braucht der OeRK auch kein System von lokalen Vertretern aufzubauen, denn die kirchliche, etablierte Stelle übernimmt deren Funktion.

Dies ist also ein aus der Kolonialzeit übernommener, historisch bedingter Vorteil gegenüber zwischenstaatlichen Organisationen, die erst seit ungefähr fünfundzwanzig Jahren ihr System lokaler Vertreter aufbauen konnten.

Die Projektlisten bis 1971 beweisen ferner, dass die Mehrheit der Projekte aus einer Vielzahl von relativ kleinangelegten, wenig aufwendigen Vorhaben (unter 20 000 Dollar) mit nicht allzu langer Laufzeit (meist ein bis drei Jahre, manchmal fünf) besteht. Nach 1968 bestand eine klare Tendenz, eine allzu starke Zersplitterung in „Mini-Projekte" zu vermeiden, so dass mit einem erhöhten Finanzeinsatz (im untersuchten Jahrzehnt hat er sich von 1 Mio. Dollar auf 20 Mio. Dollar erhöht, also rund um das Zwanzigfache) [11] eine kleinere Anzahl von Projekten pro Jahr (1971 jedoch immer noch über

---

11 Der Betrag von 20 Mio. Dollar schliesst nur die normalen Projekte ein. Die Gesamtsumme für 1971 liegt höher, weil die Nothilfeprogramme, die *above-ceiling-projects* und die Sonderentwicklungsprojekte noch dazu kommen.

400 Projekte) unterstützt wurden [12]. Die durchschnittlichen Kosten pro Projekt sind trotz der herabgesetzten Anzahl verhältnismässig niedrig. Auch bestehen die Mitglieder der DICARWS auf der *lokalen Mitfinanzierung* des Projekts. Die Planung muss ferner so beschränkt angelegt sein, dass die ärmeren, kirchlichen Stellen in den Entwicklungsländern die *Folgekosten* für das ökumenische Projekt nach der angesetzten Zeit *selbst* übernehmen können.

Der erwähnte finanzielle Druck oder Zwang führt oft dazu, dass die Erfindungsgabe angeregt wird, und dadurch lokal gebräuchliche, einfache Methoden erfolgreich eingesetzt werden. Die Knappheit der Mittel kann also den Projektstab zu *originellen Lösungen* anspornen. Oft werden auch durch den OeRK selbst harte Verhandlungen um Einsparungen geführt.

Zur Überbrückung der allgemeinen Probleme des Standorts und der Planung von Projekten verfügt der OeRK zusammenfassend über folgende Vorteile: Ein schon vorhandenes, verästeltes Informationsnetz, eine lokale Trägerschaft, die mit dem OeRK verbunden ist, eine finanziell und zeitlich begrenzte Planung, die meist zu wenig aufwendigen, aber sich im Entwicklungsland bewährenden Arbeitsmethoden zwingt.

Zu den projektbezogenen, *menschlichen* Problemen ist folgendes festzuhalten: Die ökumenische Personalvermittlungshilfe betont die Bedeutung der *intermediate technology* (Einsatz von mittleren Kadern). Es werden nur in Ausnahmefällen Akademiker eingesetzt. Die Mehrheit des vermittelten Personals bestand aus *qualifizierten, mittleren Kadern*, d. h. aus *Laien*. Das grösste Kontingent machten die landwirtschaftlichen und technisch-mechanischen Fachkräfte aus. Der OeRK vermittelt keine Projektleiter, sondern nur Mitglieder des Projektstabs, sofern diese vom lokalen Träger angefordert werden.

Nach den Grundsätzen der optimalen Qualifikation und der gleichzeitigen Trennung von Geld und Personal in der Projektarbeit, werden diese Kandidaten, so weit wie möglich, *nicht* aus den Listen der geldgebenden Stellen gewählt. Der innere, durch die ethisch-christliche Motivation bedingte Halt der ökumenisch vermittelten Entwicklungshelfer erleichtert diesen häufig ihre Arbeit und hindert sie am Aufgeben. Die auf Arbeitsmoral und -atmosphäre gegründeten Erfolge regen die lokale Bevölkerung oft zur *Selbsthilfe* an. Die Entwicklungsarbeit des OeRK lässt den Schluss zu, dass der finanzielle Einsatz für den Erfolg eines Projektes weniger ausschlaggebend ist als die menschlichen und beruflich angepassten Qualitäten des Personals, und dessen Beziehungen zur lokalen Bevölkerung.

---

12 Im Vergleich dazu sind die Zahlen des UNDP eindrücklicher: Ein Budget von zirka 300 Mio. Dollar für 1972. In diesem Jahr wurden 106 neue Projekte begonnen. Journal de Genève, 6. Febr. 1972 und 3. Nov. 1972.

Aus der christlichen Motivation der Projektmitarbeiter und der elitären Grundkonzeption der ökumenischen Entwicklungshilfe ergeben sich folgende Vorteile: Die Entwicklungshelfer sind meist weniger prestige- und stellungsbewusst als Personal mit hauptsächlich wirtschaftlichen oder politischen Motivationen. Sie sind in der praktischen Arbeit völlig *illusionslos,* finden aber durch die erwähnte Grundhaltung einen, die Hoffnung nicht abtötenden Durchhaltewillen.

Die elitäre Konzeption erleichtert ihnen die *Heranbildung neuer, lokaler Führungskräfte,* die durch ihren Einfluss im eigenen Land die ersten Veränderungen zur Förderung einer entwicklungsbewussten Mentalität einleiten, oder verstärken und ausdehnen sollen. Dazu darf der OeRK mit einem rational schwer erfassbaren, aber oft deutlich spürbaren *Zusammengehörigkeitsgefühl der Christen* in der „Dritten Welt" rechnen. Dementsprechend trifft der OeRK als Organisation in der Begegnung mit der „Dritten Welt" in der Projekthilfe nicht auf Fremde, Aussenstehende, sondern auf eine weltanschaulich mit ihm verbundene, minderheitliche Elite.

Um jegliches Missverständnis auszuschliessen, sei nochmals wiederholt, dass die DICARWS weder Missionsprojekte noch Kirchenbauten finanziert, und ihre Hilfe nicht nur dem Schutz der Kirchen oder Christen dient. Sie ist im Gegenteil bestrebt, ihre Zusammenarbeit mit Buddhisten, Musulmanen und anderen nichtchristlichen Gruppen zu verstärken und wird auch oft von diesen in ihren Bemühungen unterstützt. Diese Feststellung weist jedoch nicht nur auf einen projektbezogenen Vorteil hin, sondern leitet zugleich zu den institutionellen, positiven Aspekten über.

422 Institutionelle Aspekte

Der Entscheidungsprozess im OeRK lässt den Schluss zu, dass es sich um eine Organisation mit demokratischen Arbeitsmethoden und einem aus individuellen Entscheidungen zusammengesetzten, kollektiven, also ebenfalls demokratischen Entscheidungsprozess handelt, obschon er von einer elitären Grundkonzeption ausgeht [13].

Dieser Entscheidungsprozess ermöglicht eine echt multilaterale Hilfe, d. h. mehrere Mitglieder können sich finanziell an einem ökumenischen Projekt beteiligen. Oft löst dies unter den wichtigen Gebern eine Art „edlen Wettstreit" aus. Der echte Multilateralismus bedeutet gleichzeitig, dass kein

---

13 Bei gewissen, regierungsvertretenden internationalen Organisationen liesse sich das Gegenteil beweisen: Es sind Organisationen mit demokratischer Grundkonzeption, aber einem durch und durch hierarchisch ausgerichteten, elitären Entscheidungsprozess.

Projekt einem Entwicklungsland aufgezwungen werden kann, weil nur aus Entwicklungsländern eingereichte Projekte auf die Liste gesetzt werden. Dies schwächt nicht nur den *donor-bias* ab, sondern verhindert auch die institutionelle *agency-salesmanship*. Wie die vorliegende Untersuchung gezeigt hat, wird die finanzielle Entscheidung vom *nationalen* DICARWS-Mitglied und zwar letztlich nicht national, sondern *individuell* vom Vertreter der bestimmten Geberorganisation gefällt. Dennoch wirken die anderen Mitglieder und die OeRK-Organe (insbesondere ACTS als Beratungsorgan) in den ersten Phasen der Entstehung des Konsensus im Entscheidungsprozess so ausschlaggebend mit, dass der Entscheidungsprozess *echt demokratisch* bleibt, denn eine *nationale* Kirche kann weder *allein* eine kompromisslose Vorrangstellung im Entscheidungsprozess einnehmen, noch wird dieser *supranationalen* oder institutionellen Zwängen unterworfen, wie dies in regierungsvertretenden Organisationen zu beobachten ist.

Die Entscheidung für die Durchführung von Projekten fällt im Vergleich zu regierungsvertretenden Organisationen bedeutend schneller. Diese relativ kurze Zeitspanne zwischen Einreichung und Durchführung ist ein sehr positives Element, das bereits andeutet, weshalb die Flüchtlings- und Nothilfe der erfolgreichen Entwicklungsarbeit des OeRK zuzurechnen ist: Dort kommt es auf einen noch rascheren Planungs- und Entscheidungsprozess an.

Zur Beschleunigung der Arbeit trägt auch der Umstand bei, dass das „Ressort-Denken" im OeRK sozusagen unbekannt ist. Den Typ des nationalen oder internationalen Funktionärs, der ein Leben lang in *seiner* Abteilung arbeitet, gibt es im OeRK nicht. Die berufliche Streuung im OeRK-Stab ist sehr ausgedehnt, d. h. es ist vom Manager bis zum Pfarrer ein breites Spektrum von Berufen vertreten. Meist bleiben die Stabsmitglieder nicht ein Leben lang im OeRK, sondern werden, wie z. B. Berufsmilitärs, für eine bestimmte Zeitspanne eingesetzt. Somit kann der Typ des internationalen Technokraten gar nicht erst entstehen. Diese Feststellung bedeutet keine indirekte Kritik an der Kompetenz der Stabsmitglieder in der Entwicklungsarbeit. Die verantwortlichen Leiter verfügen im Gegenteil meist über eine langjährige, praktische Erfahrung. Die bei der Kontrolle der Finanzen und der Durchführung von Projekten feststellbaren, positiven Merkmale der ökumenischen Entwicklungsarbeit können in drei Punkten aufgezählt werden:

1. Mit der Evaluierung werden keine organisationsinternen Expertenkommissionen beauftragt, die ihre Zeit grösstenteils in luxuriösen Hotels in der Hauptstadt verbringen oder durch bestimmte Entwicklungskonzeptionen ihrer eigenen Organisation befangen sein können. Das Evaluierungs- und Beratungsorgan ACTS beauftragt häufig andere Organisationen, die in keiner Weise mit dem OeRK verbunden sind, mit der Überprüfung eines Projektes. So ist eine weitgehend unabhängige Evaluierung möglich. Selbst wenn

Mitarbeiter von ACTS mit der Evaluierung beauftragt werden, ist festzuhalten, dass ihre Berichte kritischer sind, als die unabhängiger Organisationen.

2. In den Sitzungen und Berichten der ökumenischen Organe für Entwicklungsarbeit zeigt sich immer wieder eine *ausgeprägte Selbstkritik,* die in anderen Organisationen weniger erkennbar ist, oder überhaupt fehlt. Diese Selbstkritik kann aufbauend, aber auch *lähmend* wirken. Ihr negativer Aspekt wird im OeRK „mea culpa Syndrom" genannt und ist auf das historische Erbe der Missionen aus der Kolonialzeit, welche die weltweite Vorherrschaft der Weissen begründen halfen, zurückzuführen. Die Selbstkritik im ersten Entwicklungsjahrzehnt ist also eine späte Reaktion auf frühere, jetzt bereute Sünden eines Glaubens an geistige und kulturelle Superiorität, die viel zur psychologischen Verfremdung, zu den Rassenspannungen und politisch extremen Stellungen in den Entwicklungsländern beigetragen hat.

3. Die privaten Geldgeber können ihre Buchführungs- und Kontrollbedingungen stellen, ohne dass dies als Einmischung in die inneren Angelegenheiten eines Staates aufgefasst wird. Gemäss dem protestantischen Grundsatz der „verantwortlichen Haushälterschaft" wird von den Evaluierungsbeauftragten eine ziemlich genaue, strenge Kontrolle der Projektfinanzen vorgenommen.

Der wichtigste, organisationsinterne positive Faktor des OeRK ist jedoch dessen *institutionelle Flexibilität,* die der persönlichen Initiative viel Spielraum lässt. Diese institutionelle Flexibilität erlaubt ein rasches, oft nicht dem normalen, vorgeschriebenen Verfahren folgendes Handeln, das wiederum besonders für die Flüchtlings- und Nothilfe von Vorteil sein kann. Institutionell prägt diese Flexibilität den Arbeitsstil des OeRK, der sich darin wesentlich von anderen internationalen Organisationen unterscheidet. Sie verhindert eine Lähmung der Entwicklungstätigkeit des OeRK, wenn dieser starken, internen Spannungen ausgesetzt ist, und verhütet global eine allzu extreme Parteinahme der Gesamtorganisation. Sie schwächt auch die institutionelle Trägheit ab, die jedoch schon wegen des verhältnismässig kleinen Mitarbeiterstabs nicht in den Vordergrund tritt.

In der Projekthilfe des OeRK findet ein *Ausgleich* zwischen nationalen und institutionellen Forderungen statt. Es gibt weder rein *supranationale* Entscheidungen, welche die Organe im OeRK selbständig treffen, *noch ausschliesslich auf nationaler Ebene erhobene Forderungen,* welche die Mitglieder *ohne* institutionelle Beeinflussung durchsetzen. Diese Ausgewogenheit, die in der Entwicklungsarbeit oft zu heilsamen Kompromissen führt, ist eigentlich auf die ethische Globalmotivation der *Achtung des Anderen* zurückzuführen. Sie erlaubt ein *ökumenisch gemeinsames Vorgehen,* selbst wenn die doktrinären Auffassungen auseinandergehen.

Die Diskussionen über *praktische Entwicklungshilfe* sind im OeRK, (DICARWS, ACTS, LWB/CDS) verglichen mit anderen internationalen Organisationen, recht *wenig „politisiert"*[14]. Dies will nicht besagen, dass die politischen Verstrickungen für die Entwicklungsarbeit des OeRK nicht auch eine ernste Gefahr darstellen. Davon wird später noch die Rede sein.

423 Politische Aspekte

In der „Dritten Welt" besitzen kirchliche Stellen häufig eine erste grosse Handlungsfreiheit, weil sie für ihre Projekte nicht unbedingt eine *offizielle Bewilligung* der Regierung benötigen.

Der OeRK bemüht sich jedoch, wenn irgend möglich die Integration seines Projekts in einen *nationalen Entwicklungsplan* zu erreichen. Doch selbst in diesem Falle ist die kirchliche Stelle weniger durch den politischen Richtungswechsel oder die innenpolitische Instabilität gefährdet als Vertreter von Staaten, oder internationalen regierungsvertretenden Hilfswerken.

Eine zweite innenpolitische Freiheit, die kirchlichen Stellen zusteht, ist, *dort* zu arbeiten, wo die schlecht ausgebaute oder inexistente Sozialpolitik des Staates grosse Lücken lässt[15]. Da bei ökumenischen Projekten weniger Prestigedenken oder politische Rücksichten für Wiederwahl, wichtige Posten oder nationale Anerkennung im Spiele sind, kann die Arbeit oftmals ungehindert erfüllt werden.

Es gibt einen dritten, innenpolitischen Vorteil für den OeRK: In einzelnen Ländern der „Dritten Welt" (Libanon, Indonesien, bestimmte Lateinamerikanische Staaten, und in viel geringerem Masse auch Indien) sind die Christen eine *politische Macht* mit eigenen, aktiven Parteien oder einer Möglichkeit der wirksamen Einflussnahme auf die Regierung.

Der vierte innenpolitische Vorteil liegt darin, dass die Kirche als Institution in einem *vorindustriellen Zeitalter* entstand und sich vielleicht deshalb in den Ländern der „Dritten Welt", in denen die Agrarwirtschaft meist noch vorherrschend ist, leichter anpassen kann, als die Unternehmen einer überentwickelten, hochmechanisierten Konsumgesellschaft, die dorthin „verpflanzt" werden. Umgekehrt hatten die Mitglieder des OeRK in der westlichen, industrialisierten Gesellschaftsform rechtzeitig die Bedeutung der „Erziehung zur Entwicklung" erkannt und im OeRK institutionell verwirklicht. Ihre Aktionen für öffentliche Meinungsbildung durch moderne Massenmedien trugen zu einer *Sensibilisierung* gegenüber den Entwicklungsproblemen in den westlichen Industrienationen bei. Obschon diese Sensibili-

---

14 NZZ, Nr. 541, 19. Nov. 1972, S. 7 „Die UNO im Zeichen der Majorisierung durch die Dritte Welt".
15 Ein DICARWS-Vertreter meinte einmal sarkastisch: „Was der Staat nicht schafft, wird kurzerhand der Kirche zugeschoben".

sierung dem eigenen *Image* der Kirchen und des OeRK manchmal geschadet hat, ist diese Beeinflussung durch die Erziehung zur Entwicklung insgesamt sehr positiv einzuschätzen.

Aussenpolitisch ist der OeRK weniger an exkoloniale, kommerzielle und politische Beziehungen gebunden als multilaterale, regierungsvertretende Organisationen, deren Hilfeleistungen trotz theoretischer Multilateralität *in praxi* auf Grund politischen Zweckdenkens *bilateral* aufgeteilt werden. Die von staatlichen Stellen geleistete Hilfe, auch wenn sie über internationale Organisationen läuft, zeichnet sich noch häufig durch einen ego- und ethnozentrischen Charakter aus.

424 Motivationsbedingte Aspekte

Die Kraft, welche der durch innere Motivation geleisteten Arbeit der einzelnen Mitarbeiter innewohnt, wurde bereits als positiver, projektbezogener Faktor erwähnt.

Auf allen Stufen der ökumenischen Entwicklungshilfe wird klar, dass der Mensch im Mittelpunkt der Arbeit stehen und bleiben soll.

Dieser Individualismus trägt viel zur erwähnten, institutionellen Flexibilität bei. Er ist vom OeRK oft selbstkritisch angeprangert worden. Zu Ende des ersten Entwicklungsjahrzehnts verbesserten jedoch die Organe für praktische Entwicklungsarbeit ihre Arbeitsmethoden derart, dass die Auswüchse des Individualismus im ökumenischen System gebändigt wurden, und die Nachteile einer übertriebenen, unorganisierbaren Vielfalt von Unternehmungen kaum mehr erkennbar sind.

Der hohe menschliche Wert, der dem Einzelnen im Projektsystem vom OeRK zuerkannt wird, trägt wiederum auf allen Stufen zu dessen Arbeitsmoral und Verantwortungsbewusstsein bei.

Zugleich bemüht man sich, die Arbeit politisch und konfessionell, soweit dies menschenmöglich ist, ungebunden, d. h. *neutral* durchzuführen. Positiv zu werten ist die Tatsache, dass es bei allen grossangelegten Nothilfeprogrammen gelang, *beiden* Kriegsparteien zu helfen. Die *negativen* Auswirkungen dieser in der Entwicklungshilfe verwirklichten Motivation der Neutralität werden später berührt.

Dem echten, ökumenischen Denken und der entsprechenden Definition der Entwicklung sowie der Kultur entspringt eine geistige Toleranz in der praktischen Arbeit. Der OeRK umfasst eine Vielfalt von Christen, die *nicht* dem abendländischen, weissen Kulturkreis angehören. Je nach Rasse, Umwelt und heimischer Kultur hat sich das „entwestlichte" Christentum den vorgegebenen Bedingungen durch den überkonfessionellen Ökumenismus anpassen können. Diese geistige Toleranz entspricht einer motivationsbedingten, inneren Sicherheit der Einzelnen. Dadurch wird der Ethnozentrismus in der praktischen Arbeit derart abgeschwächt, dass er keine schädlichen Auswirkungen mehr verursacht.

Die *elitäre Grundkonzeption* des OeRK hat oft zur Finanzierung der *Leistung,* d. h. zu einer Belohnung des lokalen, eigenen Einsatzes geführt. Dies zeigt, wie weit die ökumenische Entwicklungshilfe sich im Jahrzehnt 1961—1971 von den Prinzipien der „christlichen Barmherzigkeit" entfernt hat. Nun könnte ein Widerspruch zwischen der elitären Auffassung und der sozialistischen Zielsetzung der *concientización* der Massen gesehen werden, die von einer radikalen Tendenz im OeRK vertreten wird. Der Widerspruch löst sich jedoch auf, da selbst die sozialistische Tendenz anstrebt, durch die Bewusstseinsbildung der Massen führende Persönlichkeiten zur Einleitung eines entwicklungsfördernden Wandels zu bewegen. Global gesehen kann das *Denken in Jahrhunderten* der Kirchen als Institution positiv gewertet werden. Zurecht betont der OeRK einerseits die Bedeutung rascher Handlungsfähigkeit und kurzer Durchführungs- und Laufzeiten. Andererseits bewahrt das motivationsbedingte Denken in Jahrhunderten jedoch den OeRK vor einer kollektiven Verzweiflung bei Misserfolgen. Der Gedanke, dass die Entwicklung an sich eine jahrhundertelange Aufgabe sein wird, ist ausserhalb des OeRK noch nicht allzu tief in der westlichen Mentalität, die sehr zeitgeizig ist, verankert.

Die gesamten, individuellen oder globalen, motivationsbedingten Aspekte der Entwicklungsarbeit des OeRK sind häufig der ausschlaggebende Faktor seiner Erfolge.

43 Negative Aspekte des Entwicklungsbeitrags des OeRK

431 Projektbezogene Aspekte

Die Schwierigkeiten der *Auswahl eines Projektleiters* sind dem OeRK nicht unbekannt: Trotz der lokalen Trägerschaft gibt es Beispiele eines allzu häufigen Wechsels in der Projektleitung, einer inkompetenten Leitung und der Unmöglichkeit, einen lokalen Nachfolger zu finden.

Oft halten die *Projektbuchhaltungen* der Überprüfung durch ACTS nicht stand. Der *finanzielle Druck,* der die erwähnten positiven Auswirkungen haben kann, verunmöglicht hie und da eine langfristige Planung und Durchführung eines Projekts. Ein Mangel an Mitteln vereitelte auch oft die notwendigen Untersuchungs- und Studienarbeiten. Die Mitglieder brachten dafür nur widerwillig Geld auf, weil die Durchführung dieser Studien keine praktisch sichtbaren Erfolge, welche sie als Resultate ihrer Entwicklungsarbeit vorweisen konnten, zuliess. Doch gegen Ende des behandelten Jahrzehnts wurde die finanzielle Konsequenz für die zugegebenermassen unumgänglichen Evaluierungs- und Planungskosten auch von den Mitgliedern des OeRK erkannt und getragen.

Trotz der positiven Betonung der *intermediate technology* kam es auch in ökumenischen Teams vor, dass die vermittelten Entwicklungshelfer allzu hoch qualifiziert waren. Ferner konnten auch zwischenmenschliche Spannungen entstehen, weil die ökumenische Personalvermittlung keine „billigen Arbeitskräfte" entsandte, sondern diese wurden meist *besser entlohnt,* als die lokalen Projektmitarbeiter. Immerhin ist auch hier das *Ausmass* der Unterschiede zu berücksichtigen: Im OeRK ist der Unterschied der Löhne zwischen qualifizierten, ausländischen und lokalen Projektmitarbeitern weniger gross, als in anderen Organisationen.

Nach den ungünstigen Erfahrungen mit dem Einsatz von Freiwilligen und Jugendlichen, die der Projekteffizienz meist abträglich waren, hat der OeRK diese Kategorie von Entwicklungshelfern beinahe vollständig abgebaut, auch wenn damit indirekt der Beitrag für die Erziehung zur Entwicklung in den Industrieländern geschwächt wurde.

Auch innere Spannungen, die nicht von der unterschiedlichen Entlohnung abhängen, können im Projektstab auftauchen: Es geht um den *Grad der noch möglichen Unterordnung* der qualifizierten Helfer unter eine lokale, manchmal weniger kompetente Leitung. Da dem christlichen Entwicklungshelfer Demut und Bescheidenheit anerzogen werden, ist ein „Dialog" niemals ausgeschlossen. Es gibt jedoch auch ökumenische Projekte, in denen die vermittelten Mitarbeiter ohne weiteres *in praxi* als Leiter anerkannt werden.

Auf den Gebieten der Erziehung im engeren Sinne und des Gesundheitswesens erfüllen ökumenische Projekte oft nur eine *Teilfunktion.* Sie ergänzen Systeme, die eigentlich national organisiert und vom Staat übernommen werden sollten. Die Nützlichkeit dieser *suppletiven* Form der ökumenischen Entwicklungsarbeit ist unbestreitbar, gibt aber dem OeRK weniger Gelegenheit, seine „schöpferischen Kräfte" zu entfalten, als in einem Projektsystem, das in allen Teilen vom OeRK geplant und durchgeführt werden kann.

432   Institutionelle Aspekte

Im Entscheidungsprozess wurden bis 1971 *keine Prioritäten* für die Projektliste festgelegt. Es wurde nur durch die Fixierung einer Höchstsumme für jeden Kontinent versucht, die Entwicklungsgelder möglichst „gerecht" zu verteilen. Auf der Liste von 1972 werden erstmals nicht *alle* Projekte als gleich dringlich aufgeführt. Die zusätzliche Entscheidung über die Prioritäten kann jedoch zugleich neue Schwierigkeiten entstehen lassen.

Der positive, echte Multilateralismus der Projekthilfe hat den grossen Nachteil, dass einige Projekte bei ihrer Annahme nicht vollständig finanziert und deshalb nicht begonnen werden können. Dies trifft jedoch nur für eine ganz kleine Anzahl von Projekten zu, die beispielsweise zwei Geber finden, aber keinen dritten, der den letzten Teil der Finanzierung übernimmt. Wegen der verschiedenen Einteilungen der Projekte im OeRK und der Unmöglichkeit, unvorhergesehene Hilfsprogramme im einzelnen vorauszuplanen, gibt es *keine jährlichen Globalbilanzen* über die finanziellen Aufwendungen in der Entwicklungshilfe. Hingegen sind die angeforderten Budgets für einzelne Projekte sehr detailliert. Diese Tatsache weist auf die immer noch überwiegende Rolle des OeRK als finanzieller Katalysator hin, obwohl die CCPD seit 1970 über einen eigenen, nicht zweckgebundenen Entwicklungsfonds verfügt, mit dem jedoch vorerst nur bereits erfolgreiche Projekte weitergeführt werden. Das Fehlen der Globalbilanzen erschwerte die Untersuchung über die finanziellen Leistungen der OeRK-Mitglieder für die Entwicklungshilfe ausserordentlich.

Die Beachtung einer möglichst neutralen Entwicklungshilfe zwingt den OeRK oft zu einer *grossen Komplexität der Hilfsstruktur,* besonders bei Programmen für Not- und Flüchtlingshilfe. Nur die institutionelle Flexibilität erlaubt eine wirksame, rasche Arbeit in einer vielschichtigen Verbindung von beteiligten Hilfswerken. Die Komplexität der Hilfsstruktur bietet den institutionellen Vorteil lokaler, beweglicher, dezentralisierter Einheiten und enthält zugleich den Nachteil einer Zersplitterung der Kompetenzen. Für den Erfolg eines grossangelegten Nothilfeprogramms ist eine Abgrenzung und Zuteilung der Kompetenzen durch eine zentrale Stelle vorerst unerlässlich. Es geht auch hier darum, ein Gleichgewicht zu schaffen, indem einerseits den kleinsten dezentralisierten Einheiten die notwendige Handlungsfreiheit belassen, und andererseits doch klare Verhältnisse gegenseitiger Verantwortung geschaffen werden.

Die Überwindung dieser Schwierigkeiten lässt einen weiteren, negativen Aspekt zutage treten, der eine ungünstige Folge der institutionellen Flexibilität sein kann: Es ist die mangelhafte, vom OeRK selbst kritisierte, vertikale und horizontale Kommunikation.

Die ungenügende vertikale Kommunikation verursachte, dass Projekte entweder überkontrolliert oder überhaupt unbeaufsichtigt gelassen wurden.

Die zu Ende des untersuchten Jahrzehnts angestrebte, institutionelle Dezentralisierung der Projektarbeit durch eine Aufwertung der ökumenischen Regionalorganisationen soll dazu beitragen, die internen Kommunikationslinien zu straffen. Institutionelle Neuerungen, wie der gemeinsame Ausschuss der beiden Abteilungen DICARWS und DMWE *for the ecumenical sharing of personnel,* sowie die Einrichtung der Nothilfestelle im OeRK *(secretary for emergencies),* waren ebenfalls zur Straffung der internen, vertikalen und horizontalen Kommunikationslinien vorgesehen.

Demgegenüber funktionierte die *externe,* horizontale Kommunikation, d. h. die Zusammenarbeit mit anderen Hilfswerken besser. Insbesondere mit den katholischen Hilfswerken war die *praktische* Arbeit erfolgreich. Dieses Zusammengehen in der Praxis, in der „Dritten Welt", ist viel befriedigender, als die augenblicklichen offiziellen Beziehungen zwischen Vatikan und OeRK auf „höchster" Ebene, d. h. in den institutionellen Zentralen.

Die interne vertikale und horizontale Kommunikation bleibt institutionell ein schwacher Punkt in der Entwicklungsarbeit des OeRK. Erstaunlicherweise werden jedoch dessen negative Auswirkungen wieder durch ein, neben den institutionellen Kommunikationslinien bestehendes, strukturell unsichtbares Netz persönlicher Bekanntschaften und gemeinsamer, „privater" Initiativen teilweise aufgehoben. Z. B. gibt es für das Verteilungssystem bei Katastrophenfällen keine exakte strategische Rahmenplanung. Und doch funktioniert ein solches System an Ort und Stelle nach einigen Wochen, weil über den OeRK vorerst die internationalen, privaten Freundschaften ein rasches Handeln ermöglichen, bevor die institutionalisierbaren, vertikalen und horizontalen Kommunikationslinien operativ werden.

Den grössten negativen Einfluss auf die Entwicklungsarbeit haben jedoch die politischen Verstrickungen, die für den OeRK unvermeidlich sind, und die wegen seiner Doppelrolle sowohl in der „Ersten" wie in der „Dritten Welt" am stärksten ins Gewicht fallen.

433 Politische Aspekte

433.1 Innenpolitische Aspekte

Die ökumenische Entwicklungshilfe kann in der „Dritten Welt" aus folgenden Gründen eine Rivalität zwischen Kirche und Staat entstehen lassen:

Erstens kann eine Regierung, die ein kirchliches Hilfswerk zugelassen hat, dessen Arbeitserfolg als eine Einbusse ihres eigenen politischen Einflusses betrachten.

Zweitens kann die Regierung im Erziehungswesen einen Verlust ihres geistigen Einflusses gegenüber der Kirche in ihrer wertebewahrenden Rolle ausmerzen wollen. Drittens gibt es eine andere, ebenfalls ethisch bedingte, innenpolitische Schwierigkeit, die jedoch oft ohne besondere Mühe überwunden wird: die Spannung zwischen Kirche und Staat, falls die Regierung eine nicht christliche Staatsreligion als Teil ihrer Innenpolitik betrachtet.

Viertens gibt es Fälle, in denen der Staat die Kirche in ihrer Sozialarbeit wegen oppositioneller, sozialpolitischer Ansichten bekämpft.

Fünftens, und dies ist die gefährlichste Rivalität, kann die Kirche durch ökumenische Projekte, in denen *beiden* Seiten in einem Konflikt geholfen wird, für die kriegführenden Regierungen zu einer oppositionellen Kraft werden. Nicht nur praktische Nothilfeprogramme können solche negativen Reaktionen hervorrufen, sondern auch theoretische, ethisch begründete Stellungnahmen, wie z. B. die Bekämpfung des Rassismus durch öffentliche, politische Erklärungen.

Zu den innenpolitischen negativen Aspekten in den Industrieländern gehören die Mängel der kirchlichen Öffentlichkeitsarbeit: Sehr oft wird von Aussenstehenden *nur* über extrem engagierte, ökumenische Tendenzen berichtet, und eher deren *ideologische* Ausrichtung kritisiert, als die Ergebnisse der *praktischen* Arbeit gewürdigt. Auch die Mitglieder des OeRK, d. h. „interne Kräfte", befassen sich in den *public relations* nur mit *erfolglosen Projekten*, ohne ihre Erfolge in der Öffentlichkeit selbst bekannt zu machen. Innenpolitisch sind zudem die kirchlichen Stellen oft viel radikaler und linksgerichteter engagiert, als die ökumenischen Entwicklungsleiter.

Doch nicht nur die innenpolitischen negativen Aspekte können das Bild des ökumenischen Entwicklungsbeitrages verfälschen, sondern in weit ausgeprägterem Masse die Konstellation auf internationaler Ebene.

433.2 Internationale Aspekte

Die vorliegende Untersuchung lässt erkennen, dass eine *vollkommen apolitische* Entwicklungsarbeit, wie sie von der Mehrheit der Leiter in der DICARWS angestrebt wird, ausgeschlossen ist. Die ganze Problematik der streng neutralen, humanitären Hilfsprogramme tritt bei Flüchtlings- und Nothilfeprogrammen am stärksten hervor. Dem OeRK gelang es jedoch ausnahmslos, diese mit einer nachfolgenden Struktur- und Wiederaufbauhilfe zu verbinden. Dieser grossen positiven Leistung ging jedoch die Überwindung einer Unzahl von politischen Hindernissen auf internationaler Ebene voraus. Im untersuchten Jahrzehnt musste sich der OeRK wegen seines Entwicklungsbeitrags während verschiedener Konflikte mit öffentlichen Anschuldigungen der Parteinahme aus *jedem* beteiligten Lager auseinandersetzen. Das Antirassismusprogramm, das ja in seiner ersten Phase hauptsächlich aus Flüchtlings- und Sozialhilfe bestand, und die drei umfassendsten Flüchtlingsprogramme des Jahrzehnts in Vietnam, im Nahen Osten und in Nigeria/Biafra wurden deshalb so ausführlich behandelt, weil sie die internationalen Politisierungsversuche einer humanitären Entwicklungsarbeit in aller Deutlichkeit veranschaulichen.

Die politischen Schwierigkeiten auf internationaler Ebene beginnen bereits *während* der diplomatischen oder informativen *Vorbereitung* von Hilfs- und

Wiederaufbauprogrammen: Dafür sollen zwei Illustrationen gegeben werden: Bei der Friedensvermittlung der KKIA für den Südsudan nahm die arabische, muselmanische Regierung vorerst eine abwehrende Haltung ein, verlieh aber bei Abschluss des Abkommens den beteiligten Vertretern des OeRK hohe Orden. Für seine Informationstätigkeit wurde der ökumenische Vertreter in Vietnam zuerst des Landes verwiesen, später erhielt der Leiter der ökumenischen Sozialwerke ebenfalls eine Auszeichnung.

Als zweite Etappe der Schwierigkeiten kann man die Ausübung eines politischen Drucks auf den OeRK *während der Durchführung der Hilfsprogramme* in Konfliktsituationen bezeichnen.

Bei der erfolgreichen ökumenischen Wiederaufbauarbeit verebben dann allmählich die Wellen der politischen Vorwürfe gegen den OeRK. Die Tatsache, dass der OeRK selbst während der virulentesten Zeitspannen politischer Opposition auf internationaler Ebene seine Entwicklungsarbeit unbeirrt weiterführte, lässt darauf schliessen, dass die ethisch-geistige Grundlage kirchlicher Institutionen dem OeRK die für die Übernahme einer aktiven Rolle notwendige Widerstandskraft verliehen hatte.

So weit wie irgend möglich, war der Beitrag des OeRK zur Entwicklungsarbeit in diesen Fällen tatsächlich *neutral,* d. h. in Nord- *und* Südvietnam, in Nigeria *und* Biafra, in den arabischen Staaten *und* in Israel wurden *gleichzeitig* ökumenische Projekte durchgeführt. Auch das PCR kam nicht *nur* afrikanischen „Befreiungsorganisationen", sondern auch den Indianern in Lateinamerika, den Eingeborenen in Australien, usw., zugute. Und eben diese beschriebenen Vorwürfe aus *allen* Lagern lassen darauf schliessen, dass die Hilfe tatsächlich neutral war und deshalb paradoxerweise von aussen unweigerlich als Parteinahme ausgelegt wurde. Der Grund hierfür ist ein evidentes Axiom:

Da es in Konflikten immer *zwei* Parteien gibt, wird ein „apolitischer" Entwicklungsbeitrag des OeRK *ohne Unterschied* der Parteien von beiden Seiten als Bevorzugung der anderen aufgefasst. Das *Ausmass* der geleisteten Projekthilfe ist in der politischen OeRK-feindlichen Konstellation weniger entscheidend, als die blosse Tatsache, dass die andere Seite *auch Hilfe* erhält.

Die politischen Komplikationen auf internationaler Ebene entstehen nicht nur von Seiten der *Projektländer.* Das PCR ist ein Beweis dafür, dass bei der Beschreitung ungewohnter, noch von keiner anderen internationalen Organisation gewählter Wege, die politische Opposition gegen den OeRK auch von Seiten seiner Mitglieder in den *Industrieländern* erhoben wird. Die Rückwirkungen aller dieser internationalen negativen Aspekte werden im folgenden wieder aufgegriffen.

44 Zur Wertung der positiven und negativen Aspekte nach Projekttypen

441 Erziehung und Ausbildung

Projekte mit einem edukativen Element machen den Hauptteil des ökumenischen Entwicklungsbeitrags aus.

Es ist unerlässlich, diese Feststellung zu nuancieren: In Fällen, in denen die Erziehung im engen Sinne und meist ohne moderne, den Entwicklungsländern angepasste Pädagogik unternommen wird, überwiegen die negativen Aspekte. Denn eine solche Erziehung und Schulung lässt die traditionelle, wertebewahrende Rolle der Kirchen allzu stark hervortreten und vermittelt eine, aus der Missionszeit übernommene, christliche Ethik, die weder kosmopolitisch ökumenisch geöffnet, noch anpassungsfähig ist. Sie fördert und verstärkt einen in der Kolonialzeit entstandenen Konflikt der Kulturen, der sich in jeder Hinsicht negativ und entwicklungshemmend auf die Mentalität der „Erzogenen" auswirkt. Im untersuchten Jahrzehnt nahm jedoch die Anzahl dieser unmodernen Projekte zusehends ab, und es ist zu hoffen, dass sie künftig nicht mehr vom OeRK unterstützt werden. Im Gegensatz dazu hat die Anzahl der Projekte für moderne, arbeitsmarktorientierte Berufsausbildung stark zugenommen. Diese an die Praxis gebundene Entwicklungshilfe wird von den Mitgliedern des OeRK auch besonders aktiv gefördert. Es handelt sich um Agrarfachschulen, handwerkliche Lehrwerkstätten und Jugendzentren. Ferner wurde im untersuchten Jahrzehnt die Ausbildung durch Massenmedien zum Erfolg. Diese ganz zeitgemässen, vom OeRK verwendeten Methoden haben eine grosse Breitenwirkung, sind weniger in einer europäischen Ethik verhaftet, und stellen deshalb einen positiven Faktor des Entwicklungsbeitrags dar.

442 Gesundheitswesen

Vom OeRK wird insbesondere eine präventive Sozialmedizin empfohlen. Ökumenische Projekte sollen nur eine suppletive Funktion erfüllen und später von staatlichen Stellen übernommen werden können.

Diese moderne Ausrichtung hatte 1961–1971 gegen konservative Tendenzen anzukämpfen: Die Missionskrankenhäuser, die bereits zu kostspielig sind, wehrten sich gegen eine soziale Ausbreitung ihrer Tätigkeit. Zu diesem praxisbedingten Hindernis gesellten sich ethische Meinungsverschiedenheiten unter Christen zum Thema der Familienplanung, die vom OeRK unterstützt wird. Im Gegensatz zu den Projekten für Erziehung und Ausbildung, in denen die modernsten Methoden zum Erfolg führten, waren es im Gesundheitswesen die unkonventionellen Unternehmen, die auf die grösste praktische und

„theologische" Opposition stiessen. Der Arbeit der CMC sind auch finanziell recht enge Grenzen gesetzt.

Das untersuchte Jahrzehnt zeigte den Beginn einer modernen Ausrichtung in der Präventivmedizin, die in Zukunft von kirchlichen Stellen in enger werdender Zusammenarbeit mit dem entsprechenden Staat ausgebaut werden kann.

443   Sozialwerke

Aus den erwähnten Gründen sind die Leistungen der ökumenischen Sozialprojekte hoch einzuschätzen. Die Arbeit des OeRK steht auf diesem Gebiet beinahe konkurrenzlos da und hat sich von 1961–1971 besonders in Lateinamerika erheblich erweitert. Dabei mussten oft innenpolitische Widerstände überwunden werden. Dieser Projekttyp könnte als ein spezifisch den Kirchen überlassenes Tätigkeitsfeld umschrieben werden.

Von der Verwendung althergebrachter Methoden zur Förderung der Selbsthilfe bis zur extrem modernen *conscientización*, sind die Sozialwerke durch ihr blosses Bestehen, ihre Anzahl und ihre Durchführung beeindruckend. Wahrscheinlich wird sich da und dort noch eine bessere Zusammenarbeit mit nationalen, stärker werdenden Gewerkschaften entwickeln, besonders auf dem Gebiet der *industrial mission*.

Die Messbarkeit der äusseren Erfolge ist jedoch bei den Sozialwerken am schwierigsten. Ihre finanzielle Selbständigkeit ist ebenfalls weniger einfach zu verwirklichen, als bei Landwirtschaftprojekten oder bei der beruflichen Ausbildung.

· Bei diesen Projekttypen überwiegen zweifelsohne die motivationsbedingten positiven Aspekte. Die innenpolitischen negativen Seiten werden kaum vollständig verschwinden, denn die wirtschaftlich erkennbaren Erfolge solcher Arbeit bleiben zwangsläufig relativ.

444   Projekte zur Förderung der Landwirtschaft

Insgesamt überwiegen bei diesem Projekttyp die positiven Aspekte. Er ist das Gebiet, auf dem die ökumenischen Fachkräfte die besten Erfolge aufweisen können. Es ist eine wirklichkeitsnahe, rein praktisch orientierte Tätigkeit. Die Bevorzugung von Landwirtschaftsprojekten durch die Geber weist darauf hin, dass die guten Erfolgsaussichten im OeRK anerkannt worden sind. Von den ökumenisch vermittelten, qualifizierten Fachkräften besteht die Mehrheit aus Agrarkadern. Einzelne der erwähnten Beispiele zeigen deutlich, dass die innen- und aussenpolitischen negativen Aspekte in diesem Projekttyp erfolgreich überwunden werden konnten. Bezeichnenderweise hat der OeRK seinen 1970 beschlossenen, *eigenen* Entwicklungsfonds teilweise für das landwirtschaftliche, bereits erfolgreich ausgebaute Programm im Maghreb eingesetzt. Die Landwirtschaftsprojekte werden auch auf den Projektlisten bei der ersten Vorlage meist vollumfänglich finanziert. Sie bergen das Potential einer raschen Selbstfinanzierung in sich, und richten sich an eine Gesellschaftsschicht, die für Neuheiten zugänglicher ist, als das Grossstadtproletariat. So kommen die motivationsbedingten und rein wirtschaftlichen, positiven Aspekte der ökumenischen Entwicklungsarbeit bei diesem Projekttyp voll zum Tragen. In dieser Arbeit werden auch die offensichtlichsten Erfolge der Kombination von einerseits traditionellen, lokalen mit andererseits modernen Methoden erreicht.

445   Katastrophen- und Flüchtlingshilfe

Diese Projekttypen stellen die höchsten Anforderungen an den OeRK und schliessen zugleich die grössten Risiken der Lähmung durch internationale, politische Probleme in sich. Ist der OeRK auf diesem Gebiet erfolgreich, darf dies als grösste Leistung angesehen werden, weil zugleich die Kirchen als Institutionen, wie auch als sozial aktive Kräfte, ihr Bestes leisten müssen, um die Schwierigkeiten zu überwinden. Darüber hinaus haben diese Projekttypen die aufreibendsten Rückwirkungen auf den OeRK gehabt: Sie beschworen eine institutionelle Krise herauf, die nur unter Anspannung aller ausgleichenden Kräfte wieder abflaute.

Die Erfolge auf diesem Gebiet lassen die Frage auftauchen, ob diese beiden Projekttypen mit ihrer anschliessenden Umwandlung in Strukturhilfe im eigentlichen Sinne das hervorstechendste Merkmal des Entwicklungsbeitrags des OeRK darstellen. Die Frage kann bejaht werden.

Man könnte zwar den zutreffenden Einwand erheben, dass auch andere internationale Organisationen ganz ähnliche Nothilfeprogramme durchführen; er ändert jedoch nichts an der *spezifischen* Besonderheit dieses Entwicklungsbeitrags des OeRK.

Natürlich sehen sich die internationalen Hilfsprogramme ähnlich. Es sind jedoch die *Auswirkungen* der ökumenischen Projekte für Katastrophen- und Flüchtlingshilfe, welche die spezifische Besonderheit des ökumenischen Entwicklungsbeitrags ausmachen: In Konfliktsituationen ist der OeRK am wenigsten durch institutionelle Zwänge gebunden. Er scheut sich nicht, die Vorwürfe der Parteilichkeit für Hilfe auf beiden Seiten einzustecken. Er vereinigt radikal auseinanderstrebende Tendenzen des politischen Engagements während solcher Konfliktzeiten in sich − und diese leisten gleichzeitig und gemeinsam praktische Nothilfe. Der Abschluss der Projekte auf diesem

Gebiet ist demnach nicht Endzweck, sondern nur *Teil* einer weiter gefassten Entwicklungsaufgabe. Viele andere internationale Organisationen sind im Gegensatz dazu entweder auf Nothilfe, oder auf normale Entwicklungsprojekte spezialisiert.

Wie ausgeführt, gehört ausserdem die erfolgreiche Flüchtlingshilfe zu den *ältesten* Tätigkeitsbereichen des OeRK. Selbstverständlich wurden im untersuchten Jahrzehnt neue, andersartige Methoden dafür eingesetzt, als in der Nachkriegszeit. Doch sind es merkwürdigerweise *nicht* die modernsten Projekttypen, welche die Besonderheit des ökumenischen Entwicklungsbeitrags ausmachen, sondern die bereits seit Beginn seines Bestehens durchgeführten Arbeiten, die im ersten Entwicklungsjahrzehnt zur echten Entwicklungsarbeit wurden.

45 Rückwirkungen der Entwicklungsarbeit auf den OeRK

Gemessen an den Rückwirkungen der Entwicklungsarbeit auf den OeRK kann das Jahrzehnt 1961–1971 in drei Perioden eingeteilt werden: In der ersten Periode, von 1961–1966 setzte sich die geistige Erkenntnis der ungeheuren Bedeutung der weltweiten Entwicklung im OeRK immer stärker durch und fand ihren Niederschlag in institutionellen Vorkehrungen für die Erweiterung des ökumenischen Entwicklungsbeitrags. In der praktischen Arbeit in der „Dritten Welt" standen jedoch noch allzu viele Projekte unter dem Einfluss eines optimistischen, einsatzfreudigen Dilettantismus und waren durch eine – manchmal, aber nicht immer erfolgreiche – Improvisation mit geringer Breitenwirkung charakterisiert.

In der zweiten Periode, von 1966–1968 tauchte die Selbstkritik, die Infragestellung der eigenen Arbeit auf, die zu einer heilsamen Skepsis und kritischen Überprüfung der Entwicklungsarbeit führte. Damit wurde der Leistung von Laienfachkräften und der Planung erhöhte Aufmerksamkeit geschenkt.

In der dritten Periode, von 1968–1971 erfolgte eine erhebliche, meist wirksam geplante und kontrollierte Expansion der Entwicklungsarbeit. Ausfluss dieser Expansion war ein politisches Engagement des OeRK, das hinwiederum einem Abschwächungsprozess unterworfen wurde, aber dennoch zwei institutionelle Krisen hervorrief: Die interne Spaltung während der Nothilfe für Nigeria/Biafra und die theologisch-geistige Spaltung durch die Auseinandersetzung um das PCR. Gleichzeitig setzten diese beiden Krisen die unerlässlichen Kräfte für die geistige Erneuerung im Inneren und die Stärkung der Einheit gegen aussen frei. Die Entwicklungsarbeit verursachte also eine „schöpferische Spannung" und wirkte sich innerhalb des OeRK als Katharsis aus. So konnten schliesslich beide Krisen, ohne Lähmung der Entwicklungsarbeit, und mit nachfolgenden, institutionellen Verbesserungen überwunden werden.

Zu Ende eines Jahrzehnts, in dem staatliche und multilaterale Entwicklungshilfe allgemein eine rückläufige Tendenz aufwiesen, hatte der OeRK, nachdem die bis in die Mitte des Jahrzehnts reichende Verspätung aufgeholt worden war, seinen Entwicklungsbeitrag erheblich erweitert.

Daher wird im OeRK die Auffassung vertreten, dass gerade die Arbeit der grössten Abteilung, der DICARWS, dazu beigetragen hat, durch praktische Entwicklungsprojekte dem eingangs erwähnten Ideal der Ökumene näher zu kommen. Der Entwicklungsbeitrag war also zu einer Errungenschaft geworden, mit der sich die Daseinsberechtigung des OeRK ohne weiteres begründen lässt.

Es gab jedoch auch Fälle, in denen gerade die Entwicklungsarbeit über die bereits jahrhundertealten, theologischen Uneinigkeiten ein neues Netz politischer Verstrickungen gebreitet hatte, das die latente Krise der Kirchen als Gemeinschaft innerhalb der Gesellschaft akut aufflackern liess. Durch die Entwicklungsarbeit wurde ebenfalls deutlich, dass selbst in einer *Gemeinschaft von Kirchen* die politische, konfliktreiche Aktualität viel stärkere Rückwirkungen verursachte, als die rein ethisch-geistigen Auseinandersetzungen der „vita contemplativa". Das Übergewicht der politischen Problematik hatte seinerseits Rückwirkungen auf die Mitglieder des OeRK in den *Industriestaaten.* Man kann einerseits daraus ableiten, dass ein allzu extremes Engagement der Organisation selbst deren Glaubwürdigkeit als Hilfswerk in der Entwicklungsarbeit abschwächt. Andererseits waren es gerade die ökumenischen Entwicklungsprojekte im anderen, interessierten Weltteil, *in den Entwicklungsländern,* welche den dortigen Kirchen der christlichen Minderheit einen Rückhalt gaben. So wurden sie nicht mehr ausschliesslich als Stütze der herrschenden Klasse einerseits oder als staatsfeindliche Elemente andererseits angesehen, sondern als aufbauende, aktive Kraft innerhalb der Gesellschaft.

Obschon besonders die „Propaganda" des OeRK für erfolgreiche Projekte in den Industriestaaten zu wünschen übrig lässt, sind dennoch die Rückwirkungen der Entwicklungsarbeit des OeRK auch auf die westliche Öffentlichkeit nicht ausgeblieben. Diese scheint den OeRK weniger nach seinen theologischen Forschungen und Verdiensten zu beurteilen, als nach seinem praktischen Beitrag zur Entwicklung. Ob nicht eben diese neue Aufmerksamkeit nicht kirchlicher Kreise dazu geführt hat, eine Annäherung zwischen Kirche und säkularer Welt zu fördern, muss von der Zukunft beantwortet werden. Bestimmt ist jedoch die Kirche durch den Beitrag des OeRK zur Entwicklungsarbeit teilweise neu und andersartig in die Gesellschaft integriert worden. Die vom OeRK geförderte „Erziehung zur Entwicklung" hatte also diesen rückwirkenden „Nebeneffekt" gezeigt.

Epistemologisch gesehen, lässt sich die Entwicklungsarbeit ebenfalls nach zwei Kriterien beurteilen. In der ersten Hälfte des Entwicklungsjahrzehnts war die geistige Einstellung noch stark von den europäischen, christlichen Wertvorstellungen geprägt, wobei aber das enge, wenig tolerante Missionsdenken bereits als unökumenisch beurteilt wurde. Zu Ende des Jahrzehnts erwiesen sich die Rückwirkungen geistig-kultureller Einflüsse aus anderen Teilen der Welt, in denen das Christentum sich „entwestlicht" und mehr oder weniger in andere Kulturkreise und Denkschemata eingepasst hatte, als äusserst relevant. Es erhebt sich die berechtigte Frage, ob der OeRK durch seine Entwicklungsarbeit nicht zu einer *allzu weltweiten* Organisation geworden ist. Gemäss der Doppelrolle der Kirche als sozialaktive und geistig-ethische Kraft, muss der OeRK *sämtliche*, politische und theologische Tendenzen berücksichtigen. Er ist deshalb der Gefahr der Zersplitterung und allzu starken, zentrifugalen Energien ausgesetzt, die ihn zu einer leeren, handlungsunfähigen Maschinerie reduzieren könnten. Bei einer allzu nachdrücklichen Betonung seiner kontemplativen Rolle droht ihm andererseits die Auflösung in einen theologischen Narzissmus. Beide Gefahren hat die praktische Arbeit in der Entwicklungshilfe bis anhin abgewendet. Und diese praktische Arbeit war dort am erfolgreichsten, wo sie vollständig von der geistig-ethischen Bevormundung abgesehen hatte, nämlich in der modernen Flüchtlings- und Katastrophenhilfe. Die Rückwirkungen aussereuropäischer Geistesströmungen hatten also dazu geführt, dass der OeRK eine globale, universale Toleranz in der praktischen Arbeit gelten lassen konnte.

Dies erfolgte nicht immer ohne Behinderung. Die Entwicklungsarbeit deckte oft einen Zwiespalt zwischen Theorie und Praxis, d. h. zwischen abstrakter Zielsetzung, sowie geistiger Motivation und praktischer Verwirklichung auf. Zu diesem Problemkreis gehören auch „ideologische" Differenzen, wie z. B. diejenigen mit der römisch-katholischen Kirche, oder die der einzelnen, in Jerusalem vertretenen Kirchen untereinander. Im ersten Falle verschwanden die Differenzen jedoch in der praktischen Arbeit beinahe vollständig, und im zweiten Falle spielten sie eine relativ unbedeutende Rolle. Die Erklärung liegt darin, dass wie in anderen, säkularen, internationalen Organisationen die politischen Faktoren immer schwerer ins Gewicht fielen als die religiösen. Und dennoch war es gerade die Ethik der Einzelnen und die Globalmotivation des OeRK selbst, die in seinem Entwicklungsbeitrag ein Gegengewicht gegen die „Verpolitisierung" der Arbeit, deren Lähmung durch Politik, schufen.

Abschliessend wird deutlich, dass die Rückwirkungen des Entwicklungsbeitrages auf den OeRK nicht ausgeblieben sind. Sie liessen die geistige und praktische Universalität, nicht nur an Ort und Stelle in der „Dritten Welt", sondern auch in der Institution selbst, zu einer greifbaren Wirklichkeit werden.

Aus diesen historischen und politischen Erfahrungen des OeRK in der Entwicklungsarbeit sollen nun einige Möglichkeiten künftiger Weiterentwicklung dieser Unternehmen aufgezeigt werden.

46   Künftige Aussichten für die Entwicklungsarbeit des OeRK

Die vorliegende Untersuchung hat gezeigt, dass im OeRK auf politisch oder sozial radikale Strömungen immer eine gemässigte Reaktion folgte. Diese nahm den Kulminationspunkten der Krisen jeweilen die Spitze und festigte die innere Einheit der Organisation gegen Attacken von aussen. Die Veränderungen, die als Rückwirkungen radikaler Tendenzen entstanden, vollzogen sich also immer langsam, bis sich ein temporäres Gleichgewicht eingependelt hatte.

Daraus ergibt sich, dass die künftige Möglichkeit einer engeren Zusammenarbeit zwischen OeRK und Regierungen der Industrieländer vom politischen Engagement des OeRK, das von *aussen* beurteilt wird, abhängt. Erweckt der OeRK in den Industrieländern den Eindruck, allzu einseitige oder extreme Positionen zu verfechten, würden die Erfolgsaussichten für ein solches Zusammengehen getrübt.

In der „Dritten Welt" sieht es vorläufig so aus, als ob der OeRK durch seine Entwicklungsarbeit seinen Einfluss weiter ausdehnen könnte. Seine „ideologische Internationalität", welche die Grundlage einer im Bereiche des Möglichen erreichten Neutralität bildet, und seine reiche, praktische Erfahrung scheinen selbst von politisch extrem ausgerichteten Regierungen richtig eingeschätzt und als nützlich erachtet zu werden. Selbst in Fällen, in denen der OeRK eine rein ergänzende Funktion übernimmt, wird dieser Beitrag zum nationalen Aufbau meist geschätzt.

Deshalb erscheint die allmähliche Ausschaltung der inter- und transnationalen Beeinflussung in der ökumenischen Entwicklungsarbeit wenig wahrscheinlich. Würde der OeRK durch das zentrifugale Auseinanderlaufen gegensätzlicher Tendenzen derart zersetzt, dass ausschliesslich *nationale* kirchliche Entscheidungen getroffen würden, bliebe er eine künstlich aufgepfropfte, kompetenzlose internationale Bürokratie, deren Entwicklungsbeitrag abgebaut wird. Die Situation zu Ende des untersuchten Jahrzehnts, als dem OeRK eher grössere Kompetenzen eingeräumt und die ökumenischen Projekte ausgebaut wurden, scheint *gegen* eine solche Entwicklungsrichtung zu sprechen.

Es wäre ferner möglich, dass die Entwicklungsarbeit des OeRK sich auf jene Gebiete spezialisiert, für die er besonders geeignet ist, nämlich auf

Flüchtlings- und Nothilfe mit anschliessender Strukturhilfe durch Wiederaufbauprogramme. Neben einer dazu notwendigen, erhöhten Straffung des institutionellen Gefüges (die sich vielleicht aus dem neuen Aufbau seit Juni 1971 ergeben wird), müsste eine pragmatische und verantwortungsbewusste Handlungsfreiheit, die in der Entwicklungsarbeit so oft zum Erfolg geführt hat, erhalten bleiben.

Im ersten Entwicklungsjahrzehnt hat die soziale, praktisch eingreifende Rolle des OeRK bei verschiedenen Entwicklungsaufgaben dazu geführt, eine besonders gewagte Form der *„vita activa"*, die *„vita experimentalis"* zu wählen. Diese Wagnisse liessen dann nicht nur die Kraft des OeRK, sondern auch seine Schwächen erkennen. Der Verlauf dieser *„vita experimentalis"* wird künftig die Antwort auf die Frage „Quo vadis, OeRK?" geben. Es scheint jedoch festzustehen, dass in Zukunft, gleich wie in der Gegenwart und in der Vergangenheit, die Kirche ihre auf den OeRK übertragene Doppelrolle als eher passive Hüterin traditioneller Werte und als aktive Kraft innerhalb der Gesellschaft beibehalten wird: Im OeRK diente die theologische Diskussion und Reflexion der Erfüllung der ersten, weltanschaulich begründeten Funktion und der Beitrag zur Entwicklungsarbeit ist die sichtbare Verwirklichung jener zweiten, aktiv eingreifenden und die Umwelt verändernden Aufgabe. Es ist dabei nicht ausgeschlossen, dass die zweite Funktion, der Beitrag zur Entwicklungsarbeit, weltweit gesehen paradoxerweise bedeutungsvoller war, und auch in Zukunft *höher* bewertet werden wird, als das eigentliche Fundament, die theologische Reflexion, auf dem sie beruht. Wie einleitend bemerkt wurde, soll diese Untersuchung einen Beitrag liefern zum Verständnis der Entwicklungsarbeit des OeRK. Gegebenenfalls können deren positive Aspekte anderen Organisationen als Anregung, oder im besten Falle als Modell dienen, und deren negative Aspekte als Warnung gelten.

Heute zieht man nicht mehr aus, um wie *Vasco da Gama* auf königlichen Befehl „Pfeffer und Seelen" zurückzubringen, sondern um, wie der OeRK, seinen Beitrag zu leisten zur Entwicklung wenig begünstigter Länder. Es ist dies eine der grössten Aufgaben, die sich gegenwärtig und in den nächsten Jahrzehnten stellt. Die Verringerung und Überwindung des Nord-Süd-Gefälles, der „Kampf gegen die Armut" bildet eine Herausforderung, nicht nur für internationale Organisationen, sondern für die gesamte Menschheit.

Literaturverzeichnis

5 Quellen

51 Unveröffentlichte Quellen

511 Dokumente [1] des OeRK

Reports on the East Asian Christian Conference, „Modernization and Development", Bangkok, 1969.
Minutes and Reports of the 23rd Meeting of the WCC Central Committee, Canterbury, August 1969.
Document 71, Final text as approved by the Central Committee on August 21st, 1969, An ecumenical Programme to combat racism, Canterbury, 1969.
Minutes and Reports of the 24th Meeting of the WCC Central Committee, Addis Abeba, January 10—21, 1971.
Document No 10 (revised), A Programme to Combat Racism, Addis Abeba, 1971.
Document No. 55 (revised), Programme to Combat Racism, as recorded by the Central Committee without dissent and with no recorded abstention on Jan. 18th, 1971.
Documents of the WCC/Roman Catholic Church Round-Table on Service and Development. Geneva, 20.—22. 4. 1971.

512 Dokumente der Organe [2] des OeRK

512.1 Advisory Committee on Technical Services (ACTS)
Evaluation Survey of the Christian Service Committee Programme in Malawi, presented by Patrick Watermeyer and Hans-Jürgen Koebnik to ACTS. Geneva, February, 1970.
Report on a survey carried out by IRFED, Paris, commissioned by ACTS upon request of „Diakonische Arbeitsgemeinschaft Evangelischer Kirchen in Deutschland", „Brot für die Welt". Geneva, February, 1970.
Report on a survey carried out by the World ORT Union relating to the Art Industrial School Nazareth. Geneva, April 1970.
Report on a survey by Nina Lengyel, Technical Consultant to ACTS. Geneva, October 1970.
Documents of a meeting on the Gurupi-Project, Geneva, 7. 11. 1970.
Evaluation survey of the new Sam-Il Vocational High School Project, presented by the World ORT Union to ACTS, Geneva, December 1970.
An analysis of the structure for Inter-Church Aid to the Gurupi-Project, by John Garbutt, Consultant to ACTS, Geneva, February 1971.
Die landwirtschaftliche Siedlung Gurupi-Açailândia-Imperatriz-Brasilien-Gegenwärtiger Stand und zukünftige Möglichkeiten, von *W. H. Schuch*. Institut für Agrarpolitik, Marktforschung und Wirtschaftssoziologie der Universität Bonn, Bonn März, 1971.
Report on Appraisal of the Land Settlement Project to be located in Chiang Rai, North Thailand, by M. C. Agarwal, United Nations Asian Institute for Economic Development and Planning. Bangkok, September 1971.

---

1 Die Dokumente werden in chronologischer Reihenfolge genannt.
2 Organe und Organisationen werden in alphabetischer Reihenfolge aufgeführt.

512.2   Christian Medical Commission (CMC)

Rapport sur l'inspection des programmes médicaux chrétiens au Caméroun, Dr. Claude Fernex, Dewar Mary, Dkooghe Jos, Octobre 1967.
Medical Mission Work in Korea today – a dilemma and a proposal by John Sibley, M. D., 17. 4. 1968.
Annual Report, 1. meeting, Geneva, 2.–6. 9. 1968.
Case studies 1–4, 2nd Annual meeting, Horgen, Zürich, 25.–29. 8. 1969.
Annual Report, 2. meeting, Horgen, Zürich, 25.–29. 8. 1969.
Annual Report, 3. meeting, Geneva, 3.–8. 9. 1970.
Koje Do Community Health Center – An over-view, CMC/71/2, by Kit G. Johnson, MS, MD, MPH. Seoul, Korea, November 1970.
Annual Report, 4. meeting, Nemi, Italy, 9.–15. 6. 1971.
Comprehensive Rural Health Project, Jamkhed, India, Report by Dr. R. S. Arole, August, 1971.

512.3   Commission of the Churches for Participation in Development (CCPD)

Background Documents and conference papers for the meeting at Bad Boll, 14.–19. 7. 1971.

512.4   Division of Inter-Church Aid and Service to Refugees (DICASR)

Service Programme and List of Projects 1960
Documents and Reports of the Migration Conference, Leysin, 11.–16. 6. 1961.
Service Programme and List of Projects 1962.

512.5   Division of Inter-Church Aid, Refugee and World Service (DICARWS)

Service Programme and List of Projects 1963–1971.
Report of the service to Refugees of the Department of Immigration and Colonization of the Confederaçao Evangélica do Brasil, –1966.
Bericht Oikumene 1968, „Hand in Hand", Genf, 1968.
Divisional Committee Reports, Geneva, December 1969.
Statistical Analysis of DICARWS listed Projects from all continents 1966–1969, ICA/DIV/COM/70/14, Project-Sub-Committee, Geneva, June 1970.
Documents and Reports for the meeting on Southern Sudan, Geneva, 19. 2. 1971.

512.6   Commission of Inter-Church Aid, Refugee and World Service (CICARWS)

Documents and Reports for the Commission meeting, Geneva, 21.–25. 6. 1971.
Asian Christian Service Programme Review January–July 1971, Vietnam-Programme, Document No. 6 B, Vietnam-Sub-Committee, Montreux, November 15th, 1971.

512.7 Division of World Mission and Evangelism (DWME)

ECLOF-Reports, „Mission and Development", Vol. LVIII, No. 232, Geneva, October, 1969.
Mission and Development, A Background Paper, by Philipp Potter and Hank Crane, DWME Enlarged Committee meeting, Geneva, 8.–16. 12. 1969.

512.8 Kommission der Kirchen für Internationale Angelegenheiten (KKIA)

Report of a Visit to Algeria, April 1971, „Toward an analysis of Islam, Socialism, Self-Identity, ‚Religions of the Book', Dialogue in contemporary Algeria", Document CCIA/26 X/C-5.
Documents and Reports of the CCIA-Executive Meeting, Geneva, 9.–12. 7. 1971.

512.9 SODEPAX

Documents of the Plenary Meeting, Geneva, 2.–6. 7. 1969.
Structures Programme, Geneva, October 1969.
Conference Reports for the meeting at Cartigny, 17.–22. November 1969.
An appreciation of the Jackson Report, by Charles Elliott.
Documents and Reports of the conference at Baden, near Vienna, 3.–9. 4. 1970.

512.10 Programme to Combat Racism (PCR)

Documents of the International Consultation on Racism, Notting Hill, London, 19.–24. 5. 1969.
Recommendations by the International Advisory Committee for the Programme to Combat Racism to the WCC Executive Committee regarding the Special Fund, Arnoldshain, 3. 9. 1970.

513 Dokumente kirchlicher und privater Organisationen

513.1 Diakonisches Werk, Stuttgart

Bericht P 0309 „Brot für die Welt" -Zusammenfassung der Quantifizierungsstufe, durchgeführt von BASISRESEARCH, Institut für Marketing, Motiv- und Werbeforschung, Frankfurt, 31. 8. 1970.

513.2 Evangelische Zentralstelle, Bonn

Five-Year Report 1957–1962.
Five-Year Report 1962–1967.
Five-Year Report 1967–1972.

513.3 Evangelische Akademie Hofgeisnar

Seminar „Wege der Entwicklungshilfe", 31. 1.–2. 2. 1969.

513.4 Foundation for the Peoples of the South Pacific, New York

List of Projects 1969.

513.5 Overseas Development Institute, London (ODI)

Dokumente der Internationalen Tagung „Entwicklungshilfe in Grossbritannien und in der Bundesrepublik Deutschland", in Zusammenarbeit mit dem ODI, Berlin, Tegel, 18.–20. 10. 1965.
Report of an International Conference held jointly by the Ditchley Foundation and the ODI, 3. 6. 1966.
Annual Reports 1960–1968, ODI, London, 1968.

513.6 Servizio di Documentazione e Studi (SEDOS)

Documents on a Seminar organised by SEDOS, „Serving Developing Countries", Rome, 1. 6. 1968.

52 Veröffentlichte Quellen

521 Konferenzdokumente des OeRK

Report of an International Ecumenical Study Conference, held at Thessalonica, Greece, from 25. 7.–2. 8. 1959; „Dilemmas and opportunities", Christian Action in rapid social change, Geneva, WCC, 1959,
The New Delhi Report on the Third Assembly of the WCC, New Delhi, November, 1961. Hrsg. von Willem A. Visser't Hooft, London, 1962.
Documents on the Consultation on Leadership Training for Rural Areas in developing Countries. World Assembly of Youth, January 1967.
Papers on the Asian Conference on Church and Society, Seoul, Korea, 10.–16. 10. 1967. Geneva, WCC, 1967.
A Selection of the Essays prepared for the WCC Geneva Conference on Church and Society, „The Church amid Revolution", collected by H. Cox, New York, 1967.
Dokumente der Weltkonferenz für Kirche und Gesellschaft, Genf, Juli 1966 „Appell an die Kirchen der Welt". Stuttgart, WCC, 1967.
The Uppsala Report on the Fourth Assembly of the WCC, July 4–20 th 1968, Geneva, WCC, 1968.
Sektionsberichte der Vierten Vollversammlung in Uppsala, Juli 1968, „Uppsala 68 spricht". Genf, WCC, 1968.
Documents of the Conference on Social and Economic Planning in the Eastern Caribbean, St. Vincent, 26.–30. 11. 1968.

Reports on the Conference at Swanwick, 13.–17. 10. 1969, „The Churches Action for World Development". Geneva, WCC, 1969.
Reports on the Malawi Conference, „Our Churches and Development", Seminar held at Blantyre, 12.–15. 1. 1970. Christian Service Committee of the Churches in Malawi, 1970.
Offizieller Bericht der Konferenz über ökumenische Unterstützung für Entwicklungsprojekte. Montreux, 26.–31. 1. 1970 „Ungerechte Fesseln öffnen". Genf, WCC, 1970.

522   Dokumente der Organe des OeRK

522 a. Christian Medical Commission

Community Health and the Church. Report by J. H. Hellberg, MD, Geneva, WCC, 1971.
Contact – Occasional Paper No. 5, „The Koje Do Project – Progress and Problems", by J. R. Sibley, MD. Geneva, October 1971.

522 b. Department on Church and Society, Division of Studies

Progress Report on the Study of the Common Christian Responsability towards Areas of Rapid Social Change, 1955–1958. 2nd, revised edition, Geneva, 1968.

522 c. Konferenz Europäischer Kirchen

Preparatory Document for the Nyborg VI Assembly, 26. 4.–3. 5. 1971 „Servants of God, Servants of Men". Geneva, WCC, 1971.
Bericht der Sechsten Vollversammlung der Konferenz Europäischer Kirchen, Nyborg VI, 26. 4.–3. 5. 1971, „Nyborg VI – Was geschah". Genf, WCC, 1971.

522 d. Kommission der Kirchen für Internationale Angelegenheiten

Report 1969–1970, Geneva, 1970.

522 e. Programme to Combat Racism (PCR)

A Profile of Frelimo. Geneva, WCC, November 1970.
A Profile of PAIGC (Partido Africano de Independençia da Guinea e Cabo Verde). Geneva, WCC, January 1971.
A Profile of the African National Congress of South Africa. Geneva, WCC, February 1971.
Aboriginal Issues-Racism in Australia. Geneva, WCC, Juni 1971.
Namibia – The Struggle for Liberation. Geneva, September 1971.
Cabora Bassa and the Struggle for Southern Africa. Geneva, November 1971.
Cunene Dam Scheme and the struggle for the Liberation of Southern Africa. Geneva, WCC, December 1971.

More Facts and Figures — Aboriginal Issues — Racism in Australia. Geneva, WCC, December 1971.

522 f. Secretariat on Development Education

Report of the Consultation on Development Education. Geneva, May 1969, organised by the Secretariat on Development Education.

522 g. SODEPAX

Report on the Conference on World Cooperation for Development, ,,World Development — The Challenge to the Churches". Beirut, 21.–27. 4. 1968.
Report on the Consultation on Christian Concern for Peace, ,,Peace — the Desperate Imperative". Baden, Austria, 3.–9. 4. 1970.
Report of a SODEPAX Conference on the Churches in Development-Planning and Action, ,,Picking up the Pieces". Limuru, Kenia, January 1971.

523   Dokumente der Mitglieder des OeRK

523 a. Board of Missions of the Methodist Church, New York

Partnership in Missions, New York, 1966.

523 b. British Council of Churches

A Policy Statement on Christian Aid and World Development. London, 22. 10. 1968.

523 c. Canadian Council of Churches

Report on the Canadian Conference on Church and Society, 26.–29. 5. 1968, ,,Pussy Cat Purr or Tiger Roar?" Hrsg. von Walter F. McLean, Toronto, 1969, 26.–29. 5. 1968.
Study Documents and conference papers of the Triennal Assembly of the Canadian Council of Churches, Toronto, 1969.
Strategy Committee Report to the Canadian Council of Churches, ,,Towards a Coalition for Development", ,,Recommandations: A unified strategy for the seventies". Toronto, 1969.

523 d. Special Commission on Latin American Coordination (CECLA)

The Latin American Consensus of Viña del Mar. Conference of Viña del Mar, Chile, 17. 5. 1969.

523 e. Folkekirkens Nødhjaelp, Kopenhagen

The Nordchurchaid Airlift to Biafra 1968–1970, An Operations Report, by Hugh G. Lloyd, Mona Møllerup, Carl A. Bratved. Copenhagen, 1972.

523 f. Lutherischer Weltbund (LWB)

Berichte 1963–1969. Zusammengestellt für die Fünfte Vollversammlung. Genf, Februar 1970.
Community Development Liaison and Validation Service Report 1963–1969.
Studies for Section III (Responsible Participation in Today's Society) of the Fifth Assembly, Evian, 14.–24. 7. 1970, „Justice in a Developing World". Geneva, WCC, 1970.
Kirche vor den Herausforderungen der Zukunft, Evian '70. Hrsg. von Jürgen Jeziorowski, Kreuz Verlag, Stuttgart/Berlin, 1970.
Evian 1970 – Fünfte Vollversammlung/Lutherischer Weltbund. Hrsg. von Hans-Wolfgang Hessler, bearbeitet von Christian Krause und Walter Müller-Römheld. Epd-Dokumentation, Eckart Verlag, Witten/Frankfurt/Berlin, 1970.

523 g. Schweizerischer Evangelischer Kirchenbund

Konferenzdokumente der Interkonfessionellen Konferenz „Schweiz–Dritte Welt", Bern, 30. 10.–1. 11. und 20.–22. 11. 1970.

523 h. Young Mens Christian Associations (World Alliance of YMCA's)

Report of the World Consultation on the Role of Management in International Development, Geneva, 5.–8. 12. 1968, sponsored by the World Alliance of YMCA's and the Centre for International Management Studies, Geneva.

524 Dokumente der Vereinten Nationen und ihrer Sonderorganisationen

524 a. Organisation der Vereinten Nationen

Report of the Commission on International Development, (financed by the World Bank) „Partners in Development", „The Pearson Report", U. N., 1969.
A Study of the Capacity of the U. N. Development System, „The Jackson Report", Vols. I, II, Geneva, U. N., 1969.
Report on the 4th, 5th and 6th Sessions of the Committee for Development Planning of the Economic and Social Council of the U. N., „The Tinbergen Report", 17.–21. 3., 7.–16. 5. 1969, 5.–15. 1. 1970, U. N., Geneva, 1970.
Rural Cooperatives as Agents of Change in Developing Areas: General Statement. Paper for the UNRISD meeting on „Rural Cooperatives and Planned Change", 27–29 Nov., Genf, vom 8. 11. 1972.

524 b. Food and Agriculture Organisation, Rom (FAO)

Draft Report on a European Development Education Workshop. Bergendal, Stockholm, 8.–14. 11. 1970, organised by FAO/Freedom from Hunger Campaign (FFHC).
International Bank for Reconstruction and Development (BIRD)
Report no. AW-31, The Development of African Private Enterprise. Vol. I, Main Report, December 10, 1971.

524 d. Internationale Arbeitsorganisation (IAO)

Empfehlung (Nr. 132) betreffend die Lebens- und Arbeitsbedingungen von Pächtern, Teilpächtern und andern Gruppen landwirtschaftlicher Arbeitnehmer. Internationales Arbeitsamt, Genf, 1968.
Tätigkeit der IAO 1970. Bericht des Generaldirektors (Teil 2) an die Internationale Arbeitskonferenz. Sechsundfünfzigste Tagung, 1971, Internationales Arbeitsamt, Genf, 1971.
Das Weltbeschäftigungsprogramm. Vierter Punkt der Tagesordnung, Internationale Arbeitskonferenz, sechsundfünfzigste Tagung, 1971. Internationales Arbeitsamt, Genf, 1971.

525   Dokumente kirchlicher und privater Organisationen

525 a. Action for World Development, London

A series of Study Papers „Stamp on World Poverty", London 1969.
Sign-In Background Notes, Nr. 1–7, London 1969.
Action for World Development – A Manifesto, London, October 1969.
Power to end Poverty – Background to the Manifesto, London, October 1969.

525 b. Aktion Selbstbesteuerung, Bückeburg

Aktion Selbstbesteuerung, Bückeburg, 1969.

525 c. Bischöfliche Aktion Adveniat (Informationsdienst), Essen

Populorum Progressio. Über den Fortschritt der Völker, Rundschreiben Papst Pauls VI. vom 26. 3. 1967. Paulus Verlag, Recklinghausen, 7. Auflage, 1968.

525 d. Communauté de travail „Pain pour le prochain"

Suisse – Assistance technique aux pays moins développés, Communauté de travail „pain pour le prochain", Action carême des catholiques suisses, Swissaid, Neuchâtel/Genf.

525 e. Deutsche Stiftung für Entwicklungsländer

Conference Report on Methods and Procedures of Evaluation in Development Aid, Berlin, November 1966.

525 f. Overseas Development Institute

Report „The business of Development". London 1968.
Report „A Review of UNCTAD II". London, 1968.

526   Kollektiva (in alphabetischer Reihenfolge)

Aktion Entwicklungshilfe. Thesen, Informationen, Analysen, Texte, Arbeitsfragen. Hrsg. von Klaus Lefringhausen, Siegfried Baumgartner, Helmut Falkenstörfer. Jugenddienst-Verlag, Hans Altenburg, Wuppertal, 1970.
„Déclaration de Berne", La Suisse et les pays en voie de développement, Berne, 10. 3. 1968.
Entwicklungspolitische Dokumente. Hrsg. vom Sozialwissenschaftlichen Institut der evangelischen Kirchen in Deutschland und „Brot für die Welt", Jugenddienst-Verlag, Wuppertal, 1970.
Entwicklungsprogramme der Oekumene. Hrsg. vom Heinrich Pesch-Haus, Pesch-Haus-Verlag, Mannheim/Ludwigshafen, 1970.
Idées et réalisations, '73 numéro spécial: Education en matière de développement. Bulletin publié par le Bureau du coordonnateur Action pour le développement. Campagne mondiale contre la faim, mars/avril 1971, FAO, Rome, 1971.
Rapports du 8e Congrès flamand des sciences économiques, „L'aide au développement". Gand, 19/20. 5. 1967.
The Second Vienna Declaration on Cooperation for Development, „The first Development Decade – a Review. The second Development Decade a Preview", adopted by the Confrontation, sponsored by the Vienna Institute for Development.
Zeichen des Aufbruchs. Leben und Arbeit der Laieninstitute in Europa und Amerika. WCC, Genf, 1957.

527   Kirchliche Zeitschriften[3] (in alphabetischer Reihenfolge)

Christian Aid, 1967–1968.
International Review of Missions, July 1968, October 1969.
Migration News, bi-monthly of the International Catholic Migration Commission (ICMC), No. 6, 1970.
Migration Today – Current problems and responsability, Nr. 13, WCC, Geneva Autumn 1969.
Ökumenischer Pressedienst (OePD)

---

[3] Die genauen Hinweise auf Daten und Ausgaben finden sich in den Fussnoten im Text.

RISK, Vol. III, 1967, Vol. VI, 1970.
The Christian Broadcaster, Journal of the World Association for Christian Broadcasting, Vol. IX—XIV, 1961—1967, published by the Student Christian Movement Press, London.
Zeitschrift „TEAM", Nr. 7/8, August 1971.

528   Zeitungen[3]

Berner Student
Daily Telegraph
Christ und Welt
Der Bund
Der Spiegel
Die Welt am Sonntag
Die Weltwoche
Die Zeit
Frankfurter Allgemeine Zeitung (FAZ)
Journal de Genève
Le Figaro
Le Monde
Neue Zürcher Zeitung (NZZ)
Stuttgarter Zeitung
Süddeutsche Zeitung
The Guardian
The Scotsman
The Times
The Westmoreland Gazette
Tribune de Genève

529   Artikel und Beiträge von Protagonisten

Andrade, Joaquin: „Protestant Pastors join a work brigade" — La Iglesia Protestant va al Trabajo voluntario". Cuba International, Havana, August 1970, S. 1—10.
Bosse, Hans: „Frieden durch Entwicklung — Zur soziologischen Analyse kirchlicher Theorien der Entwicklungshilfe". EPD Entwicklungspolitik 5/71, Frankfurt, Mai 1971, s. 7—11.
Blackett, Richard: „British Groups against Racism". Study Encounter, SE/08, Vol. VII/No. 2, 1971, S. 1—15.
Brash, Alan: „Development — a planed approach to human need". The Methodist Recorder, February 27th, 1969.
Dickinson, Richard N. D.: „Do church-sponsored projects assist development?" Social Compass, Vol. XVI/1/1969, S. 63—76.
Illich, Ivan: „To Hell with Good Intentions". RISK, Vol. 6, Nr. 2, 1970, S. 19—26.
Powers, Charles N., Gunneman Jon P.: „Institutions, Investments and Integrity — How can a nonprofit institution use its investment portfolio responsibly?" Christian Century, 29. 1. 1969.

Sjoellema, Baldwin: A first answer to comments received after the decision by the WCC Executive Committee to support organizations combatting racism, Geneva, autumn 1970, S. 1—7.
Visser't Hooft, Willem A.: „Les trois dimensions d'une société mondiale responsable". Annales d'études internationales 1970, publiées par l'Association des Anciens de l'Institut de Hautes Etudes Internationales. Genève, 1970, S. 203—213.

5210   Reden, Interviews, Vorträge

Duchrow, Ulrich: „Ecumenical Structures of the Church in the Age of ABC-Weapons", Document Nr. A III/12, IPSA-papers, VIIIth World Congress, Munich, 31. 8.—5. 9. 1970, 10 S.
Dhooghe, Jos: „Théologie et Sociologie. Deux modes d'analyse de l'église institutionnelle. Quelques problèmes que pose leur dialogue". Document Nr. A III/25, IPSA-papers, VIIIth World Congress, Munich, 31. 8.—5. 9. 1970, 18 S.
Freire, Paolo: „Notes on Humanisation and its Educational Implication". Address given at the Education Seminar for Superiors General ‚Tomorrow Began Yesterday', Religious Congregations and Man's emerging educational needs. Rome, 16.—19. 11. 1970, 12 S.
Illich, Ivan: „Ist Entwicklungshilfe gefährlich?" An interview with Ivan Illich. EPD-Dokumentation 46/70, Frankfurt, 13. 11. 1970, 7 S.
Eppler, Erhard: „Rede auf der Landessynode der Evangelischen Kirchen im Rheinland", 6. 1. 1969. Entwicklungspolitik, Bundesministerium für Wirtschaftliche Zusammenarbeit, 11. 4. 1969.
McGilvray, James C.: „The Delivery of Health Services in International Health". Speech presented to the American Medical Association, Chicago, 22. 5. 1969, 8 S.
Ries, Eugene: Address given to the Lutheran world Federation/Community Development Liaison and Validation Service. Hotel „La Résidence", Genève, 25. 11. 1971, 11 S.
Roig, Charles: „Approche décisionnel et logique systématique", Document Nr. B XIV/7, IPSA-papers, VIIIth World Congress, Munich, 31. 8.—5. 9. 1970, 18 S.

6 Sonstige Literatur

61 Unveröffentlichte Werke

Bujard, Daniel, Kjellberg, Eva, Michel, Christian: „Le processus décisionnel au sein de la Croix-Rouge Internationale" IUHEI Genève, mai 1970, 69 S. Séminaire du Prof. Jean Siotis (polykopiert).

Etienne, Gilbert: „Mission d'évaluation en Inde", New Dehli, September 1971, 31 S. (polykopiert)

Hentsch, Thierry: Le CICR dans le conflit du Nigéria. IUHEI Genève, 1973, Thèse (in Vorbereitung).

Hürni, Bettina S.: „The Food Aid Convention". IUHEI Genève, October 1970, 31 S. Séminaire du Prof. Olivier Long, (polykopiert).

Hürni, Bettina S.: „Le conflit israélo-arabe – Première période d'après-guerre (1946–1948)." IUHEI Genève, 5. 2. 1969, 36 S. Séminaire du Prof. Jacques Freymond, (polykopiert).

Jacobs, Dan: The Brutality of Nations, (in Vorbereitung). Wird veröffentlicht von Alfred A. Knopf Inc., USA, 1973.

Lissner, Jørgen: The role of voluntary agencies in development (in Vorbereitung). Doktorarbeit für das Institut für politische Wissenschaften, Universität Aarhus, Dänemark.

Paeffgen, Manfred: „L'opinion publique allemande face aux pays en voie de développement – analyse critique de trois études". IUHEI Genève, mai 1970, 23 S. Séminaire du Prof. Marlis G. Steinert (polykopiert).

Rudersdorf, Karl-Heinrich: Entwicklungsförderung und christliche Kirchen. Entstehung und Entwicklung des Konzepts der Entwicklungsförderung im Weltkirchenrat, 1948–1968. Dissertation FU Berlin 1973.

62 Veröffentlichte Werke

Baelen, L. van: La morale du développement, Lyon, Ed. Mappus, 1967, 176 S.
Buchholz, Arthur: Die grosse Transformation, ro-ro-ro-Sachbuch, Reinbeck bei Hamburg, ro-ro-ro-Verlag, 1970, 150 S.
Bryant, Darrol: A World broken by unshared bread. Geneva, WCC, 1970, 80 S.
Camara, Dom Helder: Le Tiers Monde trahi. Paris, Desclée et Cie, 1968, 232 S.
Camara, Dom Helder: Church and Colonialism. London, Sydney, Sheed and Ward, 1969, 121 S.
Cerych, Ladislav: Former des hommes. L'aide à l'éducation dans le Tiers Monde. Paris, Plon, 1965, 285 S.
Conway, Martin: The Undivided Vision. London, SCM Press Ltd., 1966, 122 S.
Correia-Afonso, John: The Church and the developing Nations, Hrsg. vom International Centre for Jesuit Education, Rome, 1968, 67 S.
Damm, Ulrich: Die Bundesrepublik Deutschland und die Entwicklungsländer. IUHEI Genève, thèse No. 168, 167 S.

Danckwortt, Dieter: Zur Psychologie der deutschen Entwicklungshilfe. Eine Analyse von Meinungen, Motiven und Gefühlen um die deutsche Entwicklungshilfe. Hrsg. von der Carl-Duisberggesellschaft, Baden-Baden/Bonn, Verlag August Lutz, 1962, 214 S. (Schriftenreihe zum Handbuch der Entwicklungshilfe, Heft 9).
Dejung, Karl-Heinz: Die ökumenische Bewegung im Entwicklungskonflikt, 1910–1968. Heidelberg, 1972, 364 S. (Dissertation. Ruprecht-Karl Universität).
Dickinson, Richard, D. N.: Line and Plummet. The Churches and Development. Geneva, WCC, 1968, 112 S.
Drogat, Noël: Le chrétien et l'aide aux pays sous-développés. Documents et données statistiques. Paris, Ed. Centurion, 1962, 140 S.
Duff, Edward: The Social Thought of the World Council of Churches. Thèse Nr. 104, IUHEI, Genève. London, Longmans, Green & Co., 1956, 339 S.
Eisermann, Gottfried: Soziologie der Entwicklungsländer. Mainz, Kohlhammer Verlag, 1968, 195 S.
Elliott, Charles: The Development Debate. London, SCM Press Ltd., 1971, 128 S.
Etienne, Gilbert: L'Afghanistan ou les aléas de la coopération, Presses Universitaires de France, Paris, 1972, S. 294.
Etienne, Gilbert: Les chances de l'Inde, Paris, Ed. Seuil, 1969, Anhang 3.
Faust, Jürgen: Die ökumenische Diskussion der Entwicklungshilfe – und die Bedeutung der Unterschiede zwischen dem sozialistischen und dem kapitalistischen Gesellschaftsmodell für die Effektivität der kirchlichen Vorschläge. Berlin, Humboldt Universität, 1969, 716 S. (Wissenschaftliche Hausarbeit für das 2. Staatsexamen).
Hang, Helmut, Rump, Jürgen: Bibel provokativ. Gerechtigkeit für die Dritte Welt. Stuttgart, Württembergische Bibelanstalt, 1969, 141 S.
Houtart, François, De Vries, Egbert: Eglises et Développement. Bruxelles, Centre de documentation sur l'action des églises dans le monde, 1970, 361 S.
Hubert de Perrot, Francine: La Suisse et la coopération avec les pays en voie de développement. Genève, Droz, 1964, 246 S.
Johnson, Harry G.: Economic Policies towards less developed countries. London, Allen and Unwin, 1967, 280 S.
Laurentin, René: Développment et Salut. Paris, Ed. du Seuil, 1969, 333 S.
Lefellier, Georges: Le technicien chrétien outre-mer. Paris, Maison Mame, 1963, 158 S.
Lefringhausen, Klaus: Entwicklung und die Verwegenheit des Glaubens. Gladbeck, Schriftenmissions-Verlag, 1969, 76 S.
Lefringhausen, Klaus, Merz, Friedhelm: Das zweite Entwicklungsjahrzehnt 1970–1980. Der Pearson-Report und seine Konsequenzen. Wuppertal, Jugenddienst-Verlag, 1970, 67 S.
Lindholm, Stig: The Image of the developing countries. Dissertation, Universität Stockholm, Mai 1970 (englische Zusammenfassung) 11 S.
Mathew, George: Christian Concern for Economic Development. A study of the WCC Thought from Amsterdam to Uppsala, Bangalore, 1970, 71 S. *(Thesis, Serampore University)*.
Meier, Gerald M.: International Trade and Economic Development. New York, Ed. Harper and Row, 2nd ed. 1967, 208 S.
Munby, Denys: World Development – A challenge to the Church, Washington, Cleveland Ed. 1969, 208 S.
Myint, Hla: Les politiques de développement. Paris, Ed. Ouvrières, 1966, 171 S.
Osner, Karl: Kirchen und Entwicklungshilfe. Ziele, Leistungen und Arbeitsweise kirchlicher Organisationen in Deutschland. Bonn, Sonderdruck im Auftrag des Bundesministeriums für Wirtschaftliche Zusammenarbeit, 1967, 82 S.

Roberts, Richard Jr.: Economic Development, Human Skills and technical assistance. A study of ILO in the field of productivity and management development. Genève, Droz, 1962, 159 S.

Rubin, Seymour J.: The Conscience of the rich nations: The Development Assistance Committee and the common aid effort. New York, Harper and Row, 1966, 164 S.

Schoeck, Helmut: Entwicklungshilfe – Politische Humanität. München/Wien, Langen-Müller Verlag, 1972, 143 S.

Schultz, Theodore W.: Transforming traditional Agriculture. New Haven/London, Yale University Presse. 1964, S. 212.

Seelmann-Eggebert, Rolf: Die ungeduldigen Deutschen. Unser Engagement in drei Krisenkontinenten. Basel/Tübingen, Erdmann Verlag, 1967, 150 S.

Vallier, Ivan: Catholicism, Social Control and Modernisation in Latin America. Annotated by Dr. K. P. Clements, Institute of Commonwealth Studies, Oxford. New Jersey, Prentice Hall, Englewood Cliffs, 1970, 169 S.

Trail, Thomas F.: Education of Development Technicians. A guide to Training Programs. New York, Praeger, 1968, 194 S.

Turin, Laurent: Combat pour le développement. Paris, Ed. Ouvrières, 1965, 311 S.

2. Sammelwerke

A History of the Ecumenical Movement 1517–1948. Hrsg. von Ruth Rouse und Stephen Charles Neill, London, SPCK, 2nd ed., 1967, 744 S.

Industrial Organization and Economic Development. In Honor of E. S. Mason. Hrsg. von J. W. Markham und G. F. Papanek. Boston, Houghton Mifflin Co., 1970, S. 422.

Katholisches Soziallexikon. Hrsg. im Auftrag der Katholischen Sozialakademie Österreichs, Schriftleitung Dr. A. Klose. Innsbruck, Tyrolia-Verlag, 1964, 1423 S.

Kirche im Wandel der Zeit. NZZ-Schriften zur Zeit 2. Zürich, Buchverlag der Neuen Zürcher Zeitung, 1969, 56 S.

Les églises chrétiennes et la décolonisation. Cahiers de la Fondation nationale des sciences politiques, hrsg. von Marcel Merle, Paris, Ed. Armand Colin, 1967, 520 S.

Le Tiers-Monde, l'Occident et l'église. Paris, Ed. Cerf, 1967, 325 S.

Medical Care in developing Countries. A Primer on the Medicine of Poverty and a Symposium from Makerere. London, Oxford, University Press, 1966, 30 Kap. 1:1-30:9 und Anhänge A–K.

The Ecumenical Advance – A History of the Ecumenical Movement 1948–1968. Hrsg. von Harold E. Fey, London, SPCK, 1970, 524 S.

Weltkirchenlexikon. Handbuch der Ökumene. Hrsg. von F. H. Littell und H. H. Walz, Stuttgart, Kreuz-Verlag 1968, 1752 S.

Wir und die Dritte Welt. Wirtschafts- und Finanzbulletin der Kantonalbank von Bern, Nr. 15, Bern, Februar 1971, 53 S.

3. Artikel und Beiträge

Bodenmüller, Rolf: „Der Streit um Südwestafrika. – Rechtliche und politische Aspekte", NZZ, Nr. 385, 20. 8. 1971.

Freymond, Jacques: „La Suisse et les pays en voie de développement." Revue économique et sociale, No. spécial, 25e année, September 1967.

Heilperin, Michael A.: „Entwicklungshilfe. Erfahrung und Auftrag". Zusammenfassung eines Vortrags vom 29. 4. 1960, Köln, Westdeutscher Verlag, 1961.
Marcuard, Sigismond: „Die Entwicklungshilfeleistungen der Schweiz". Hrsg. vom Wiener Institut für Entwicklungsfragen, S. 18.
Maves, Paul: „A social Systems Development Model of International Affairs Education". Monograph, International, Affairs Education, No. 4, April 1970. Hrsg. vom amerikanischen Kirchenrat, New York, 1970.
Meier, Reinhard: „Argentiniens revolutionäre Kirche", NZZ, Sonntagsausgabe, Nr. 221, 14. 5. 1972, S. 5/6.
Papanek, Gustav F.: „The Development of Entrepreneurship". The American Economic Review, Vol. LII, Mai 1962, Nr. 2, S. 46–58.
Roepke, Wilhelm: „Südafrika-Versuch einer Würdigung". Sonderdruck aus Schweizer Monatshefte, 44. Jahrg. Heft, 2 Mai 1964, S. 16.
Schmid, Peter: „Pastoren und Guerillas Hand in Hand". Peter Schmid spricht mit Dr. Potter über den Antirassismuskampf der Kirche. Die Weltwoche, 6. 9. 1972, S. 17.
Stucki, Lorenz: „Eskalation der Gewalt in Brasilien", NZZ, Sonntagsausgabe, 13. 12. 1970.
Stucki, Lorenz: „Brasiliens ‚linke' Priester", NZZ, 17. 1. 1971.
Mende, Tibor: „L'aide au développement est un échec", Journal de Genève, Samedi littéraire 178, critique et essais, 20. 5. 1972.
Virally, Michel: „La notion de programme. Un instrument de la coopération technique multilatérale". Annuaire français de droit international, No. 14, 1968.

4. Anonyme Artikel (in chronologischer Reihenfolge)

„Kirchliche Zerrbilder der Entwicklungshilfe-Vereinfachende Diagnosen und fragwürdige Therapievorschläge" NZZ, 8. 2. 1970.
„Von Brasilia zur Amazonasmündung" sig. J. M., NZZ, Fernausgabe Nr. 64, 7. 3. 1971.
„Strukturschwierigkeiten der nachkolonialen Aera – Malis weiter Weg zu einer integrierten Gesellschaft", sig. SH. NZZ, Nr. 531, 14. 11. 1971, S. 5.
„Versöhnung Mobutus mit der katholischen Kirche – Kardinal Malula darf nach Zaïre zurückkehren", NZZ, Nr. 232, 20. 5. 1972, S. 2.
„Eschers Experiment mit der Quadratur des Zirkels – Die Namibia-Debatte im Sicherheitsrat", NZZ, Nr. 565, 3. 12. 1972, S. 3.

Anhang

Abbildung 1: Struktur der DICARWS

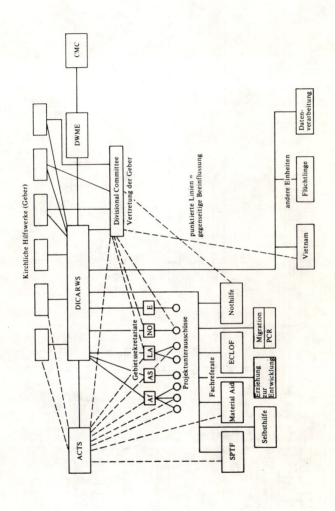

Abbildung 2: Institutionelle Struktur des Vietnamprogramms

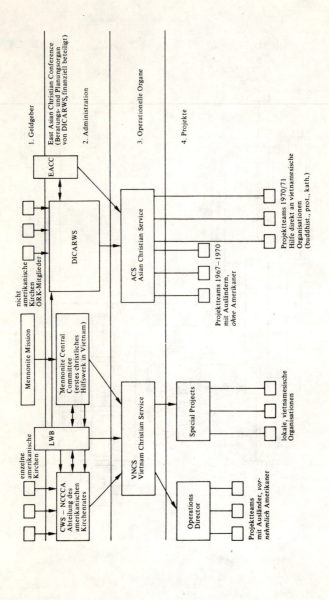

Abbildung 3: Die ökumenische Personalvermittlungshilfe

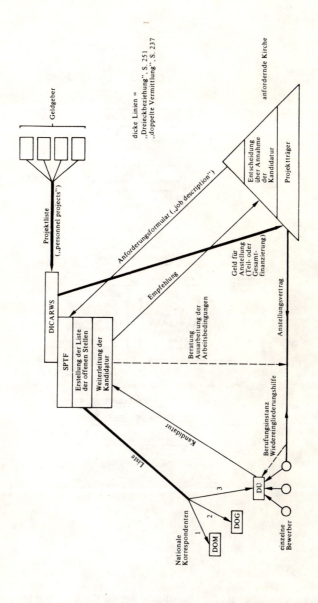

353

Abbildung 4: Der Aufbau des ökumenischen Rats der Kirchen bis Juni 1971

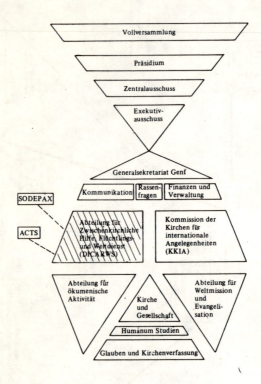

Aus dem Informationsblatt „Der ökumenische Rat der Kirchen – was ist das?"
ergänzt durch die Autorin

Abbildung 5: Die neue Struktur des ökumenischen Rats seit Juni 1971

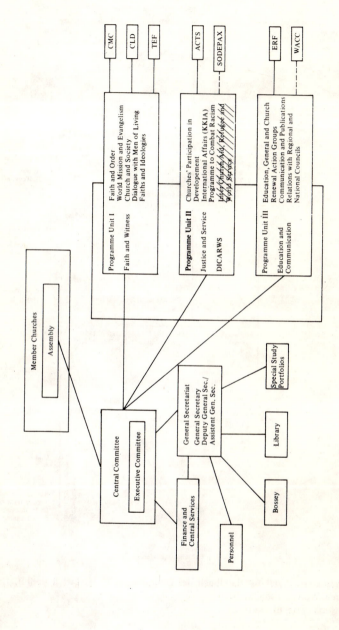

Aus: *Ökumenischer Pressedienst*, Monatsausgabe, November 1970, S. 14.

Abbildung 6: Chronologie

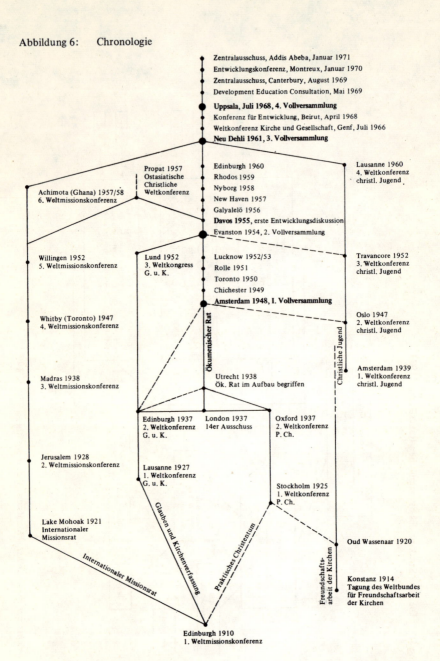

Aus: *Weltkirchen-Lexikon,* Handbuch der Ökumene, v. F. H. Littell und H. H. Walz, Kreuz Verlag, 1968, S. 1049.
ergänzt durch die Autorin.

7 Résumé français

Cette étude sur le travail de développement du Conseil oecuménique des églises (COE) fut présentée comme thèse de doctorat ès sciences politiques à l'Institut universitaire de hautes études internationales à Genève. Elle vise à corriger un certain déséquilibre dans l'opinion publique, qui connaît mal ce travail ou qui n'en connaît que les aspects négatifs. C'est le premier ouvrage qui présente une analyse approfondie et objective de ce que fut, depuis 1961, la structure institutionnelle du COE, le travail pratique qu'il accomplit dans le Tiers-Monde, l'éducation pour le développement qu'il a favorisée dans les nations industrialisées. Le cadre historique fait ressortir les changements profonds dans les conceptions oecuméniques du développement. Ceux-ci ont fait naître des tensions qui aboutirent à la création du programme de lutte contre le racisme. Ce programme, présenté „sine ira et studio", met en évidence toutes les difficultés que soulèvent d'autres types de projets. La partie institutionnelle, relative aux méthodes de travail, traite des modifications de la „stratégie du développement", des différents éléments constitutifs du processus de décision, des critères en fonctions desquels sont sélectionnés et réalisés les projets, ainsi que de la manière dont on évalue leurs résultats. A titre d'exemples pratiques, les projets sociaux, médicaux, sanitaires, ruraux et éducatifs choisis, y compris les programmes plus vastes d'assistance et de reconstruction dans l'ancien Biafra, au Vietnam, et au Moyen-Orient illustrent les objectifs, l'utilisation des moyens financiers, matériels et personnels, ainsi que les motivations sous-jacentes du COE, de ses unités et de ses collaborateurs.

Les conclusions montrent les aspects négatifs et positifs des efforts de développement oecuméniques: Parmi les difficultés locales, il faut signaler que, malgré un système d'échange de personnel assez bien conçu, les qualifications des étrangers sont souvent inadéquates et le recrutement sur place est problématique. La pression financière empêche parfois une planification à long terme et l'importance d'études „théoriques" n'a été reconnue que tardivement. D'autre part, cette même pression financière peut être positive, car elle incite l'esprit créateur à rechercher des solutions moins coûteuses et à améliorer les méthodes locales par le truchement d'une technologie appropriée. Parmi les obstacles institutionnels figurent l'absence d'un budget global de développement (jusqu'en 1970 le COE ne fut que le „catalysateur" des fonds fournis par ses membres), l'insécurité quant au financement de certains projets, la complexité de la structure institutionnelle (insuffisance du réseau de distribution en cas de catastrophe, délimitation imprécise des compétences, problèmes de communication extérieure et intérieure, verticale et horizontale). Les difficultés politiques tiennent en particulier aux rivalités éventuelles entre l'Etat et l'Eglise dans les pays du Tiers-Monde, à l'opposition politique des Chrétiens à certains régimes, et au fait d'aider toujours les *deux* parties d'un conflit. Cette étude montre que, d'un côté, une oeuvre humanitaire sans imbroglios politiques est impossible, mais que, d'autre part, un engagement politique trop radical peut engendrer des effets négatifs. Le travail de développement est donc un exercice d'équilibre permanent et très délicat.

Parmi les raisons de succès, il faut mentionner que, dans les pays en voie de développement, les Eglises représentent des institutions plus anciennes, mieux intégrées que d'autres organisations de coopération internationales. Par conséquent, elles profitent d'un réseau d'information et de relations personnelles s'étendant aux couches les plus diverses de la société. Le travail de développement est donc réellement effectué par les partenaires locaux. La méthode qui consiste à partir d'un projet de portée limitée, d'y associer d'autres entreprises en créant une mosaïque de projets connexes avec un délai de soutien relativement bref (normalement 3–5 ans) a eu de bons résultats. Les motivations chrétiennes du personnel laïc et leur sentiment élitique de solidarité contribuent à créer un climat de travail constructif. Grâce à une grande flexibilité institutionnelle, les projets sont intrinsèquement multi- ou plurilatéraux, le processus de décision est assez démocratique et sans contraintes supranationales. Le délai entre la présentation d'un projet et la décision de le réaliser reste relativement bref. La grande diversification des professions et le nombre de collaborateurs assez restreint du COE, ainsi que son attitude très autocritique comptent parmi les facteurs positifs. Au niveau politique, le COE jouit d'une certaine liberté d'action sans obligation légale stricte d'agrément gouvernemental, il remplit une fonction supplétive dans le domaine social, où les gouvernements ne sont souvent pas très actifs, et il reste moins gêné par les intérêts économiques ou des liens post-coloniaux que les organisations intergouvernementales. Les motivations éthiques de responsabilité personnelle, le respect d'autrui, et un travail réaliste, pragmatique, sans prétentions de prestige, tendent à démontrer que l'élément humain est décisif du succès. Les particularités positives du style de travail oecuménique apparaissent dans ces conclusions qui fournissent une appréciation équilibrée des efforts de développement présentés dans ce livre.

English Summary

This book entitled „the development aid of the WCC" is a thesis presented to the Geneva Postgraduate Institute of International Studies for a doctor's degree in political sciences (international relations). It aims at correcting a disequilibrium in public opinion which usually knows very little or only the negative aspects of ecumenical development work. It is the first thorough and objective analysis of the institutional structure, field work in the Third World as well as Development Education in the industrialized countries of the WCC since 1961. It shows the historical background changing the ecumenical development outlook which in turn has led to an increase in tensions culminating in the creation of the Programme to Combat Racism (PCR). The objectively presented PCR contains the whole range of difficulties encountered in other types of ecumenical development work. The institutional part on the working methods includes the criteria for project planning, the changes in „development strategy", the decision-making processes and the practical implementation and follow-up of projects. The choice of examples (health, agricultural, social and educational projects, and larger relief and rehabilitation programmes like those in former Biafra, Vietnam and the Middle East) gives an illustration of the aims, the use and distribution of financial, material and personnel assistance to the Third World, with the underlying motivations of the WCC, its units, members and individuals. The conclusions show the following negative and positive aspects of ecumenical development efforts: Among the difficulties directly linked with project work is the fact, that despite a rather good system of personnel aid, the qualifications of foreigners are sometimes inadequate and recruitment of locals proves difficult. Financial pressure often hampers long-term planning and the importance of financing „theoretical" research work has only been recognized lately. On the other hand, financial pressure entails a positive obligation of finding cheap, creative solutions and stimulating original ideas for combining local methos with improved appropriate technology. Institutional obstacles include the absence of a global, ecumenical development budget (up to 1970 the WCC was only channelling money of members), the insecurity concerning the coverage of certain projects, and also the complexity of the institutional structure (shortcomings of the distribution network during relief programmes, unclear delimitation of competences, problems of internal and external, vertical and horizontal communication). The political difficulties are for instance possible rivalries between State and Church in developing countries, political opposition of Christians against certain regimes, and the problems of helping always *both* sides in a conflict. The study shows that on the one hand, humanitarian work without political imbroglios is impossible, but that on the other hand, a too radical political involvement can have negative effects. Hence development work must be a careful act of balance.

Among the reasons for success are the following: In the Third World Churches are older, more organically integrated institutions than other international aid organizations. Therefore they have the advantage of a more wide-spread network of information and personal relationships reaching into the most diverse strata of society. Thus the local counterparts are a reality in ecumenical development work. The method of starting with a small project, expanding it and creating a mosaic of linked ventures has often been successful. The christian motivations of lay personnel and their elitist feeling of solidarity helps to overcome problems. The aid is truly multi- or plurilateral, with great institutional flexibility, and the decision making processes quite democratic and without supranational constraints. The period between presentation of the project and decision for implementation remains relatively short. The great diversity of professions in the comparatively small staff of the WCC and the very self-critical attitudes are also positive factors. The positive political factors include a certain amount of freedom of action with no strict, legal obligation of gouvernment approval, a complementary function in the social field, where governments are often not very active, and fewer economic interests or ex-colonial ties than in certain other organizations. The ethical motivations of personal responsability, respect for human individuality and realistic, pragmatic approaches without much thought for prestige tend to show that the human element is decisive for successful achievements. The advantages of the peculiarities in the working style of the WCC become apparent in these conclusions which give a balanced evaluation of the comprehensive view on ecumenical development work given in this book.